Aufgebrochen

Dorothea Sattler

Aufgebrochen

Theologische Beiträge

Matthias-Grünewald-Verlag · Mainz

verlags gruppe engagement

Der Matthias-Grünewald-Verlag ist Mitglied
der Verlagsgruppe engagement

Die Deutsche Bibliothek – CIP-Einheitsaufnahme

Ein Titeldatensatz für diese Publikation ist bei
Der Deutschen Bibliothek erhältlich

Umschlag: Kirsch & Buckel Grafik-Design, Wiesbaden
Druck und Bindung: WS-Druckerei, Bodenheim

ISBN 3-7867-2317-6

Inhaltsverzeichnis

Vorwort

Dankbare Worte beim Aufbrechen

Die deutsche Sprache bringt in dem einen Verb „aufbrechen" zwei menschliche Handlungsweisen in eine assoziative Verbindung, die in sehr unterschiedlichen Lebenskontexten verwurzelt sind: Wir brechen auf zu einer neuen Wegstrecke und brechen Verhärtungen und Verkrustungen auf, um die verborgene innere Schönheit einer Wirklichkeit offenlegen zu können. Beide Tätigkeiten stehen im Hintergrund der hier gesammelten theologischen Beiträge, die bisher verstreut in theologischen Zeitschriften erschienen sind.
Ich schreibe dieses Vorwort an dem Tag, an dem ich meinen Dienst im Ökumenischen Institut der Katholisch-Theologischen Fakultät an der Universität Münster beginne. Ich breche zu neuen Lebens- und Arbeitsräumen auf und lasse vertraute Menschen und Orte zurück. In den zurückliegenden Jahren habe ich an den Universitäten von Mainz, Berlin und Wuppertal gelehrt und gelernt. Die Begegnung mit jungen Menschen, die unter sehr unterschiedlichen Voraussetzungen Theologie studieren, hat mich reich beschenkt. Den Wuppertaler(innen) verdanke ich die wachsende Bereitschaft, auf eine verständliche Sprachgestalt in der theologischen Lehre zu achten und in der Rede immer auch eine Bezugnahme auf die Erfahrungswelt zu versuchen. Die Berliner(innen) lebten und leben in einem Raum, in dem der offene Dialog mit Menschen, die dem christlichen Bekenntnis oft skeptisch gegenüber treten, hohe Bedeutung hat. Geschichtsbewußtsein, kritische Rationalität und Zeugniskraft erlebte ich dort als Herausforderung. Die Mainzer(innen) geben in ihrer Vorbereitung auf eine Tätigkeit in Schulen und Gemeinden die eigene Suche nach Verständnis der Zusammenhänge in den Fragen des Glaubens deutlich zu erkennen. Ich bin sehr dankbar dafür, daß ich in der Vorlesung über die Traktate der Dogmatik und im Repetitorium zur Vorbereitung auf die Dogmatik-Prüfung durch Rückfragen intensiv gefordert wurde, die innere Stimmigkeit des Glaubensgebäudes zu erweisen. Immer wieder bin ich auf Fragen gestoßen worden, die das eigene Denken in Bewegung halten. Im Aufbruch nach Münster widme ich diesen Sammelband den Studierenden von Mainz, Berlin und Wuppertal.
Bei dem Bemühen, Verhärtungen in der Darstellung einer theologischen Thematik aufzubrechen, habe ich die nicht-theologischen Wissenschaften, vorab die Sprach- und Humanwissenschaften, als eine hilfreiche Stütze erfahren. Dies spiegelt sich in nicht wenigen der hier aufgenommenen Beiträge. Unter ihnen

sind situativ gebundene Gelegenheitsarbeiten, die in der Regel auf eine konkrete ökumenische Zeitfrage zu antworten versuchen. Daneben stehen einzelne Aufsätze, die zumeist um die Frage nach dem Grund und dem Ziel des geschöpflichen Daseins kreisen, somit die Soteriologie von der Protologie und der Eschatologie her beleuchten. Es wäre eine Freude für mich, wenn die Lektüre mancheine(n) zum Nachdenken über den Sinn des zeitlich befristeten und immer wieder von Unversöhntheit belasteten Daseins einlädt.
Aufzubrechen fällt oft nicht leicht. Ein Vers aus dem Hymnus der Laudes am Mittwoch im Jahreskreis begleitet mich vom Morgen an Tag für Tag: „So soll, was in uns dunkel ist, was schwer uns auf dem Herzen liegt, aufbrechen unter Deinem Licht und Dir sich öffnen, Herr und Gott!"

Vendersheim, am 1. August 2000 Dorothea Sattler

I

Verkrustungen lösen

Erlösen durch Strafen?

Zur Verwendung des Strafbegriffs im Kontext der christlichen Lehre von Heil und Erlösung[1]

I. Vorbemerkungen

1. Die Strafthematik als ein Beispiel wechselseitiger gedanklicher Befruchtung im Dialog zwischen den Rechtswissenschaften und der Theologie

Vertreter der Rechtswissenschaften, der Theologie und der humanwissenschaftlichen Disziplinen haben in den letzten Jahrzehnten in verstärktem Maße die Notwendigkeit und Fruchtbarkeit interdisziplinärer Gespräche über einzelne Sachfragen ihrer Forschungsgebiete erkannt. In diesem Kontext entstand eine Anzahl von wissenschaftlichen Publikationen, in denen die Ergebnisse solcher Fachgespräche dokumentiert sind.[2] Von der Sache her unmittelbar einsichtig ist, daß die an diesem Dialog beteiligten Theologen zumeist die Aufgabe übernehmen, Antworten zu geben auf die Frage nach dem Verständnis der menschlichen Schuld, den Ursachen ihrer Entstehung und den Möglichkeiten ihrer Überwindung. Bei der Schuldthematik berühren sich die Forschungsgebiete der Rechtswissenschaften und der Theologie am engsten, hier tritt die in beiden Disziplinen

---

[1] Der vorliegende Artikel ist die schriftliche Fassung eines Referates, das ich im Sommersemester 1991 in Mainz im Rahmen eines interdisziplinären Seminars zum Begriff der Strafe (in den Rechtswissenschaften, der Philosophie und der Theologie) gehalten habe. Die Ausführungen damals richteten sich somit nicht primär an einen theologisch versierten Hörerkreis. Die mit dem Entstehungszusammenhang verbundene interdisziplinäre Dialogsituation wird an manchen Stellen noch transparent.

[2] Vgl. etwa die Dokumentation interdisziplinärer Gespräche in den beiden Sammelbänden: *E.R. Frey (Hg.)*, Schuld – Verantwortung – Strafe im Lichte der Theologie, Jurisprudenz, Soziologie, Medizin und Philosophie (Zürich 1964); *A. Köpcke-Duttler (Hg.)*, Schuld – Strafe – Versöhnung. Ein interdisziplinäres Gespräch (Mainz 1990).
Als mögliche Hilfe im Gespräch zwischen Theologie und Rechtswissenschaften verstehen sich auch die folgenden Publikationen: *E. Wiesnet*, Die verratene Versöhnung. Zum Verhältnis von Christentum und Strafe (Düsseldorf 1980); *J. Blank/J. Werbick (Hg.)*, Sühne und Versöhnung (Düsseldorf 1986); *J. Gründel*, Strafen und Vergeben, in: Christlicher Glaube in moderner Gesellschaft, Bd. 13 (Freiburg-Basel-Wien 1981) 121-160; *ders.*, Warum und zu welchem Ende strafen wir? Kriminalität, Schuld und Strafe aus der Sicht eines katholischen Theologen, in: *H. Schöch (Hg.)*, Strafe – Tor zur Versöhnung? Symposion über Gegenwart und Zukunft des Strafvollzugs (Hofgeismar 1988) 21-45.

analoge Verwendung einzelner Begriffe (wie etwa „Gericht", „Strafe", „Sühne") am augenfälligsten in Erscheinung.
Dienste kann die Theologie den Rechtswissenschaften im Zusammenhang der Schuldthematik zunächst einmal dadurch leisten, daß sie ihre Kenntnisse über die sozialen und psychologischen Einflüsse bei der Entscheidung eines Menschen zum Bösen weitergibt, um auf diese Weise etwa die Schuldfähigkeit eines Straffälligen oder die Möglichkeit wirksamer präventiver Maßnahmen klarer erkennen und beschreiben zu können. Schwieriger – wenngleich deshalb nicht weniger wichtig – scheint es mir, von theologischer Seite her gedankliche Hilfestellungen bei der Frage nach dem rechten Umgang mit schuldig gewordenen Menschen, also mit „bestehender" menschlicher Schuld zu geben. Auf der spezifisch theologischen Ebene ist in diesem Zusammenhang der Erlösungsgedanke zentral, d.h. die gläubige Überzeugung von der in Christus Jesus eschatologisch-endgültig geschehenen Überwindung der Macht der Sünde und des Todes und die in Gottes Handeln gründende Hoffnung auf Heil und Vollendung aller Menschen – im Diesseits und Jenseits. Bei beiden dieser Teilfragen – der Frage nach der Bedingung der Möglichkeit der Erlösung (Christusereignis) und der Frage nach der konkreten Erfahrung des Heilsgeschehens (erlöstes Menschsein) – sieht sich die gegenwärtige theologische Reflexion angesichts des biblischen Zeugnisses und der christlichen Lehrtradition vor die anspruchsvolle Aufgabe gestellt, die Bedeutung der Rede von dem (auch) „strafenden" Handeln Gottes näher zu bestimmen. Genauerhin lauten die Anfragen hier, ob nach christlicher Lehre die Erlösung ermöglicht wäre durch die stellvertretende Bestrafung eines Unschuldigen und ob das vollendete Heilsein erst eintreten könne, nachdem jeder die gerechte Strafe für die begangenen Unrechtstaten verbüßt habe. In diesem Zusammenhang scheinen aus dem Rechtswesen entlehnte Begriffe und Vorstellungsmuster unmittelbar in die theologische Reflexion Eingang gefunden zu haben – ein Faktum, das in der neueren Theologie meist sehr kritisch kommentiert wird und zu dem verstärkten Bemühen führte, sich theologischerseits scharf abzugrenzen von juristischen Argumentationen.[3]
Auch in der theologischen Reflexion stellt sich somit die Frage: Welchen Sinn hatte und hat die Rede von der „Strafe" im Zusammenhang der christlichen Erlösungslehre? Diese Frage gilt es hier zunächst in einem streng theologischen Argumentationsgang zu beantworten, bevor auf dieser Grundlage mögliche Ansatzpunkte für ein interdisziplinäres Gespräch über Fragen der Strafbegründung und der Schuldbewältigung eruiert werden können.

---

[3] Vgl. etwa *K. Rahner*, Schuld – Verantwortung – Strafe in der Sicht der katholischen Theologie, in: *Ders.*, Schriften zur Theologie, Bd. 6 (Zürich-Einsiedeln-Köln 1965) 238-261, hier: 258-261; *J. Werbick*, Braucht die Theologie einen strafenden Gott? Neun Thesen zur Problematik einer fragwürdigen theologischen Kategorie, in: Katechetische Blätter 196 (1981) 437-445, hier: 441-444; *ders.*, Schulderfahrung und Bußsakrament (Mainz 1985) 133-139.

2. „Gottesvergiftung“ durch unkritische Übernahme juristischer Vorstellungsmuster in den Bereich der theologischen Reflexion

Noch im Vorfeld unserer eigentlichen Fragestellung, bereits stärker jedoch auf die Thematik „Strafe und Erlösung“ hinzielend, möchte ich einleitend kurz an eine vor allem in den späten 70er Jahren mit zum Teil großer Heftigkeit geführte Diskussion zwischen Psychologen, Theologen und Pädagogen erinnern, die ihren unmittelbaren Anlaß in den Gedanken hatte, die Tilmann Moser in seinem Buch „Gottesvergiftung“ niederschrieb.[4] Die von Moser der theologischen Tradition unterstellten Lehrmeinungen scheinen mir ein sprechendes Beispiel dafür zu sein, wie gefährlich und sachlich irreleitend die unkritische Deutung theologischer Aussagen mit Hilfe juristischer Kategorien ist – ein Vorwurf, der vielleicht weniger den Autor selbst, als vielmehr seine Erzieher trifft, die ihrerseits wohl geprägt waren von der oft bewußt angsterzeugenden Straf- und Gerichtspredigt so mancher Verkündiger des Evangeliums.

Tilmann Moser, selbst lange Jahre Dozent für Psychoanalyse und Kriminologie am Fachbereich Rechtswissenschaften der Universität Frankfurt, beschreibt in seinem Buch in der literarischen Form einer Anklage Gottes die leidvollen Auswirkungen einer Erziehung, die „Wohlverhalten“ durch die Erzeugung von Schuldgefühlen, Strafandrohungen und Gerichtsängsten erreichen wollte. Die Angst vor Strafe, die einen potentiellen Verbrecher möglicherweise von einer Gesetzesübertretung abschreckt, steigert sich im Beziehungsgefüge zwischen Mensch und Gott ins Unermeßliche, da jeder noch so nichtig erscheinende böse Gedanke den Menschen bereits schuldig werden läßt, und jede Aussicht, daß ein Vergehen unerkannt bleibt, hinfällig ist. So schreibt Moser: „Aber weißt du, was das Schlimmste ist, das sie mir über dich erzählt haben? Es ist die tückisch ausgestreute Überzeugung, daß du alles hörst und alles siehst und auch die geheimen Gedanken erkennen kannst.“[5]

Moser bezieht die Mitte des christlichen Erlösungsgedankens, das Christusereignis, mit ein in seine Anklageschrift und spricht damit einen Vorwurf aus, den viele Menschen heute wohl in ähnlicher Weise formulieren würden: Die – bei Moser von Gott selbst initiiert gedachte – Opferung des Gottessohnes am Kreuz gilt ihm als Ausweis eines göttlichen „Sadismus“, wie er größer nicht gedacht werden kann: „Man hat mir weismachen wollen, daß du mit seiner Opferung am Kreuz den neuen Bund der Liebe hast einläuten wollen. Und wiederum habe ich versucht, auf allgemeine Aufforderung hin, dich anzustaunen, weil du für mich armen Sünder deinen ewigen Sohn geopfert hast. Das macht natürlich Eindruck: Wie schlecht muß ich sein, daß es einer solchen Inszenierung bedarf, um mich zu erlösen! Seltsam, seltsam – keiner von den Predigern hat je

---

[4] Vgl. *T. Moser*, Gottesvergiftung (Frankfurt 1976). Zur fachlichen Auseinandersetzung mit den Vorwürfen und Anfragen dieses Buches vgl. bes. *W. Böhme (Hg.)*, Ist Gott grausam? Eine Stellungnahme zu Tilmann Mosers „Gottesvergiftung“(Stuttgart 1977).

[5] *T. Moser*, Gottesvergiftung (s. Anm. 4) 13.

Verdacht geschöpft, daß vielleicht nicht mit *uns*, sondern mit *dir* etwas nicht stimmt, wenn du vor lauter Menschenliebe deinen Sohn schlachten lassen mußtest."[6]

Welche traditionsgeschichtlichen Wurzeln hat diese weitverbreitete Fehldeutung (als solche ist sie hier freilich noch zu entlarven) der soteriologischen (erlösungstheologischen) Relevanz des Kreuzestodes Jesu? Läßt sich dieses Geschehen nicht auch anders verstehen denn als stellvertretende Strafhandlung Gottes an dem unschuldigen Gerechten? Welche Antworten geben die biblischen Schriften und die theologische Tradition auf diese Fragen? Die nachstehenden Ausführungen verstehen sich als eine erste Orientierung in diesem schwierigen Bereich theologischer Reflexion.

II. Der Kreuzestod des Gottmenschen Jesus Christus – ein stellvertretend-vindikatives Strafleiden zur Versöhnung des gerechten Gottes?

Die philosophische Konzeption des Anselm von Canterbury in der theologischen Kritik

„Für sehr viele Christen und besonders für jene, die den Glauben nur ziemlich von weitem kennen, sieht es so aus, als wäre das Kreuz zu verstehen innerhalb eines Mechanismus des beleidigten und wiederhergestellten Rechtes. Es wäre die Form, wie die unendlich beleidigte Gerechtigkeit Gottes mit einer unendlichen Sühne wieder versöhnt würde. So erscheint es den Menschen als Ausdruck einer Haltung, die auf einem genauen Ausgleich zwischen Soll und Haben besteht (...) Von manchen Andachtstexten her drängt sich dem Bewußtsein dann geradezu die Vorstellung auf, der christliche Glaube an das Kreuz stelle sich einen Gott vor, dessen unnachsichtige Gerechtigkeit ein Menschenopfer, das Opfer seines eigenen Sohnes, verlangt habe. Und man wendet sich mit Schrecken von einer Gerechtigkeit ab, deren finsterer Zorn die Botschaft von der Liebe unglaubwürdig macht."[7] Joseph Ratzinger formuliert in seiner erstmals Ende der 60er Jahre erschienenen Auslegung des Apostolischen Glaubensbekenntnisses Gedanken, die sich fast wie eine Vorwegnahme der Klagen Tilmann Mosers lesen. Ratzinger sieht in dem beschriebenen „christlichen Allgemeinbewußtsein"[8] in dieser Sache späte Nachwirkungen der Sühnetheologie Anselms von Canterbury. Diese Spur wollen wir hier zunächst verfolgen.

Kaum eine philosophisch-theologische Konzeption hat eine derart breite Wirkungsgeschichte gehabt, wie die sogenannte „Satisfaktionslehre" Anselms von

---

[6] Ebd., 21. Hervorhebungen im Original.

[7] *J. Ratzinger*, Einführung in das Christentum. Vorlesungen über das Apostolische Glaubensbekenntnis (München 1968) 231.

[8] Ebd.

Canterbury. Seine Argumentation wurde bereits von einzelnen mittelalterlichen Theologen in wesentlichen Aspekten korrigiert; in z.T. sehr verkürzter und daher entstellender Form leben die Gedanken Anselms jedoch bis heute fort und beleben auf diese Weise immer wieder das theologische Fachgespräch.[9] Im folgenden möchte ich zunächst die Kernthese Anselms kurz skizzieren und manche der in der Sekundärliteratur bereitgestellten Hilfen zu einer sachgerechten Auslegung der Argumentation Anselms referieren. Vor diesem Hintergrund gilt es sodann, die berechtigte Kritik, die mittelalterliche und gegenwärtige Theologen – meist mit Bezug auf das verbindliche Zeugnis der biblischen Schriften – an Anselms Konzeption üben, darzulegen, um auf diese Weise ein angemessenes Verständnis der in Gottes Handeln an Jesus Christus gründenden Hoffnung auf Erlösung vorzubereiten.

1. Die Satisfaktionslehre Anselms von Canterbury (+ 1109)

a) Die Argumentation Anselms

Die späte Übernahme des aus dem römischen Rechtswesen stammenden Begriffs „satisfactio“[10], der im ersten christlichen Jahrtausend zunächst nur in der christlichen Bußlehre rezipiert wurde, auch in die christologisch-soteriologische Reflexion geschah wohl erstmals im Werk des Theologen Petrus Damiani[11]; eigentliche Bedeutung in der Erlösungslehre erlangte dieser Begriff aber erst, als Anselm von Canterbury ihn zur Deutung des (uns) erlösenden Todes Jesu Christi heranzog.
Der Grundgedanke der Soteriologie Anselms, den er in seiner Schrift „Cur Deus homo“[12] entfaltet hat[13], läßt sich in folgender Weise skizzieren: Gott wurde

[9] Angesichts der recht zahlreichen neueren theologischen Studien zur Gedankenwelt Anselms von Canterbury drängt sich geradezu der Eindruck auf, wir erlebten derzeit eine Art „Anselm-Renaissance“: vgl. zu der Literatur, die in den 60er und 70er Jahren zu Fragen der Anselm-Forschung veröffentlicht wurde, den Bericht von *W. L. Gombocz*, Anselm von Canterbury. Ein Forschungsbericht über die Anselm-Renaissance seit 1960, in: Philosophisches Jahrbuch der Görres-Gesellschaft 87 (1980) 109-134. In jüngerer Zeit erschienen gleich zwei Dissertationen zur soteriologischen Konzeption Anselms: vgl. *G. Gäde*, Eine andere Barmherzigkeit. Zum Verständnis der Erlösungslehre Anselms von Canterbury (Würzburg 1989); *H. Steindl*, Genugtuung. Biblisches Versöhnungsdenken – eine Quelle für Anselms Satisfaktionstheorie? (Freiburg/Schweiz 1989).

[10] Vgl. zu den Anfängen der Verwendung des Wortes „satisfactio“ in der Bußlehre des Theologen und Juristen Tertullian vor allem *G. Hallonsten*, Satisfactio bei Tertullian. Überprüfung einer Forschungstradition (Malmö 1984).

[11] Vgl. *J. Riviere*, Sur les premières applications du terme „satisfactio“ à l'oeuvre du Christ, in: Bulletin de Littérature ecclésiastique 25 (1924) 285-297, 353-369, hier: 368f.

[12] Vgl. *Anselm von Canterbury*, Cur deus homo – Warum Gott Mensch geworden. Lateinisch und Deutsch (Darmstadt ^{4}1986) = Cdh.

[13] Vgl. die in der Literatur bereitgestellten Inhaltsanalysen der Schrift „Cur deus homo“: *H. Kessler*, Die theologische Bedeutung des Todes Jesu. Eine traditionsgeschichtliche Untersu-

Mensch, um so die einzig mögliche (weil einzig vor der Vernunft vertretbare) Weise der Erlösung des Menschengeschlechts Wirklichkeit werden zu lassen. Nur der Mensch und Gottessohn Jesus Christus konnte eine adäquate satisfactio für den von den Menschen durch ihre Sünde unternommenen Angriff auf die Ehre Gottes und die Störung der Schöpfungsordnung leisten. In Folge der Sünde hatte der Mensch (aus eigenen Kräften irreversibel) die Gemeinschaft mit Gott verloren und sich als Strafe den Verlust des ewigen Heils zugezogen. Eine Erlösung „sola misericordia" (allein aus Erbarmen) lehnt Anselm bewußt ab, weil diese für ihn einen Widerspruch darstellte zu dem mit dem Gottesgedanken wesensmäßig verbundenen Begriff der „Gerechtigkeit".[14] Auch eine Erlösung des Menschen aus eigenen Kräften schließt Anselm aus, da die geforderte Genugtuung aufgrund der unüberbietbaren Wirkung der menschlichen Sünde und des vorausgesetzten Grundsatzes einer notwendigen Äquivalenz zwischen Sünde und Strafe[15] Gott etwas geben müßte, was der Mensch ihm nicht geben kann. Auch die Genugtuung müßte unüberbietbar groß sein, weil die „Ehre Gottes" selbst durch die menschliche Sünde verletzt wurde. „Notwendig" wäre: „aliquid maius quam omne quod praeter deum est" (etwas größeres als alles, was es außer Gott gibt)[16]. Dies aber kann kein Mensch Gott geben, zumal der Mensch Gott ohnehin alles schuldet.[17] Nur ein Mensch, der zugleich Gott ist, ein Gott-Mensch konnte die vom Menschengeschlecht geforderte satisfactio erbringen: Gott zurückgeben, was Gottes ist. Vor der Alternative „aut satisfactio aut poena" (entweder Genugtuung oder Strafe)[18] entscheidet sich Gott für die satisfactio, deren mögliche Leistung die Menschwerdung Gottes zur denkerisch notwendigen Voraussetzung hatte. Die freiwillige und ungeschuldete Selbsthingabe des Sohnes in seinem Sterben begründete vor Gott ein „meritum", das Jesus Christus den Menschen zu ihrer Erlösung zuwandte: Erlösung geschieht durch Teilhabe an Christi meritum.

Über die Behauptung der Unmöglichkeit anderer Erlösungswege und der alleinigen Vernunftgemäßheit der christlichen Erlösungslehre hinaus, will Anselm in einem zweiten Beweisgang zeigen, daß die Erlösung des Menschengeschlechts

---

chung (Düsseldorf [2]1971) 83-116; *G. Wenz*, Geschichte der Versöhnungslehre in der evangelischen Theologie der Neuzeit, Bd. 1 (München 1984) 42-44; *K. Kienzler*, Glauben und Denken bei Anselm von Canterbury (Freiburg 1981) 198-219; *G. Gäde*, Eine andere Barmherzigkeit (s. Anm. 9) 37-45; *W. Kasper*, Jesus der Christus (Mainz 1974) 260f.

[14] Vgl. Cdh I, 12.

[15] Vgl. Cdh I, 20.

[16] Cdh II. 6. Vgl. dazu *G. Gäde*, Eine andere Barmherzigkeit (s. Anm. 9) 40f.

[17] Auf die Frage seines fiktiven Gesprächspartners Boso, ob der Mensch nicht doch etwa durch Werke der Enthaltsamkeit oder durch gottesfürchtigen Gehorsam Teile seiner Schuld büßend abtragen kann, antwortet Anselm mit einer Gegenfrage: „In oboedientia vero quid das deo quod non debes, cui iubenti totum quod es et quod habes et quod potes debes?" (Im Gehorsam aber was gibst du Gott, was du nicht schuldest, dem du, sobald er befiehlt, alles, was du bist und hast und kannst, schuldig bist? – Cdh I, 20).

[18] Vgl. Cdh I, 15.

mit Notwendigkeit erfolgte, weil Gott allein auf diese Weise in Treue zu sich selbst sein ursprüngliches Schöpfungsziel, das Heil der Menschen, erreichen konnte.[19] Bevor wir die an Anselms Konzeption gerichteten kritischen Anfragen aufgreifen, soll zunächst der Versuch gemacht werden, Anselms Konzeption durch die Einbindung in ihre Verstehensvoraussetzungen vor unberechtigter Kritik zu schützen.

b) Die Verstehensvoraussetzungen der Konzeption Anselms

Erste Ansatzpunkte zum besseren Verständnis der Konzeption Anselms kann bereits die unverkürzte Kenntnisnahme seiner Schrift „Cur Deus homo" erbringen. Gleich auf den ersten Seiten dieses Werkes wird nämlich deutlich, daß Anselm vor allem für „Ungläubige" (Juden und Moslems) schreibt, denen er einen streng philosophischen Beweis für die Notwendigkeit der Inkarnation (Menschwerdung) Gottes zur Erlösung der Menschheit erbringen will.[20] Wegen dieser Zielsetzung verzichtet Anselm bewußt auf biblische Argumente, da solche von seinen Adressaten nicht akzeptiert werden könnten.[21] „Sola ratione" (allein mit der Vernunft)[22] will Anselm argumentieren. Diese Selbstbeschränkung – das weiß auch Anselm – birgt nicht wenige Gefahren. So drückt Anselm im Schlußkapitel des Werkes seine Hoffnung aus, das biblische Zeugnis möge seine philosophische Argumentation bekräftigen.[23]
Immer wieder angefragt durch seinen fiktiven Gesprächspartner, nimmt Anselm manche der zentralen Einwände gegen seine Konzeption selbst vorweg und argumentiert etwa in der Frage nach dem rechten Verständnis der „notwendig" erfolgenden Inkarnation und Erlösung durchaus differenziert.[24] Dennoch meldeten sich gerade im Blick auf diese Frage die nachhaltigsten Bedenken, weil mit einer solchen These die Ungeschuldetheit und denkerische Unableitbarkeit des göttlichen Handelns in Frage steht.
Unter den neueren Versuchen, der Konzeption Anselms gerecht zu werden, hat besonders ein von Gisbert *Greshake* unternommener Beachtung gefunden.[25]

---

[19] Vgl. Cdh II, 4.

[20] Vgl. Cdh I, 1-4.

[21] Anselms Gesprächspartner Boso, der Anwalt der Argumentation der Ungläubigen, fordert: „Monstranda ergo prius est veritatis soliditas rationabilis, id est necessitas quae probet deum ad ea quae praedicamus debuisse aut potuisse humiliari" (Es ist also ein vernunftgemäßer fester Untergrund der Wahrheit aufzuzeigen, das heißt die Notwendigkeit, die beweist, daß Gott zu dem, was wir verkünden, sich erniedrigen mußte oder konnte; – Cdh I, 4).

[22] Cdh I, 20. Zu den Konsequenzen dieser selbstauferlegten Voraussetzung des Beweisgangs bei Anselm: *G. Gäde*, Eine andere Barmherzigkeit (s. Anm. 9) 26-37.

[23] Vgl. Cdh II, 22.

[24] Vgl. Cdh II, 17.

[25] Vgl. *G. Greshake*, Erlösung und Freiheit. Eine Neuinterpretation der Erlösungslehre Anselms von Canterbury, in: *Ders.*, Gottes Heil – Glück des Menschen. Theologische Perspektiven (Freiburg 1983) 80-104; *ders.*, Erlöste Freiheit. Eine Neuinterpretation der Erlösungslehre Anselms von Canterbury, in: Bibel und Kirche 33 (1978) 7-14.

Greshake greift den bei Anselm zentralen Begriff der „Ehre Gottes“ auf und versucht unter Bezug auf Textpassagen in „Cur Deus homo“[26] zu zeigen, daß die durch die menschliche Sünde bedingte Verletzung der „Ehre Gottes“ nicht eigentlich Gott schadet, sondern sich – da wesentlich Störung der Schöpfungsordnung – leidvoll für den Menschen selbst auswirkt. Fordert daher Gott die „Wiederherstellung“ seiner Ehre durch die Leistung einer angemessenen „satisfactio“, so geht es ihm dabei nicht um die Versöhnung seiner selbst, sondern um das Wohl der Menschen. Greshake glaubt den so verstandenen Ehrbegriff im germanischen Lehnswesen beheimatet.[27]
Die jüngsten Versuche, der Anselm'schen Soteriologie wohlwollend gerecht zu werden, haben Gerhard Gäde und Helmut Steindl in ihren beide 1989 erschienenen Dissertationen vorgelegt. *Gäde* zieht – stärker als andere Interpreten vor ihm – den Gottesbegriff Anselms („id quo nihil maius cogitari potest“; das, worüber hinaus Größeres nicht gedacht werden kann) zur Deutung auch von dessen Soteriologie heran und vertritt (begründet) folgende These: „Der Tod Jesu ist im Verständnis Anselms nicht ein Lösepreis, der den Menschen vom Teufel loskauft, auch nicht eine Leistung, die einen zornigen Gott besänftigen soll, sondern Ausdruck des Gottesverhältnisses Jesu selbst, der sich durch keine Macht der Welt davon abhalten ließ, Gott als 'quiddam maius quam cogitari possit' (etwas größeres als gedacht werden kann) anzuerkennen und auf ihn hin zu leben und damit jegliche Vergötterung kreatürlicher Wirklichkeit zu verweigern. Wer in dieses sein Gottesverhältnis eintritt, das auch der Tod nicht zerstö-

---

[26] Vgl. Cdh I, 14-15.

[27] Greshake schreibt: „Die Ehre ist im Germanentum nicht bloß irgendeine Tugend, kein moralischer Wert, nicht das persönliche Ehrgefühl, auch nicht die Wertschätzung durch andere (honor ist nicht gloria), sondern Ehre ist die anerkannte Stellung, die jemand im Zusammenhang des öffentlichen Lebens einnimmt. So ist die Ehre der Inbegriff der gesellschaftlichen Existenz. Damit wird im Lehnswesen die Respektierung und Durchsetzung von 'Ehre' zur Wurzel der gesellschaftlichen Freiheits-, Rechts- und Friedensordnung. Recht, Frieden, Freiheit sind geradezu Synonyme für 'Ehre', wie umgekehrt Ehrlosigkeit und Ehrverletzung, Recht- und Friedlosigkeit, Unfreiheit und Ruin bedeuten. Der Staat mit seinem Recht ist also nach germanischer Vorstellung keine abstrakte Größe, keine Art von fiktiver juristischer Person, sondern der Staat ist identisch mit seinen personalen Trägern und ihren wechselseitigen Beziehungen. Das gilt vor allem vom König: seine Stellung, sein 'honor' (Ehre) ist staats- und rechtskonstitutiv schlechthin. Er ist mithin nicht Individuum, Einzelperson, sondern in seiner anerkannten Stellung garantiert er die allgemeine öffentliche Friedensordnung. Wird seine 'Ehre' verletzt, so ist der Friedstand gebrochen, der Zusammenhalt des sozialen Gefüges gefährdet. Die Wiederherstellung der Königsehre ist somit nicht nur gefordert um der persönlichen Genugtuung des Amtsträgers willen, sondern um der Wiederherstellung der Ordnung des Ganzen wegen. (...) Gottes Weltregiment ist von Anselm konzipiert nach Analogie eines germanischen Königs oder obersten Lehnsherrn, dessen 'Ehre' den allgemeinen Rechts-, Ordnungs- und Friedensstand begründet und garantiert. Die Sünde des Menschen ist sein Anschlag auf diesen 'honor dignitatis' (...), sie ist Treubruch, Entzug der Unterwerfung, die Gott gebührt, und damit ist sie gleichzeitig auch Zerstörung der Weltordnung, Bruch des universalen Friedstandes.“ (*G. Greshake*, Erlöste Freiheit [s. Anm. 25] 10). Vgl. ausführlich dazu *ders.*, Erlösung und Freiheit (s. Anm. 25) 87-92.

ren konnte, erhält Anteil an der Liebe Gottes, die ihr Maß nicht am Menschen oder einer von ihm erbrachten Satisfaktionsleistung hat, sondern am Sohn, der selbst 'größer' ist als alles, was außer Gott existiert. In diesem trinitarischen Erlösungsmodell findet Anselm denn auch jene 'andere' Barmherzigkeit, die er gesucht hat, nämlich eine, wie sie größer und gerechter nicht gedacht werden kann. Sie ist unüberbietbar, weil sie mit Gott selbst identisch ist und ihn dabei Gott sein läßt. Gott hat keine andere Barmherzigkeit für die Menschen als die Liebe zu seinem Sohn."[28] *Steindl* versucht das biblische (alttestamentliche) Versöhnungsverständnis, das er als „Genugtuung leisten" im Sinne einer Überwindung des Bösen durch Gutestun charakterisiert, in Beziehung zu setzen zu Anselms soteriologischer Konzeption. Als biblisches Modell der Versöhnung analysiert Steindl vor allem die Josephsnovelle (Gen 37-50). Dabei zeigt sich seines Erachtens: „Anselms Idee der Genugtuung steht (...) in gleicher Weise wie in der Josephsgeschichte im Dienste einer echten Versöhnung, bei der die Ansprüche beider Seiten, sowohl die des Menschen als auch die Gottes, ausgewogen Berücksichtigung finden sollen. Es geht darum, den Menschen in die Lage zu versetzen, erhobenen Hauptes vor Gott hinzutreten. Auch in der christlichen Erlösungskonzeption Anselms von Canterbury vermag nur eine freie und aktive Schuldbewältigung das Böse auf Dauer zu überwinden. Es ist geradezu verblüffend, in welchem Maß sich Anselm hier wesentlichen biblischen Einsichten nähert."[29]

c) Kritische Stellungnahmen zu einzelnen Aspekten der Konzeption Anselms

Ungeachtet der Versuche, Anselm zu „rehabilitieren", überwogen in Geschichte und Gegenwart in der Fachtheologie die ablehnenden Äußerungen zu seinem soteriologischen Konzept. Dabei bildeten sich zunehmend zwei Schwerpunkte der Kritik heraus: Die von Anselm ausgesagte „Notwendigkeit" der Menschwerdung Gottes zur Erlösung des Menschengeschlechts ließ die freie „Gnädigkeit" des Erlösungsgeschehens in Frage gestellt erscheinen (1). Die bei Anselm gedachte Äquivalenz zwischen der menschlichen Sünde und der von Gott eingeforderten Strafe ließ das Todesleiden des Gottmenschen als eine weitere Denknotwendigkeit erscheinen, durch die ein freier Lauf der Geschichte verhindert war, denn „es mußte" ja so geschehen (2).

Unter den kritischen mittelalterlichen Reaktionen auf Anselms Konzeption[30] ist vor allem die des Thomas von Aquin von besonderem Gewicht.[31] Thomas wehrt

---

[28] *G. Gäde*, Eine andere Barmherzigkeit (s. Anm. 9) 291.

[29] *H. Steindl*, Genugtuung (s. Anm. 9) 302f.

[30] Einen Überblick über die noch zu Lebzeiten Anselms einsetzende Kritik an seiner Konzeption gibt *G. Wenz*, Versöhnungslehre in der evangelischen Theologie. Bd. 1 (s. Anm. 13) 60-62.

[31] Im Blick auf die Gemeinsamkeiten und Differenzen in der Satisfaktionslehre Anselms von

in seiner Summa theologiae entschieden die Vorstellung ab, Gott hätte die Menschheit gar nicht anders als durch die satisfactio des Gottmenschen erlösen können: „haec justitia dependet ex voluntate divina ab humano genere satisfactionem exigente pro peccato. Alioquin, si voluisset absque omni satisfactione hominem a peccato liberare, contra justitiam non fecisset" (diese Gerechtigkeit hängt vom göttlichen Willen ab, der vom Menschengeschlecht Genugtuung für die Sünde forderte. Andererseits, wenn Gott den Menschen ohne jede Genugtuung von der Sünde hätte befreien wollen, hätte er nicht gegen die Gerechtigkeit verstoßen)[32]. Eine Erlösung ohne satisfactio widerspricht nach Thomas nicht der göttlichen Gerechtigkeit, da Gott seine Gerechtigkeit in freier Selbstbestimmung in seiner Barmherzigkeit gründen ließ: „opus autem divinae justitiae semper praesupponit opus misericordiae et in eo fundatur" (ein Werk der göttlichen Gerechtigkeit setzt immer ein Werk der Barmherzigkeit voraus und gründet in ihm)[33]. Die satisfactio des Gottmenschen Jesus Christus in seinem freiwilligen Leiden war nicht conditio sine qua non der Erlösung des Menschengeschlechts, es war vielmehr eine Geste der Barmherzigkeit Gottes, daß er einen Menschen teilhaben ließ an der Bereitung der Erlösung.
Anselms Argument, daß der Mensch aufgrund seiner übergroßen Schuld nicht in der Lage sei, Gott eine „äquivalente" satisfactio zu leisten, lehnt Thomas wegen eines anderen Verständnisses der Äquivalenz ebenfalls ab. In „äquivalentem" Verhältnis müssen nach göttlichem Willen eben nicht die sündige Tat und eine nach quantitativen Gesetzmäßigkeiten bemessene Strafe stehen, sondern die sündige Tat und die von Gott in seiner Barmherzigkeit „akzeptierte" Anstrengung des Menschen: Der Unendlichkeit der göttlichen Beleidigung entspricht die Unendlichkeit seiner Barmherzigkeit, aufgrund derer Gott das, was dem Menschen möglich ist, als „äquivalenten Ausgleich" für seine sündige Tat annimmt.[34] Das heißt: „non potest homo Deo satisfacere si ly 'satis' aequalitatem quantitatis importet; contingit autem si importet aequalitatem proportionis" (der Mensch kann Got keine Genugtuung leisten, wenn das 'Genug' eine Gleichheit des Ausmaßes bedeutet; es kann aber sein, wenn es eine Gleichheit des Verhältnisses bedeutet)[35].

Canterbury und Thomas von Aquin vgl. bes. *H. Kessler*, Bedeutung des Todes Jesu (s. Anm. 13) 170-188; *W. Kasper*, Jesus der Christus (s. Anm. 13) 261; *G. Greshake*, Erlösung und Freiheit (s. Anm. 25) 93f.

[32] Sth III q46 a2 ad3.

[33] Sth I q21 a4 c.

[34] „Sicut offensa habuit quandam infinitatem ex infinitate divinae majestatis, ita satistactio accipit quandam infinitatem ex infinitate divinae misericordiae, prout est gratia informata, per quam acceptum redditur quod homo reddere potest" (Wie die Beleidigung aufgrund der Unendlichkeit der göttlichen Würde eine gewisse Unendlichkeit hatte, so erhält die Genugtuung aufgrund der Unendlichkeit der göttlichen Barmherzigkeit eine gewisse Unendlichkeit, sofern sie [die Genugtuung] durch die Gnade beformt ist, durch die [Gott] wohlgefällig wird, was der Mensch erstatten kann; – Suppl. q 13 a 1 ad 1).

[35] Suppl. q13 al c.

Gisbert Greshake führt die Differenzen in den Positionen Anselms und Thomas' darauf zurück, daß bei Thomas der soziologische Kontext, in dem allein der Anselm'sche Begriff der „Ehre Gottes" verstehbar ist, nämlich das germanische Lehnsrecht, nicht mehr gegeben ist: „Gott wird bei Thomas nicht mehr primär konzipiert als der durch seine Ehre die Weltordnung Konstituierende, sondern als der absolut Souveräne, der im Falle menschlicher Schuld nach Art eines Privatmannes handeln kann. Gott kann die Sünde des Menschen aus reiner Barmherzigkeit nachlassen (ohne satisfactio!)."[36] Die Neigung, die Möglichkeit einer Erlösung durch satisfactio an die göttliche acceptatio dieser satisfactio zurückzubinden, verstärkte sich in den spätmittelalterlichen soteriologischen Konzeptionen (vor allem bei Johannes Duns Scotus und Gabriel Biel) mehr und mehr und erzeugte ihrerseits die Gefahr, nun in das gegenteilige Extrem der Annahme einer reinen „Willkür" Gottes bei seinem erlösenden Handeln zu verfallen. Die gegenwärtige theologische Reflexion erkennt und beschreibt im Rückgriff auf das biblische Zeugnis im Gedanken der göttlichen „Selbstbestimmung" zur Liebe eine Möglichkeit, die Extreme der „Notwendigkeit" wie der „Willkürlichkeit" des Heilshandelns Gottes „aufzuheben". Liebe kann nicht anders als lieben. Höchste Freiheit ist hier zugleich höchste Notwendigkeit.

Zusammenfassend kann hier zunächst festgehalten werden, daß Anselms Versuch, den Kreuzestod als „Ersatzstrafe" für die sonst notwendig eintretende Bestrafung des sündigen Menschengeschlechts zu verstehen, in Aporien führt, die bereits von mittelalterlichen Theologen erkannt wurden. Es soll an dieser Stelle jedoch nicht bei der „Destruktion" einer Fehlkonzeption bleiben, vielmehr möchte ich mit Bezug auf sichere Gewährsleute einige Richtposten aufstellen für ein angemessenes Verständnis des Schicksals Jesu und dessen soteriologischer Relevanz. In diesem Zusammenhang möchte ich auch kurz auf die biblisch-theologische Deutung mancher Begriffe eingehen („Stellvertretung", „Sühne", „Gerechtigkeit"), die gerade im interdisziplinären Gespräch mit Vertretern der Rechtswissenschaften aufgrund der gegebenen Nähe zum juristischen Vokabular für manche Verwirrung sorgen könnten.

2. Das biblisch fundierte Verständnis der Erlösung in Jesus Christus

Die theologische Forschung hat in den letzten Jahrzehnten eine unüberschaubare Zahl von Studien hervorgebracht, in denen Einzelthemen und Gesamtkonzepte aus dem Bereich der christlichen Erlösungslehre dargestellt sind. Dabei wurde bewußt, wie vielfältig und in manchen Teilen disparat sich die Erlösungsvorstellungen bereits in den biblischen Schriften, dann aber vor allem in den Jahrhunderten theologischer Reflexion gestalten.[37] Auffällig ist, daß viele der zen-

[36] *G. Greshake*, Erlösung und Freiheit (s. Anm 25) 93.

[37] Hilfreiche Übersichten über die Vielfalt biblischer und traditionsgeschichtlicher Erlösungsvorstellungen bieten: *K. Kertelge (Hg.)*, Der Tod Jesu. Deutungen im Neuen Testament

tralen Stichworte zur Kennzeichnung einer dieser Konzeptionen (wie „Tausch", „bezahltes Lösegeld", „zerrissener Schuldschein") eine sachliche Nähe zu Vorgängen des Rechts- und Wirtschaftslebens aufweisen. Die den Menschen aus der alltäglichen Erfahrung vertrauten Deutekategorien erleben dabei im theologischen Zusammenhang eine oft nicht unerhebliche Neuinterpretation.

Gemeinsames Kennzeichen aller neueren Versuche, das Christusereignis soteriologisch zu deuten, ist der konsequente Rückbezug auf das Zeugnis der biblischen Schriften, das als normativ, bindend und verbindlich gilt. Die katholisch-systematische Theologie weiß sich zu einem solchen Vorgehen verpflichtet durch eine Beschreibung der Methoden der Dogmatik, die das 2. Vatikanische Konzil vorgenommen hat.[38]

a) *Gottes gnädige Annahme der „Proexistenz" Jesu – Der Schlüssel zum Verständnis der neutestamentlichen Soteriologie*

Die neutestamentlichen Schriften sind allesamt Zeugnisse gläubiger Menschen, die aufgrund der „Ostererfahrung", der Gewißheit, daß Gott den gekreuzigten Jesus zu unverlierbarem Leben auferweckt hat, geschrieben sind. Die Evangelien verstehen sich daher nicht als „Protokolle" historischer Abläufe, sondern sind selbst bereits Zeugnisgestalten, gläubige Deutungen der vorösterlichen Geschehnisse. Diese Gegebenheit kann zum einen erklären, wie es bereits im Neuen Testament zu einer Vielgestalt von Erlösungsvorstellungen kommen konnte, zum anderen gibt sie Einblick in die Schwierigkeit einer „historischen Rückfrage" etwa nach dem Wissen und Selbstbewußtsein Jesu. Trotz dieser erkannten Schwierigkeit bemüht sich die gegenwärtige theologische Reflexion zunächst einmal, den gewaltsamen Tod Jesu von seinen historischen, politischen und religiösen Voraussetzungen her zu verstehen. Im Blick auf die Beschreibung der soteriologischen Relevanz des Kreuzestodes ist die Frage von besonderem Gewicht, wie Jesus selbst seinen Tod gedeutet haben könnte. Für in der theologischen Forschung weniger Beheimatete mag möglicherweise überraschend sein, daß in der exegetischen Forschung noch nicht einmal Konsens darüber besteht, ob Jesus überhaupt sein vorzeitiges Sterben erwartet hat[39], wenngleich die Mehrheit der Exegeten davon ausgeht, daß Jesus angesichts der sich immer mehr zuspitzenden Lage zumindest kurz vor seinem Tod mit seinem gewaltsa-

---

(Freiburg-Basel-Wien 1976); *D. Wiederkehr*, Glaube an Erlösung. Konzepte der Soteriologie vom Neuen Testament bis heute (Freiburg-Basel-Wien 1976); *J. Werbick*, Soteriologie (Düsseldorf 1990); *Th. Pröpper*, Erlösungsglaube und Freiheitsgeschichte. Eine Skizze zur Soteriologie (München ²1988); *K. Lehmann*, „Er wurde für uns gekreuzigt". Eine Skizze zur Neubesinnung in der Soteriologie, in: Theologische Quartalschrift 162 (1982) 298-317; *G. Greshake*, Der Wandel der Erlösungsvorstellungen in der Theologiegeschichte, in: *Ders.*, Gottes Heil – Glück des Menschen (s. Anm. 25) 50-79.

[38] Vgl. das Dekret über die Ausbildung der Priester, „Optatam totius", Nr. 16.

[39] Die Forschungsmeinungen in dieser Frage faßt zusammen: *L. Oberlinner*, Todeserwartung und Todesgewißheit Jesu. Zum Problem einer historischen Begründung (Stuttgart 1980).

men Ende rechnen mußte.[40] In diesem Zusammenhang sprechen Exegeten und Systematiker heute von Jesu „Dasein für andere“, seiner „proexistenten“ Haltung, die er im Leben eingeübt und bis in den Tod bewahrt hat. Jesus erlebt die Fragwürdigkeit des menschlichen Daseins, er kennt die Ängste der Menschen angesichts ihres bevorstehenden Todes. Er stirbt in dem Vertrauen, daß seine „Sendung“ (die „Sammlung“ Israels, die im vordergründigen Sinn als „gescheitert“ zu betrachten ist) von Gott selbst erfüllt wird, daß Gott doch noch alles zum Guten wenden wird. Ob Jesus selbst seinen Tod dabei in irgendeiner Weise als „heilswirksam“ betrachtet hat, ist in der heutigen Theologie stark umstritten, die Argumente der Exegeten, die diese Frage im Zusammenhang der Abendmahlsüberlieferung positiv beantworten, scheinen mir jedoch tragfähig und überzeugend.[41]

Exegetisch gesichert scheint auch die Auskunft, daß in der frühesten Phase der nachösterlichen Verkündigung eine sogenannte „Kontrastformel“ zur Deutung des Todes Jesu verwendet wurde:[42] Die Menschen haben Jesus getötet, Gott aber hat ihn zum Leben erweckt. So gibt sich Petrus nach dem Zeugnis der Apostelgeschichte den Juden zu erkennen als einer, der handelt „im Namen Jesu Christi, des Nazoräers. den ihr gekreuzigt habt und den Gott von den Toten auferweckt hat“ (Apg 4, 10). Von exegetischer Seite wird jedoch auch sehr entschieden betont, daß bereits in der frühesten Phase der nachösterlichen Verkündigung gläubige Deutungen des Schicksals Jesu entstehen, die auch seinen leidvollen Tod in Beziehung setzen zu Gottes Heilshandeln an uns.

Bei allen Aussagen zur neutestamentlichen Erlösungslehre ist vor allem zu beachten, daß Kreuz und Auferstehung immer als ein zusammengehöriges Geschehen gedacht sind und der Erlösungsgedanke bei der Isolierung eines Aspektes nicht angemessen erfaßt ist. Gott handelt heilschaffend, indem er seinen Sohn zum Leben erweckt. Gott „bestätigt“ die proexistente Daseinshaltung Jesu, indem er ihr ewige Gültigkeit verleiht. In der Proexistenz des Sohnes leuchtet letztlich Gottes eigene Proexistenz, seine unerschütterliche Liebe zu den Menschen auf. Die neutestamentlichen Schriften beschreiben daher das Erlösungsgeschehen als eine „Initiative Gottes“[43], als Gottes Handeln zum Heil der Menschen, gerade nicht als eine „menschliche Leistung“ zur Versöhnung Gottes. Der zentrale Gedanke vor allem dann der paulinischen Soteriologie lautet: „Ja, Gott war es, der in Christus die Welt mit sich versöhnt hat, indem er den

---

[40] Vgl. *H. Schürmann*, Jesu ureigener Tod. Exegetische Besinnungen und Ausblick (Freiburg-Basel-Wien 1975) bes. 16-65.

[41] Vgl. *R. Pesch*, Das Abendmahl und Jesu Todesverständnis (Freiburg-Basel-Wien 1978); *A. Vögtle*, Grundfragen der Diskussion um das heilsmittlerische Todesverständnis Jesu, in: *Ders.*, Offenbarungsgeschehen und Wirkungsgeschichte. Neutestamentliche Beiträge (Freiburg 1985) 141-167.

[42] Vgl. *Th. Schneider*, Was wir glauben. Eine Auslegung des Apostolischen Glaubensbekenntnisses, (Düsseldorf [5]1999) 260f.

[43] Vgl. ebd., 260-263.

Menschen ihre Verfehlungen nicht anrechnete" (2 Kor 5,19). Jesu „Opfer" besteht in seiner liebenden Selbsthingabe „für uns" bis in den Tod, aufgrund seiner „Proexistenz" ist er „Gabe und Opfer, das Gott gefällt" (vgl. Eph 5,2). Wegen des liebenden, vertrauenden Gehorsams des einen von uns, sind wir alle gerettet. Die Kette der Gewalt, in der Gewalt mit Gewalt beantwortet wird, wurde von Jesus durchbrochen. Gott „bestätigt" diesen „Durchbruch" zu neuem Leben. Sünde und Tod sind besiegt, neues, erlöstes Leben im Geist Jesu Christi ist ermöglicht – für hier und heute bereits. In der Weise, wie Jesus sein Schicksal bewältigt, und in Gottes „acceptatio" der Lebenshingabe Jesu zu unserer Gerechtigkeit gründet die christliche Hoffnung, daß trotz der aus eigenen Kräften irreversiblen Schuldverstrickung des Menschengeschlechts Erlösung, Heil von Gott gewirkt wird – da und dort schon heute erfahrbar, endgültig und für alle erkennbar in einem Leben, in dem es keine Not mehr gibt.

b) „Stellvertretende Sühne" und „Gerechtigkeit Gottes" – Die biblische Interpretation der Deutekategorien zum Verständnis des erlösenden Todes Jesu

Insbesondere in den Paulusbriefen finden sich des öfteren Wendungen, die den Tod Jesu in eine ausdrückliche gedankliche Verbindung bringen mit der Sünde der Menschen. Im einleitenden Grußwort etwa, das der Apostel Paulus an die Gemeinde in Galatien richtet, heißt es: „Gnade sei mit euch und Friede von Gott, unserem Vater, und dem Herrn Jesus Christus, der sich für unsere Sünden hingegeben hat, um uns aus der gegenwärtigen bösen Welt zu befreien, nach dem Willen unseres Gottes und Vaters" (Gal 1,3f; vgl. auch Röm 4,25; 8,32), „Sterben für andere" meint im damaligen jüdisch-hellenistischen Verstehenskontext zunächst und vor allem „sterben zugunsten von anderen", dann aber auch „sterben wegen der anderen" und „sterben anstelle, statt der anderen".[44] Die (nicht-biblische) Rede vom „stellvertretenden" Leiden Jesu muß daher interpretiert werden im Sinne der beschriebenen neutestamentlichen Offenheit des Bekenntnisses zum Sterben Jesu „für unsere Sünden". Die isolierte Deutung des Begriffes „*Stellvertretung*" im Sinne einer rechtlich verstandenen „Ersatzhandlung" wird dem differenzierten neutestamentlichen Befund nicht gerecht. So problematisiert etwa Karl Rahner die Verwendung des Begriffes „Stellvertretung" im Zusammenhang der Soteriologie, „denn die 'Fremderlösung' des Menschen durch Jesus Christus bedeutet nicht, daß dem Menschen etwas erlassen würde, was er selbst durch seine Freiheit leisten muß, oder daß ihm etwas gegeben würde, was er selbst nicht bewirken kann und von ihm dennoch gefordert würde; sie bedeutet, daß Gott durch seine Gnade im Blick auf Jesus Christus und sein Kreuz dem Menschen die Möglichkeit gewährt und anbietet, in der radikalsten Selbstübergabe seiner Existenz durch Glaube, Hoffnung und Liebe

---

44 Vgl. *K. Kertelge,* Das Verständnis des Todes Jesu bei Paulus, in: *Ders.*, Grundthemen paulinischer Theologie (Freiburg-Basel-Wien 1991) 62-80, hier: 63-65.

seine eigene heilshafte Endgültigkeit zu konstituieren. (...) Die Fremderlösung, so könnte man sagen, ist die gnadenhafte Geschenktheit unserer Selbsterlösung. (...) In der Dimension des Heilsvollzugs scheint mir daher der Begriff der Stellvertretung ein mindestens mißverständlicher Begriff zu sein, den man ohne Schaden vermeiden kann."[45] Biblisch verstanden meint „Stellvertretung" nicht „Ersatzhandlung", sondern „Eröffnung der Bedingung der Möglichkeit". Im Zusammenhang der christlichen Erlösungslehre zielt er auf die Anerkenntnis des strikten „extra nos" der Heilsbegründung, der Einsicht, daß wir uns nicht selbst erlösen können, sondern Gott in Jesus Christus Heil gewirkt hat.

Der Begriff „Stellvertretung" tritt in soteriologischen Zusammenhängen zumeist mit dem Wort „*Sühne*" auf.[46] Zum rechten Verständnis der biblischen Sühnevorstellung ist es unabdingbar notwendig, ihren „Ort", ihren Bezugspunkt im Auge zu behalten: „Die jüngsten Arbeiten zeigen, daß man Sühne zunächst nur von einer Situation her verstehen darf, wo nichts mehr wiedergutgemacht werden kann. Wo Vergehen reparabel sind, darf der Mensch sich nicht aus irgendwelchem Grund der Wiedergutmachung entziehen. Aber es gibt unaufhebbare Unheilssituationen, wie z. B. eine irreparable Schuld, die das Leben des Verantwortlichen verwirken. Es geht dann nicht mehr um die Ausgleichung von Schuld im 'Tat-Ergehen-Zusammenhang', sondern um die Frage, ob es aus einem verfehlten, verwirkten Leben noch einen Ausweg gibt."[47] Wichtig erscheint mir zudem, daß das Neue Testament den in mancher Hinsicht noch „schillernden" alttestamentlichen Sühnebegriff in wesentlichen Punkten „präzisiert", insofern hier in entschiedener Weise Gott selbst als der Initiator und gerade nicht als der Adressat des Sühnegeschehens fungiert.[48] Der Kerngedanke der neutestamentlichen Rede von der in Jesus Christus geschehenen Sühne für unsere Sünden ist somit nicht zu sehen im Faktum seines blutigen, gewaltsamen Todes, sondern in Gottes Tat, das proexistente Sterben seines geliebten Sohnes „uns zur Gerechtigkeit" werden zu lassen.

Schwierig, für ein angemessenes Verständnis der neutestamentlichen Soteriologie aber unerläßlich, ist es, in knapper Form zu sagen, was Paulus meint, wenn er von der im Glauben an Jesus Christus offenbar gewordenen *„Gerechtigkeit Gottes"* spricht.[49] Nach Paulus erwächst die Gerechtigkeit der Menschen nicht aus der Erfüllung des Gesetzes – die im umfassenden Sinn ja niemals gelingt –,

---

[45] *K. Rahner*, Versöhnung und Stellvertretung. Das Erlösungswerk Jesu Christi als Grund der Vergebung und Solidarität unter den Menschen, in: Geist und Leben 56 (1983) 98-110, hier: 108.

[46] Vgl. dazu ausführlich *M. Hengel*, Der stellvertretende Sühnetod Jesu. Ein Beitrag zur Entstehung des urchristlichen Kerygmas, in: Internationale katholische Zeitschrift „Communio" 9 (1980) 1-25, 135-147.

[47] *K. Lehmann*, „Er wurde für uns gekreuzigt" (s. Anm. 37) 312f. Vgl. zur Vorstellung der Tatfolgenverstrickung in soteriologischem Kontext auch *J. Werbick*, Soteriologie (s. Anm. 37) 259-272.

[48] Vgl. *K. Kertelge*, Das Verständnis des Todes Jesu bei Paulus (s. Anm. 44) 65-67.

[49] Vgl. bes. Röm 3,21-26; Gal 2,11-21.

sondern aus dem Glauben der Menschen, ihrem Vertrauen auf die barmherzige Liebe Gottes. Paulus denkt daher bei seiner Rede von der „Gerechtigkeit" zunächst an die Gerechtigkeit Gottes, verstanden als eine personale Größe, ein Beziehungsgefüge. Die Gerechtigkeit Gottes ist seine Bundestreue, sein tätiger Wille, seiner Beziehung zu den Menschen trotz ihrer Sündigkeit Bestand zu verleihen.[50] Gott erweist seine Gerechtigkeit durch die Vergebung der Sünden, nicht durch die Bestrafung des Sünders. Nicht die Werke machen den Menschen gerecht – diese verurteilen ihn vielmehr allzu oft. Gerecht macht Gott den Menschen selbst, indem er wegen des liebenden Gehorsams Jesu Christi seine Bundeswilligkeit bewahrt, den Menschen seinen Bund aufs Neue anbietet. Gerecht wird der Mensch, wenn er sich auf dieses Angebot Gottes einläßt, biblisch gesprochen, wenn er glaubt.[51] Doch wie paßt diese Aussage zu den im Neuen Testament unüberlesbar auch vorhandenen Gerichtsankündigungen? Wie lassen sich unter der Voraussetzung einer „Glaubensgerechtigkeit" ethische Imperative überhaupt noch begründen? Was meint die theologische Tradition, wenn sie trotz der in Jesus Christus geschehenen Erlösung noch von der „Bestrafung" der Sünde spricht?

III. „Bestrafung" des Sünders im Bußgericht und „Bestrafung" der Verdammten im Endgericht? Zur Problematik der Gerichtsanalogie in theologischen Zusammenhängen

Insbesondere in zwei klar beschriebenen Kontexten benutzt die theologische Reflexion Begrifflichkeiten und Vorstellungsmuster, die dem Rechtswesen entlehnt sind: im Zusammenhang des christlichen Bußsakramentes und bei der Rede vom endzeitlichen, eschatologischen Weltgericht. In beiden Zusammenhängen geht es um die Bewältigung von menschlicher Schuld, in beiden Kontexten erscheint der Begriff der „poena", der Strafe im Sinne einer „Sündenstrafe". Während die Heranziehung der Gerichtsanalogie im Zusammenhang des Bußsakramentes aufgrund ihrer mangelnden Schriftbegründung in der gegenwärtigen Theologie eher umstritten ist,[52] ist die Vorstellungswelt „Gericht" bei der Beschreibung der endzeitlichen, nachzeitlichen Geschehnisse in den biblischen Schriften selbst[53] ausdrücklich in Anspruch genommen.

---

[50] Vgl. *O.H. Pesch*, Frei sein aus Gnade. Theologische Anthropologie (Freiburg-Basel-Wien 1983) 196f.

[51] Vgl. *K. Kertelge*, Zur Deutung des Rechtfertigungsbegriffs im Galaterbrief, in: *Ders.*, Grundthemen paulinischer Theologie (s. Anm. 44) 111-122, hier: 121f.

[52] Vgl. etwa die Diskussion von Kanon 9 des Trienter Bußdekrets (DH 1709) bei *H. Vorgrimler*, Bußgericht und Einzelbekenntnis, in: Theologie der Gegenwart 21 (1978) 76-84.

[53] Vgl. beispielsweise Mt 25,31-46; Offb 20,11-15.

Im folgenden möchte ich einige Hinweise geben, in welcher Weise die neuere Theologie den Begriff der „Strafe“ für die Sünde in den beschriebenen Zusammenhängen versteht.

1. „Sündenstrafe“ als konnaturale Folge der menschlichen Sündentat

Die katholische Bußtheologie unterscheidet streng zwischen der „Sündenschuld“ (culpa peccati), die von Gott im Zuspruch des Absolutionswortes vergeben wird, und der „Sündenstrafe“ (poena peccati), an deren „Tilgung“ der Mensch nach der Absolution im Bußwerk (satisfactio) mitwirkt.[54] Diese Unterscheidung hat eine lange und interessante Geschichte, deren wesentliche Etappen in enger Beziehung stehen zu den erheblichen Wandlungen im äußeren Vollzug des kirchlichen Versöhnungsgeschehens.

Wegweisend für das heutige Verständnis der Sündenstrafe waren die Forschungen des katholischen Theologen Karl Rahner (+ 1984), der die mit seinem Werk verbundene sogenannte „anthropologische Wende“ in der neueren Theologie auch im Blick auf die Rede von den Sündenstrafen vollzogen hat. Rahner entdeckte bei dem frühkirchlichen, östlichen Theologen Origenes (+ 254) ein Verständnis der Sündenstrafen, das mit der menschlichen Erfahrung unmittelbar in Übereinstimmung steht: Die „durch die Schuld bedingten Wirklichkeiten unseres eigenen geschichtlich sich formenden Daseins, die, der Schuld entsprungen, diese überleben und deren gerechtes Gericht sind, nennen wir Christen ‘zeitliche Sündenstrafen’. Sie sind ‘zeitlich’, weil sie in einem zeitlichen Entwicklungsprozeß ausgelitten und so überwunden werden können. Sie sind Strafen, weil sie Folge der Sünde und ein Gericht für sie in einem sind.“[55] Der Begriff „Folge der Sünde“ greift den anthropologischen Aspekt auf, der Begriff „gerechtes Gericht“ deutet das menschlich Erfahrbare streng theologisch.

Der Kerngedanke des Rahner'schen Verständnisses der „zeitlichen Sündenstrafen“ ist enthalten in ihrer begrifflichen Umschreibung: Sie sind die „konnaturalen Folgen der Sünde“[56], die durch die menschliche Sünde verursachten und in ihrem Wesen bestimmten konkreten Folgeerscheinungen, Wirkungen eben dieser personalen Entscheidung zum Bösen. Eine solche Konzeption leugnet die Vorstellung, Gott lege aus allein „vindikativer“ Motivation dem Menschen eine mit seiner sündigen Tat in keiner inneren Beziehung stehende, rein „äußerlich“ begründete Strafe auf. Die Deutung der Sündenstrafen im Sinne konnaturaler Sündenfolgen hat vor allem Bedeutung für die Frage, wie denn eine so verstandene „Sündenstrafe“ „getilgt“, überwunden werden könnte, da eine Beseitigung

---

[54] Vgl. bes. DH 1712.

[55] *K. Rahner*, Kleiner theologischer Traktat über den Ablaß, in: *Ders.*, Schriften zur Theologie, Bd. VIII (Zürich-Einsiedeln-Köln 1967) 472-487, hier: 474.

[56] *Ders.*, Zur heutigen kirchenamtlichen Ablaßlehre, in: *Ders.*, Schriften zur Theologie, Bd. VIII (Zürich-Einsiedeln-Köln 1967) 488-518, hier: 511.

einer solchen Sündenstrafe durch bloße „Amnestie“ ausgeschlossen ist. Die Sündenstrafe hat im Prozeß ihrer Überwindung „medizinalen“, heilenden Charakter.

Karl Rahner hat verschiedene Wege beschritten, sein Verständnis der Sündenstrafen in einem spekulativen Argumentationsgang und im Rückgriff auf die Daten der theologischen Tradition abzusichern.[57] Seinem anthropologischen Ansatz gemäß versuchte Rahner, einen Zugang zu der Vorstellung einer gegebenen „Sündenstrafe“ durch die Beschreibung des Vorgangs menschlichen Schuldigwerdens und Umkehrens zu schaffen: „Der Mensch ist ein vielschichtiges Wesen. Was er aus der Mitte seiner personalen Freiheit, aus dem innersten ‘Kern’ seiner Person heraus entscheidet und handelt, das bildet sich in Dimensionen seines Wesens ein, die nicht einfach mit der ursprünglichen Mitte der Person identisch sind. Er nimmt Haltungen und Gewohnheiten an, er prägt seinen Charakter und er ‘objektiviert’ die Tat seiner Freiheit in seiner ‘Umwelt’. Die erste Umwelt, die so das objektivierte Ergebnis seiner ursprünglichen Entscheidung aufnimmt, gleichsam gerinnen läßt und bewahrt, ist er selbst in den äußeren Schichten seines eigenen Daseins. Wenn daher die innerste Mitte des personalen Zentrums durch die Gnade Gottes umgewandelt wird – so sie vorher in sündiger Entscheidung sich gegen Gott und seinen heiligen Willen gewandt hatte –, wenn der Mensch sich also an der innersten und tiefsten Stelle seines Wesens zu Gott ‘bekehrt’, dann ist damit noch nicht immer und einfach alles schon wieder gut.“[58] Sollen die „Erstarrungen, Krusten und Rückstände der früheren Individualgeschichte“[59] aufgebrochen und aufgelöst werden, so bedarf es, nach Rahners Meinung, eines unter Umständen langdauernden Prozesses ganzheitlicher „Heilung“: Die „Gnade der Umkehr will ja das ganze Wesen des

[57] Der Gedanke der Selbstbestrafung der Sünde in ihrer leidvollen Folge findet sich in der christlichen Literatur ausdrücklich erstmals bei Origenes. Aber auch der große Denker des lateinisch-westlichen Altertums, Augustinus, formuliert (Gott anredend): „Iussisti enim et sic est, ut poena sua sibi sit omnis inordinatus animus“ (Du hast bestimmt, und so ist es: daß jeder ungeordnete Geist sich [seine Strafe ist] selbst zur Strafe wird; – Conf I, 12). Thomas von Aquin führt – auf dieser Linie liegend – nicht nur den Begriff der „reliquiae peccati“ in die theologische Tradition ein (vgl. etwa Sth III q86 a5 ad 1), er stimmt auch grundsätzlich dem Satz zu: „Congruum est ut ‘in quo quis peccaverit, in hoc punatur’, ed quod peccati commissi per satisfactionem radix abscindatur“ (Es ist angemessen, daß ‘jemand darin gestraft werde, worin er gesündigt hat’, und daß durch Genugtuung die Wurzel der begangenen Sünde abgehauen wird; – Suppl. q15 a3 ad3 mit Zitat von Weish 11,17). Das Konzil von Trient rezipiert den thomanischen Begriff der „reliquiae peccati“: satisfactoriae poenae „medentur quoque peccatorum reliquiis, et vitiosos habitus male vivendo comparatos contrariis virtutum actionibus tollunt“ (die genugtuenden Strafen ... heilen auch die Überreste der Sünden und beseitigen die durch einen schlechten Lebenswandel erworbenen fehlerhaften Gewohnheiten durch die entgegengesetzten Betätigungen der Tugenden; – DH 1690).
Wird die Sündenstrafe als eine Folge der Sünde gedacht, erscheint die Möglichkeit, daß sie therapeutisch-medizinell wirkt, gesichert.

[58] *K. Rahner*, Kleiner theologischer Traktat über den Ablaß (s. Anm. 55) 473.

[59] Ebd.

Menschen in sich hinein aufheben, bis hinein in seine Leibhaftigkeit, bis in die unbewußten Regungen der Nerven, bis in die untergründigen Antriebe, damit alles geheilt und geheiligt werde. Das ist aber noch nicht einfach bei jeder Bekehrung der Fall, auch nicht, wenn diese echt ist und man sagen kann: Da hat sich einer aufrichtig zu Gott bekehrt, in der Mitte seiner Freiheit, befreit durch die Gnade Gottes, sich 'umgestellt' und sein Dasein auf die Gnade Gottes gegründet. Auch dann kann es immer noch so sein, daß 'ich' in vieler Hinsicht der Alte, der noch Unbekehrte oder nicht ganz Verwandelte bin. Da kann 'ich' immer noch ich sein mit meinem Egoismus, den ich gar nicht merke, mit dem ich immer noch in vieler Hinsicht einverstanden bin, ich mit meiner Hartherzigkeit, mit meinem Pharisäertum, mit meiner Feigheit und mit all den anderen in der früheren (und jetzt bereuten) Schuld verwirklichten Haltungen und Befindlichkeiten, so daß ich es gar nicht merke und gar nicht fertigbringe, mich von all dem zu distanzieren. Eine solche Umwandlung der ganzen Unermeßlichkeit des Menschen kann also noch eine lange schmerzliche Geschichte bedeuten."[60]
Mit Reue und personaler Umkehr ist nicht einfach „alles wieder gut", das geschehene Böse nicht ungeschehen gemacht.
Ohne hier näher auf die bei Rahner durchaus vorhandene philosophische und theologische Begründung dieses Verständnisses eingehen zu können, möchte ich doch erwähnen, daß sein anthropologisch verifiziertes Verständnis der Sündenstrafe letztlich theologisch, nämlich schöpfungstheologisch begründet ist.
„Wenn der Mensch nämlich aus der Mitte seiner personalen Freiheit heraus seine eigene (übrige) Wirklichkeit mißbraucht, vergewaltigt und schädigt, dann erfährt er in dieser Verbildung seines eigenen Wesens den Widerspruch und Widerstand dieser der Freiheitsentscheidung vorgegebenen Natur, ihrer Strukturen und ihrer gottgeschaffenen und somit unaufhebbaren Anlagen. Der Widerspruch zwischen dem in ihm, was frei ist, und dem, was er von Gott her sein soll und auch unaufhebbar ist, ein Widerspruch, der das Wesen der aus der schuldigen Tat erfolgenden Zuständlichkeit des Menschen ausmacht, ist notwendig leidschaffend, ist der leidschaffende Protest der gottgestifteten Wirklichkeit gegen die falsche Entscheidung des Menschen. Man kann ja Leid gar nicht anders definieren. Die Sünde gebiert so in gewissem Sinn ihre eigene Strafe."[61] Gott ist insofern am Zustandekommen dieser Strafe „beteiligt", besser ihr „Verursacher", als er die Welt in ihrer konkreten Verfaßtheit geschaffen hat und im Dasein erhält,[62] so daß Rahner die Aussage wagt: „Gott 'straft' durch die gute Welt, die er geschaffen hat und deren Strukturen er aufrechterhält auch dort, wo sie von der endlichen Freiheit im bösen Freiheitsakt mißbraucht, aber nicht abgeschafft werden können und so leidschaffend durch die Objektivationen der Schuld hindurch sich auswirken."[63] So läßt sich nach Rahner durchaus die Re-

[60] Ebd., 474.
[61] Ebd., 475.
[62] Vgl. ebd.
[63] *Ders.*, Art. „Sündenstrafen", in: Sacramentum Mundi, Bd. 4 (Freiburg 1969) 761-766,

deweise bewahren, die zeitlichen Sündenstrafen seien „von Gott verhängt“[64] worden. Die Rückbindung der Entstehung der Sündenstrafen an die in Gottes Willen gründende „Gutheit“ der Schöpfungsordnung, deren „Störung“ sich für den Menschen leidvoll auswirkt, ermöglicht es Rahner, zwischen „medizinellem“ und „vindikativem“ Charakter der Sündenstrafen zu vermitteln: „Jede leidschaffende Reaktion der Wirklichkeit (im Menschen und seiner Welt) auf eine falsche, sich in diese Wirklichkeit einbildende Entscheidung ist an sich eine Aufforderung zur 'Umkehr', zur besseren, sach- und menschengerechteren Entscheidung und hat also 'medizinellen' Charakter. Als Ausdruck des heiligen Willens Gottes hat sie gleichzeitig auch immer 'vindikativen' Charakter, was ja nicht bedeutet, daß sie als zornige Reaktion zusätzlicher und äußerer Art eines bloß äußerlich gesetzgeberischen Willens verstanden werden müsse. Der heilige Wille Gottes, der 'vindikativ' reagiert, ist der, der eine gute Welt schöpferisch setzt und durchhält in ihrer objektiven Güte.“[65]

Rahners Überlegungen sind in der neueren Theologie auf breiter Basis rezipiert worden[66] und gelten auch im heutigen ökumenischen Gespräch als eine wichtige Verständigungshilfe. Sie lassen sich biblisch begründen durch die entsprechende Würdigung der Vorstellung eines „Tun-Ergehen-Zusammenhangs“ und der Rede von der sich um die Sünde ausbreitenden „Tatsphäre“.[67] Gerade aber die in den jüngeren Büchern der Bibel erfolgte Infragestellung der absoluten Gültigkeit des „Tun-Ergehen-Zusammenhangs“ etwa durch die leidvolle Erkenntnis Hiobs, daß es den Gottlosen (zumindest scheinbar) gut geht, belegt, daß die Sündenstrafe, verstanden als Sündenfolge, nicht im Sinne der ausgleichenden Gerechtigkeit wirkt, sondern im Blick auf einen begrenzten Erfahrungsbereich zunächst einmal Einsicht in die leidvollen Folgen der Sünde vermitteln will. Die Theodizee-Frage, die Frage, wie Gott in seiner Güte gerechtfertigt werden könnte angesichts des Leidens Unschuldiger, läßt sich nicht allein durch den Hinweis beantworten, die Menschen hätten das Leid, das sie erfahren, selbst verursacht, wenngleich dies auch für Teilbereiche zutrifft.[68]

---

hier: 763.

[64] *Ders.*, Kleiner theologischer Traktat über den Ablaß (s. Anm. 55) 475.

[65] *Ders.*, Art. „Sündenstrafen“ (s. Anm. 63) 764.

[66] Vgl. etwa *G. Greshake*, Heil und Unheil? Zu Bedeutung und Stellenwert von Strafe und Sühne, Gericht und Hölle in der Heilsverkündigung, in: *Ders.*, Gottes Heil – Glück des Menschen (s. Anm. 25) 245-276, hier: 251-257.

[67] Vgl. zusammenfassend *M. Limbeck*, Die Sühne der Sünden. Eine verhängnisvoll vernachlässigte Möglichkeit, in: Bibel und Kirche 33 (1978) 15-19.
Die exegetische Diskussion um die Berechtigung der Annahme, nicht ein „äußerlich“ bleibendes Strafen wie beim Vergeltungsdenken eigentlich vorausgesetzt, sondern die schöpfungstheologisch begründete Tatsache eines „inneren“ Zusammenhangs zwischen Tun und Erleiden kennzeichne den biblischen Strafbegriff, ist dokumentiert bei *K. Koch (Hg.)*, Um das Prinzip der Vergeltung in Religion und Recht des Alten Testaments (Darmstadt 1972).

[68] Vgl. zur Frage des vom Menschen selbst verschuldeten Leides (malum morale) in Abgrenzung von dem die Menschen „unverschuldet“ treffenden Leid (malum physicum): *G.*

2. Gottes „Strafgericht“ am Ende der Zeiten

Die christliche Hoffnung, daß letztlich doch für alle alles gut werden möge, erfüllt sich nicht im irdischen, kategorial-geschichtlichen Erfahrungsraum, was nicht bedeutet, daß die Rede von Heil und Erlösung sich nur auf ein endzeitliches, nachzeitliches Geschehen bezieht. Jesus verkündigte das „Reich Gottes“ als eine bereits hier und heute erlebbare und erfahrbare Wirklichkeit, deren von Gott ermöglichte letzte Vollendung noch aussteht.
Die im Blick auf diese Endzeit vorherrschende „Gerichtsanalogie“ in den theologischen Aussagen weckte und weckt noch immer tiefe Ängste. Gott erscheint vor dem geistigen Auge als ein „Strafrichter“, dem nichts verborgen blieb und der jedem nun endlich „vergilt, wie er verdient“. Auf der anderen Seite läßt sich begründet auch von der menschlichen „Sehnsucht“ nach einem gerechten Gericht sprechen, denn: „Was wäre eine Welt, in der es keinen Richter und kein Gericht gäbe, in der jeder ungestraft sein Unwesen treiben könnte und jeder schutzlos der Willkür und Grausamkeit ausgesetzt wäre? Man verfehlte von vornherein das Wesen des Gerichts, wenn man es nur aus der Perspektive dessen betrachtete, der sich davor fürchtet und wünscht, daß es kein Gericht gäbe. Wie stark erweckt die Weltgeschichte eine echte, tief berechtigte Sehnsucht nach dem Gericht, nach Aufrichtung des mit Füßen getretenen Rechts, nach ausgleichender Gerechtigkeit. (...) Daß diese verkehrte Welt richtiggestellt und zurechtgebracht werde, daß alles ans Licht und zur Wahrheit komme, darin besteht ein geschichtliches Verlangen von eschatologischem Ausmaß. Denn obwohl die Geschichte Beispiele dafür bietet, daß sich das Unrecht rächt und die Hybris zu Fall kommt, liefert sie doch ein Vielfaches an Beispielen dafür, daß das Unrecht ungestraft triumphiert und Hybris gar noch belohnt wird. (...) Deshalb sehnt er [der Mensch] sich nach dem Offenbarwerden dessen, was jetzt unter dem Gegenteil verborgen ist, nach der Auflösung aller Widersprüche, nach dem Gericht als der Vollendung geglaubten Heils.“[69] Wie kaum ein anderer theologischer Fragebereich, hat die christliche Eschatologie in den letzten Jahrzehnten Wandlungen vollzogen, die auch die Grundlagen ihrer Erkenntnisse, ihre hermeneutischen Prinzipien betreffen. Dabei zeigte sich, daß ein von Karl Rahner schon 1960 verfaßter Aufsatz[70] Zustimmung auf breiter Basis fand. Rahners theologische Prinzipien der Hermeneutik eschatologischer Aussagen gelten daher in der neueren Theologie als eine präzise Zusammenfassung der Voraussetzungen für ein angemessenes Verständnis eschatologischer Lehraussagen. In unserem Zusammenhang hilfreich scheint mir dabei die Erkenntnis, daß die Eschatologie „nicht die antizipierende Reportage später erfolgender

---

Greshake, Der Preis der Liebe. Besinnung über das Leid (Freiburg-Basel-Wien 1978) 27-48.

[69] *G. Ebeling*, Dogmatik des christlichen Glaubens, Bd. 3 (Tübingen ^{2}1982) 469.

[70] Vgl. *K. Rahner*, Theologische Prinzipien der Hermeneutik eschatologischer Aussagen, in: *Ders.*, Schriften zur Theologie, Bd. IV (Zürich-Einsiedeln-Köln 1960) 401-428.

Ereignisse“[71] ist, sondern „der für den Menschen in seiner geistigen Freiheits- und Glaubensentscheidung notwendige Vorblick *aus* seiner durch das Ereignis Christi bestimmten heilsgeschichtlichen Situation heraus (...) auf die endgültige Vollendung dieser seiner eigenen, schon eschatologischen Daseinssituation zur Ermöglichung seiner eigenen, erhellten und doch glaubend wagenden Entscheidung ins dunkel Offene hinein, damit der Christ darin seine Gegenwart annehme als Moment an der Verwirklichung der im Anfang (...) gestifteten Möglichkeit und als schon jetzt verborgen gegenwärtige und endgültige Zukunft, die dann gerade als Heil sich gibt, wenn sie angenommen wird als die auf Zeitpunkt und Weise nicht berechenbare Tat Gottes, der allein verfügt, und wenn so der Skandal des noch gegebenen Widerspruchs zu dem schon gegebenen Heil in Christus (...) in hoffender Geduld ausgehalten wird als Teilnahme am siegreichen und erlösenden Kreuz Christi.“[72] Auch die eschatologischen Aussagen zielen darauf, daß unser Leben gelingt. Sie wollen nicht einfach informieren über ein Später, sondern jetzt die Zuversicht vermitteln, daß alles gut werden wird. Aus der auf Gottes Verheißung vertrauenden Hoffnung kann dann die Kraft erwachsen, das Dasein zu bestehen.
Wichtig in unserem Kontext ist auch, daß nach christlicher Überzeugung „die Eschatologie vom Heil und von der Verwerfung nicht auf derselben Ebene liegen“[73], was bedeutet, daß die Kirche zwar mit Gewißheit verkündet, daß einzelnen Menschen die Vollendung bereits geschenkt ist, keine Gewißheit jedoch darüber besteht, ob überhaupt ein Mensch die „ewige Verdammnis“ erleidet. Es gibt daher eigentlich nur „ein Thema“[74] in der Eschatologie: „der Sieg der Gnade in der vollendeten Erlösung. Von der möglichen Verdammnis kann nur gesprochen werden, muß allerdings dann auch gesprochen werden, insofern so, und nur so, dem Menschen verwehrt ist, den sicheren Sieg der Gnade in der Welt als für ihn selbst schon fixen und vorausgenommenen Posten in die Rechnung seiner noch zu wagenden freien Existenz zu stellen.“[75]
Abschließend weist Rahner dann nachdrücklich auf die Notwendigkeit hin, „in den eschatologischen Aussagen der Schrift und Tradition zu unterscheiden zwischen Aussageweise und Aussageinhalt“[76]. Diesem Anliegen wollen die folgenden Ausführungen im Blick auf die Bildrede von Gottes eschatologischem „Strafgericht“ dienen.
In den letzten Jahrzehnten ist verstärkt ins Bewußtsein getreten, daß der Gerichtsgedanke in der Predigt des irdischen Jesus zwar einen hohen Stellenwert hatte,[77] dieser aber im Rahmen und als konkreter Ausdruck seines Evangeliums

---

[71] Ebd., 414.
[72] Ebd., 415.
[73] Ebd., 420.
[74] Ebd., 422.
[75] Ebd.
[76] Ebd., 426.
[77] Vgl. zuletzt *M. Reiser*, Die Gerichtspredigt Jesu. Eine Untersuchung zur eschatologischen

verstanden werden muß. Ohne hier auf Einzelheiten eingehen zu können, sei erwähnt, daß die sprachlich als Gerichtsdrohungen formulierten Worte Jesu seinen Hörern die Ernsthaftigkeit ihrer Entscheidungssituation bewußt machen wollen. Als „Ruf zur Umkehr" stehen sie im Dienst seiner Heilsbotschaft.[78]

Wie nun deutet die neuere Theologie die Erwartung eines Endgerichts, in dem die Menschheit ihr gerechtes Urteil erhält? Falsche Vorstellungen abwehrend und ein angemessenes Verständnis aufzeigend, beschreibt Karl Lehmann das eschatologische Weltgericht in folgender Weise: „Es ist nicht ein Welttheater, an dem die Menschheit in der Rolle eines zwar interessierten, aber letztlich nicht engagierten Zuschauers teilnimmt. Es geht auch nicht zuerst um eine von außen kommende Verurteilung des Menschen, die ihm ganz fremd zugesprochen wird. Im Gericht begegnet der Mensch der Summe (und darin den Einzelheiten) seines Lebens, seiner Grundentscheidungen, Taten und Unterlassungen. Er erkennt sich selbst: wer er war, zu wem er geworden ist. Das Gericht bringt die Wahrheit des Menschen über sich selbst an den Tag. Es fällt wie Schuppen von den Augen, wer wir wirklich sind."[79] Diese „Selbsterkenntnis" erlangt der Mensch jedoch nicht aus eigenen Kräften: „Es braucht das Urteil, da die Wahrheit oft gegen unsere Tendenzen und Neigungen der Wirklichkeit abgerungen werden muß. Es muß erst einmal klar und durchsichtig werden, wer wir sind. Diese unverfälschte Feststellung ist das Urteil Gottes. Nur so ist sie möglich."[80] Insofern schließt der Gedanke des Endgerichts das Moment der „Überraschung" in sich. Alles erscheint in einem veränderten Licht, dem Licht der Liebe Gottes.

Auch im Endgericht ist die „Strafe", die die Menschen erfahren, nicht eine von Gott auferlegte „zusätzliche" Übelszufügung, sondern sie besteht in der in der unmittelbaren Begegnung mit dem liebenden Gott notwendig leidvollen Einsicht in die selbst verpaßten Möglichkeiten, Heil zu erfahren. „Leiden" werden wir unter diesem „Urteilsspruch", weil das Vergangene unwiederbringbar vergangen ist, weil uns „auf ewig" an Gutem fehlt, was wir selbst „ver-fehlt" haben. Da Gott uns als solche annimmt, uns „gerecht" macht, indem er seine Beziehung zu uns aufrechterhält, werden wir lernen, uns auch selbst anzunehmen. Eine „Selbstrechtfertigung" mit Hinweis auf unsere Werke kann nicht gelingen. Gottes Gerechtigkeit, seine Bundeswilligkeit „rechtfertigt" uns. Angesichts dieses Angebots steht der Mensch vor seiner letzten Entscheidung: Er kann die Liebe Gottes, seine Beziehungswilligkeit annehmen oder ablehnen. Gegenstand der christlichen Hoffnung ist, daß sich niemand der Liebe Gottes verweigern wird. Da der Mensch aber auch vor dem Angesicht Gottes seine Freiheit nicht verliert, muß die Möglichkeit, daß einer oder eine sich in dieser Situation dem Guten endgültig versagt, zumindest als denkerische Grenzaussage beibehalten werden.

Verkündigung Jesu und ihrem frühjüdischen Hintergrund (Münster 1990).

[78] Vgl. ebd., 306.

[79] *K. Lehmann*, Weltgericht und Wiederkunft Christi, in: *Ders.* u.a., Vollendung des Lebens – Hoffnung auf Herrlichkeit (Mainz 1979) 82-102, hier: 88.

[80] Ebd., 89.

Ob die „Hölle" „leer" ist, wissen wir nicht, daß sie es nicht ist, wissen wir ebensowenig.

IV. Ausblick: Impulse für ein Gespräch zwischen Theologie und Rechtswissenschaften über den Begriff der Strafe

Abschließend möchte ich einige Gedanken zu der Frage anfügen, welche Bedeutung die Kenntnis des theologischen Strafbegriffs für die Rechtswissenschaften haben könnte.[81]

(1) Zunächst einmal sollte deutlich geworden sein, daß die heutige theologische Argumentation keine Stütze für die im Rechtswesen diskutierte Strafbegründung nach dem „Vergeltungsprinzip" darstellt. Nach dem theologischen Verständnis ist die Strafe eben keine „Übelszufügung", die als Reaktion auf die sündige Tat „von außen" verhängt wird, sondern eine im Wesen der Tat selbst inbegriffene, „konnaturale" Folge der Tat selbst. Da die Sündenfolge den Bezug zu ihrer Wurzel, der Sündentat, noch erkennen läßt, sind die Chancen, daß die Strafe hier „medizinal", heilend, auf Besserung hin wirkt, groß.

(2) Aus dem Gesagten folgt, daß im Gespräch zwischen den Rechtswissenschaften und der Theologie hinsichtlich der Strafbegründung weder eine „Sakralisierung des Rechts", noch eine „Juridisierung des Heiligen" erfolgen darf.[82] Wie der französische Philosoph Paul Ricoeur m.E. überzeugend zeigen konnte, läßt sich mit rein rationalen Überlegungen nicht begründen, inwiefern eine weitere Übelszufügung, die die Strafe im Rechtsbereich ja ist, ein Vergehen „auslöschen" könnte.[83] Auf der Ebene des Rechts muß die Strafbegründung daher nach Prinzipien erfolgen, die dem Wesen des Gebildes, dem das Rechtswesen zugeordnet ist, eigen sind. Im Anschluß an Hegel verweist Ricoeur daher die „Logik der Strafe" an bestimmte Gültigkeitsbedingungen, die nur innerhalb eines Rechtswesens gegeben sind.[84] Die Plausibilitäten ihrer Strafbegründung

---

[81] Besondere Aufmerksamkeit auf diesen Fragebereich hat der Moraltheologe Johannes Gründel gerichtet: vgl. *J. Gründel*, Strafen und Vergeben (s. Anm. 2); *ders.*, Warum und zu welchem Ende strafen wir? (s. Anm. 2); *ders.*, Schuld – Strafe – Versöhnung aus theologischer Sicht, in: *A. Köpcke-Duttler (Hg.)*, Schuld – Strafe – Versöhnung, (s. Anm. 2) 93-116.

[82] Vgl. *P. Ricoeur*, Interpretation des Strafmythos, in: *Ders.*, Hermeneutik und Psychoanalyse (München 1974) 239-265, bes. 239-246.

[83] Vgl. ebd., 244. „Ricoeur hat gezeigt daß dieser an Vergeltung orientierte Sühnegedanke eigentlich nur im vertragsrechtlich geregelten Bereich des privaten Rechts rational ist. Nur bei privatrechtlichen Streitfällen, die durch Rückgabe des unrechtmäßig angeeigneten Gutes 'bereinigt' werden können, heilt eine äquivalente Sühneleistung geschehenes Unrecht" (*J. Werbick*, Braucht die Theologie einen strafenden Gott? [s. Anm. 3] 441). Vgl. ausführlicher dazu: *Ders.*, Schulderfahrung und Bußsakrament (s. Anm. 3) 133-139.

[84] Vgl. *P. Ricoeur*, Interpretation des Strafmythos (s. Anm. 82) 248f.

So grenzt Hegel seine Überlegungen zur Begründung der Strafe wie folgt ein: „In dieser Erörterung kommt es allein darauf an, daß das Verbrechen, und zwar nicht als die Hervorbrin-

können die Rechtswissenschaften nicht der Theologie entlehnen, da im Beziehungsgefüge Gott-Mensch andere Gültigkeitsbedingungen vorliegen als in einem vertragsrechtlich geregelten Staatswesen.

(3) Angedeutet sei schließlich zuletzt, daß das im Rechtswesen gültige sogenannte „Schuldprinzip", nach dem nur der eines Gesetzesbruches Schuldige bestraft wird, eben „quia peccatum est", in der theologischen Perspektive insofern überschritten ist, als hier die „soziale" Komponente sowohl bei der Schuldentstehung wie bei der Schuldbewältigung im Strafbegriff selbst berücksichtigt ist: Wir leiden auch an den Folgen der sündigen Taten anderer und wirken selbst mit an der universalen Schuldverstrickung des Menschengeschlechts, angesichts derer Hoffnung allein im Blick auf Jesus Christus erwächst. „Solidarisch" bei der Schuldentstehung, sollten wir uns auch „solidarisch" erweisen bei der Schuldbewältigung. Von dieser Einsicht her scheint mir eine möglichst effektive Spezialprävention, die Sorge etwa um die Resozialisierung der Täter, ethisch begründet und christlich motiviert.

„Das Böse" kann nur „im Guten" wirklich überwunden werden. Wir alle können täglich diese Erfahrung machen.

gung eines Übels, sondern als Verletzung des Rechts als Rechts aufzuheben ist, und dann, welches die Existenz ist, die das Verbrechen hat und die aufzuheben ist" (*G.W.F. Hegel*, Grundlinien der Philosophie des Rechts = *ders.*, Werke, Bd. 7 [Frankfurt 1970] 99).

Neue Urteile zu den alten Lehrverurteilungen

Die evangelischen Kirchen in Deutschland und die Studie des Ökumenischen Arbeitskreises

Die 1986 erschienene Studie „Lehrverurteilungen – kirchentrennend?" (LV I)[1] des deutschen Ökumenischen Arbeitskreises evangelischer und katholischer Theologen (ÖAK) hat ein Rezeptionsgeschehen ausgelöst, dessen Breite und dessen Charakter bei ökumenischen Dokumenten ungewöhnlich sind: Tagespresse, Gemeindegruppen, zahlreiche Theologen und kirchenamtliche evangelische und römisch-katholische Gremien haben die Ergebnisse der Studie zu der Frage, ob die im 16. Jahrhundert von den Konfessionsgemeinschaften ausgesprochenen Lehrverurteilungen in Fragen der Rechtfertigung, der Sakramente und des Amtes aus heutiger theologischer Sicht den Fortbestand der Kirchentrennung noch legitimieren, wahrgenommen und besprochen.[2] Im Spätherbst 1994 verabschiedeten die Generalsynode der Vereinigten Evangelisch-Lutherischen Kirche Deutschlands (VELKD) und die Vollversammlung der Arnoldshainer Konferenz (AKf) eine gleichlautende Stellungnahme[3] zu den in der ÖAK-Studie bezogenen Positionen, deren Vorgeschichte und deren theologische Aussagen der Gegenstand der Darstellung hier ist. Eigenart und Bedeutung dieser evangelischen Standortbestimmung lassen sich nur im Kontext des verzweigten offiziellen Rezeptionsgeschehens verstehen, an dessen entscheidende Etappen ich daher zunächst im Überblick erinnern möchte (I.), ehe ich auf die evangelische Stellungnahme im einzelnen eingehe (II./III.) und die Konsequenzen anspreche (IV.).

---

[1] Vgl. *K. Lehmann/W. Pannenberg (Hg.)*, Lehrverurteilungen - kirchentrennend?, Bd. I: Rechtfertigung, Sakramente und Amt im Zeitalter der Reformation und heute (Freiburg- Göttingen 1986; ³1988).

[2] Vgl. die detaillierte Bibliographie zur Rezeption von LV I in: *W. Pannenberg/Th. Schneider (Hg.)*, Lehrverurteilungen - kirchentrennend?, Bd. IV: Antworten auf kirchliche Stellungnahmen (Freiburg-Göttingen 1994) 136-143.

[3] Vgl. den Text des gleichlautenden Beschlusses der *AKf* und des *Deutschen Nationalkomitees des Lutherischen Weltbundes* in: KNA-ÖKI, Dokumentation Nr. 11 (16.11.1994) 1-4; leichter zugänglich ist der Abdruck des Beschlusses in: ÖR 44 (1995) 99-102; Materialdienst des Konfessionskundlichen Instituts 46 (1995) 40f. (Im folgenden nenne ich den Beschluß „gemeinsame evangelische Stellungnahme".) Dieser gemeinsamen Stellungnahme der VELKD, der AKf und des DNK des LWB zu LV I gingen 1993 und 1994 synodale Entscheidungen einzelner Landessynoden voraus: vgl. *G. Hintzen*, Bedeutsamer ökumenischer Fortschritt. Die ersten offiziellen Stellungnahmen der evangelischen Landeskirchen zu „Lehrverurteilungen - kirchentrennend", in: KNA-ÖKI Nr. 7 (7.2.1995) 13-18.

I. Zeitstruktur und Zielsetzungen der kirchenamtlichen Rezeption von LV

1. Datenübersicht

26.10.1985	Schlußbericht der 1981 eingesetzten Gemeinsamen Ökumenischen Kommission (GÖK)[4] über die Ergebnisse der ÖAK-Studie
Herbst 1986	LV I[5] erscheint (Frühherbst 1985 fertiggestellt)
Mai 1990	Votum des Facharbeitskreises Faith-and-Order- und Catholica-Fragen[6]
Frühjahr 1991	„Göttinger Gutachten"[7] erscheint (Juli 1990 fertiggestellt)
13.9.1991	Stellungnahme und Beschlußvorlage des Gemeinsamen Ausschusses der VELKD und des DNK des LWB[8]
29.9.1991	Stellungnahme und Beschlußvorlage der von der AKf eingesetzten Theologischen Kommission[9]
15.12.1992	Gutachten des Päpstlichen Rates zur Förderung der Einheit der Christen[10]
21.06.1994	Stellungnahme der Deutschen Bischofskonferenz[11]
19.10.1994	Beschluß der VELKD über die gemeinsame evangelische Stellungnahme[12]

---

[4] Vgl. den Text des Schlüßberichts in: LV I (s. Anm. 1) 187-196. Die GÖK war im Anschluß an den ersten Besuch von Papst Johannes Paul II. 1980 in Deutschland eingesetzt worden. Ihr Schlußbericht fordert die evangelische und die römisch-katholische Kirche zu einer verbindlichen Erklärung über die Tragweite der Ergebnisse des ÖAK auf (vgl. ebd., 195).

[5] (s. Anm. 1).

[6] Vgl. den Text in: Lehrverurteilungen im Gespräch (= LVG). Die ersten offiziellen Stellungnahmen aus den evangelischen Kirchen in Deutschland (Göttingen 1993) 161-199. Dieses Votum wurde noch für den Bund der Evangelischen Kirchen in der DDR erstellt.

[7] Vgl. *D. Lange (Hg.)*, Überholte Verurteilungen? Die Gegensätze in der Lehre von Rechtfertigung, Abendmahl und Amt zwischen dem Konzil von Trient und der Reformation – damals und heute (Göttingen 1991). Im Vor- und Umfeld der kirchenamtlichen evangelischen Rezeption von LV I übte dieses (in der Sache kritische) Gutachten der Göttinger Fakultät theologischen Einfluß aus.

[8] Vgl. den Text in: LVG (s. Anm. 6) 57-160.

[9] Vgl. den Text in: LVG (s. Anm. 6) 17-56.

[10] Das Dokument wurde dem ÖAK zu Beginn des Jahres 1993 zugänglich gemacht, damit dieser sich vor den weiteren Schritten der offiziellen römisch-katholischen Rezeption erneut in das Fachgespräch einbringen kann. Vgl. zum Inhalt des Gutachtens auch: *D. Sattler*, Zum Gutachten des Einheitsrates. Analysen – Anfragen – Konsequenzen, in: LV IV (s. Anm. 2) 101-120.

[11] Vgl. Stellungnahme der Deutschen Bischofskonferenz zur Studie „Lehrverurteilungen – kirchentrennend?" (Bonn 1994) = Die deutschen Bischöfe 52. Vgl. dazu: *H. Jorissen*, Kritische Erwägungen zur Stellungnahme der Deutschen Bischofskonferenz zur Studie „Lehrverurteilungen – kirchentrennend?", in: Cath 48 (1994) 267-278.

[12] (s. Anm. 3).

21.10.1994	Beschluß der AKf über die gemeinsame evangelische Stellungnahme[13]
06.11.1994	Bericht des Vorsitzenden des Rates der EKD, Landesbischof Dr. Klaus Engelhardt, über die gemeinsame evangelische Stellungnahme auf der EKD-Synode in Halle[14]
17.11.1994	Beschluß des DNK des LWB über die gemeinsame evangelische Stellungnahme[15]
Nov. 1994	LV IV[16] erscheint (Sommer 1994 fertiggestellt)
18.12.1994	Übergabe der gemeinsamen evangelischen Stellungnahme an Papst Johannes Paul II. durch den Ratsvorsitzenden Bischof Engelhardt; Gespräche mit Glaubenskongregation und Einheitsrat; Zuleitung der evangelischen Stellungnahme an die DBK

2. Kenntnisstand und Bezugstexte der einzelnen Rezipienten

Die große Zahl der am Rezeptionsprozeß von LV I engagierten Gruppen erhöhte die Schwierigkeit, die einzelnen Vorgänge zeitlich und sachlich aufeinander abzustimmen:
Die für die evangelischen Synoden erarbeiteten Beschlußvorlagen beziehen sich vor allem auf den Schlußbericht der GÖK und auf die Studie LV I. Das Göttinger Fakultätsgutachten liegt zum Zeitpunkt der Abfassung der Beschlußvorlagen der VELKD und der AKf bereits vor. *Die gemeinsame evangelische Stellungnahme* erweitert den Kreis der Referenztexte nicht, obwohl das Gutachten des Einheitsrates und die Stellungnahme der DBK inzwischen erschienen waren; das Bemühen des ÖAK um Klarstellungen und Differenzierungen von LV I, das in LV IV dokumentiert ist, war bekannt; die Ausführungen von LV IV wurden bei der Beschlußfassung der Synoden nicht berücksichtigt.
Das Gutachten des Einheitsrates bezieht sich vor allem auf die Studie LV I und setzt sich mit dem Göttinger Fakultätsgutachten auseinander. Die zum Zeitpunkt der Zusammenstellung der Arbeitsergebnisse der Unterkommissionen, die die Erstellung des Gutachtens vorbereiteten, (Januar bis Dezember 1992) schon zugänglichen evangelischen Beschlußvorlagen blieben unbeachtet. *Die Stellungnahme der DBK* argumentiert in Kenntnis und unter Einbezug des Gutachtens des Einheitsrates. Die Ausführungen in LV IV waren zum Zeitpunkt der Abfassung der Stellungnahme noch nicht bekannt.
LV IV bezieht sich auf die evangelischen Beschlußvorlagen und auf das Gutachten des Einheitsrates. Die Stellungnahme der DBK und die gemeinsame

---

13 (s. Anm. 3).

14 Vgl. epd-Dokumentation Nr. 49 (1994), 15f.

15 (s. Anm. 3).

16 (s. Anm. 2). In diesem Band äußert sich der ÖAK unter Berücksichtigung der ihm bis zu seiner Jahrestagung im Frühjahr 1994 vorliegenden evangelischen und römisch-katholischen Stellungnahmen nochmals zu den Anliegen und Ergebnissen von LV I.

evangelische Stellungnahme waren bei der Erarbeitung der Texte in LV IV noch nicht bekannt.
Diese Übersicht zeigt, daß die Bezugstexte, auf welche die am Rezeptionsprozeß von LV I Beteiligten zurückgreifen, sehr stark variieren. Die Differenzen sind zum einen als Konsequenz äußerer Gegebenheiten (Terminvorgaben, verzögertes Erscheinen einzelner Texte, Unklarheiten in der Abstimmung) zu verstehen; sie beruhen zum anderen aber auch auf unterschiedlichen Zielsetzungen, die ihrerseits Spiegel der unterschiedlichen „Rollen" sind, die die evangelischen bzw. römisch-katholischen Träger der Rezeption im jeweiligen konfessionell-ekklesialen System spielen: die Gliedkirchen der EKD zielten eine lehrautoritative Entscheidung an; der Einheitsrat wollte den anhaltenden Rezeptionsprozeß bereichern[17]. Es wäre wünschenswert und in der Sache weiterführend gewesen, wenn die Bemühungen des Einheitsrates und des ÖAK bei der Entscheidung der Gliedkirchen der EKD hätten berücksichtigt werden können.

3. Differenzen in den Zielsetzungen und in den Methoden der Rezipienten

Die *gemeinsame evangelische Stellungnahme* legt in ihrem Abschnitt 4. offen, daß sie sich mit drei Anliegen der GÖK auseinandersetzt: (1) Mit der im Schlußbericht der GÖK formulierten Bitte, „verbindlich auszusprechen, daß die Verwerfungen des 16. Jahrhunderts den Partner von heute nicht treffen, insofern seine Lehre nicht von dem Irrtum bestimmt ist, den die Verwerfung abwehren wollte"[18]; (2) mit der Anregung der GÖK, die evangelischen Bekenntnisschriften künftig entsprechend der erreichten Verständigungen auszulegen[19]; (3) mit der Bitte, die Rezeption von LV I mit dem „höchstmöglichen Grad kirchlicher Anerkennung" auszustatten[20]. Es wird ersichtlich, daß es Ziel-

---

[17] Vgl. dazu auch unten I.3.

[18] LV I (S. Anm. 1) 195, 15-17. Abschnitt 4.1 der gemeinsamen evangelischen Stellungnahme kommt dieser Aufforderung nach.

[19] Vgl. LV I (s. Anm. 1) 195, 25-27. Abschnitt 4.2. der gemeinsamen evangelischen Stellungnahme antwortet auf diese Anregung. Im Text der GÖK war das Problem einer dem ökumenischen Gesprächsstand entsprechenden Hermeneutik der Bekenntnisschriften als Konsequenz einer erzielten Übereinstimmung in der Betrachtung geschichtlich bedingter Differenzen angesprochen. Eine ausdrückliche Bitte um ein solches Verfahren wurde damals allerdings nicht formuliert.

[20] Vgl. Abschnitt 4.3. der gemeinsamen evangelischen Stellungnahme (s. Anm. 3). Die evangelische Stellungnahme will darin einem Anliegen entsprechen, das nicht im Schlußbericht der GÖK, sondern im Schreiben der Vorsitzenden der GÖK an die bischöflichen Vorsitzenden des ÖAK formuliert ist: vgl. LV I (s. Anm. 1) 187,9-11; dort ist aber nicht der Autoritätsgrad der rezipierenden Gruppe gemeint - wie 4.3. vorauszusetzen scheint -, sondern des zu rezipierenden Dokuments, dem der „höchstmögliche[n] Grad kirchlicher Anerkennung zukommen" soll. Nach 4.3. bleibt die Verbindlichkeit von LV I an den Maßstab der „Auslegung und Anwen-

setzung der gemeinsamen evangelischen Stellungnahme ist, den Bitten der GÖK zu entsprechen. Dies geschieht insbesondere im Abschnitt 4.1., der dementsprechend am differenziertesten gestaltet ist, aber auch nicht sehr ausführlich wird. 4.2. und 4.3. beziehen sich auf die Problematik der Lehrautorität tradierter Texte und synodaler Gremien. Die Auswahl dieser Fragestellungen ist im Kontext der umstrittenen Grundfrage nach einer theologisch angemessenen Verhältnisbestimmung zwischen Evangelium (Hl. Schrift und Verkündigung) und kirchlicher Lehre zu betrachten. Hermeneutische Fragen haben somit in der gemeinsamen evangelischen Stellungnahme großes Gewicht erhalten.

Das *Gutachten des Einheitsrates* setzt sich in sachlich differenzierter Weise mit den theologischen Aussagen in LV I auseinander und überprüft, ob diese der römisch-katholischen Lehre bzw. (nach seinem Kenntnisstand) der (gegenwärtigen) lutherischen Theologie gerecht werden[21]. Erklärtes Ziel dabei ist es, in einen offensichtlich als längerfristig gedachten, dialogisch konzipierten Rezeptionsprozeß einzutreten, an dem auch der ÖAK nochmals beteiligt sein sollte. Dieser Bitte des Präsidenten des Einheitsrates, Kardinal Edward Cassidy, hat der ÖAK in LV IV zu entsprechen versucht. Das Dialogangebot des Einheitsrates fand in evangelischen ökumenischen Kreisen vielfach Zustimmung[22]. Aufgrund der andersgearteten Zielsetzung der evangelischen Rezipienten zeigten sich evangelische Kreise aber auch enttäuscht über das (bisherige) Ausbleiben einer mit höherer Lehrautorität ausgestatteten Rezeption von LV I. Unsicherheit in der Einschätzung des Stellenwerts des Gutachtens innerhalb des römisch-katholischen Rezeptionsprozesses und Unklarheiten über den „Öffentlichkeitscharakter" provozierten auch kritische und ablehnende Reaktionen[23].

Die *Stellungnahme der DBK* gibt als Ausgangspunkt ihrer Erörterung zwei Bitten der GÖK an: die Bitte, dem Dokument LV I den höchstmöglichen Grad kirchlicher Anerkennung zukommen zu lassen, und die Bitte, die Verwerfungen des 16. Jahrhunderts als den heutigen Partner nicht mehr treffend zu erklären[24]. Im Aufgreifen dieser Anliegen stimmen somit die gemeinsame evangelische Stellungnahme und die DBK überein. Hermeneutische Überlegungen zur Verbindlichkeit kirchlicher Lehrdokumente und zur Lehrautorität der Bischöfe sind den weiteren Überlegungen vorangestellt (Abschnitt I.). Weit ausführli-

---

dung des gemeinsamen Verständnisses des Evangeliums" gebunden; dieser bleibt der Lehrautorität der mit der Rezeption von LV I beschäftigten kirchenleitenden Organe vorgeordnet.

[21] Vgl. zur Problematik dieses Vorgehens: LV IV (s. Anm. 2) 115f.

[22] Vgl. LV IV (s. Anm. 2) 101f.

[23] Vgl. *D. Wendebourg*, Nochmals: Lehrverurteilungen – kirchentrennend?. Zur Stellungnahme der katholischen Deutschen Bischofskonferenz vom Juni 1994, in: Materialdienst des Konfessionskundlichen Instituts 45 (1994) 105-107 (vgl. dazu: *W. Pannenberg*, ebd. 46 [1995] 27f); *H. Vorster*, Ende gut, alles gut?. Zur Rücknahme der reformatorischen Verurteilungen gegenüber der heutigen römisch-katholischen Lehre, in: Ökumenische Rundschau 44 (1995) 92-98, bes. 97.

[24] (s. Anm. 11) 4.

cher als in der evangelischen Stellungnahme sind die Darlegungen zu den erreichten Übereinstimmungen und den verbleibenden Divergenzen (Abschnitt II.). Entsprechend der Selbsteinschätzung der ihr zukommenden Lehrautorität beschränkt sich die Gesamtbewertung des Dokuments (Abschnitt III.) auf eine positive Einschätzung der Möglichkeit, daß die im 16. Jahrhundert ausgesprochenen Lehrverurteilungen der heutigen evangelisch-katholischen Gemeinschaft nicht mehr im Wege stehen[25]. Die Stellungnahme der DBK kann angesichts der ihr nach römisch-katholischem Verständnis zukommenden Lehrautorität der Bitte der GÖK im Vollsinn nicht entsprechen, was von evangelischen Kommentator/inn/en eingeräumt und zugleich bedauert wird[26].

Zusammenfassend ist festzuhalten, daß der Stand der Rezeption von LV I, ihre Zielsetzungen und Methoden in den (deutschen) evangelischen Kirchen und in der römisch-katholischen Kirche sehr unterschiedlich sind. Der Tendenz nach lassen sich vor allem das römische Gutachten, aber auch die Stellungnahme der DBK auf die differenzierten theologischen Sachfragen, die in LV I behandelt sind, ein. Ähnliches geschieht zwar auch noch in den Kommissionspapieren der VELKD und der AKf. Die knappen Beschlußvorlagen und die gemeinsame evangelische Stellungnahme erreichen diesen Grad der Differenzierung aber nicht.[27] Die darin dennoch getroffenen theologischen Aussagen erscheinen daher fast notwendig als Verkürzungen. Die Auswahl der dem Schlußbericht entnommenen Bitten spiegelt zudem konfessionell-evangelisch bzw. -römisch-katholisch geprägtes Problembewußsein und weist mit aller Deutlichkeit auf die ökumenisch (noch) nicht konsensfähige Frage nach der kirchlichen Lehrautorität hin, die im Geschehen der Rezeption ökumenischer Dokumente offenkundig wird.

II. Die Stellungnahme der EKD und die Beschlußvorlagen der VELKD und der AKf

Die gemeinsame evangelische Stellungnahme weist einen sehr hohen Grad an meist wörtlicher Übereinstimmung mit der vom Gemeinsamen Ausschuß der

---

[25] Vgl. ebd., 22.

[26] Vgl. *D. Wendebourg* (s. Anm. 23) 106.

[27] Die gemeinsame evangelische Stellungnahme kommt selbst darauf zu sprechen, daß die Komplexität der in LV I angesprochenen Fragen „eine differenzierte Stellungnahme zu den vorgelegten Ergebnissen" (Abschnitt 3.) erfordert, und verweist in diesem Zusammenhang auf die „vorgelegten detaillierten Stellungnahmen". Diese in ihrer Intention nicht klar zu erkennende Bemerkung will wohl andeuten, daß die in LVG (s. Anm. 6) gedruckten, umfangreichen theologischen Vorarbeiten zu den Beschlußvorlagen bei der Interpretation der gemeinsamen evangelischen Stellungnahmen mitzuberücksichtigen sind. Die Tragweite dieses Hinweises ist auch deshalb nicht leicht zu erfassen, weil die separat erarbeiteten Texte der VELKD und der AKf in Einzelfragen zu unterschiedlichen Ergebnissen kommen.

VELKD und des DNK des LWB erarbeiteten Beschlußvorlage[28] auf. An einigen wenigen Stellen greift die Stellungnahme auf die Beschlußvorlage der AKf[29] und auf Ergebnisse der Detailuntersuchung der AKf[30] zurück. Die Abweichungen von den Vorlagen geben Akzentsetzungen zu erkennen.

1. Übereinstimmungen

Die Gliederung der gemeinsamen evangelischen Stellungnahme entspricht weitgehend dem von der Beschlußvorlage der VELKD vorgegebenen Rahmen: Die *Abschnitte 1.-3.* (Dank und Anerkennung für die vom ÖAK geleistete Arbeit; Begründung der Vorlage einer differenzierten Stellungnahme) sind eine nahezu wörtliche Wiedergabe der Abschnitte 1.-3. der VELKD-Vorlage. Die *Abschnitte 4.1.-4.4.* übernehmen die Gliederungsgesichtspunkte der VELKD-Vorlage, gehen auf die drei Bitten der GÖK[31] ein und betonen das Erfordernis eines gesamtekklesialen Rezeptionsgeschehens. *4.1.* stimmt in der Aussage mit den Beschlußvorlagen der VELKD und der AKf überein: Der Bitte der GÖK, verbindlich zu erklären, daß die Verwerfungen des 16. Jahrhunderts den heutigen Partner nicht treffen, können die evangelischen Kirchen „nur teilweise entsprechen". Alle in der VELKD-Vorlage aufgeführten Aspekte einer bereits erzielten Übereinstimmung in der Lehre sind in die gemeinsame evangelische Stellungnahme eingegangen. Dennoch unterscheidet sich gerade dieser Abschnitt sehr deutlich von den Beschlußvorlagen, weil er auch auf die verbleibenden Differenzen zu sprechen kommt und einige Passagen aus der AKf-Stellungnahme aufnimmt. *4.2.-4.4.* (Hermeneutik der Bekenntnisschriften, lehrautoritative Entscheidung zu LV I, Gesamteinschätzung des Rezeptionsgeschehens) lehnen sich eng an den Wortlaut der VELKD-Vorlage an, setzen aber auch einige wenige eigene Akzente. Wie in der Beschlußvorlage der VELKD gelten auch in der gemeinsamen evangelischen Stellungnahme die abschließenden Überlegungen in den *Abschnitten 5.-7.* der Frage, welche Inhalte, welche Methoden und welche Grundhaltung bei der zukünftigen ökumenischen Arbeit von Bedeutung sind.

2. Abweichungen und Akzentsetzungen

Formal läßt sich ein deutliches Bemühen um Verbindlichkeit in der eigenen Stellungnahme und in der Einforderung einer römisch-katholischen Stellungnahme erkennen: Auf Übereinstimmungen „weist" die gemeinsame evangeli-

---

28 Vgl. LVG (s. Anm. 6) 156-158.
29 Vgl. ebd., 54f.
30 Vgl. ebd., 32.
31 Siehe dazu oben I.3.

sche Stellungnahme nicht einfach „hin"[32], sie „stellt" sie vielmehr „fest" (einleitend zu 4.1.1.). Vom römisch-katholischen Lehramt wird die „offizielle Feststellung" „erwartet", daß die Verwerfungssätze des Trienter Konzils in den von LV I behandelten Fragen die reformatorische Position nicht treffen (4.1.5.). Diese Formulierung lehnt sich an die AKf-Vorlage an, die bezogen auf die Teilthemen von LV I jeweils bemerkt, „die Synode würde es begrüßen", wenn eine solche Feststellung erfolge[33]. Dem verstärkten Beharren auf Verbindlichkeit entspricht es auch, wenn die gemeinsame evangelische Stellungnahme in 4.1. unterstreicht, daß „eine Reihe von Lehrverurteilungen nur dann nicht mehr trifft, wenn dazu die im Dokument LV vorgelegte oder in den Stellungnahmen gegebene Interpretation von römisch-katholischer Seite lehramtlich festgestellt wird", daß bis dahin also nur konditionale Urteile möglich sind. Die VELKD-Vorlage formulierte noch offener, in dem sie die Möglichkeit benannte, „eine bestimmte Interpretation" könne dort weiterführen, wo bisher noch Ungewißheit besteht[34].
Inhaltlich fällt vor allem die starke Gewichtung verbleibender Differenzen in den Unterabschnitten von 4.1. auf. Sehr ausführlich kommen in 4.1.1. *Fragen der Rechtfertigungslehre* zur Sprache. Die markierten Differenzen betreffen zentrale Fragen der Rechtfertigungslehre (Gnade, Glaube, Verdienst). Textgrundlage ist an dieser Stelle nicht, wie sonst immer, eine der kurzen Beschlußvorlagen, sondern eine Passage aus der ausführlichen AKf-Studie, die wortlautgetreu wiedergegeben wird[35]. Als Desiderat hinzugefügt ist die Behandlung der Frage nach Zusammenhang und Unterscheidung von Gesetz und Evangelium (eigens erwähnt auch in Abschnitt 5. bei der Auflistung offener Fragen), deren in LV I versäumte Behandlung die Studie der VELKD sehr beklagt[36], ohne eine entsprechende Bemerkung in die Beschlußvorlage zu übernehmen[37].
Auch die Ausführungen der gemeinsamen evangelischen Stellungnahme in 4.1.2. zur *Eucharistiethematik*[38] und in 4.1.4. zum Verständnis des Papstamtes[39] schließen sich eng an Positionsbeschreibungen der AKf an und übernehmen deren Stil, konditionale Urteile auszusprechen.
Die in 4.1.3. behandelten *Fragen des (allgemeinen) Sakramentsbegriffs* sind zwar im Vergleich zu den Beschlußvorlagen etwas differenzierter angesprochen (die AKf-Vorlage kommt auf solche nicht zu sprechen, die VELKD-Vorlage thematisiert Sakramentenzahl und -begriff), insgesamt gesehen aber auch nicht stark gewichtet. Die Stellungnahme zeigt bei Gewährleistung der

---

32 Vgl. die Beschlußvorlage der *VELKD* in: LVG (s. Anm. 6) 157, 15.
33 Vgl. ebd., 54,37-39; 55,7-9; 55,17-19.
34 Vgl. ebd., 157,7-9.
35 Vgl. ebd., 32,29-39.
36 Vgl. ebd., 77,22-26.
37 Vgl. zu dieser Frage die Position des Göttinger Fakultätsgutachtens (s. Anm. 7) bes. 28f, und LV IV (s. Anm. 2) 44-48.
38 Vgl. LVG (s. Anm. 6) 54,40 - 55,6.
39 Vgl. ebd., 55, 10-16.

besonderen Bedeutung von Taufe und Eucharistie (festgemacht an der „Einsetzung", die VELKD-Vorlage spricht von „der Kirche vorgegebenen" Vollzügen) Offenheit für einen „weiter gefaßten Sinn" des Begriffs „Sakrament".

3. Bewertung der durch Textvergleich erkennbaren Auffälligkeiten

Stärker als bei der Redaktion der Beschlußvorlagen ist bei der Zusammenstellung der gemeinsamen evangelischen Stellungnahme offenbar die Notwendigkeit empfunden worden, auf einzelne verbliebene Differenzen hinzuweisen. In Verbindung mit den aufgenommenen konditionalen Urteilen wirkt die gemeinsame Stellungnahme weit weniger zustimmend als die VELKD-Vorlage, die (lediglich) auf offene Fragen und für die Weiterarbeit anstehende Themen hinweist und einen eigenen Abschnitt „Differenzen" gar nicht enthält.
Der gegenüber der VELKD-Vorlage stark erweiterte Abschnitt zur Rechtfertigungsthematik greift auf eine Textpassage der AKf-Studie zurück, die allerdings in die Beschlußvorlage von der AKf selbst nicht aufgenommen wurde. Die in dieser Passage aufgezählten Fragen bilden den inhaltlichen Schwerpunkt der gemeinsamen evangelischen Stellungnahme – und gerade in diesem Zusammenhang verfällt sie, wie gleich deutlicher werden soll, bedauerlicherweise in ein theologisches Alternativdenken, das dem ökumenischen Gesprächsstand in keiner Weise gerecht wird.

III. Theologische Aussagen in der evangelischen Stellungnahme

1. Rechtfertigungslehre

Die gemeinsame evangelische Stellungnahme hebt bei ihrer Bewertung der Ergebnisse von LV I im Bereich der Rechtfertigungslehre in Abschnitt 4.1.1. zwei Gesichtspunkte hervor, die Zustimmung finden, und benennt im Anschluß daran vier Fragestellungen, in denen Differenzen verblieben seien. Eine Antwort auf die Frage, ob die letzteren von kirchentrennender Relevanz sind, gibt die Stellungnahme nicht. Eine solche Klarstellung erbat jedoch die GÖK.
Anerkennend zur Kenntnis genommen wird zunächst die theologische Qualifikation der Rechtfertigungslehre als des „kritischen Maßstabs" für die Identität der christlichen Glaubensverkündigung[40]. Damit unterstreicht die Stellungnahme die große Bedeutung, die diese im evangelisch–römisch-katholischen Dialog in jüngerer Vergangenheit sich konsolidierende[41], gerade in ekklesiolo-

---

[40] Vgl. LV I (s. Anm. 1) 75,26-31.

[41] Vgl. *Gemeinsame römisch-katholische evangelisch-lutherische Kommission (Hg.)*, Kirche und Rechtfertigung. Das Verständnis der Kirche im Licht der Rechtfertigungslehre (Paderborn 1994), bes. 13f (Nr.2); 88f (Nr.168).

gischen Fragen entlastend wirkende, gemeinsame Überzeugung von der Glaubensgerechtigkeit aufgrund der Gnade Gottes gewonnen hat.
Zustimmung findet auch die den gemeinsamen Standpunkt nochmals resümierende Feststellung in LV I[42], daß (auch für Katholiken selbstverständlich) Sündenvergebung als Geschenk der Liebe Gottes, nicht aufgrund eines menschlichen Verdienstes zu erwarten ist. Ausdrücklich hält die Stellungnahme fest, daß die in der Konkordienformel zum Ausdruck gebrachte Lehrverurteilung eine solche Positionsbeschreibung „nicht trifft", d.h. Vertreter dieser Position nicht aus der Kirchengemeinschaft ausschließt.
Angesichts dieser Zustimmung zur Darstellung der Rechtfertigungslehre von LV I (sowohl im Blick auf ihre hermeneutische Relevanz als auch in der zentralen Sachaussage) überrascht, daß die Stellungnahme sodann vier verbliebene Differenzen benennt, die sie unter das Oberthema „Verständnis der Gnade und des Glaubens" stellt. Die ersten drei Differenzen sind der vorbereitenden Studie der AKf entnommen[43]: (1) Das Verständnis der Gnade als Gottes Zuwendung zum Menschen *oder* als Wirklichkeit in der menschlichen Seele; (2) Die Sicht des Glaubens als Vertrauen auf Gott *oder* als Zustimmung des Verstandes; (3) Die Beschreibung der Begründung der Gottesbeziehung ohne menschliches Verdienst *oder* aufgrund des menschlichen Verdienstes. Der Text der AKf war in enger Anlehnung an Formulierungen in LV I entstanden und weckte (zu Unrecht) den Eindruck, als übernehme er eine von LV I selbst dargelegte Position: Was in LV I[44] so dargestellt ist, daß deutlich wird, daß ein „eindeutiger Unterschied, ja Gegensatz im Sachverständnis" nur „scheinbar" – also nicht wirklich – gegeben ist, stellte die AKf[45] als Wirklichkeit dar und bezog diese Aussage zudem auf alle nachgenannten Aspekte, während LV I an dieser Stelle nur die Problematik des „extra nos" der Gnade anspricht. In dieser bewußt als Denkanstoß gewählten, nicht einmal dem Gesprächsstand im 16. Jahrhundert gerecht werdenden Alternativik dienten die Beschreibungen der kontroversen Positionen in LV I als Schilderung der Ausgangslage im ökumenischen Dialog, als markante Formulierung oft nur scheinbarer Differenzen, deren Grundlosigkeit zu erweisen gerade die Zielsetzung der Studie LV I war. Es ist bedauerlich, daß diese Aspekte – auch noch mit Verweis auf LV I ! – in den Text der Stellungnahme aufgenommen wurden, ohne daß das Bemühen des ÖAK, in diesen Fragen den schon bestehenden Sachkonsens aufzuzeigen, auch nur erwähnt wird. Jeder dieser drei Aspekte der Rechtfertigungslehre ist für sich von solch hohem theologischen Gewicht, daß ein Konsens im Grundverständnis der Rechtfertigung unter Absehung von der Klärung der benannten Fragen gar nicht möglich erscheint.
Neben den drei aus der Studie der AKf übernommenen Einzelfragen der Rechtfertigungslehre weist die gemeinsame evangelische Stellungnahme (4) noch

---

42 Vgl. LV I (s. Anm. 1) 75,23-26.
43 Vgl. LVG (s. Anm. 6) 32,29-39.
44 Vgl. LV I (s. Anm. 1) 53,31.
45 Vgl. LVG (s. Anm. 6) 32,27f.

auf den Themenbereich „Gesetz und Evangelium" hin, der in LV I – wie im Gutachten des Einheitsrates[46] beklagt ist – nicht ausdrücklich behandelt wird. In der gemeinsamen evangelischen Stellungnahme erscheint diese Fragestellung jedoch nicht (bloß) als noch klärungsbedürftige, offene Frage, vielmehr wird die These aufgestellt, die ohne Begründung bleibt, hier bestünden weiterhin Sachdifferenzen. Auf die Thematik „Gesetz und Evangelium" ist der ÖAK in LV IV[47] eingegangen. An dieser Stelle zeigt sich exemplarisch, daß ein Einbezug der Antworten des ÖAK auf die die EKD-Stellungnahme vorbereitenden Studien für eine Verständigung hätte förderlich sein können.

2. Sakramentenlehre

Die Ausführungen der gemeinsamen evangelischen Stellungnahme in Abschnitt 4.1.3. zur (allgemeinen) Sakramentenlehre hinterlassen einen zwiespältigen Eindruck: Überraschend groß ist die Bereitschaft, den Gebrauch eines „analogen", weiter und enger gefaßten Sakramentenbegriffs zuzulassen, sofern die besondere Bedeutung von Taufe und Abendmahl gewahrt bleibe. An dieser Stelle übernimmt die Stellungnahme die Position der VELKD[48]. Anders als in der Beschlußvorlage der VELKD ist in der gemeinsamen evangelischen Stellungnahme terminologisch von der „Einsetzung" von Taufe und Eucharistie durch Jesus Christus die Rede (VELKD: „der Kirche vorgegeben"). Differenzierte Aussagen zur Frage der „Einsetzung" auch der anderen „Sakramente", um die sich der ÖAK in LV IV[49] bemühte, kommen nicht zur Sprache.
Wenig aussagekräftig und daher sehr enttäuschend ist die auf Firmung/ Konfirmation, Buße, Krankensalbung, Ehe und Ordination bezogene Bemerkung der gemeinsamen evangelischen Stellungnahme, hier seien Differenzen verblieben, die weitere Lehrgespräche erforderlich machten. Weder kommen die erreichten Annäherungen zur Sprache, noch macht die Stellungnahme einen Versuch der Differenzierung, wie er etwa im Blick auf das gemeinsame Verständnis der christlichen Buße oder auch der Krankensalbung nahegelegen hätte. Auf diese Weise wird das jahrelange Bemühen des ÖAK einfach mit Schweigen übergangen.
In der Eucharistie-/Abendmahlslehre, die in der gemeinsamen evangelischen Stellungnahme in Abschnitt 4.1.2. vor den Ausführungen zum Sakramentenbegriff behandelt wird und möglicherweise den reformatorischen Ansatz in der Sakramentenlehre (Theologie der einzelnen Symbolhandlungen) unterstreichen will, übernehmen die Gliedkirchen der EKD je eine Textpassage aus der VELKD-Vorlage[50] und aus der AKf-Vorlage[51]. An dieser Stelle bewirkt das

---

46 (s. Anm. 10) 28; 34.
47 Vgl. LV IV (s. Anm. 2) 44-48.
48 Vgl. LVG (s. Anm. 6) 157,39-41.
49 Vgl. LV IV (s. Anm. 2) 55-68.
50 Vgl. LVG (s. Anm. 6) 157,24-28.

kompilierende Verfahren bei der Erstellung der gemeinsamen evangelischen Stellungnahme Doppelungen (in den Fragen des Opfercharakters der Eucharistie und der Gegenwart Jesu Christi), die bei einer Stellungnahme von solch hoher Relevanz für die Ökumene hätten vermieden werden sollen.
Wie bei der Rechtfertigungsthematik findet sich auch an dieser Stelle keine Antwort auf die Frage, ob die Studie des ÖAK hat aufzeigen können, daß im Eucharistieverständnis soweit Gemeinsamkeit besteht, daß etwa noch verbleibende Unterschiede keine kirchentrennende Relevanz haben. Unbefriedigend sind die Aussagen der Stellungnahme vor allem zur Frage der Realpräsenz. Ausführungen zur „Wandlung der Gaben" und zur „Gegenwart Jesu Christi" in der *Mahl*feier und in den bzw. durch die eucharistischen Gaben fehlen. Es entsteht der Eindruck, als sei die eucharistische Gegenwart des Herrn (allein) in der Inkarnation und Erhöhung begründet.
Die aus der AKf-Studie übernommenen konditionalen Urteile (zum „einmaligen Opfertod", zur „Anbetung der Abendmahlselemente", zur „Sühne für die Toten" und zum „Mahlcharakter") geben keinen Aufschluß darüber, ob nach Einschätzung der evangelischen Kirchen im Gespräch mit der römisch-katholischen Kirche bereits ein Gesprächsstand erreicht ist, auf dem die benannten Fragen übereinstimmend behandelt werden können. Auch hier beruft sich der zugrundeliegende Text der AKf wieder auf LV I, zitiert aber an entscheidenden Stellen die Aussage verkürzend: LV I sieht eine Position von der Verurteilung der Konkordienformel getroffen, die die Messe als „*selbständige und zusätzliche* Sühne für die Toten" begreift, was aber entsprechend der Darstellung des ÖAK nicht dem römisch-katholischen Verständnis entspricht. Die gemeinsame evangelische Stellungnahme läßt die das „Sühne"verständnis qualifizierenden Attribute aus und erweckt so den Eindruck, LV I lege dar, auch nach recht verstandener römisch-katholischer Sicht sei jegliches Verständnis der Messe als „Sühne für die Toten" ausgeschlossen. Befremdlich wirkt zudem, daß die „Anbetung der Abendmahlselemente" als *mögliche* Konsequenz der römisch-katholischen Lehre erscheint, da die Stellungnahme sich in dieser Sachfrage nur zu einem konditionalen Urteil durchringt und feststellt, daß die evangelische Lehre nur dann nicht in Widerspruch zur römisch-katholischen steht, wenn in dieser eine „Anbetung der Abendmahlselemente" abgelehnt wird. Der gerade zu dieser Thematik intensiv geführte ökumenische Dialog hätte erwarten lassen, daß evangelischen Theologen inzwischen bewußt geworden ist, daß die „Anbetung" dem als gegenwärtig erfahrenen, erhöhten Herrn gilt! Auch in dieser Sachfrage ist daher mehr möglich als ein bloß konditionales Urteil.

---

[51] Vgl. ebd., 54,40 - 55,6.

3. Ämterlehre

Die gemeinsame evangelische Stellungnahme geht in Abschnitt 4.1.4. bei ihrer Bewertung der Behandlung der Amtsthematik in LV I ausdrücklich nur auf das Papstamt ein. Der völlige Verzicht auf eine Stellungnahme zum Ordinationsverständnis und zur Frage der apostolischen Sukzession ist vor allem deshalb bedauerlich, weil diese Fragen seit dem 16. Jahrhundert die Aufhebung der evangelisch–römisch-katholischen Kirchen- und Eucharistiegemeinschaft entscheidend mitbewirkten und bis heute in belastender Weise im Leben der Gemeinden spürbar werden.

Der Text der gemeinsamen evangelischen Stellungnahme übernimmt wörtlich die AKf-Vorlage[52]. Damit gehen zwei Aspekte verloren, die in der – in der Sache ganz ähnlich argumentierenden – VELKD-Vorlage[53] standen: der selbstkritische Ton bei der Rücknahme der Bezeichnung des Papstes als „Antichrist" und der Hinweis, das 2. Vatikanische Konzil teile die reformatorische Position, dergemäß das Papstamt „unter dem Wort Gottes" stehe. Hier klingt bereits an, was in Abschnitt 5. offensichtlich wird: Die gemeinsame evangelische Stellungnahme unterscheidet nicht strikt zwischen einer Beurteilung des eigentlichen Arbeitsauftrages der GÖK an den ÖAK, nämlich zu prüfen, ob die im 16. Jahrhundert ausgesprochenen Lehrverurteilungen aus heutiger Kenntnis als von kirchentrennender Wirkung zu betrachten sind, und der Weiterentwicklung der Amtsfrage im 19. und 20. Jahrhundert. Damit verkennt die gemeinsame evangelische Stellungnahme die begrenzte Aufgabenstellung von LV I[54].

4. Evangelische Empfehlungen für die weitere ökumenische Arbeit

Die Abschnitte 5.-7. der gemeinsamen evangelischen Stellungnahme beschreiben Themen und Methoden, die bei einer künftigen ökumenischen Dialogarbeit zu beachten seien, und geben zu überlegen, ob nicht „gemeinsame Vorhaben" das korrigierte Bild der jeweils anderen Kirche lebendig vor Augen stellen könnten. Bei der Auflistung der Themen fällt auf, daß die Frage nach „Gesetz und Evangelium" als erste benannt wird und in einer Reihe mit anderen aufgeführt wird, die (ebenfalls) keine entsprechende Behandlung in LV I erfahren hätten: das Verständnis von Struktur und Bedeutung des Glaubens, das Verhältnis von Schrift und Tradition und das Verständnis von Kirche und Amt. In dieser Zusammenstellung thematischer Komplexe wird nicht erkennbar, welchen Beitrag LV I zur Klärung zumindest einzelner dieser als „Grundfragen" bezeichneten Themen bereits leistete.

---

[52] Vgl. LVG (s. Anm. 6) 55,10-16.

[53] Vgl. ebd., 157,42-158,5.

[54] Zur entsprechenden Anfrage auch an das Gutachten des Einheitsrates vgl. LV IV (s. Anm. 2) 87f.

Die Beschreibung der heute opportunen ökumenischen Gesinnung und Methodik in Abschnitt 6. liest sich wie eine Offenlegung der die eigene Stellungnahme leitenden Gesichtpunkte: „Genauigkeit und Klarheit in der Sache" bewegen dazu, „Differenzen nicht zu verschweigen", aber auch auf der Suche nach Gemeinsamkeit in Lehre und Praxis zu bleiben. Das Anliegen des ÖAK war es, durch „Genauigkeit und Klarheit in der Sache" Argumentationshilfen bereitzustellen, die es ermöglichen, die grundlegenden Gemeinsamkeiten zu erkennen und auf dieser Basis scheinbare Differenzen in ihrem Stellenwert zu erfassen.
Zusammenfassend ergibt sich, daß die inhaltlich-theologischen Ausführungen der gemeinsamen evangelischen Stellungnahme in der Rechtfertigungslehre den von LV I als weitgehend auf Unkenntnis, Mißverständnissen und Fehldeutungen beruhenden Ausgangspunkt der Arbeit des ÖAK als verbleibende Differenz betrachten. Diese Verwechslung führt nicht nur dazu, daß der erarbeitete Erkenntnisfortschritt unbeachtet bleibt, sie führt sogar dazu, daß die vom ÖAK aufgedeckte, mißliche Fehldeutung der vermeintlichen konfessionellen Kontroverse in einem kirchenamtlichen Text als Gegebenheit behauptet wird. Damit fällt die gemeinsame evangelische Stellungnahme wieder hinter den Ausgangspunkt des Projektes „Lehrverurteilungen – kirchentrennend?" zurück. Mehr als ein Jahrzehnt intensiver gemeinsamer ökumenischer Forschung scheint umsonst gewesen zu sein.
Unbefriedigend sind insbesondere auch die Stellungnahmen zur Abendmahls-/Eucharistielehre und zu den sog. „kleinen Sakramenten"; die Frage einer erreichten Annäherung wird nicht einmal gestellt; die Amtsfrage wird auf das Verständnis des Papstamtes verkürzt.
Ausdrückliche Hinweise darauf, wie die angenommenen verbleibenden Differenzen theologisch zu qualifizieren sind, fehlen in der Stellungnahme. Damit bleibt die Stellungnahme auf der Ebene der Ermittlung möglicher Sachdifferenzen stehen, ohne zu fragen, ob diese sich als geschichtlich bedingte Divergenzen in der Fragestellung (Argumentationszusammenhang) oder der Wortwahl (Traditionszusammenhang) erweisen lassen. Die Schlußbemerkung stimmt zwar der Einschätzung der GÖK[55] zu, das die Konfessionen schon Verbindende sei „stärker" als das noch Trennende. Diese Aussage wird aber nicht als Aufforderung begriffen, die konstatierten Differenzen im Gesamtzusammenhang eines ekklesialen Konzeptes hinsichtlich ihrer kirchentrennenden Relevanz zu befragen.

---

[55] Vgl. LV I (s. Anm. 1) 196,5f.

IV. Konsequenzen und Offenheiten im Horizont der gegenwärtigen ökumenischen Lage

Die gemeinsame evangelische Stellungnahme erscheint in einer unter ökumenischer Perspektive höchst sensiblen Situation: Die reformiert–römisch-katholische Studie „Auf dem Weg zu einem gemeinsamen Verständnis von Kirche" (1990)[56] und die lutherisch–römisch-katholische Studie „Kirche und Rechtfertigung" (1994)[57] haben (in Verbindung mit zahlreichen Bemühungen des ÖRK um eine weitere Verständigung in ekklesiologischen Fragen) die Hoffnung auf ein engeres Zusammenrücken der evangelischen Kirchen und der römisch-katholischen Kirche bestärkt. Die Vorbereitungen zu den 50-Jahrfeiern des LWB (1997) und des ÖRK (1998) erzeugen allerorts „Bilanzstimmung". In dieser Situation wird der evangelischen Stellungnahme zu den Ergebnissen von LV I vermutlich große Relevanz zugeschrieben, zumal dieser eine solch lange Zeit der Prüfung und Beratung vorausgegangen ist.

1. (Wirklich) kurz vor dem Durchbruch zu einer konsensfähigen Rechtfertigungslehre?

Die gemeinsame (deutsche, evangelische) Stellungnahme zu LV I formuliert gerade in der Rechtfertigungslehre große Bedenken bezüglich der Frage, ob ein Konsens wirklich schon erreicht ist. Da die theologischen Ausführungen der Stellungnahme in dieser Sache kaum über die alten (Vor-)Urteile hinauskommen, könnten die auf Weltebene vom LWB und Einheitsrat getragenen Vorbereitungen zu einer gemeinsamen lutherisch–römisch-katholischen Erklärung eines (schon) bestehenden katholisch-lutherischen Konsenses in der Rechtfertigungsthematik beeinträchtigt werden. Das Vorwort zu LVG[58] formuliert die Aufgabenstellung, in den von LV I angesprochenen Fragen sei ein „magnus consensus" der evangelischen Bekenntnisgemeinschaft zu bilden. Nach Erscheinen der gemeinsamen evangelischen Stellungnahme drängt sich der Eindruck auf, ein „consensus" könne in der Tat zwischen den Gliedkirchen der EKD formuliert werden – allerdings auf dieser wenig differenziert argumentierenden theologischen Ebene und in gemeinsamer Abwehr von vermeintlich römisch-katholischen Lehren. Weitaus näher dem Konsens schätzen die römisch-katholischen Rezipienten von LV I den Gesprächsstand in der Rechtfertigungslehre ein.[59]

---

[56] Vgl. den Text in: *H. Meyer u.a. (Hg.)*, Dokumente wachsender Übereinstimmung, Bd. 2 (Paderborn-Frankfurt 1992) 623-673.

[57] (s. Anm. 41).

[58] Vgl. LVG (s. Anm. 6) 14.

[59] Vgl. das Gutachten des Einheitsrates (s. Anm.10) 19-34 und die Stellungnahme der DBK (s. Anm. 11) 9-12.

2. Wissenschaftliche Studien und Rezeption durch die Kirchenleitungen

Eine seit geraumer Zeit als bedrängende Frage der Hermeneutik ökumenischer Dokumente besprochene Problematik erweist auch im Blick auf die gemeinsame evangelische Stellungnahme ihre Brisanz: In welchem Verhältnis stehen die differenzierten, von Fachtheologen erarbeiteten, unter Beachtung wissenschaftlicher Kriterien erstellten Dialogdokumente zur Rezeption durch kirchenleitende Organe? Wie schon im Rezeptionsprozeß der Lima-Papiere ist nun auch bei der LV-Studie festzustellen, daß das ökumenische Rezeptionsgeschehen angesichts der meist sehr komplexen Fragestellungen mehr und mehr zu einem langfristigen, eigenständigen theologischen Bemühen beauftragter theologischer Fachleute wird, die ihrerseits umfangreiche, neue Gutachten erstellen. Dies kann als ein Zeichen dafür gelten, daß die heute noch vermuteten bzw. wirklich bestehenden konfessionellen Kontroversen nicht (mehr) in wenigen Stichworten angemessen erfaßt werden können. Der gegenwärtige ökumenische Gesprächsstand fordert auch von kirchenleitenden Organen und synodalen Gremien wissenschaftlich-theologische Redlichkeit und ökumenische Gesinnung. Es bleibt allerdings die Frage, ob die kirchenamtlichen Träger der Rezeption – gewiß aller Konfessionen – mit der Aufgabe, ein entsprechend kenntnisreiches, wissenschaftliche Studien bewertendes Urteil zu fällen, nicht da und dort überfordert sind. Die im synodalen Entscheidungsverfahren erforderliche Reduktion der differenzierten Vorarbeiten theologischer Kommissionen auf knappe Beschlüßtexte birgt vielerlei Probleme. Auch auf evangelischer Seite wird über die Frage weiter nachzudenken sein, was der Stellenwert, der theologischen Äußerungen synodaler Gremien zugemessen wird, an Konsequenz für das Verfahren bei deren Erstellung nach sich zieht. Diese Frage führt mitten hinein in Überlegungen zur Hermeneutik der kirchlichen Lehre in der nachapostolischen Zeit. Diesem Themenkreis hat sich der ÖAK nach Abschluß der Arbeiten an LV I gewidmet[60].

3. Wie nun weiter?

Angesichts des großen Engagements und des wissenschaftlichen Profils der evangelischen Kommissionen, die mit der Erarbeitung der Beschlußvorlagen beschäftigt waren, drängt sich die Frage auf, warum im offiziellen Beschlußtext die Bemühungen der Studie LV I nicht größere Zustimmung erfahren haben, und wie es zu den formalen und inhaltlichen Pannen kommen konnte.

---

[60] Vgl. *W. Pannenberg/Th. Schneider (Hg.)*, Verbindliches Zeugnis, Bd. 1: Kanon - Schrift - Tradition (Freiburg-Göttingen 1992); Bd. 2: Schriftauslegung - Lehramt - Rezeption (Freiburg-Göttingen 1995). Bd. 3: Schriftverständnis und Schriftgebrauch (Freiburg-Göttingen 1998).

Sind wir wirklich am Ende der Konsensökumene und müssen eingestehen, daß die Barrieren, die zwischen uns stehen und Wirksamkeit entfalten, durch theologische Gespräche nicht beseitigt werden können? Wenn gerade die Rechtfertigungslehre noch immer als ein Feld dargestellt wird, in dem ein (theologisch erfaßbarer) Grunddissens bestehen soll, ist dies römisch-katholischen Theologen oft schlicht nicht mehr nachvollziehbar. Der Ratsvorsitzende der EKD, Bischof Dr. Klaus Engelhardt, stimmte bei seinem Bericht auf der EKD-Synode in Halle am 6.11.1994 sinngemäß der Stellungnahme der deutschen Bischöfe zu LV I[61] zu und stellte fest, daß wir es den Menschen heute schuldig sind, „elementare Glaubenssätze gemeinsam so zu formulieren, daß sie gehört und begriffen werden"[62]. Vielleicht gelingt ja dem Päpstlichen Rat zur Förderung der Einheit der Christen und dem Lutherischen Weltbund vor der Jahrtausendwende eine solche Formulierung der Grundaussagen der Rechtfertigungslehre.

Gewiß sind Konsensbildung *und* Abgrenzung Wege zur Bestimmung der Identität. Doch: Es gibt eine Zeit, den Streit zu bestehen, und es gibt eine Zeit, Versöhnung zu suchen.[63]

---

[61] (s. Anm. 11) 24.

[62] epd-Dokumentation Nr. 49/1994, 16.

[63] Die inzwischen in Augsburg 1999 vollzogene Unterzeichnung der Gemeinsamen Erklärung zur Rechtfertigungslehre und die sie „begleitende" öffentliche Diskussion müssen hier nicht dokumentiert werden. Vgl. den damit befaßten Aufsatz in diesem Band: „Die gesamte Lehre und Praxis der Kirche unablässig auf Christus hin orientieren".

Zum römisch-katholischen Amtsverständnis

Ein Vortrag beim Stuttgarter Kirchentag 1999 und eine kommentierte Auswahlbibliographie

I. Vortrag

Ich beginne meinen Vortrag über das römisch-katholische Amtsverständnis auf recht ungewöhnliche Weise: mit einem Liebesgedicht. Erich Fried[1] hat es geschrieben. Es lautet so:

> Nicht nichts
> ohne dich
> aber nicht dasselbe
>
> Nicht nichts
> ohne dich
> aber vielleicht weniger
>
> Nicht nichts
> aber weniger
> und weniger
>
> Vielleicht nicht nichts
> ohne dich
> aber nicht mehr viel.

Liebende sind wir – wir, die ökumenisch interessierten, füreinander offenen, nacheinander suchenden Menschen in den christlichen Kirchen. Ohne einander sind wir nicht dieselben. Allein – ohne einander sind wir weniger stark, weniger glaubwürdig, weniger mutig in unserem Bekenntnis zu Christus Jesus. Weniger und weniger werden wir – die bekennenden Christen in Deutschland. Wir spüren es und halten uns aneinander fest. Vielleicht nicht nichts, ohne euch evangelische Christen, aber nicht mehr viel. Wir brauchen einander – mehr denn je.

Wie kann es sein, daß das Verständnis eines Dienstes, den Menschen um der Verkündigung des Evangeliums willen tun, das größte Hindernis sein soll, miteinander und nicht ohne einander zu sein? Darf das sein? Dienstamt, sagte ich, das Amt ist ein Dienst an den Menschen – das ist auch das römisch-katholische Verständnis des Amtes. Die Christusverkündigung ist sein Grund, seine Mitte und sein Ziel. Was unterscheidet dann aber noch das römisch-katholische Amtsverständnis vom evangelischen?

---

1 *E. Fried*, Liebesgedichte (Berlin 1979) 24.

Wir sind uneins in der Antwort auf die Frage, ob und in welcher Weise Menschen für Menschen ein von Gott berufenes, bleibendes, von Gott verbürgtes, personales Zeichen sein können, in dem und durch das der Geist Gottes amtlich wirksam ist; amtlich – das heißt verläßlich, verbindlich, glaubhaft. Das ist der Kern der offenen Frage: Welche Bedeutung haben besondere, berufene, von Gott erwählte Menschen im immer wieder neuen Geschehen der ganz persönlichen Suche nach Gottvertrauen? Darüber müssen wir noch mehr und noch genauer sprechen – sprechen darüber im großen Zusammenhang der Frage nach der ekklesialen, der kirchlichen Dimension des existentiellen Glaubens. Und ich meine, es lohnte sich, es nochmals zu versuchen.
Es folgen nun sechs einzelne Thesen – formuliert aus römisch-katholischer Perspektive. Ich bespreche sie jeweils kurz.

These 1: *Die römisch-katholische Kirche anerkennt, daß der Geist Gottes in allen christlichen Kirchen und kirchlichen Gemeinschaften wirksam ist – heilsam wirksam, aufbauend, tröstend, mahnend, belehrend.*
Vielleicht denken Sie, wie eigenartig, warum formuliert sie eine solche erste These. Ist das nicht selbstverständlich, ein Wirken des Geistes Gottes zum Heil der Menschen auch außerhalb der römisch-katholischen Kirche anzunehmen. Nein, leider, leider war das über lange Zeiten nicht selbstverständlich – früher gelang es im Blick auf die Orthodoxen Kirchen. Erst im zeitlichen Umfeld des 2. Weltkriegs finden sich solche Aussagen in offiziellen römisch-katholischen Stellungnahmen zu der ja weithin von evangelischen Christen getragenen Ökumenischen Bewegung. Im Sinn, im Gedächtnis waren nach 1945 die vielen evangelischen Christen, die wegen ihres offenen Widerstands gegen die nationalsozialistische Herrschaft ihr Leben verloren haben; Geistwehen auch in den nicht-katholischen Kirchen – die Zeit war gekommen, es endlich einzugestehen.
In einem Text des 2. Vatikanischen Konzils, im Dekret über den Ökumenismus, heißt es, daß der „Geist Christi" sich „gewürdigt" habe, die „getrennten Kirchen und Gemeinschaften" als „Mittel des Heiles" zu gebrauchen (Unitatis Redintegratio, Nr.3). Ausdrücklich wird der gelebte Glaube der Christen in anderen Kirchen – Glaube, Hoffnung und Liebe – als Wirken der Gnade Gottes, als Gaben des Geistes beschrieben. Die schon bestehende Gemeinschaft in der einen Taufe, in der Bindung an die Heilige Schrift, im Gebet und im sozialen Handeln, diese schon bestehende Gemeinschaft wird in den Konzilstexten nachdrücklich betont. Zugleich ist jedoch mehrfach die Rede von Mängeln bei den nicht-katholischen Kirchen.
Bevor ich diesem Gedanken nun folge, also auf einen Mangel in der Ämterwirklichkeit hinweise, der nach römisch-katholischem Verständnis bei den reformatorischen Kirchen zu beklagen ist, möchte ich zwei Vorzeichen vor meine Rede setzen, die ganz im Sinne dieses Konzils sind:
Zum einen: Selbstkritisch soll die theologische Rede sein. Das 2. Vatikanische Konzil hat Mängel eingestanden im Blick auch auf die eigene Kirche. Die Ka-

tholizität der Kirche Jesu Christi – die allumfassende, universale Sendung der Kirche in alle Welt – sie ist nicht einfach identisch mit der realen, sichtbaren Wirklichkeit der römisch-katholischen Kirche. Es mangelt uns an Katholizität; die Fülle der Katholizität ist nicht sichtbar.
Zum anderen: Das letzte Konzil hat ein ökumenisches Schuldbekenntnis formuliert, wie es zuvor keines gab. Wir Katholischen haben erkannt und wir sagen auch, daß wir es euch Evangelischen nicht immer leicht machen mit der Weise, wir wir sprechen und handeln. Ja, ein Ärgernis waren und sind wir – oft trifft dieser Vorwurf zu Recht. Aber: in vielen Bereichen ist die römisch-katholische Lehrtradition an sich – theoretisch – eigentlich – anders und besser, als es den Anschein hat; von der gelebten Praxis der Amtsträger auf die Theologie des Amtes zu schließen – das empfiehlt sich weder in der römisch-katholischen Kirche noch in der evangelischen – unbesehen. Es gilt, genauer hinzuschauen. Das will ich nun tun.

These 2: *Die römisch-katholische Feststellung eines „Mangels" (defectus) im Bezug auf die evangelischen Ämter ist im Kontext der Frage des Bischofsamtes zu diskutieren. Die theologische Grundfrage dabei ist, ob – neben dem Kanon der Heiligen Schrift und dem altkirchlichen Bekenntnis – auch eine menschlich-personal verbürgte Gewißheit über die Apostolizität der Kirche anzunehmen – anzustreben – institutionell vorzusehen ist.*
Zu den in ökumenischen Gesprächen sehr häufig besprochenen Aussagen in römisch-katholischen Lehrdokumenten gehört jene Passage des Ökumenismusdekrets des 2. Vatikanischen Konzils, in der vom „defectus ordinis" – von der mangelhaften Präsenz des Weiheamtes in den westlichen christlichen Gemeinschaften die Rede ist. Ich zitiere den Wortlaut von Nr.22 im Zusammenhang, wörtlich also:
„Obgleich bei den von uns getrennten Kirchlichen Gemeinschaften die aus der Taufe hervorgehende volle Gemeinschaft mit uns fehlt und obgleich sie nach unserem Glauben vor allem wegen des Fehlens des Weihesakramentes die ursprüngliche und vollständige Wirklichkeit des eucharistischen Mysteriums nicht bewahrt haben, bekennen sie doch bei der Gedächtnisfeier des Todes und der Auferstehung des Herrn im Heiligen Abendmahl, daß hier die lebendige Gemeinschaft mit Christus bezeichnet werde, und sie erwarten seine glorreiche Wiederkunft. Deshalb sind die Lehre vom Abendmahl des Herrn, von den übrigen Sakramenten, von der Liturgie und von den Dienstämtern der Kirche notwendig Gegenstand des Dialogs" (UR 22).
Die Sinnspitze dieser Textpassage ist nach meiner Wahrnehmung ganz eindeutig, die drängenden Themen des anstehenden ökumenischen Dialogs zu bestimmen. Die Frage des Amtes wird der Frage der Eucharistie untergeordnet, zugeordnet. Kommentarlos festgehalten wird zudem, daß es konfessionelle Unterschiede gibt in der Einschätzung der Verbindung zwischen der Amtsfrage und der Eucharistiefeier. Eine pauschale, kritische Infragestellung der Möglichkeit, daß in den evangelischen Abendmahlsfeiern Gedächtnis des Todes

und der Auferstehung Jesu Christi und Erwartung seiner Wiederkehr geschieht, erfolgt nicht.
Nein, keine Sorge: ich möchte die Brisanz dieses Textes nicht herunterspielen, ich möchte ihm zunächst nur gerecht werden. Die Auswirkungen dieser römisch-katholischen Auffassung über die evangelischen Ämter sind groß und sehr, sehr schmerzlich. Um es deutlich zu sagen: Es gibt keine Ausnahmesituation, in der es einem römisch-katholischen Christen kirchenrechtlich erlaubt wäre, an einer evangelischen Abendmahlsfeier kommunizierend, mahlhaltend teilzunehmen. Viele Gläubige und auch so manche Verantwortlichen in den Gemeinden wissen das gar nicht – vielleicht ist das ja auch manchmal ein Glück. Die ökumenisch kundigen Theologinnen und Theologen wissen aber darum. Wir wissen, wie ungeheuer schwer es ist, in dieser Frage entscheidende Schritte voranzukommen. Und wir wissen auch, daß es mit der römisch-katholischen Kirche keinen Weg zur eucharistischen Gemeinschaft geben wird, wenn dieses Problem nicht gelöst wird – das Problem nämlich der Anerkennung der evangelischen Ämter von seiten der römisch-katholischen Kirche. Dieses Problem ist aber keines, das nach römisch-katholischer Vorstellung regional-kirchlich gelöst werden kann – in Deutschland etwa für Deutschland allein. Das ist völlig unrealistisch. Und zugleich wissen wir, wie sehr verletzt evangelische Pfarrerinnen und Pfarrer sind, deren Dienst von der römisch-katholischen Kirche nicht als vollwertig anerkannt wird.
Was ist der Grund dafür? Der entscheidende Grund ist die historische Tatsache, daß die meisten reformatorischen Kirchen sich im 16. Jahrhundert entschlossen haben, die Weitergabe der apostolischen Vollmacht von Amtsträger zu Amtsträger auch dann für möglich und wirklich zu halten, wenn nicht Bischöfe, sondern im Amt bereits stehende Priester den nachfolgenden Priestern die Hände auflegen. Als eine Notordnung galt dies zunächst: Es gab eben in den Regionen Deutschlands kaum Bischöfe, die den neuen Glauben angenommen haben. Da erschien es wichtiger, die Verkündigung des wahren Evangeliums und die ursprungsgetreue, rechte Feier der Sakramente zu gewährleisten, als auf der episkopalen Sukzession zu beharren. Priester haben Priestern die Hände aufgelegt – viele der evangelischen Pfarrerinnen und Pfarrer stehen in dieser presbyteralen – priesterlichen, eben nicht bischöflichen Nachfolge im Amt.
Die ökumenische Diskussionslage ist in diesem Problembereich heute keineswegs völlig aussichtslos: Gemeinsam sind wir nämlich der Überzeugung, daß *Gottes Geist* der *Garant* der Verbindung zwischen der apostolischen Zeit und der Gegenwart der Kirche ist; gemeinsam sprechen wir von der Kette der Handauflegungen als einem sichtbaren *Zeichen* für das Bemühen um die Apostolizität der Kirche; wir alle wissen darum, daß die Berufung auf eine lückenlose, episkopale Sukzession von Anfang an apologetisch motiviert war – historisch ist sie nicht für jeden Bischofssitz gesichert, ja sogar unwahrscheinlich; gemeinsam sind wir daher der Überzeugung, daß die Lösung dieser Problematik in einer theologischen Argumentation zu suchen ist. Und das heißt aus römisch-katholischer Sicht: Wir müssen über die Bedeutung des Bischofsamtes

im Geschehen der Überlieferung des apostolischen Erbes nachdenken – gemäß der Heiligen Schrift und in anerkennender Achtung der Erfahrungen in der kirchlichen Tradition. 1500 Jahre gemeinsame Tradition in der Anerkenntnis des Bischofsamtes – was bedeutet das für die reformatorischen Kirchen, was bedeutet das Ihnen? Das Bischofsamt als personales Zeichen der Verbundenheit mit der apostolischen Tradition – an diesem theologischen Gedanken halten bis heute nicht nur die gesamten östlich-orthodoxen Kirchen fest – auch viele anglikanische Kirchen tun es.

***These 3:** Für die römisch-katholische Lehre (auch) vom Amt ist die Heilige Schrift die Norm, zu deren Bewahrung und Verbreitung die kirchliche Tradition dient.*

Eine große Chance der christlichen Ökumene liegt in der gemeinsamen Besinnung auf das Zeugnis der Heiligen Schrift. Die Bibel enthält alle notwendige Weisung. Darin sind wir im Grundsatz einig, auch wenn wir noch streiten über einzelne Wege der verbindlichen Schriftauslegung.

Die Heilige Schrift bietet keine systematische Lehre über das kirchliche Amt. Es gibt nicht die eine Gestalt der biblischen Amtstheologie. Die Bibel enthält vielmehr viele uneinheitliche, unsortierte, auf Gemeindeerfahrungen bezogene, situativ herausgeforderte, zeitbezogene Vorstellungen über Dienste und Ämter in der Glaubensgemeinschaft. Ganze Bibliotheken gibt es zu diesen Themen. Wichtig erscheinen mir – in aller Kürze gesagt – folgende Erkenntnisse – gemeinsame, so denke ich:

Zu den Kennzeichen des christlichen Amtes, die an der Gestalt Jesu ihr Leitbild haben, gehören die folgenden: Die gesamte Existenz eines Menschen ist gefordert im Einsatz für die Verkündigung des Evangeliums; eine Berufung zum Dienst geschieht – eine Sendung, eine personale Beauftragung, die Gemeinschaft mit Jesus voraussetzt; die besondere Teilhabe einzelner an der Sendung Jesu ist in der Annahme begründet, daß Jesu Gottesbotschaft zu allen Menschen gelangen soll.

Die Identifikation des Apostelbegriffs mit dem Zwölferkreis entspricht nicht dem biblischen Gesamtzeugnis: Apostel sind primär die Zeugen und Zeuginnen des auferweckten Christus; Apostel werden auch die Frauen und Männer genannt, die von Paulus zu den jungen Gemeinden gesandt werden, um sie zu unterweisen, zu beraten, zu unterstützen. Eine Konzentration des Verständnisses des apostolischen Amtes auf den Dienst des Eucharistievorsitzes liegt daher, biblisch betrachtet, nicht nahe.

In den neutestamentlichen Schriften spiegelt sich die Entwicklung der nachösterlichen christlichen Gemeinden im ersten Jahrhundert. Die wachsende Bereitschaft, feste Gemeindeämter einzurichten, geht von der Annahme aus, auf diese Weise ließe sich die apostolische Jesustradition in den künftigen Zeiten der Kirche bewahren. Anfangs, in den ersten Jahren der Gemeindegründung, waren andere Sorgen vorherrschend: Jeder Getaufte gilt nach Paulus als

berufen, sein Charisma zum Aufbau der Gemeinde einzubringen. Einmütig sollte dies geschehen – in der Einheit des Geistes Jesu Christi.
Es ist nicht möglich, mit Berufung auf das Neue Testament das kirchliche Amt entweder allein pneumatologisch-charismatisch oder allein christologisch-kultisch-eucharistisch oder allein ekklesiologisch-funktional zu bestimmen. Alle drei Perspektiven sind von bleibender Bedeutung. Es gilt, all das zusammenzuhalten: Das Amt dient dem lebendigen Gedächtnis Jesu Christi. Dieses gegenwärtigende Gedächtnis geschieht kraft des Geistes Gottes primär in der Wortverkündigung sowie in der Feier von Taufe und Eucharistie.

These 4*: Es gibt nach römisch-katholischem Verständnis keinen konkurrierenden Widerspruch zwischen dem unbestrittenen gemeinsamen Priestertum aller Getauften, der Berufung einzelner Laien zu einem besonderen Dienst und dem sakramentalen Amt.*
Die römisch-katholische Kirche hat sich beim 2. Vatikanischen Konzil eingehend mit dem Gemeinsamen Priestertum aller Getauften befaßt und diesen Gedanken in vielen Texten ausdrücklich formuliert. In der Kirchenkonstitution, in Lumen Gentium, Nr. 33, steht: „Der Apostolat der Laien ist Teilnahme an der Heilssendung der Kirche selbst. Zu diesem Apostolat werden alle vom Herrn selbst durch Taufe und Firmung bestimmt“. Es handelt sich somit um eine „unmittelbare“ Berufung der Laien zum Apostolat.
Das Gemeinsame Priestertum aller Getauften realisiert sich konkret in der Teilhabe an den drei Ämtern Jesu Christi, so steht es im Laiendekret des Konzils, in Apostolicam Actuositatem, Nr.10: In der Kraft des Geistes Gottes sind alle Getauften Priester, Propheten und Könige. Der priesterliche Dienst verwirklicht sich im neuen Kult der liebenden Lebenshingabe. Die Theologie des Hebräerbriefs ist hier aufgenommen: Priester wie Jesus Christus ist, wer sein Leben hingibt aus Liebe – zum Zeugnis für Gott. Der prophetische Dienst aller Getauften ereignet sich im Bezeugen der Wahrheit des Wortes Gottes – mitten im Leben, im Alltag der Menschen. Der königliche Dienst besteht in der fachkundig-kompetenten Teilhabe auch an den Leitungsaufgaben in der christlichen Gemeinde – in der Katechese, in der Verwaltung der Güter, in der Planung des Gemeindelebens.

These 5*: Mit der Rede von der „Sakramentalität“ des kirchlichen Amtes bringt die römisch-katholische Theologie ihre Überzeugung zum Ausdruck, daß Gott einzelne Menschen in den Dienst beruft, in ihrem ganzen Leben erfahrbarer Ort seiner weisenden, lehrenden, versammelnden, verbindenden, einigenden Gegenwart zu sein.*
Die römisch-katholische Kirche kennt als eigenständig und eigen-artig, nicht in Konkurrenz, sondern in Zuordnung zum Gemeinsamen Priestertum aller Getauften, die sakramentale Ordination zu einem besonderen Dienstamt: Menschen wissen sich von Gott dazu berufen, im Heiligen Geist als personale Zeichen der Christusgegenwart zu wirken. Sehr oft mißverstanden wird ein Ge-

danke, der sich in der Kirchenkonstitution des Konzils findet. Dort heißt es, das Priestertum des Dienstes unterscheide sich vom gemeinsamen Priestertum aller Getauften „dem Wesen und nicht bloß dem Grade nach“ (LG 10). Die weithin konsensfähig in der römisch-katholischen Theologie vertretene Interpretation dieses Satzes ist, daß auf diese Weise die Besonderheit des einigenden, versöhnenden, versammelnden, verbindenden Dienstes der Ordinierten zum Ausdruck gebracht wird. Die ontologische Eigenart – die seinem Wesen gemäße Eigenart des sakramentalen Amtes ist es, Dienst am gemeinsamen Dienst der Verkündigung des Evangeliums zu sein. Die „vornehmliche Aufgabe“ der „geweihten Hirten“ ist es, „die Gläubigen so als Hirten zu führen und ihre Dienstleistungen und Charismen so zu prüfen, daß alle in ihrer Weise zum gemeinsamen Werk einmütig zusammenarbeiten“ (LG 30). Die Ordinierten tragen dafür Sorge, daß die vielfältigen Weisen, in denen die Verkündigung des Evangeliums geschieht, als Realisierung der Gemeinschaft in dem einen Leib Jesu Christi in der Welt erfahrbar bleiben. Sie tun den Dienst der Einheit. Dazu sind sie amtlich berufen und darin sind sie kraft des Geistes Gottes personale Zeichen der Gegenwart des erhöhten Christus. Das von den Amtsträgern geforderte „Gegenübersein“ – der Gemeinde „Gegenübersein“ – ist und bleibt dabei ein Dienst; dieser Dienst entspringt der Sorge um den Zusammenhalt der Gemeinde – Zusammenhalt in lebendiger Verbundenheit mit Christus Jesus. Es macht daher keinen rechten Sinn, ein ontologisches Amtsverständnis gegen ein funktionales auszuspielen: Das Wesen des Amtes *ist* sein Dienst-Charakter, seine „Funktion“. Es gibt besondere, andere, spezifische Dienste unter den Diensten. Eine höhere persönliche Würde, eine größere Wertigkeit der Priester vor Gott gar, das alles sieht die römisch-katholische Amtstheologie eigentlich nicht vor – auch wenn der Anschein oft ein anderer ist.

***These 6**: In der römisch-katholischen Theologie werden zur Zeit viele Einzelfragen der Ämtertheologie heftig und kontrovers diskutiert.*

Die römisch-katholische Kirche hat derzeit vielfältigen Anlaß, selbstkritisch über das eigene Amtsverständnis und die eigene Praxis der Amtsausübung nachzudenken. Es gibt eine große Bereitschaft in vielen römisch-katholischen Kreisen der Gemeinden, der Theologie und der Kirchenleitungen offen über die anstehenden Fragen zu sprechen. Ich erlebe dies als ein Geschehen, das auch in ökumenischer Hinsicht große Bedeutung hat. Unterstützen Sie uns also in unserem Erneuerungsprozeß mit Freundlichkeit, Achtsamkeit, Geduld – Mahnung auch. Laßt es uns nicht zusätzlich schwer machen durch Bitterkeit, Häme oder das vermeintliche Wissen darum gar, daß sich grundlegend doch nichts ändern kann in der römisch-katholischen Amtstheologie.

Zu den in theologischen Kreisen vorrangig behandelten Fragen gehört die Diskussion um die Eigenarten des drei-gestaltigen sakramentalen Amtes: Bischof – Pfarrer – Diakon. Dabei wird von vielen Theologinnen und Theologen derzeit ein sog. „komplementäres Modell“ bevorzugt, das davon ausgeht, das die „Fülle des Weihesakramentes“ (LG 21) im Bischofsamt besteht, in dessen

Amtsausübung „die Verkündigung des Evangeliums einen hervorragenden Platz“ (LG 25) hat. Priester und Diakone sind auf je verschiedene Weise in der Gemeinde tätig: Der Priester sorgt von der Mitte her für die Einheit der Gemeinde; der Diakon sammelt die Gemeinde von ihren Rändern her. Viele römisch-katholische Theologinnen und Theologen betrachten es als ein Zeichen der Hoffnung, daß seit vielen Jahren – vor allem in Europa und in den USA – auch innerreformatorische Bemühungen um die Wiedergewinnung des biblisch begründeten, altkirchlich geformten, dreigestaltigen Amtes zu erkennen sind. Porvoo, Meissen, jüngst auch Reuilly – Kenner und Kennerinnen können mit diesen Ortsnamen jahrzehntelange Anstrengungen verbinden, zwischen den Anglikanischen Kirchen, die ihre bischöfliche Verfassung auch historisch begründen, und den lutherischen und reformierten Kirchen Kanzel- und Abendmahlsgemeinschaft zu vereinbaren. Es gelingt zunehmend – und das ist gut so.
Ein zweiter Themenbereich: Nahezu alle deutschen Diözesen entwickeln in den letzten Jahren immer wieder etwas veränderte Konzepte einer kooperativen Pastoral – Gemeindeseelsorge in Kooperation zwischen haupt- bzw. ehrenamtlich tätigen Laien und Priestern. Priestermangel herrscht in unserem Raum – die Situation ist da ganz anders als in der evangelischen Kirche. Gewiß wird in diesem Zusammenhang auch seit Jahrzehnten intensiv über die Zulassungsbedingungen zum ordinierten Amt gesprochen – kontrovers, wie sie wissen.
Mir scheint, in der ökumenischen Diskussion um das kirchliche Amt wäre es schon eine große Hilfe, wenn es zwischen den Konfessionen zu einem nüchternen Austausch über die Erfahrungen käme, die sie mit den unterschiedlichen Formen des Leitungsdienstes machen. Wahrlich ernüchternd ist es etwa, ich sage es ganz offen, sich vor Augen zu führen, in welch großer Einsamkeit nicht wenige zölibatär lebende römisch-katholische Priester sich vorfinden und welche Auswege sie suchen – oft mit qualvollen Gewissensnöten. Zugleich erleben wohl viele evangelische Pfarrerinnen und Pfarrer, wie schwer es ist, diese Berufung, diesen Beruf mit dem Leben in der Familie in Einklang zu bringen.
Unterschiedliche Erfahrungen machen wir auch im Bereich der Entscheidungsfindung: Die synodalen Entscheidungswege haben Tücken und die autoritativ-hierarchischen auch. Wenn viele über etwas entscheiden, wovon sie eigentlich wenig verstehen, dann ist die Gefahr groß, daß doch wieder einzelne Kundige allein den Ton angeben. Wenn Einzelne von vornherein fraglos allein das Sagen haben, können wichtige Stimmen überhört werden. Es ist nicht leicht, einen Weg der Entscheidungsfindung in Glaubensfragen zu wählen, bei dem sowohl die erforderliche Kompetenz gesichert ist als auch die Bereitschaft, das eigene Urteil durch die Meinung anderer korrigieren zu lassen.
Ein Erfahrungsaustausch – ein nüchterner – über die gelebte Ämterwirklichkeit – wäre dies nicht weiterführend? Mut wäre dazu erforderlich, viel Mut, wirklich hinzuschauen, ungute Entwicklungen einzugestehen, Schmerzliches wahrhaben zu wollen. Dieser Mut ist nur dann aufzubringen, wenn er sich mit dem Vertrauen paaren kann, von denen, die andere Optionen in der Amtsfrage leben, nicht mit Schadenfreude bedacht zu werden. Das gemeinsame Leiden an

den offenen Wunden im Leben der anderen Konfessionen – das müssen wir noch besser lernen.
Mit Erich Fried[2] habe ich begonnen, er soll auch die letzten Worte haben – „Gründlichkeit“ beschreibt er so:

> Ein genaues
> Verzeichnis anlegen
> was alles
> zu tun ist
> und es sorgfältig prüfen
> so daß keine Zeit mehr bleibt
> es zu tun

Möge es den Menschen, möge es Gott erspart bleiben, daß wir Christen einander so sorgfältig prüfen, daß keine Zeit mehr bleibt für die gemeinsame, die glaubwürdige, die mutige, die kraftvolle Verkündigung des einen Evangeliums: Gottes Liebe ist stärker als die Sünde. Gottes Leben ist stärker als der Tod.

II. Kommentierte Auswahlbibliographie

Vorbemerkung

Die beim Deutschen Evangelischen Kirchentag 1999 in Stuttgart von mir vorgetragenen Thesen zum römisch-katholischen Amtsverständnis stehen im Kontext einer weitläufigen theologischen Diskussion, zu der sowohl innerkonfessionelle als auch ökumenische Interessen veranlassen. Die hier präsentierte Auswahlbibliographie hat zum Ziel, die literarisch greifbaren Hintergründe meiner Argumentation offenzulegen sowie durch gezielte Hinweise auf den Stand der ökumenischen Dialoge über die kirchlichen Ämter zu einem vertieften Studium der noch offenen Fragen anzuregen. Angesichts der kaum überschaubaren Fülle an älteren und neueren Publikationen zur Amtstheologie habe ich als vorrangiges Kriterium der Auswahl die Überlegung herangezogen, ob die Beiträge einen raschen Einstieg in die einzelnen Themenbereiche ermöglichen. Die Titel sind chronologisch geordnet.

1. Gesamtdarstellungen und Einführungen mit bibliographischem Charakter

Eine systematisierte Zusammenstellung der bis 1973 erschienenen Literatur zur ökumenischen Amtstheologie bietet:

- V. Pfnür, Kirche und Amt. Neuere Literatur zur ökumenischen Diskussion um die Amtsfrage (Münster 1975) Catholica Beiheft 1

---

2 *E. Fried*, Um Klarheit. Gedichte gegen das Vergessen (Berlin 1985) 24.

Nach 1973 erschienen folgende Sammelbände und Monographien:

- F. Hahn u.a., Dienst und Amt. Überlebensfrage der Kirchen (Regensburg 1973)
- H. Schütte, Amt, Ordination und Sukzession im Verständnis evangelischer und katholischer Exegeten und Dogmatiker der Gegenwart sowie in Dokumenten ökumenischer Gespräche (Düsseldorf 1974)
- K. Rahner, Vorfragen zu einem ökumenischen Amtsverständnis (Freiburg 1974)
- J. Baur (Hg.), Das Amt im ökumenischen Kontext. Eine Studienarbeit des Ökumenischen Ausschusses der VELKD (Stuttgart 1980)
- G.H. Vischer, Apostolischer Dienst. Fünfzig Jahre Diskussion über das kirchliche Amt in Glauben und Kirchenverfassung (Frankfurt 1982)
- K. Lehmann/E. Schlink (Hg.), Evangelium – Sakrament – Amt und die Einheit der Kirche (Freiburg-Göttingen 1982)
- A.Ganoczy (Hg.), Der Streit um das Amt in der Kirche (Regensburg 1983)
- W. Sanders (Hg.), Bischofsamt – Amt der Einheit (München 1983)
- Rauch/P. Imhof (Hg.), Das Priestertum in der Einen Kirche. Regensburger Ökumenisches Symposion 1985 (Aschaffenburg 1987)
- W. Pannenberg (Hg.), Lehrverurteilungen – kirchentrennend?, Bd. III: Materialien zur Lehre von den Sakramenten und vom kirchlichen Amt (Freiburg-Göttingen 1990), bes. 187-349
- L.W. Countryman, The Language of Ordination. Ministry in an Ecumenical Context (Philadelphia 1992)

2. Wichtige ökumenische Dokumente

In der jüngeren Geschichte der ökumenischen Diskussion um die Amtstheologie lassen sich Phasen der Innovation und der Rezeption unterscheiden: Im Anschluß an die ökumenische Rezeption der Amtstheologie des 2. Vatikanischen Konzils in den späten 60er und frühen 70er Jahren zogen in den 80er Jahren zunächst die Konvergenzerklärungen von Lima das Interesse auf sich. Während in den bilateralen Dialogen, die die römisch-katholische Kirche mit den Kirchen der Reformation (vor allem mit Anglikanern und Lutheranern) über die Frage der Anerkennung der Ämter führten, zwar Annäherungen erreicht wurden, aber keine verbindlichen Erklärungen erfolgten, werden in jüngerer Zeit zwischen den anglikanischen Kirchen und lutherischen, reformierten und unierten Kirchen (vor allem in Nordeuropa und den USA) sehr konkrete Vereinbarungen getroffen, die die Anerkennung der Apostolizität der Schwesterkirchen ermöglichen. Die ökumenische Bewegung geht insbesondere im inner-reformatorischen Raum derzeit wichtige Schritte hin auf das Ziel der sichtbaren Einheit. In diesem Prozeß ist die Frage der ekklesialen Notwendigkeit des historischen Episkopats, an dem die beteiligten anglikanischen Kirchen festhalten, von entscheidender Bedeutung. Die Gespräche zwischen den Kirchen der Reformation haben gesamtökumenische Bedeutung. Ihre Tragweite ist oft zu wenig im Bewußtsein der nicht unmittelbar an diesem Geschehen teilhabenden Kirchen.

Einen sehr hilfreichen Einblick in die Geschichte und die Ergebnisse der innerevangelischen Gespräche vermittelt: A. Birmelé, Leuenberg – Meissen – Porvoo. Zur Gemeinschaft der anglikanischen, lutherischen, reformierten und unierten Kirchen, in: Leuenberg, Meissen und Porvoo. Konsultation zwischen den Kirchen der Leuenberger Kirchengemeinschaft und den an der Meissener Erklärung und der Porvoo-Erklärung beteiligten Kirchen (Frankfurt 1996; Leuenberger Texte 4) 32-55. Ein Vergleich der einzelnen Vereinbarungen legt die Gemeinsamkeiten und Unterschiede zwischen der anglikanischen, lutherischen und reformierten Amtstheologie offen. Übereinstimmend betonen diese drei Traditionen die Apostolizität der gesamten Kirche und die Sendung aller Getauften zur Verkündigung des Evangeliums. Das ordinierte Amt wird von allen an den Gesprächen beteiligten Kirchen als besonderer göttlicher Auftrag zum Dienst an Wort und Sakrament betrachtet: „Es steht in enger Verbindung mit dem Priestertum aller Gläubigen, kann aber nicht einfach von ihm abgeleitet werden“ (ebd., 44). Eine wichtige Verständigung gelang auch über die Frage des kirchenleitenden Amtes: „Die Frage, die zwischen den drei Traditionen offen bleibt, betrifft nicht die Notwendigkeit der Episkopé für das Sein der Kirche, sondern die Bedeutung der historisch gewachsenen Formen der Ausübung dieses Amtes“ (ebd., 44). Auf der Basis der gemeinsamen Überzeugung, daß die Apostolizität der Kirche nicht durch die historische Sukzession im Bischofsamt konstituiert werde, diese vielmehr „ein Zeichen dieser Apostolizität“ (ebd., 45) sei, formulieren die lutherischen und reformierten Gesprächsteilnehmer eine andere Option als die anglikanischen bezüglich der Notwendigkeit der Wiedergewinnung des Bischofsamtes. Zukunftsweisend ist, daß die Rede vom Zeichencharakter der apostolischen Sukzession es zum einen ermöglicht, sie wertzuschätzen, auch wenn sie der eigenen Tradition im geschichtlichen Wandel fremd geworden ist, zum anderen anzuerkennen, daß es auch andere Zeichen bestehender Apostolizität geben kann, aufgrund derer eine Anerkennung einer Kirche als apostolisch erfolgen kann, auch wenn sie die Gestalt ihrer Sukzession im Glauben der Apostel nicht auf den historischen Episkopat gründen kann.

2.1 Textzeugnisse

Die wichtigsten Dokumente zu Fragen der ökumenischen Amtstheologie sind:

- Katholizität und Apostolizität. Theologische Studien einer gemeinsamen Arbeitsgruppe zwischen der römisch-katholischen Kirche und dem Ökumenischen Rat der Kirchen (Göttingen 1971) KuD. Erg.-H. 2
- Ökumenischer Rat der Kirchen, Das ordinierte Amt in ökumenischer Perspektive (1972), in: ÖR 22 (1973) 231-256
- Amt und Ordination, Gemeinsame Erklärung über die Lehre vom Amt der Anglikanisch/Römisch-Katholischen Internationalen Kommission (Canterbury 1973), in: H. Meyer u.a. (Hg.), Dokumente wachsender Übereinstimmung, Bd. 1 (Frankfurt-Paderborn 1983) 148-158
- Reform und Anerkennung kirchlicher Ämter. Ein Memorandum der Arbeitsgemeinschaft ökumenischer Universitätsinstitute (München 1973)
- Gemeinsame römisch-katholische evangelisch-lutherische Kommission, Das geistliche Amt in der Kirche (Frankfurt-Paderborn 1981)

- Taufe, Eucharistie und Amt. Konvergenzerklärung der Kommission für Glauben und Kirchenverfassung des ÖRK (1982) („Lima-Dokument"), in: H. Meyer u.a. (Hg.), Dokumente wachsender Übereinstimmung, Bd. 1 (Frankfurt-Paderborn 1983) 567-585 (Teil „Amt")
- Bilaterale Arbeitsgruppe der DBK und der VELKD, Kirchengemeinschaft in Wort und Sakrament, Hannover-Paderborn 1984
- Gottes Herrschaft und unsere Einheit. Bericht der Anglikanisch/Reformierten Internationalen Kommission (1984), in: H. Meyer u.a. (Hg.), Dokumente wachsender Übereinstimmung, Bd. 2 (Frankfurt-Paderborn 1992) 133-188, bes. 161-186
- Gemeinsame römisch-katholische evangelisch-lutherische Kommission, Einheit vor uns. Modelle, Formen und Phasen katholisch/lutherischer Kirchengemeinschaft (Frankfurt-Paderborn 1985) bes. 53-81 („Dienstgemeinschaft")
- Neuendettelsau-Thesen zur Übereinstimmung in der Frage „Amt und Ordination" zwischen den an der Leuenberger Konkordie beteiligten Kirchen (1982/1986), in: Leuenberger Texte 2: Sakramente, Amt, Ordination (Frankfurt 1995) 87-93
- Tampere-Thesen zur Amtsdiskussion heute (1986), in: ebd., 103-112
- Amt. Zu den konfessionellen Gegensätzen in der Lehre vom geistlichen Amt, in: K. Lehmann/W. Pannenberg (Hg.), Lehrverurteilungen – kirchentrennend?, Bd. I: Rechtfertigung, Sakramente und Amt im Zeitalter der Reformation und heute (Freiburg-Göttingen 1986) 157-169
- Bericht der Anglikanisch/Lutherischen Konsultation über Episcopé (Niagara 1987), in: H. Meyer u.a. (Hg.), Dokumente wachsender Übereinstimmung, Bd. 2 (Frankfurt-Paderborn 1992) 62-91
- Das Weihesakrament in der sakramentalen Struktur der Kirche, insbesondere die Bedeutung der Apostolischen Sukzession für die Heiligung und die Einheit des Volkes Gottes. Dokument der Gemischten Internationalen Kommission für den theologischen Dialog zwischen der Römisch-Katholischen Kirche und der Orthodoxen Kirche (Valomo 1988), in: H. Meyer u.a. (Hg.), Dokumente wachsender Übereinstimmung, Bd. 2 (Frankfurt-Paderborn 1992) 556-567
- „Toward full Communion" and „Concordat of Agreement". Lutheran-Episcopal Dialogue, Series 3. Edited by W.A. Norgren and W.G. Busch (Minneapolis-Augsburg 1991)
- „A Common Calling". Lutheran-Reformed Dialogue. Edited by K.F. Nickle and T.F. Lull (Minneapolis 1993)
- Die Meissener Erklärung. Eine Dokumentation. Bearbeitet von K. Kremkau (Hannover 1993) EKD-Texte Nr. 47
- „Together in Mission and Ministry". The Porvoo Common Statement. Conversations between The British and Irish Anglican Churches and The Nordic and Baltic Lutheran Churches (London 1993) (deutsche Fassung der „Porvooer Gemeinsamen Feststellung" in: Texte aus der VELKD Nr. 73 [1996], 23-41)
- Gemeinsame römisch-katholische evangelisch-lutherische Kommission, Kirche und Rechtfertigung. Das Verständnis der Kirche im Licht der Rechtfertigungslehre (Frankfurt-Paderborn 1994) bes. 94-103
- Apostolizität und Sukzession. Eine Studie der Bischöfe der Kirche von England, in: Epd-D Nr. 23 (1995) 29-47
- „Appelés à témoigner et à servir". Dialogue entre les Églises anglicanes de Grande-Bretagne et d'Irlande et les Églises luthériennes et réformées de France. L'affirmation commune de Reuilly (Paris 1999)

2.2 Kommentare

- R.H. Fuller, Sukzession oder Ordination? Zum anglikanisch-lutherischen Gespräch, in: K. Fröhlich (Hg.), Ökumene: Möglichkeiten und Grenzen heute (Tübingen 1982) 24-31

- E. Herms, Stellungnahme zum dritten Teil des Lima-Dokumentes „Amt“, in: KuD 31 (1985) 65-96
- R.H. Roberts, Der Stellenwert des kirchlichen Amtes im ökumenischen Gespräch aus anglikanischer Sicht unter Berücksichtigung der Leuenberger Konkordie und der Lima-Erklärung, in: ZThK 83 (1986) 370-403
- H. Döring, Taufe, Eucharistie und Amt im Kontext der Communio-Ekklesiologie. Analysen zur offiziellen römischen Antwort auf das Lima-Dokument, in: Cath 42 (1988) 170-194
- Die Diskussion über Taufe, Eucharistie und Amt 1982-1990. Stellungnahmen, Auswirkungen, Weiterarbeit (Frankfurt-Paderborn 1990)
- M. Root, Anglican-Lutheran Relations. Their Broader Ecumenical Significance, in: One in Christ 30 (1994) 22-33
- G. Gaßmann, Das Porvoo-Dokument als Grundlage anglikanisch-lutherischer Kirchengemeinschaft im nördlichen Europa, in: ÖR 44 (1995) 172-185
- J.U. Dalferth, Amt und Bischofsamt nach Meissen und Porvoo. Evangelische Anmerkungen zu einigen ungeklärten Fragen, in: MdKI 47 (1996) 91-98. 111-118
- Leuenberg, Meissen und Porvoo. Konsultation zwischen den Kirchen der Leuenberger Kirchengemeinschaft und den an der Meissener Erklärung und der Porvoo-Erklärung beteiligten Kirchen (Frankfurt 1996) Leuenberger Texte 4
- Visible Unity and the Ministry of Oversight. The second theological Conference held under the Meissen Agreement between the Church of England and the Evangelical Church in Germany (London 1997)

3. Einzelne Themenbereiche

3.1 Biblisches Zeugnis

Die von allen christlichen Konfessionen geschöpfte, gemeinsame Quelle (auch) amtstheologischer Erkenntnisse ist die normative Bezeugung des Wortes Gottes in der biblisch überlieferten Offenbarung. Grundlegende Reflexionen über das Verhältnis von Schrift und Tradition und Darstellungen der neutestamentlichen Ämterwirklichkeit sind die Basis für die gesuchte ökumenische Verständigung.

3.1.1 Hermeneutische Fragen

- M. Haudel, Die Bibel und die Einheit der Kirchen. Eine Untersuchung der Studien von „Glauben und Kirchenverfassung“ (Göttingen [2]1995)
- W. Pannenberg/Th. Schneider (Hg.), Verbindliches Zeugnis. Bd. 1: Kanon – Schrift – Tradition; Bd. 2: Schriftauslegung – Lehramt – Rezeption; Bd. 3: Schriftverständnis und Schriftgebrauch (Freiburg-Göttingen 1992-1998)

3.1.2 Amt und Ämter im Neuen Testament

- H. Zimmermann, Das Amt im Neuen Testament: Beiträge zur Diskussion um das priesterliche Selbstverständnis (Bonn 1969)
- J. Hainz (Hg.), Kirche im Werden. Studien zum Thema Amt und Gemeinde im Neuen Testament (München 1976)
- K. Kertelge (Hg.), Das kirchliche Amt im Neuen Testament (Darmstadt 1977)
- A. Vögtle, Exegetische Reflexionen zur Apostolizität des Amtes und zur Amtssukzezzion, in: R. Schnackenburg u.a. (Hg.) Die Kirche des Anfangs (Freiburg 1977) 529-582

- F. Hahn, Grundfragen von Charisma und Amt in der gegenwärtigen neutestamentlichen Forschung. Fragestellung aus evangelischer Sicht, in: T. Rendtorff (Hg.), Charisma und Institution (Gütersloh 1985), 335-349
- U. Wilckens, Das Amt des Geistes und der Geist des Amtes. Neutestamentliche Einsichten und kirchliche Erfahrungen, in: ebd., 23-54
- P. Hofrichter, Amt und Amtsverständnis in der Urkirche, in: Heiliger Dienst 45 (1991) 4-19
- Th. Söding, Blick zurück nach vorn. Bilder lebendiger Gemeinden im Neuen Testament (Freiburg 1997)

3.2 Gemeinsames Priestertum und besonderes Dienstamt

Im Gefolge der nachdrücklichen Betonung des Gemeinsamen Priestertums (sacerdotium commune) in den Texten des 2. Vatikanischen Konzils ist diese Redeweise innerhalb der katholischen Theologie unstrittig. Die zahlreichen neueren Veröffentlichungen zu dieser Thematik sind in der Regel nicht primär ökumenisch motiviert, sie nehmen vielmehr Stellung zu einzelnen Gestalten der Kooperation zwischen ordinierten Amtsträgern und (hauptamtlich) in den Gemeinden tätigen Laien.

3.2.1 Ökumenisch relevante Überlegungen

- K. Lehmann, Das geistliche Amt im ökumenischen Gespräch, in: LS 33 (1982) 158-164
- J. Rohls, Das geistliche Amt in der reformatorischen Theologie, in: KuD 31 (1985) 135-161
- H.-M. Barth, Einander Priester sein. Allgemeines Priestertum in ökumenischer Perspektive (Göttingen 1990)
- G. Hintzen, Das gemeinsame Priestertum aller Gläubigen und das besondere Priestertum des Dienstes in der ökumenischen Diskussion, in: Catholica 45 (1991) 44-77

3.2.2 Inner-katholische Diskussion

- B.J. Hilberath, Das Verhältnis von gemeinsamem und amtlichem Priestertum in der Perspektive von Lumen gentium 10, in: TThZ 94 (1985) 311-326
- C. Kohl, Amtsträger oder Laie? Die Diskussion um den ekklesiologischen Ort der Pastoralreferenten und Gemeindereferenten (Frankfurt 1987)
- P. Neuner, Der Laie und das Gottesvolk (Frankfurt 1988)
- R. Birkenmaier (Hg.), Werden und Wandel eines neuen kirchlichen Berufs. 60 Jahre Seelsorgehelferinnen/Gemeindereferent(inn)en (München-Zürich 1989)
- K. Hillenbrand (Hg.), Priester heute. Anfragen, Aufgaben, Anregungen (Würzburg 1990)
- K. Hillenbrand/M. Kehl (Hg.), Du führst mich hinaus ins Weite. Erfahrungen im Glauben – Zugänge zum priesterlichen Dienst (Würzburg 1991)
- O. Fuchs, Ämter für eine Kirche der Zukunft. Ein Diskussionsanstoß (Luzern 1993)
- S. Lederhilger, Kooperative Seelsorge und die Frage nach dem Amt, in: ThPQ 142 (1994) 123-136
- J. Niewiadomski, „Menschen, Christen, Priester ..." Dogmatische Überlegungen zur Amtstheologie auf dem Hintergrund der Diskussion über „kooperative Seelsorgemodelle", in: ThPQ 143 (1995) 159-166
- J. Kerkhofs u.a. (Hg.), Europa ohne Priester (Düsseldorf 1995)
- M. Kessler (Hg.), Ordination – Sendung – Beauftragung. Anfragen und Beobachtungen zur rechtlichen, liturgischen und theologischen Struktur (Tübingen-Basel 1996)
- W. Krieger/A. Schwarz (Hg.), Amt und Dienst – Umbruch als Chance. Österreichische Pastoraltagung 1994 (Würzburg 1996)

- B. Sesboüé, N'ayez pas peur! Regards sur l'Église et les ministères aujourd'hui (Paris 1996)
- W. Beinert, Amt – Tradition – Gehorsam. Spannungsfelder kirchlichen Lebens (Regensburg 1998)
- M. Klöckener/K. Richter (Hg.), Wie weit trägt das gemeinsame Priestertum? Liturgischer Leitungsdienst zwischen Ordination und Beauftragung (Freiburg 1998)
- P. Hünermann (Hg.), Und dennoch ... Die römische Instruktion über die Mitarbeit der Laien am Dienst der Priester. Klarstellungen – Kritik – Ermutigungen (Freiburg 1998)
- B.J. Hilberath (Hg.), Communio – Ideal oder Zerrbild von Kommunikation? (Freiburg 1999)

3.3 Sakramentalität des dreigliedrigen Amtes

3.3.1 Historische Studien

- J. Freitag, Sacramentum ordinis auf dem Konzil von Trient (Innsbruck 1991)
- E. Dassmann, Entstehung und Begründung der kirchlichen Ämter in der Alten Kirche, in: IKaZ 22 (1993) 350-362
- E. Dassmann, Ämter und Dienste in den frühchristlichen Gemeinden (Bonn 1994)
- U.E. Eisen, Amtsträgerinnen im frühen Christentum (Göttingen 1996)

3.3.2 Amtstheologische Konzepte

- K. Lehmann, Das dogmatische Problem des theologischen Ansatzes zum Verständnis des Amtspriestertums, in: F. Henrich (Hg.), Existenzprobleme des Priesters (München 1969) 123-175
- G. Greshake, Priestersein. Zur Theologie und Spiritualität des priesterlichen Amtes (Freiburg ^{5}1991)
- J. Ambaum, Die Identität des Priesters. Bemerkungen zum ontologischen und funktionalen Amtsverständnis, in: IKaZ 20 (1991) 434-441
- J. Hernoga, Das Priestertum. Zur nachkonziliaren Amtstheologie im deutschen Sprachraum (Frankfurt 1997)

3.3.3 Einzelfragen

Die Themenbereiche Papstamt und Frauenordination werden derzeit auch in ökumenischer Perspektive intensiv erforscht. Ich beschränke mich auf die Angabe einiger neuerer Publikationen, die einen leichten Zugang zur weiterführenden Literatur ermöglichen:

- Johann-Adam-Möhler-Institut (Hg.), Das Papstamt. Anspruch und Widerspruch. Zum Stand des ökumenischen Dialogs über das Papstamt (Münster 1996)
- P. Hünermann (Hg.), Papstamt und Ökumene. Zum Petrusdienst an der Einheit aller Getauften (Regensburg 1997)
- E. Gössmann/D. Bader (Hg.), Warum keine Ordination der Frau? Unterschiedliche Einstellungen in den christlichen Kirchen (München-Zürich 1987)
- C. Globig, Frauenordination im Kontext lutherischer Ekklesiologie. Ein Beitrag zum ökumenischen Gespräch (Göttingen 1994)
- W. Groß (Hg.), Frauenordination. Stand der Diskussion in der Katholischen Kirche (München 1996)
- D. Reininger, Diakonat der Frau in der Einen Kirche. Diskussionen, Entscheidungen und pastoral-praktische Erfahrungen in der christlichen Ökumene und ihr Beitrag zur römisch-katholischen Diskussion. Mit einem Geleitwort von Bischof Karl Lehmann (Ostfildern 1999)

3.4 Apostolische Sukzession und Ämteranerkennung

Als ökumenisch wegweisende Argumente, die in der katholischen Theologie im Blick auf die Frage der Anerkennung der evangelischen Ämter vorgetragen werden, können vor allem jene gelten, die Walter Kasper in seinen Beiträgen darlegt: Die Frage der apostolischen Sukzession im Bischofsamt ist einzubinden in die Grundfrage der Gewißheit über die apostolische Tradition der gesamtkirchlichen Communio. Eine rein historische Argumentation mit Hinweis auf die Geschehnisse etwa im 16. Jahrhundert wird der theologischen Dimension der Fragestellung nicht gerecht. Aussicht auf eine Verständigung besteht vor allem durch eine Besinnung auf die pneumatologische Gründung der Kirche: „Das Ereignis des Geistes begründet die Institution immer wieder neu. Wo in dieser Weise die Freiheit des Geistes innerhalb der sakramentalen Gesamtstruktur der Kirche anerkannt wird, da ergibt sich grundsätzlich die Möglichkeit, Ämter, die nach rein institutionellen Kriterien ungültig sind, die sich aber geistlich bewähren und sich als geistlich fruchtbar erweisen, in einem geistlichen Urteil anzuerkennen. (...) Diese ursprüngliche Weite und Freiheit innerhalb der Kirche läßt sich nur durch eine vertiefte Reflexion auf ihre primär im Geist und nur sekundär sakramental-zeichenhaft institutionell verbürgte Kontinuität zurückgewinnen. Mit anderen Worten: Die Institution muß als Funktion des Geistes, die Ekklesiologie als Funktion der Pneumatologie begriffen werden" (W. Kasper, Die apostolische Sukzession als ökumenisches Problem, in: ders., Theologie und Kirche, Bd. 2 [Mainz 1999] 181).

3.4.1 Historische Studien

- B. Kötting, Zur Frage der „successio apostolica" in frühkirchlicher Sicht, in: Cath 27 (1973) 234-247
- H.J. Vogt, Zum Bischofsamt in der frühen Kirche, in: ThQ 162 (1982) 221-236
- H.J. Vogt, Bemerkungen zur frühen Amts- und Gemeindestruktur, in: ThQ 175 (1995) 192-198

3.4.2 Konfessionelle Positionen

- J. Ratzinger, Primat, Episkopat und successio apostolica, in: K. Rahner/J. Ratzinger (Hg.), Episkopat und Primat (Freiburg 1961) 37-59
- G. Gaßmann, Das historische Bischofsamt und die Einheit der Kirche in der neueren anglikanischen Theologie (Göttingen 1964)
- J. Ratzinger, Bemerkungen zur Frage der apostolischen Sukzession, in: K. Schuh (Hg.), Amt im Widerstreit (Berlin 1973) 37-45
- T. Nikolaou, Das Bischofsamt in seiner Bedeutung für die Kircheneinheit, in: Ökumenisches Forum 9 (1986) 175-192
- D. Papandreou, „Successio apostolica". Erwägungen zur Überwindung der Trennung, in: US 42 (1987) 29-40
- S.W. Sykes, The Laying on of Hands in Succession, in: H. Meyer (Hg.), Gemeinsamer Glaube und Strukturen der Gemeinschaft (Frankfurt 1991) 185-197
- H.Chr. Schmidt-Lauber, Amt und Ordination in der evangelischen Tradition, in: Heiliger Dienst 45 (1991) 76-88

- M. Basarab, Das Amtsverständnis und die apostolische Sukzession als Kontext für die Stellung der Frau in der orthodoxen Kirche, in: Cath 50 (1996) 261-285
- Zur Frage der Apostolischen Sukzession. Stellungnahme der Evangelisch-Lutherischen Kirche in Bayern, in: US 51 (1996) 163-166

3.4.3 Ökumenische Perspektiven

- W. Kasper, Zur Frage der Anerkennung der Ämter in den lutherischen Kirchen, in: ThQ 151 (1971) 97-109
- K. Lehmann, Ämteranerkennung und Ordinationsverständnis, in: Cath 27 (1973) 248-262
- H. Meyer, Anerkennung – Ein ökumenischer Schlüsselbegriff, in: P. Manns (Hg.), Dialog und Anerkennung. ÖR.B 37 (Frankfurt 1980) 25-41
- W. Kasper, Die apostolische Sukzession als ökumenisches Problem, in: ders., Theologie und Kirche, Bd. 2 (Mainz 1999) 163-182 (Erstveröffentlichung 1990)
- H. Jorissen, Die Verbindlichkeit der kirchlich-offiziellen Dialoge im Blick auf das geistliche Amt und die apostolische Sukzession, in: R. Hoeps/Th. Ruster (Hg.), Mit dem Rücken zur Transzendentaltheologie (Würzburg 1991) 249-276
- G. Hintzen, Die ekklesiale Notwendigkeit des Bischofsamtes, in: Cath 49 (1995) 58-78
- C. Böttigheimer, Apostolische Amtssukzession in ökumenischer Perspektive. Gegenseitige Anerkennung geistlicher Ämter als Bedingung von Eucharistiegemeinschaft, in: Cath 51 (1997) 300-314

Wesensverwandlung

Zur bleibenden Bedeutung der Rede von „Transsubstantiation" in einer ökumenischen Eucharistielehre

I. Hinführung: Der Kontext der Fragestellung

Die im Jahr 1995 veröffentlichte Enzyklika „Ut unum sint" von Johannes Paul II.[1] hat bald nach ihrem Erscheinen eine intensive ökumenische Rezeption[2] erfahren. Dieses Papstschreiben erinnert in eindrücklicher Weise an die Verpflichtung der katholischen Kirche, ökumenisch zu denken und zu handeln; die inzwischen gereiften „Früchte des Dialogs" werden umschrieben, und Perspektiven für die anstehenden Arbeiten werden aufgezeigt. Dem gegenwärtigen Stand der ökumenischen Bemühungen entsprechend, geschieht in „Ut unum sint" nicht nur eine sachbezogene Bestandsaufnahme der in den Gesprächen erreichten Annäherungen und der verbleibenden Differenzen, vielmehr stellt Johannes Paul II. auch Überlegungen zur Hermeneutik der ökumenischen Dialogarbeit an. Unter den diesbezüglich aus römisch-katholischer Sicht wichtigen Grundsätzen führt „Ut unum sint" neben anderem die erforderliche Bereitschaft an, zwischen einer zeitenüberdauernden Glaubenswahrheit und ihrer immer auch durch die sich verändernden Verstehensvoraussetzungen mitgeprägten Formulierung zu unterscheiden: „Im Dialog stößt man unweigerlich auf das Problem der unterschiedlichen Formulierungen, mit denen die Lehre in den verschiedenen Kirchen und kirchlichen Gemeinschaften ausgedrückt wird ... Angesichts

---

[1] *Johannes Paul II.*, Ut unum sint. Enzyklika über den Einsatz für die Ökumene vom 25. Mai 1995, in: Verlautbarungen des Apostolischen Stuhls 121 (Bonn 1995) 3-80.

[2] Vgl. „Dokument der Hoffnung". Erklärung des LWB-Generalsekretärs Ishmael Noko zur Enzyklika „Ut unum sint", in: KNA-ÖKI 26 (20. Juni 1995) 3-4; „Ermutigung und Ernüchterung". Erklärung der Kirchenleitung der VELKD zur Enzyklika „Ut unum sint", in: KNA-ÖKI 28. Dokumentation Nr. 4 (4. Juli 1995) 3-4; *H.-G. Link*, Wann kommt die Probe aufs Exempel? Bemerkungen zur Enzyklika „Ut unum sint" aus evangelischer Sicht, in: KNA-ÖKI 35 (22. August 1995) 18-22; *H.C. Knuth*, Das bewährte Miteinander der Kirchen vertiefen, in: KNA-ÖKI 45. Dokumentation Nr. 8 (31. Oktober 1995) 1-6; *A. Basdekis*, Die Enzyklika „Ut unum sint" aus orthodoxer Sicht, in: KNA-ÖKI 50 (5. Dezember 1995) 5-10; *ders.*, Orthodoxe Stellungnahmen zur Enzyklika „Ut unum sint", in: KNA-ÖKI 52/53 (19. Dezember 1995) 5-11; *H. Schützeichel*, „Gemeinsame Bekehrung zum Evangelium". Die Enzyklika „Ut unum sint" vom 25. Mai 1995, in: Trierer Theologische Zeitschrift 105 (1996) 114-138. Insbesondere die Anregung von Johannes Paul II., mit ihm einen „brüderlichen, geduldigen Dialog" (Ut unum sint, Nr. 96) über den Dienst des Bischofs von Rom an der Einheit aufzunehmen, fand große Beachtung: vgl. *Johann-Adam-Möhler-Institut (Hg.)*, Das Papstamt. Anspruch und Widerspruch. Zum Stand des ökumenischen Dialogs über das Papstamt (Münster 1996).

von Lehrformeln, die von jenen in der Gemeinschaft, der man angehört, üblichen abweichen, gilt es zunächst natürlich zu klären, ob die Worte nicht einen identischen Inhalt meinen"[3]. Johannes Paul II. benennt als ein Beispiel für eine auf der Grundlage dieser hermeneutischen Erkenntnis erreichte Annäherung der christlichen Konfessionsgemeinschaften die in jüngerer Zeit entstandenen Erklärungen zur Frage der Christologie, in denen altorientalische Kirchen und die römisch-katholische Kirche eine Konvergenz im Bekenntnis zu Jesus Christus feststellen, ohne sich gemeinsam an die vom Konzil von Chalzedon verwendete Terminologie zu binden[4].
Die Enzyklika „Ut unum sint"[5] beruft sich bei ihrer differenzierten Aussage zu der Weise, wie im ökumenischen Gespräch mit der Zeitbedingtheit theologischer Formulierungen auch in lehramtlichen Dokumenten umzugehen sei, auf die Erklärung „Mysterium ecclesiae" der Glaubenskongregation von 1973, die im Zusammenhang der Diskussion um den Begriff der „Unfehlbarkeit" darauf aufmerksam macht, daß „sich zwar die Wahrheiten, die die Kirche in ihren dogmatischen Formeln wirklich zu lehren beabsichtigt, von den wandelbaren Vorstellungen einer Zeit [unterscheiden] und ... ohne diese ausgedrückt werden [können]; trotzdem kann es aber bisweilen geschehen, daß jene Wahrheiten auch vom Heiligen Lehramt mit Worten vorgetragen werden, die Spuren solcher Vorstellungen an sich tragen. ... Der Sinn der dogmatischen Formeln selbst bleibt in der Kirche immer wahr und in sich stimmig, auch wenn er mehr erhellt und vollständiger erkannt wird"[6]. Nach „Ut unum sint" ermöglicht der ökumenische Dialog „unerwartete Entdeckungen", da er „die an ihm beteiligten Partner dazu anspornt, sich gegenseitig zu fragen, zu verstehen, zu erklären"[7].

---

[3] *Johannes Paul II.*, Ut unum sint (Anm. 1) Nr. 38. Ein 1998 erschienenes Schreiben des Päpstlichen Rates zur Förderung der Einheit der Christen bestimmt unter Berufung auf „Ut unum sint" als ein Lernziel der ökumenischen Bildung, die „legitime Verschiedenheit, Pluralität und Komplementarität von Lehrformulierungen" solle erkannt werden: vgl. *Päpstlicher Rat zur Förderung der Einheit der Christen*, Die ökumenische Dimension in der Ausbildung/Bildung derer, die in der Pastoral tätig sind, in: Verlautbarungen des Apostolischen Stuhls 134. Bonn 1998, Nr. 25.

[4] Vgl. *R. Kirchschläger/A. Stirnemann (Hg.)*, Chalzedon und die Folgen. FS Bischof Mesrob K. Krikorian (Innsbruck-Wien 1992); Gemeinsame christologische Erklärung der katholischen Kirche und der assyrischen Kirche des Ostens (Wortlaut und Kommentar von Ernst Chr. Suttner), in: US 50 (1995) 161-165; *H. Jorissen*, Wiederentdeckung des Gemeinsamen. Zum Stand des ökumenischen Dialogs zwischen Kopten und Katholiken, in: *A. Gerhards/H. Brakmann (Hg.)*, Die koptische Kirche. Einführung in das ägyptische Christentum (Stuttgart-Berlin-Köln 1994) 132-150; *E.Ch. Suttner*, Der christologische Konsens mit den Nicht-Chalkedonensern, in: OstKSt 41 (1992) 3-21; *D. Wendebourg*, Chalkedon in der ökumenischen Diskussion, in: ZThK 92 (1995) 207-237.

[5] Vgl. *Johannes Paul II.*, Ut unum sint (Anm. 1) Nr. 38.

[6] *Kongregation für die Glaubenslehre*, Erklärung „Mysterium ecclesiae" zur katholischen Lehre über die Kirche und ihre Verteidigung gegen einige Irrtümer von heute (24. Juni 1973), herausgegeben, eingeleitet und kommentiert von Karl Lehmann, hier Nr. 5, in: NKD 43. Trier 1975, 128-167, hier 149; vgl. auch die neueste kommentierte Textausgabe: *Congregazione per la Dottrina della Fede*, Dichiarazione „Mysterium Ecclesiae" (24 giugno 1973). Testo e commenti (Città del Vaticano 1993).

[7] Vgl. *Johannes Paul II.*, Ut unum sint (Anm. 1) Nr. 38.

In den ökumenischen Gesprächen über Fragen der Eucharistietheologie zwischen den Kirchen der Reformation und der römisch-katholischen Kirche hat die Suche nach einem angemessenen Verständnis der konfessionell geprägten Begrifflichkeit eine lange Tradition. Das mit philosophischen Anleihen arbeitende Modell der „Transsubstantiation" zur Erläuterung des Bekenntnisses zur eucharistischen „Realpräsenz" wurde im reformatorischen Schrifttum einer heftigen Kritik unterzogen und durch andere Formulierungen ersetzt[8]. Das Konzil von Trient hielt an dem Begriff „Transsubstantiation" fest, da die Kirche mit ihm die eucharistische Wandlung „treffend und im eigentlichen Sinne" („proprie et convenienter") bezeichne[9]. Kanon 2 des Trienter Eucharistiedekrets bestimmt: „Wer sagt, im hochheiligen Sakrament der Eucharistie verbliebe zusammen mit dem Leib und Blut unseres Herrn Jesus Christus die Substanz des Brotes und des Weines, und jene wunderbare und einzigartige Verwandlung der ganzen Substanz des Brotes in den Leib und der ganzen Substanz des Weines in das Blut, wobei lediglich die Gestalten („species") von Brot und Wein bleiben, leugnet – und zwar nennt die katholische Kirche diese Wandlung sehr treffend („aptissime") Wesensverwandlung –: der sei mit dem Anathema belegt"[10].

Der vom Konzil von Trient zur Umschreibung des Geschehens der eucharistischen Wandlung bekräftigte Begriff „Transsubstantiation" bedarf trotz der inzwischen geschehenen intensiven Erforschung seiner Bedeutung[11] im ökumenischen Kontext noch immer einer Klärung. Als Beleg für diese These mag ein Hinweis auf die evangelische Rezeption der Ergebnisse der Studie „Lehrverurteilungen – kirchentrennend?"[12] genügen: In der Stellungnahme der von der Arnoldshainer Konferenz eingesetzten Theologischen Kommission zu den Ergebnissen der genannten ökumenischen Forschungsarbeit wird „der alte Streit" um die eucharistische Realpräsenz als in der Alternative bestehend betrachtet, „ob Brot und Wein in ihrem Wesen verwandelt werden (Transsubstantiation) oder im Sakrament in ihrer natürlichen Beschaf-

---

[8] Die Schmalkaldischen Artikel berufen sich bei ihrer Zurückweisung der (allerdings mißverstandenen) Transsubstantiationslehre auf das biblische Zeugnis: „Von der Transsubstantiatio achten wir der spitzen Sophisterei garnichts, da sie lehren, daß Brot und Wein verlassen oder verlieren ihr naturlich Wesen und bleibe allein Gestalt und Farbe des Brots und nicht recht Brot; denn es reimet sich mit der Schrift aufs best, daß Brot da sei und bleibe, wie es S. Paulus selbs nennet" (AS III,6: BSLK 452,1-7). Die Konkordienformel verwirft die „papistische Transsubstantiation" (FC Epit. VII,22: BSLK 801,5-11). Auch in diesem Text wird die vermeintlich mit dieser Lehre verbundene „Annihilation" des „natürlich Wesens" von Brot und Wein als Grund der Zurückweisung erkennbar.

[9] Vgl. DH 1642.

[10] *Konzil von Trient*, Dekret über das Sakrament der Eucharistie (1555), Kanon 2: DH 1652.

[11] Vgl. vor allem: *H. Jorissen*, Die Entfaltung der Transsubstantiationslehre bis zum Beginn der Hochscholastik (Münster 1965); *J. Ratzinger*, Das Problem der Transsubstantiation und die Frage nach dem Sinn der Eucharistie, in: TThQ 147 (1967) 129-158; *J. Wohlmuth*, Realpräsenz und Transsubstantiation im Konzil von Trient. Eine historisch-kritische Analyse der Canones 1-4 der Sessio XIII. 2 Bde (Frankfurt 1975).

[12] Vgl. *K. Lehmann/W. Pannenberg (Hg.)*, Lehrverurteilungen – kirchentrennend?, Bd.I: Rechtfertigung, Sakramente und Amt im Zeitalter der Reformation und heute (Freiburg-Göttingen 1986).

fenheit erhalten bleiben und durch das göttliche Verheißungswort in Dienst genommen werden"[13]. Diese Aussage verkennt, daß die Transsubstantiationslehre den Erhalt der „natürlichen Beschaffenheit" von Brot und Wein nicht bestreitet, das Trienter Konzil vielmehr ausdrücklich vom Verbleib der „species" von Brot und Wein spricht.

Im Folgenden möchte ich an die wechselvolle Sinnbestimmung des Substanzbegriffes in der Theologiegeschichte erinnern (II.), den intendierten theologischen Gehalt der lehramtlichen Äußerungen zur Frage der „Transsubstantiation" als Kriterium auch gegenwärtiger dogmatischer Arbeit darlegen (III.) und schließlich den theologischen Ertrag der angestellten Überlegungen für den ökumenischen Dialog über Fragen der Eucharistietheologie sichten (IV.).

II. Rückblick: Substanzbegriffe im theologiegeschichtlichen Wandel

Forschungsgeschichtlich betrachtet, waren die in der Mitte des 20. Jahrhunderts vor allem in der katholischen Theologie sich mehrenden Bemühungen um neue Zugänge zum Verständnis der eucharistischen Wandlung[14] der Anlaß für die in den 60er und 70er Jahren mit großer Anstrengung betriebene Erkundung der Geschichte der Verwendung des Substanzbegriffs im eucharistischen Kontext. Bewußt wurde dabei, daß nicht nur die jeweiligen Fragesituationen, in denen eine Rezeption dieses Begriffes stattfand, sich wandelten, sondern auch die inhaltliche Bestimmung des mit diesem Wort gemeinten Gehalts unterschiedlich war. Allgemein anerkannt wird, daß die im wesentlichen auf Thomas von Aquin zurückgehende Vorstellung der „Transsubstantiation" als geeignete Lösung einer Problemstellung zu betrachten ist, die sich im Frühmittelalter ergab: Die Preisgabe der im christlichen Altertum im eucharistischen Zusammenhang rezipierten platonischen Urbild-Abbild-Vorstellung, nach der es noch möglich erschien, die wirkliche Gegenwart des Unzugänglichen in seiner zeichenhaften Erscheinung zu denken, wurde zur Ursache für die strikte Alternative zwischen einem „realistischen" oder einem (bloß) „symbolischen" Denken in der Eucharistielehre[15]. Der erste und der zweite Abendmahlsstreit sind aussagekräftige

---

[13] Stellungnahme der von der Arnoldshainer Konferenz eingesetzten Theologischen Kommission zum Dokument „Lehrverurteilungen – kirchentrennend?" (Fassung vom 29. September 1991), in: Lehrverurteilungen im Gespräch. Die ersten offiziellen Stellungnahmen aus den evangelischen Kirchen in Deutschland (Göttingen 1993) 17-56, hier: 36.

[14] Vgl. *E. Schillebeeckx*, Die eucharistische Gegenwart. Zur Diskussion um die Realpräsenz (Düsseldorf 1967); *G. Hintzen*, Die neuere Diskussion um die eucharistische Wandlung. Darstellung, kritische Würdigung, Weiterführung (Frankfurt-München 1976); *W. Beinert*, Die Enzyklika „Mysterium Fidei" und neuere Auffassungen über die Eucharistie, in: TThQ 147 (1967) 159-176.

[15] Charakteristisch für die seit dem Frühmittelalter empfundene Schwierigkeit, Realität im Zeichen zu denken, ist eine Fragestellung, die Paschasius Radbertus (+ 865) im vierten Kapitel seiner Schrift „De corpore et sanguine Domine" behandelt: Er stellt sich der Frage, ob das „Sakrament des

Zeitzeugnisse für das entstandene Dilemma, über kein Vorstellungsmodell mehr zu verfügen, nach dem eine „reale" und zugleich „symbolische" Gegenwart Jesu Christi gedacht werden könnte: „Die Kirche des Frühmittelalters hat ... über zweihundert Jahre, vom neunten bis elften Jahrhundert, die Wirklichkeit der Eucharistie vollzogen, ohne für ihre Zeit die Möglichkeit eines richtigen theologischen Ausdrucks zu haben. Die Vätertexte wurden zwar zitiert und tradiert, aber nicht mehr authentisch verstanden. Die Überwindung des Gegensatzes zwischen Symbolismus und extremem Realismus war nicht möglich"[16]. Vor diesem Hintergrund betrachtet, kann die Einführung des Substanzbegriffes in die scholastische Eucharistielehre als eine zeitgemäße Lösung einer anstehenden Problematik gelten.
Theologische Bedeutung gewinnt der Substanzbegriff zur Bestimmung des Geschehens der eucharistischen Wandlung erstmals im Kontext des 2. Abendmahlstreits. In der zweiten Phase der Auseinandersetzung mit Berengar von Tours (+ 1088), wird diesem 1079 eine Bekenntnisformel vorgelegt, die gegenüber der ersten, 1059 verfaßten, als wesentlich gemäßigter gilt. Berengar sagt: „Ich, Berengar, glaube von Herzen und bekenne mit dem Mund, daß das Brot und der Wein, die auf den Altar gelegt werden, durch das Geheimnis des heiligen Gebetes und die Worte unseres Erlösers substanzhaft in das wahre, eigene und lebendigmachende Fleisch und Blut unseres Herrn Jesus Christus verwandelt werden (substantialiter converti) und nach der Konsekration der wahre Leib Christi, der von der Jungfrau geboren wurde, der für das Heil der Welt geopfert, am Kreuze hing und der zur Rechten des Vaters sitzt, und das wahre Blut Christi sind, das aus seiner Seite vergossen wurde, nicht nur durch das Zeichen und die Kraft des Sakramentes, sondern in der Eigentlichkeit der Natur und der Wahrheit der Substanz (in veritate substantiae)"[17]. Die in den eucharistietheologischen Schriften des Lanfranc von Bec (+ 1089) und des Guitmund von Aversa (+ 1095) favorisierte Rede von einer „substanzhaften Wandlung" ermöglichte es, die Bewahrung der äußeren Gestalt (species) von Brot und Wein – und damit den Zeichencharakter der Mahlgaben – anzuerkennen und zugleich ihre wahre Wandlung auszusagen. Ihr Interesse ist vor allem darauf gerichtet, das Geschehen der conversio begrifflich zu fassen. Die Rezeption des philosophischen Substanzbegriffs dient diesem Anliegen: „Die Transsubstantiationslehre ist ... entwickelt worden, damit man der Alternative 'entweder grob-sinnlicher Realismus oder reiner

---

Kelches" „im Bild" (in figura) oder „in Wirklichkeit" (in veritate) geschieht: vgl. *P. Radbert*, Vom Leib und Blut des Herrn. Übertragen von Hans Urs von Balthasar (Einsiedeln-Trier 1988) 25-28. Während bei Paschasius die Tendenz besteht, figura und veritas zu identifizieren, votiert Ratramnus im ersten Abendmahlsstreit für eine rein bildhaft zu verstehende Weise der eucharistischen Gegenwart Jesu Christi: vgl. zu den vorscholastischen Wurzeln der Krise der sakramentalen Idee: *F. Pratzner*, Messe und Kreuzesopfer. Die Krise der sakramentalen Idee bei Luther und in der mittelalterlichen Scholastik (Wien 1970) bes. 119-132. Hinweise auf die kontroverse Interpretation der Eucharistietheologie des Ratramnus gibt: *H. Jorissen*, Die Entfaltung der Transsubstantiationslehre bis zum Beginn der Hochscholastik (Anm. 11) 4-6.

[16] *A. Gerken*, Dogmengeschichtliche Reflexion über die heutige Wende in der Eucharistielehre, in: ZKTh 94 (1972) 199-226, hier 210.

[17] *Synode von Rom*, Glaubensbekenntnis Berengars von Tours: DH 700.

Symbolismus' entgehen konnte. Die Spannung und das Gefälle 'Zeichen – Wirklichkeit' oder 'Schon – Noch nicht', welche die Väter durch die Stufung 'Urbild – Abbild' ausgedrückt hatten, wird im Mittelalter ... schließlich durch die Unterscheidung substantia – species bzw. substantia – accidens ausgedrückt. ... Entscheidend für die dogmengeschichtliche Beurteilung der Transsubstantiationslehre ist also die Beachtung der Funktion, die sie im mittelalterlichen Denken ausübte: sie hielt die zweifache Dimension 'sichtbar – unsichtbar' offen und wahrte damit auf ihre Weise die analogia fidei, d.h. die Stufung der Wirklichkeit und dadurch das Hineinreichen der eucharistischen Zeichen in die Wirklichkeit Christi und Gottes"[18].

Der Begriff „transsubstantiatio" ist erstmals Mitte des 12. Jahrhunderts in den Sentenzen des Roland Bandinelli (+ 1181), des späteren Papstes Alexander III, belegt. Seit dieser Zeit fand er rasche Verbreitung. Das 4. Laterankonzil nimmt 1215 diese Redeweise in den lehramtlichen Sprachgebrauch auf.[19] Eine intensive Diskussion dieser Begrifflichkeit und eine Klärung ihrer Aussageabsicht geschieht erst durch Thomas von Aquin (+ 1274)[20].

Auch Thomas behandelt die Transsubstantiationslehre im Zusammenhang des rechten Verständnisses der eucharistischen Wandlung. Er legt dar, daß nach der Wandlung die Substanz von Brot und Wein nicht zurückbleiben[21], es aber dabei nicht zu einer Annihilation der Substanz von Brot und Wein komme[22], Brot und Wein vielmehr in die Substanz des Leibes und des Blutes verwandelt werden[23], wobei die Akzidentien von Brot und Wein bestehen bleiben[24]. Thomas faßt seine Position so zusammen: „tota substantia panis convertitur in totam substantiam corporis Christi, et tota substantia vini in tota substantia sanguinis Christi. Unde haec conversio non est formalis, sed substantialis. Nec continetur inter species motus naturalis, sed proprio nomine potest dici 'transsubstantiatio' (die ganze Substanz des Brotes wird verwandelt in die ganze Substanz des Leibes Christi und die ganze Substanz des Blutes Christi. Somit ist diese Verwandlung nicht eine der Form, sondern der Substanz. Auch fällt sie nicht unter die Arten der natürlichen Bewegung, sondern kann mit dem Eigennamen 'Wesensverwndlung' benannt werden)"[25]. Dabei meint der Begriff „substantia" im Sinne seiner aristotelischen Bestimmung das innere, nicht mit Sinnen erfaßbare „Wesen", der Begriff „accidens" die äußere, sichtbare und schmeckbare Erscheinung. Das „Wesen" von Brot und Wein wird verwandelt, ihre äußere Gestalt bleibt erhalten. Joseph Ratzinger erinnert bezüglich dieser hochscholastischen Begrifflichkeit daran, daß bei ihr nicht nur die qualitas, sondern auch die

---

[18] *A. Gerken*, Dogmengeschichtliche Reflexion über die heutige Wende in der Eucharistielehre (Anm. 16) 213f.

[19] Vgl. DH 802.

[20] Vgl. *Thomas von Aquin*, Sth III qq 75-77.

[21] Vgl. Sth III q75 a2.

[22] Vgl. Sth III q75 a3.

[23] Vgl. Sth III q75 a4.

[24] Vgl. Sth III q75 a5.

[25] Sth III q75 a4 c.

quantitas zu den Akzidentien gezählt wird. Dies aber bedeutet, daß all das, was Gegenstand physikalischer Untersuchung sein kann, dem Bereich der Akzidentien zuzuordnen ist: „Die eucharistische Verwandlung ... bezieht sich per definitionem nicht auf das, was erscheint, sondern auf das, was nie erscheinen kann. Sie vollzieht sich außerhalb des physikalischen Bereichs. Das heißt aber, ganz deutlich gesagt: Physikalisch und chemisch gesehen vollzieht sich an den Gaben schlechterdings nichts – auch nicht irgendwo in einem mikroskopischen Bereich; sie sind physikalisch und chemisch betrachtet nach der Verwandlung genau dasselbe wie vor ihr“[26].
Folgenreich wirkte sich aus, daß es schon bald nach Thomas zu weitreichenden Spekulationen über den Verbleib der Substanz von Brot und Wein nach der Wandlung kam. Die Vorstellung, die Akzidentien von Brot und Wein könnten ohne deren Substanz vorhanden sein, verlor in dem Maße an Plausibilität, als sich insbesondere im spätmittelalterlichen Nominalismus dinglich-konkrete Vorstellungen auch bei der Rede von substantia einstellten. Martin Luther[27] war bei seiner These, die eucharistische Realpräsenz sei im Sinne einer „Konsubstantiation“ zu begreifen, von dieser Neubestimmung des Substanzbegriffs geprägt. Er wehrte sich vor allem gegen die (auch von Thomas bestrittene) Vorstellung einer Annihilation der Substanz des Brotes und des Weines. Problematisch ist die Rede von der „Konsubstantiation“ im eucharistischen Zusammenhang jedoch nicht nur, weil sie das Moment der Wandlung nicht bespricht, sondern auch, weil sie die Verbindung zweier „Substanzen“ behauptet, deren begriffliche Bestimmung jeweils unterschiedlich ist: „Es wird sichtbar, daß 'Transsubstantiation' gar keinen Gegensatz zu 'Konsubstantiation' bedeutet, wenn letztere einfach sagen soll, daß Brot und Wein als physikalisch-chemische Größen unverändert weiter bestehen. Freilich wird man gerade, wenn man das für selbstverständlich ansieht, sagen müssen, daß das Modell der Konsubstantiation, d.h. eines Nebeneinander zweier Substanzen, die man beide im gleichen Sinn 'Substanz' nennen könnte und müßte, philosophisch und theologisch zu vordergründig und oberflächlich bleibt. Die Realität von Fleisch und Blut Christi bedeutet nicht eine zusätzliche Substanz von der gleichen Art wie Brot und Wein, die sich als ein Zweites auf mehr oder minder gleicher Ebene zum Ersten gesellen würde. Die Gegenwart Jesu Christi bedeutet etwas von Wesen her anderes als die Gegenwart physikalischer Größen und konkurriert ihnen daher nicht. Sie bedeutet die Einbeziehung von Brot und Wein in die machtvolle Gegenwart des Herrn, die die Dinge in ihrem Seinsgrund trifft und so in dieser ihrer verborgenen, wahrhaft meta-physischen Tiefe erneuert und verwandelt“[28].

---

[26] *J. Ratzinger*, Das Problem der Transsubstantiation und die Frage nach dem Sinn der Eucharistie (Anm. 11) 150.
[27] Vgl. WA 6, 510, 13f; WA 10/2, 208,31. Vgl. zu den theologiegeschichtlichen Hintergründen der Konsubstantiationslehre Luthers: *H. Hilgenfeld*, Mittelalterlich-traditionelle Elemente in Luthers Abendmahlsschriften (Zürich 1971).
[28] *J. Ratzinger*, Das Problem der Transsubstantiation und die Frage nach dem Sinn der Eucharistie (Anm. 11) 153.

Die Rede von der Transsubstantiation beim Geschehen der eucharistischen Wandlung entgeht der Schwierigkeit des äquivoken Substanzbegriffs, die bei der Rede von „Konsubstantiation“ besteht. Das rechte Verständnis der Transsubstantiationslehre setzt jedoch die Kenntnis der aristotelischen Sinnbestimmung der Begriffe Substanz und Akzidenz voraus – eine Bedingung, die bereits im Reformationszeitalter nicht mehr uneingeschränkt erfüllt war und in der nachtridentinischen Zeit zunehmend verloren ging. Philosophisch nicht gebildete Menschen denken heute bei der Rede von „Substanzen“ an Wirklichkeiten, die physikalisch-chemisch zu untersuchen und zu beschreiben sind. Vor allem diese Wahrnehmung motivierte in unserem Jahrhundert dazu, nach neuen Zugängen zu der in der Feier der Eucharistie geschehenden „Wesensverwandlung“ Ausschau zu halten.[29] In der mit großer Anteilnahme von vielen Theologen geführten Diskussion um die Legitimität der Rede von einer eucharistischen „Transsignifikation“, „Transfinalisation“ oder „Transinstitution“ war es wichtig, die Anliegen herauszuarbeiten, die sich in den lehramtlichen Äußerungen mit der Rede von der „Transsubstantiation“ verbinden[30].

III. Kriterium: Die Intention der lehramtlichen Äußerungen zur „Transsubstantiation“

Der Begriff „Transsubstantiation“ erscheint bereits vor dem Trienter Konzil in mehreren lehramtlichen Äußerungen in einem kontroverstheologisch geprägten Kontext: 1215 beim 4. Laterankonzil[31] in Auseinandersetzung mit Albigensern und Katharern, 1274 beim 2. Konzil von Lyon[32] im Rahmen der Zurückweisung der Lehren

---

[29] Vgl. *G. Hintzen*, Die neuere Diskussion über die eucharistische Wandlung (Anm. 14); *W. Beinert*, Die Enzyklika „Mysterium Fidei“ und neuere Auffassungen über die Eucharistie (Anm. 14); *B.J. Hilberath*, „Substanzverwandlung“ – „Bedeutungswandel“ – „Umstiftung“ (Anm. 14). Als eine der gemeinsamen Grundlagen der neuen Denkmodelle gilt die „relationale Ontologie“, die das Wesen des Seienden durch seinen Bezugszusammenhang konstituiert erklärt. Wenn dieser sich verändert, verwandelt sich das Wesen des Seienden. Der Bezugszusammenhang ist im Blick auf das eucharistische Geschehen als ein gestifteter zu betrachten. Der lutherische Theologe Notger Slenczka hat herausgearbeitet, daß auch die Transsignifikationslehre im Referenzrahmen einer substantialen Ontologie verbleibt, insofern sie eine Wandlung des Wesens der eucharistischen Mahlgaben annimmt: vgl. *N. Slenczka*, Realpräsenz und Ontologie. Untersuchung der ontologischen Grundlagen der Transsignifikationslehre (Göttingen 1993). Thomas Freyer greift die Gedanken von Slenczka auf und führt sie kritisch fort: vgl. *Th. Freyer*, Sakrament – Transitus – Zeit – Transzendenz. Überlegungen im Vorfeld einer liturgisch-ästhetischen Erschließung und Grundlegung der Sakramente (Würzburg 1995).

[30] Vgl. *K. Rahner*, Die Gegenwart Jesu Christi im Sakrament des Herrenmahles, in: Schriften zur Theologie, Bd. IV (Einsiedeln-Zürich-Köln 1960) 357-385; *H. Jorissen*, Die Entfaltung der Transsubstantiationslehre bis zum Beginn der Hochscholastik (Anm. 11) 7-10; *J. Wohlmuth*, Realpräsenz und Transsubstantiation im Konzil von Trient (Anm. 11).

[31] Vgl. DH 802. Die Argumentation zielt hin auf die Bewahrung des besonderen Dienstamtes der Priester.

[32] Vgl. DH 860. Besondere Erwähnung findet, daß die römisch-katholische Kirche mit ungesäu-

der „Orientalen“, 1341 in dem Schreiben „Cum dudum“[33] von Papst Benedikt XII. gegen die Armenier, 1439 in der Bulle „Exultate Deo“[34] über die Union mit den Armeniern und 1442 beim Konzil von Florenz[35] ebenfalls in Abgrenzung von einer Position der Armenier.

Eine eingehende Behandlung erfährt die Transubstantiationslehre bei den Diskussionen während der 13. Sitzungsperiode des Trienter Konzils, die 1551 ihren Abschluß fand. Das oben bereits in Auszügen zitierte[36] Kapitel 4 der Doctrina[37] des Trienter Dekrets über das Sakrament der Eucharistie und die Kanones 1 und 2[38] sind hinsichtlich ihrer Entstehungsgeschichte detailliert erforscht worden[39]. Joseph Wohlmuth hat aufgezeigt, daß sich die Trienter Konzilsväter auch in der Eucharistietheologie die Fragestellungen zwar von den reformatorischen Schriften vorgeben ließen, mit denen sie sich auseinandersetzen wollten, dennoch aber eine eingehende Debatte über die biblischen und theologiegeschichtlichen Begründungen der eigenen Position in den Konzilsakten dokumentiert ist. Als Ergebnis seiner Studie hält Wohlmuth fest, daß sich die Konzilsväter gegen eine dem Inkarnationsgeschehen analoge Begründung der eucharistischen Gegenwart Jesu Christi aussprechen wollten.[40] In diesem Zusammenhang steht auch die Verwendung der Begriffe „conversio“ und „transsubstantiatio“: „auf einen gefährlich kurzen Nenner gebracht, lautet die Grundentscheidung des Canon 2: Nicht Vereinigung, sondern Verwandlung. Weg und Begründung, wie es zu dieser Entscheidung kam, sind dabei in mehrfacher Hinsicht aufschlußreich: Zunächst führte die Rückbesinnung auf die Quellen der Überlieferung dazu, daß in den Mittelpunkt des Canons nicht ‘transsubstantiatio’, sondern ‘conversio’ rückte. Dennoch ließ man das Wort ‘transsubstantiatio’ nicht fallen, weil man in ihr einen Ausdruck der sprachregelnden Autorität der Kirche ... sah. Deshalb spricht die Beibehaltung des Wortes gar nicht zuerst für ein aristotelisch-scholastisches Denken, als vielmehr dafür, daß man die kirchliche Überlieferung ernstnahm“[41]. Wohlmuth führt aus, daß die Begriffe „conversio“ und „transsubstantiatio“ favorisiert wurden, weil sie die Grundentscheidung der Konzilsväter

---

ertem Brot Eucharistie feiert.

[33] Vgl. DH 1018. Den Armeniern wird dabei ein rein symbolistisches Verständnis der eucharistischen Gegenwart vorgeworfen.

[34] Vgl. DH 1321. Gegenstand der Diskussion ist in diesem Kontext vor allem die rechte „forma“ des Sakraments der Eucharistie.

[35] Vgl. DH 1352. Neben der erneuten Benennung der forma sacramenti erfolgt eine Auskunft über die Beschaffenheit des Brotes: „Ob aber das Weizenbrot, in dem das Sakrament zustande kommt, am gleichen Tag oder schon vorher gebacken wurde, spielt überhaupt keine Rolle; solange nämlich nur die Substanz des Brotes bleibt, ist nicht im geringsten daran zu zweifeln, daß es nach den ... Worten der Konsekration des Leibes, die vom Priester mit der Absicht, zu wandeln, geäußert wurden, sogleich in den wahren Leib wesenhaft verwandelt wird“ (DH 1352).

[36] Siehe die Texte hier zu Anm. 9 und 10.

[37] Vgl. DH 1642.

[38] Vgl. DH 1651f.

[39] Vgl. *J. Wohlmuth*, Realpräsenz und Transsubstantiation im Konzil von Trient (Anm. 11).

[40] Vgl. ebd., bes. 453-461.

[41] Ebd., 456.

für ein sakramentales und nicht inkarnationstheologisches Denken in der Eucharistietheologie stützen konnten[42]. Die eucharistische Feier unterscheidet sich als eine sakramentale, eschatologische Zeichenhandlung von der einmaligen Inkarnation. In der Achtung dieser grenzziehenden Unterscheidung sieht Wohlmuth einen wesentlichen Aspekt der bleibenden Bedeutung der Trienter Eucharistielehre.

Gegenstand intensiver Forschungen war die Frage, ob das Konzil von Trient (lediglich) die Tatsache der in der Feier der Eucharistie geschehenden „Wesensverwandlung" – die reale „conversio" des „Wesens" der Mahlgaben – formell zu einer verbindlichen Lehre erheben wollte, oder ob dieses Konzil auch die begrifflichen Elemente festlegen wollte, mit deren Hilfe die Art und Weise der Wesensverwandlung erfaßt und beschrieben werden soll. Karl Rahner[43] sprach sich dafür aus, den Begriff der „Transsubstantiation" im Sinne des Konzils von Trient als eine „logische" Explikation der biblisch überlieferten Einsetzungsworte zu verstehen, durch die – anders als bei einer „ontisch" zu verstehenden Aussage – keine weitere Festlegung auf Begründungszusammenhänge geschehen sei. Seiner Position folgen zahlreiche Theologen: „Den Offenbarungscharakter der Transsubstantiation sieht das Konzil in den Herrenworten ausgesprochen. Das Dogma (in seinem streng definierten Sinn) will mithin nach dem Verständnis des Tridentinums nichts anderes als die logische Explikation der wörtlich verstandenen Herrenworte sein, daß nämlich das unter der Erscheinungsweise des Brotes Dargereichte in Wahrheit sein Leib sei. Diese Worte implizieren die Verwandlung (conversio) der ganzen Substanz von Brot und Wein in die Substanz des Leibes und des Blutes Christi, so daß von den Konsekrationselementen außer ihrer sinnlichen Erfahrungswirklichkeit (species) nichts mehr zurückbleibt – eine Verwandlung, die aptissime 'transsubstantiatio' genannt werde. Dagegen hat das Tridentinum nicht definiert, worin – generell – das Wesen der conversio bestehe, welche Begriffselemente notwendig zu einer wahren und eigentlichen 'conversio' gehören, noch wollte es im besonderen die nähere Art, die Natur dieser 'wunderbaren und einzigartigen Verwandlung' bestimmen, m. a. W. wie diese Verwandlung, speziell im Hinblick auf das völlige Aufhören der Brot- und Weinsubstanz und auf die Weise des Gegenwärtigwerdens Christi, des näheren zu erklären sei. In dieser näheren Erklärung der Natur des Transsubstantiationsvorgangs gehen bekanntlich die theologischen Schulen bis heute z. T. nicht unerheblich auseinander"[44].

Die 1965 erschienene Enzyklika „Mysterium fidei" von Paul VI.[45] hat in theologischen Kreisen nicht nur aufgrund der Tatsache, daß sie überraschend veröffentlicht

---

[42] Vgl. ebd., 457.

[43] Vgl. *K. Rahner*, Die Gegenwart Jesu Christi im Sakrament des Herrenmahles (Anm. 30).

[44] *H. Jorissen*, Die Entfaltung der Transsubstantiationslehre bis zum Beginn der Hochscholastik (Anm. 11) 9f. Ähnlich äußert sich Wolfgang Beinert: vgl. *W. Beinert*, Die Enzyklika „Mysterium Fidei" und neuere Auffassungen über die Eucharistie (Anm. 14) 169-171.

[45] Vgl. *Paul VI.*, Enzyklika „Mysterium fidei" vom 3. September 1965, in: AAS 57 (1965) 753-774; die deutsche Übersetzung des gesamten Textes ist leicht zugänglich in: HerKorr 19 (1965) 653-661.

wurde[46], große Aufmerksamkeit auf sich gezogen, sondern auch, weil sie in sehr entschiedener Weise die zeitlose Bedeutung der Rede von der „Transsubstantiation" feststellte: „Die Norm zu sprechen, die die Kirche in jahrhundertelanger Arbeit und nicht ohne den Beistand des Heiligen Geistes festgelegt und die sie durch die Autorität der Konzilien bestätigt hat und die Ausweis und Banner der Rechtgläubigkeit geworden ist, muß heiliggehalten werden. Niemand wage es, sie nach seinem Gutdünken oder unter dem Vorwand einer neuen Wissenschaft zu ändern"[47]. Wie auch bei den altkirchlichen Formulierungen der Christologie und der Trinitätstheologie sei nicht zu dulden, „daß jeder auf eigene Faust die Formeln antasten kann, mit denen das Konzil von Trient das eucharistische Geheimnis zu glauben vorgelegt hat. Denn diese und die anderen Formeln, deren sich die Kirche bedient, um die Dogmen des Glaubens vorzulegen, drücken Begriffsinhalte aus, die nicht an eine bestimmte Kulturform, nicht an eine bestimmte Phase wissenschaftlichen Fortschritts noch an diese oder jene theologische Schule gebunden sind, sondern stellen das dar, was der menschliche Geist über die Wirklichkeit in der universalen und notwendigen Erfahrung ausmacht und mit geeigneten und bestimmten Worten bezeichnet, die der Umgangssprache oder der gehobenen Sprache entnommen sind. Deswegen sind diese Formeln den Menschen aller Zeiten und aller Orte angepaßt"[48].

Deutlich unterscheidet die Enzyklika sodann zwischen dem zeitlosen „Sinn" einer lehramtlichen Äußerung und der immer gegebenen Möglichkeit, diesen in wechselnden Sprachgestalten zu erläutern und tiefer in ihn einzudringen, so daß durchaus mit einem „Fortschritt des Glaubensverständnisses" zu rechnen sei, wobei die Glaubenswahrheit „unberührt" bleibe[49]. Mit Blick auf das „Geheimnis der Wesensverwandlung" hält die Enzyklika „Mysterium fidei" es für notwendig, immer auch von der „Transsubstantiation" zu sprechen, statt allein die „Transsignifikation" oder „Transfinalisation" zu erwähnen[50]. Die eucharistische „Wesensverwandlung", die eine „ontologisch" neue Wirklichkeit entstehen läßt, schließt jedoch den Gedanken ein, daß Brot und Wein eine neue „Bedeutung" und einen neuen „Zweck" bekommen, „da sie nicht fürderhin gewöhnliches Brot und gewöhnlicher Trank sind, sondern Zeichen einer heiligen Sache und Zeichen geistlicher Speise"[51]. Auf diese Weise erfahren auch die neueren Zugänge zum Verständnis der eucharistischen Wesensverwandlung, die unter Bezugnahme auf die relationale Ontologie den Gedanken des „Bedeutungswandels" ausgestalten, Anerkennung. Als hilfreich und wei-

---

[46] Ein gemeinsamer Hirtenbrief, den der niederländische Episkopat im Mai 1965 veröffentlicht hatte, unterschied zwischen der Tatsache der realen Gegenwart Jesu Christi im Eucharistiesakrament, über die kein Zweifel bestehen könne, und der Weise, wie diese Gegenwart umschreibend zu erläutern sei. Da dieser Hirtenbrief die Zustimmung Pauls VI. fand, wirkten seine Ausführungen in „Mysterium fidei" unerwartet streng: vgl. den Bericht über diese Vorgänge und die Dokumentation wichtiger Textpassagen in: HerKorr 19 (1965) 517-520.

[47] *Paul VI.*, Enzyklika „Mysterium fidei", in: HerKorr 19 (1965) 655.

[48] Ebd.

[49] Ebd.

[50] Vgl. ebd., 654.

[51] Ebd., 658.

terführend wurde zudem empfunden, daß Papst Paul VI. – gestützt auf Aussagen in der Liturgiekonstitution des 2. Vatikanischen Konzils – von der vielfachen Weise der wirklichen Gegenwart Jesu Christi in der betenden, barmherzig handelnden und Gottes Wort verkündigenden Kirche spricht.[52] Wegweisend war nicht zuletzt, daß die Enzyklika einen engen Zusammenhang zwischen der eucharistischen Wesensverwandlung und dem sakramentalen Gedächtnis des erlösenden Lebensopfers Jesu Christi herstellt. Diese beiden Themen, die das Konzil von Trient noch in gesonderten Dekreten behandelt hatte, werden nun ausdrücklich in ihrem theologischen Zusammenhang bedacht.

IV. Ertrag: Relevanz für den ökumenischen Dialog

In wenigen, eher thesenartig formulierten Gedanken möchte ich die Relevanz meiner Überlegungen für den ökumenischen Dialog zu Fragen der Eucharistietheologie zusammenfassen:

(1) Die römisch-katholische Kirche betrachtet die Rede von der „Transsubstantiation" als einen „sehr geeigneten" (aptissime) Begriff zur Umschreibung der „wesenhaften", die Seinsebene betreffende, in ontologischem Sinne zu verstehenden „Wandlung" (conversio) der Mahlgaben Brot und Wein. Die Achtung und Wertschätzung dieser Begrifflichkeit steht im Dienst der Verkündigung der realen Gegenwart Jesu Christi in der Eucharistie.

(2) Im Blick auf die unterschiedlichen Begriffe, die sich in der konfessionell geprägten theologischen Diskussion herausgebildet haben, entspricht es der ökumenischen Methode, den geschichtlichen Kontext bei der Wahl der Begrifflichkeiten zu erforschen. Eine wohlwollende Interpretation der verwendeten Sprachbilder vermag ihre Leistungsstärke zu erfassen. Vor diesem Hintergrund ist zu sehen, wenn sich in ökumenisch orientierten Beiträgen zur Eucharistietheologie die Praxis gefestigt hat, die jeweiligen Intentionen der unterschiedlichen begrifflichen Redeweisen von der Gegenwart Jesu Christi in der eucharistischen Feier zu ergründen[53].

(3) Jede Begrifflichkeit ist darauf angewiesen, daß der intendierte Sinn und die ursprüngliche Bedeutung der Wortwahl interpretierend erschlossen werden. Dazu gibt die Enzyklika „Mysterium fidei" im Blick auf die Rede von der „Transsubstantiation" einige Leitlinien. Neue Redeweisen, die sich in dem von den lehramtlichen Äußerungen gesteckten Rahmen bewegen, können eine Hilfe sein bei dem Bemühen, die Glaubenswahrheit in den sich wandelnden Verstehenskontexten zu erschließen. Viele Theologen halten in der gegenwärtigen Verkündigungssituation den Rückgriff auf die relationale Ontologie für am ehesten geeignet, die mit dem Begriff „Trans-

---

[52] Vgl. ebd., 656f.

[53] Vgl. *J. Ratzinger*, Das Problem der Transsubstantiation und die Frage nach dem Sinn der Eucharistie (Anm. 11); *K. Lehmann/W. Pannenberg (Hg.)*, Lehrverurteilungen – kirchentrennend? (Anm. 12) bes. 94-108.

substantiation" intendierte Aussage einer „Wesensverwandlung" dem gläubigen Bewußtsein nahezubringen. Dabei bedarf es, wie „Mysterium fidei" zeigt, gewisser Ergänzungen und Korrekturen, da eine relationale Ontologie allein nicht alle bei der eucharistischen „Wesensverwandlung" wichtigen Momente zu erfassen vermag.
Ich schließe mit Worten des Paschasius Radbertus, der die Grenzen der menschlichen Möglichkeiten, die eucharistische Wesensverwandlung sprachlich zu erfassen, sehr anschaulich und mit geistlichem Tiefsinn zum Ausdruck bringt: „Fragst du nach dem Wie, wer könnte es erklären oder in Worte fassen? Sei vielmehr überzeugt, daß das Wie in Christi Kraft liegt, das Wissen im Glauben, die Ursache in der Macht, die Wirklichkeit im Willen. Denn Gottes Macht wirkt sich gegen die Natur und weit über die Fassungskraft unseres Verstandes hin aus. Darum bleibe man bei der Kenntnis der Heilslehre, halte den Glauben an das Sakrament der Wahrheit fest, denn in alldem 'wandeln wir im Glauben und nicht im Schauen'"[54] (2 Kor 5,7)

[54] *P. Radbert*, Vom Leib und Blut des Herrn (Anm. 15) 28.

II

Hindernisse wegräumen

Die gesamte Lehre und Praxis der Kirche unablässig auf Christus hin orientieren

Zur neueren Diskussion um die kriteriologische Funktion der Rechtfertigungslehre

I. Anlaß und Anliegen der Überlegungen

Römisch-katholische Theologen und Theologinnen werden allmählich müde zu betonen, nach ihrer Kenntnis der eigenen Lehrtradition treffe zu, was die „Gemeinsame Erklärung zur Rechtfertigungslehre (GE)“[1] festhält: „Gemeinsam sind wir der Überzeugung, daß die Botschaft von der Rechtfertigung uns in besonderer Weise auf die Mitte des neutestamentlichen Zeugnisses von Gottes Heilshandeln in Christus verweist: Sie sagt uns, daß wir Sünder unser neues Leben allein der vergebenden und neuschaffenden Barmherzigkeit Gottes verdanken, die wir uns nur schenken lassen und im Glauben empfangen, aber nie – in welcher Form auch immer – verdienen können. Darum ist die Lehre von der Rechtfertigung, die diese Botschaft aufnimmt und entfaltet, nicht nur ein Teilstück der christlichen Glaubenslehre. Sie steht in einem wesenhaften Bezug zu allen Glaubenswahrheiten, die miteinander in

---

[1] Vgl. *Lutherischer Weltbund und Päpstlicher Rat zur Förderung der Einheit der Christen*, Gemeinsame Erklärung zur Rechtfertigungslehre, in: epd-Dokumentation 46/97, 21-28. Die Angaben über die Quellen zur GE, die als Bestandteil des Textes gelten, sind dort nicht dokumentiert, sie sind jedoch an anderer Stelle leicht zugänglich: vgl. die Wiedergabe der GE in HK 51 (1997) 191-200.
Die wichtigsten Schritte bei der Entstehung der GE waren: Eine erste Fassung der GE wurde 1994 von einer kleinen Gruppe evangelisch-lutherischer und römisch-katholischer Theologen erarbeitet. Der Text wurde im Januar 1995 den Kirchen in einer nicht zur Veröffentlichung bestimmten Form für die Beratung zugänglich gemacht. Auf der Basis der eingegangenen Modi nahm ein evangelisch-katholisches Expertenteam im Juni 1996 in Würzburg Textverbesserungen vor (= Würzburg I). Weitere Eingaben von einzelnen Mitgliedskirchen des LWB und aus Rom veranlaßten dazu, den Text nochmals bei einem Treffen in Würzburg zu bearbeiten. Die dort im Januar 1997 verabschiedete Fassung (Würzburg II) lag den Kirchen zur Beschlußfassung vor, die bis zum 1. Juni 1998 erfolgt sein sollte. Einzelheiten zur konkreten Anfrage des LWB an die Mitgliedskirchen und zu der vom DNK/LWB den deutschen Synoden vorgeschlagenen Beschlußfassung sind nachzulesen in: epd-Dokumentation 46/97, 29-31.
Zur Vereinfachung der Zitation verweise ich in diesem Aufsatz immer auf den Nachdruck der Stellungnahmen zur GE in der epd-Dokumentation und gebe Ort und Zeitpunkt der Erstveröffentlichung nur dann eigens an, wenn mir diese Informationen im Argumentationszusammenhang von sachlicher Relevanz zu sein scheinen.

einem inneren Zusammenhang zu sehen sind. Sie ist ein unverzichtbares Kriterium, das die gesamte Lehre und Praxis der Kirche unablässig auf Christus hin orientieren will" (GE 17f). Der zitierte Wortlaut der GE läßt keinen Zweifel daran, daß es einen Konsens der römisch-katholischen und der evangelisch-lutherischen Theologie in der Annahme gibt, der Rechtfertigungsartikel sei ein unverzichtbarer kritischer Maßstab der christlich-kirchlichen Orthodoxie und Orthopraxie. Ausdrücklich fordert die GE ekklesiologische Konsequenzen des erreichten Dialogergebnisses ein: „Unser Konsens in Grundwahrheiten der Rechtfertigungslehre muß sich im Leben und in der Lehre der Kirchen auswirken und bewähren" (GE 43).

Zugegeben, über die (erneute) allgemeine Feststellung der kriteriologischen Bedeutung der Rechtfertigungslehre für die Ekklesiologie[2] ist auch die GE nicht hinausgekommen. Kann aber diese von der GE selbst eingestandene Grenze des Erreichten wirklich berechtigter Grund für die Behauptung vieler evangelischer Rezipienten und Kommentatoren sein, daß der „von der GE beanspruchte Konsens (...) keinerlei ekklesiologische und praktische Konsequenzen"[3] „impliziere"? Dieser (Miß-)Deutung des Textes haben etwa 160 evangelisch-theologische Hochschullehrer und -lehrerinnen durch die Unterschrift unter ein kurz gefaßtes Votum, das Ende Januar 1998 den Mitgliedern der Synoden zur Kenntnis gebracht wurde, zugestimmt. Die GE stellt ausdrücklich das Gegenteil des im Votum Ausgesagten fest, nämlich einen Konsens erreicht zu haben, dessen Konkretisierung in den künftigen Dialogen als Aufgabe ansteht. Hätte es nicht näher gelegen, mit der ökumenischen Arbeit fortzufahren und genau aufzuzeigen, wie das Leben und die Lehre der Kirche zu reformieren ist, soll das Evangelium Jesu Christi in unserer Zeit glaubwürdig verkündigt werden? Der bloße Hinweis auf die bisher nicht erreichte Eucharistie- und Abendmahlsgemeinschaft und die noch ausstehende römisch-katholische Anerkennung der evangelischen Ämter zum Beweis der These des Votums, ekklesiologische Implikationen seien in der GE nicht enthalten, stellt m.E. eine Reduktion der Komplexität von Fragestellungen dar, die auch bei einer solchen Textgattung nicht legitim ist.

Offenkundig halten nicht wenige evangelische Theologen und Theologinnen es derzeit für angemessener, die von ihnen als noch immer bestehend erachtete Unvereinbarkeit der Grundprinzipien reformatorischer und römisch-katholischer Lehre herauszuarbeiten. Sie haben damit eine unerwartet engagiert betriebene Suche nach

---

[2] Vgl. zur Geschichte dieses Gedankens im ökumenischen Kontext: *O.H. Pesch*, Rechtfertigung und Kirche. Die kriteriologische Bedeutung der Rechtfertigungslehre für die Ekklesiologie, in: ÖR 37 (1988) 22-46. Vgl. zur zukunftsweisenden Relevanz der Methode der GE: *L. Ullrich*, Praxis und Prinzipien einer ökumenischen Hermeneutik. Dargestellt an der „Gemeinsamen Erklärung zur Rechtfertigungslehre", in: *B. Stubenrauch (Hg.)*, Dem Ursprung Zukunft geben. Glaubenserkenntnis in ökumenischer Verantwortung. FS W. Beinert (Freiburg-Basel-Wien 1998) 185-224.

[3] Votum der Hochschullehrer zur „GE", in: epd-Dokumentation 7/98, 1f (Absatz V.), dem sich zunächst 141 evangelisch-theologische Professoren durch Unterschrift angeschlossen haben; die Zahl der Unterzeichner stieg später noch an. Der sich anschließende Briefwechsel zwischen Landesbischof D. Horst Hirschler und den Unterzeichnern des Votums ist nachzulesen in: epd-Dokumentation 11/98, 2-8.

Worten ausgelöst, mit denen das „organisierende Prinzip" der eigenen Glaubenstradition gedanklich und sprachlich zu erfassen wäre. Den Anstoß zu diesem Bemühen gab vor allem die Weise, wie die GE den zuvor erklärten Konsens in der Frage der kriteriologischen Funktion der Rechtfertigungslehre differenziert: „Wenn Lutheraner die einzigartige Bedeutung dieses Kriteriums betonen, verneinen sie nicht den Zusammenhang und die Bedeutung aller Glaubenswahrheiten. Wenn Katholiken sich von mehreren Kriterien in Pflicht genommen sehen, verneinen sie nicht die besondere Funktion der Rechtfertigungslehre. Lutheraner und Katholiken haben gemeinsam das Ziel, in allem Christus zu bekennen, dem allein über alles zu vertrauen ist als dem einen Mittler (1 Tim 2.5f), durch den Gott im Heiligen Geist sich selbst gibt und seine erneuernden Gaben schenkt" (GE 18).
Die Kontroverse um die richtige Interpretation dieser Passage der GE bewegt seit längerem die Gemüter (vorrangig) in der deutschen Theologie. Neben den beiden ebenfalls heftig umstrittenen Sachfragen, ob in der GE wirklich ein tragfähiger Konsens im Verständnis des Glaubens und der Sünde erreicht worden sei, und der da und dort aufgeworfenen Grundfrage, welche Zielsetzung ökumenische Bemühungen überhaupt haben sollten, gehen viele Stellungnahmen insbesondere auf die für unterschiedliche Deutungen und Mutmaßungen offene Rede von „mehreren Kriterien" ein, von denen „Katholiken" sich „in Pflicht genommen sehen" (GE 18). Zunehmend wird auch von Befürwortern der GE die Dringlichkeit einer „authentischen" Interpretation dieses Gedankens durch die Glaubenskongregation angemahnt. Einzelne römisch-katholische Theologen haben sich zwischenzeitlich dazu geäußert, was ihrer Auffassung nach das theologische Anliegen der Aussage von GE 18 sei. Sie stießen zumeist auf harsche Kritik, hörten nur gelegentlich Worte der Anerkennung.
Im Folgenden möchte ich zunächst kurz an die Vorgeschichte der Rede vom kriteriologischen Maßstab der Rechtfertigungslehre erinnern und einige Beobachtungen zum Verlauf der Kontroverse mitteilen (II.). Sodann werde ich die bisherigen Interpretationen der umstrittenen Passage der GE zusammenfassend darstellen und dabei Gemeinsamkeiten sowie Unterschiede in der Argumentation analysieren (III.). Abschließend möchte ich eigene Überlegungen zur Frage der Kriterien kirchlicher Lehre und Praxis anstellen (IV.).

II. Vorgeschichte und Verlauf der Kontroverse

1. Zur Geschichte des Begriffs „Kriterium" in ökumenischen Dokumenten zur Rechtfertigungslehre

Martin Luther formulierte 1537: „Articulus iustificationis est magister et princeps, dominus, rector et iudex super omnia genera doctrinarum, qui conservat et gubernat omnem doctrinam ecclesiasticam et erigit conscientiam nostram coram Deo. Sine hoc articulo mundus est plane mors et tenebrae“[4]. Beiträge zur Reformationsgeschichte[5] zeigen auf, daß diese theologische Überzeugung Luthers, die er wenige Jahre zuvor in den vielzitierten Worten, „isto articulo stante stat Ecclesia, ruente ruit Ecclesia“[6], zum Ausdruck brachte, Ergebnis einer sich zuspitzenden Gesprächssituation ist, deren zeitgeschichtliche Hintergründe bei der Interpretation der These zu berücksichtigen sind.

Der Begriff „Kriterium“ bzw. „Kriterien“ ist im Kontext der Frage, welche Verbindung es zwischen dem Rechtfertigungsartikel und anderen Lehrgestalten – insbesondere denen der Ekklesiologie – gibt, m.W. im Malta-Bericht[7] 1972 erstmals in einem ökumenischen Dokument verwendet worden. Dort heißt es im Anschluß an eine gemeinsame Bestimmung des Gehalts der Rechtfertigungslehre: „Obgleich eine weitgehende Übereinstimmung im Verständnis der Rechtfertigungslehre möglich erscheint, erheben sich hier Fragen: Welcher theologische Stellenwert kommt ihr zu – und werden die Konsequenzen für Leben und Lehre der Kirche auf beiden Seiten in gleicher Weise beurteilt?“[8] Eine klare Antwort auf die erste der beiden Fragen gibt (nur) die lutherische Seite: „Für lutherisches Verständnis unterstehen aufgrund des Bekenntnisses der Rechtfertigung alle kirchlichen Traditionen und Institutionen dem Kriterium, daß sie rechte Verkündigung des Evangeliums ermöglichen und die Bedingungslosigkeit des Heilsempfangs nicht verdunkeln. Von daher ergibt sich, daß kirchliche Ordnungen und Riten nicht als Heilsbedingungen auferlegt werden dürfen, sondern nur als freie Entfaltung des Glaubensgehorsams gelten können.“[9] Die kriteriologische Funktion der Rechtfertigungslehre für die Ekklesiologie und -praxie wird an dieser Stelle auf eine Weise eingebracht, daß dabei deutlich wird, worum es in der Sache geht: um die rechte Verkündigung des Evangeliums und um die Wahrung des Geschenkcharakters des göttlichen Heils. Eine Festlegung auf den

---

[4] *Martin Luther*, Promotionsdisputation von Palladius und Tilemann (1537), in: WA 39 I, 205,2-5 („Der Artikel von der Rechtfertigung ist der Meister und Fürst, Herr, Lenker und Richter über alle Arten von Lehre, er bewahrt und beherrscht jegliche kirchliche Lehre und richtet unser Gewissen vor Gott auf. Ohne diesen Artikel ist die Welt durch und durch Tod und Finsternis“).

[5] Exemplarisch sei hier verwiesen auf die zusammenfassende, weiterführende Literatur anmerkende Darstellung von *O.H. Pesch*, Rechtfertigung und Reformation. Von der reformatorischen Grunderkenntnis zur „Unterscheidungslehre“, in: Bibel und Kirche 47 (1992) 140-149. Vgl. zum Ganzen vor allem auch: *B. Lohse*, Luthers Theologie in ihrer historischen Entwickung und in ihrem systematischen Zusammenhang (Göttingen 1995); *A. Peters*, Rechtfertigung in der Reformation, in: *O.H. Pesch/A. Peters*, Einführung in die Lehre von Gnade und Rechtfertigung (Darmstadt 1981) 119-168.

[6] *Martin Luther*, In XV Psalmos graduum (1532/33), in: WA 40 III, 352,3 („Steht dieser Artikel, so steht die Kirche, fällt er, so fällt die Kirche“).

[7] Vgl. *Evangelisch-lutherische/Römisch-katholische Studienkommission*, Das Evangelium und die Kirche („Malta-Bericht“), in: *H. Meyer u.a. (Hg.)*, Dokumente wachsender Übereinstimmung (DWÜ), Bd. I (Paderborn-Frankfurt 1983) 248-271.

[8] Ebd., 255 (Nr. 28).

[9] Ebd. (Nr. 29).

Begriff „Rechtfertigung“ zur inhaltlichen Bestimmung des Kriteriums geschieht dabei nicht.
Die Aufnahme des Begriffs „Kriterium“ in die Ausführungen des Malta-Berichts über die Rechtfertigungslehre wurde durch Überlegungen zu der Frage vorbereitet, welche „Kriterien kirchlicher Verkündigung“[10] gemeinsam bestimmt werden können. Das Dokument unterscheidet in diesem Zusammenhang zwischen dem „primären Kriterium“ und „sekundären Kriterien“: „Da das Evangelium in immer neue geschichtliche Situationen hinein bezeugt werden muß, stellt sich die Frage nach den Kriterien, aufgrund welcher man zwischen legitimen und illegitimen späteren Entwicklungen unterscheiden kann. Diese Frage läßt sich nicht auf rein theoretische Weise beantworten. Weder das Prinzip sola scriptura noch der formale Verweis auf die Verbindlichkeit des Lehramtes kann genügen. Primäres Kriterium ist, daß der Heilige Geist das Christusereignis als Heilsgeschehen erweist. Es erhebt sich freilich die Frage, wie sich die Macht des Heiligen Geistes als Kriterium konkret ausweisen läßt. Wenn die Kontinuität der Überlieferung zu ihrem Ursprung konkret festgestellt werden soll, bedarf es offenbar sekundärer Kriterien“[11]. Auch in dieser Textpassage wird die Frage nach einem Kriterium oder mehreren Kriterien der kirchlichen Aufgabe zugeordnet, Gottes Evangelium in jeder Zeit ursprungsgetreu zu verkündigen. Das primäre Kriterium zur Prüfung der Legitimität des Tradierungsgeschehens ist die Wirksamkeit des Geistes Gottes; sekundäre Kriterien dienen zur Unterscheidung zwischen dem Willen des göttlichen Geistes und den Vorstellungen menschlicher Geister. Die nachfolgenden Ausführungen fassen den ökumenischen Gesprächsstand in der Frage nach der Autorität der Schriftauslegung in den Formen der Predigt, der lebendigen Glaubensüberlieferung aller Christen und der besonderen amtlich-verbindlichen kirchlichen Lehre zusammen.[12]
Sehr ausführlich hat sich das 1983 verabschiedete Dokument „Justification by Faith“[13], in dem die Ergebnisse des in den USA geführten evangelisch-lutherisch/römisch-katholischen Dialogs über Fragen der Rechtfertigung dargestellt sind, mit der Frage beschäftigt, welche Motive lutherische Theologen leiten, wenn sie die kriteriologische Funktion der Rechtfertigungslehre betonen, und welche Bedenken römisch-katholische Theologen gegen diese Redeweise geltend machen. Dabei erinnert der Text – im Sinne der Kennzeichnung des Ausgangspunktes der Beratungen in der Dialogkommission – zunächst an die reformationsgeschichtliche Verortung des lutherischen Interesses an der Bestimmung eines „kritischen Prinzips“, „anhand

---

[10] Vgl. ebd., 253f (Nr. 18-23).
[11] Vgl. ebd., 253 (Nr. 18).
[12] Vgl. zum gegenwärtigen Stand des evangelisch-katholischen Gesprächs über das Schriftverständnis und die Schriftauslegung: *W. Pannenberg/Th. Schneider (Hg.)*, Verbindliches Zeugnis. 3 Bde (Freiburg-Göttingen 1992-1998).
[13] Vgl. die deutsche Übersetzung: Lutherisch/Römisch-katholischer Dialog in den USA, Rechtfertigung durch den Glauben, in: *H. Meyer/G. Gaßmann (Hg.)*, Rechtfertigung im ökumenischen Dialog. Dokumente und Einführung (Frankfurt 1987) 107-199.

dessen man prüfen kann, was authentisch christlich ist"[14]. Das „Prinzip der Rechtfertigung durch den Glauben" wird als „Korrelat zur alleinigen Mittlerschaft Christi" aufgefaßt; die zeitenübergreifende Bedeutsamkeit dieses Prinzips ergibt sich aus der steten Gefahr, daß Christen „sich auf ihre eigenen Pläne statt auf Christus (...) verlassen"[15]. Die römisch-katholischen Vorbehalte gegen die Bestimmung eines einzigen Kriteriums zur Prüfung von Leben und Lehre der Kirche werden vor allem damit begründet, „daß das Evangelium nicht recht interpretiert werden kann, ohne die ganzen in der Kirche vorhandenen Ressourcen heranzuziehen"[16]. Wie der Malta-Bericht, so rekurriert auch der USA-Dialog bei der Interpretation der verbliebenen Differenz auf die Frage der Gewißheit über die Authentizität der Verkündigung des Evangeliums, die die römisch-katholische Lehrtradition durch den Verweis allein auf den Rechtfertigungsartikel noch nicht hinreichend beantwortet sieht. Deutlich eingestanden wird hier, daß diese Differenz noch besteht und als eine offene Frage zu betrachten ist, bei der noch Klärungsbedarf herrscht.[17] So ist es kaum erstaunlich, daß ein den Gesprächsstand zusammenfassendes Dokument, wie es die GE sein will, an diese Problematik erinnert.

Im Anschluß an die Beschreibung des „status controversiae" führen in „Justification by Faith" detaillierte Untersuchungen des biblischen Zeugnisses zu dem Ergebnis, „daß ein auf den Glauben zentriertes und forensisch verstandenes Bild von der Rechtfertigung (...) für Paulus, und in gewissem Sinne für die Bibel insgesamt, von entscheidender Bedeutung (ist), wenn dies auch keinesfalls die einzige biblische oder paulinische Weise ist, das Heilswerk Gottes darzustellen."[18] Auf der Basis dieser Erkenntnis, „daß das biblische Zeugnis vom Evangelium des Heilswerkes Gottes in Christus reicher und vielfältiger ist, als es im traditionellen katholischen oder lutherischen Verständnis der Rechtfertigung erfaßt worden ist"[19], beschreibt das Dokument abschließend zunächst die „unvollständige Konvergenz" im Blick auf den Gebrauch der Rechtfertigungslehre als Kriterium und sodann die (volle) „inhaltliche Konvergenz" im Verständnis derselben.[20] Die in unserem Zusammenhang besonders interessierende „unvollständige Konvergenz" besteht in der gemeinsamen Anerkenntnis der „Notwendigkeit (...), die Praxis, die Strukturen und die Theologien der

---

14 Ebd., 173 (Nr. 117).

15 Ebd.

16 Ebd., 174 (Nr. 118).

17 Vgl. dazu *C.J. Peters*, Rechtfertigung durch Glauben und die Notwendigkeit eines weiteren kritischen Prinzips, in: Theologisches Jahrbuch (Leipzig 1990) 427-438. Peters interpretiert die in „Justification by Faith" verbliebene offene Frage und spricht sich dafür aus, als „weiteres kritisches Prinzip" neben der Rechtfertigungslehre das „Prinzip der Achtung vor dem Göttlichen in seinen konkreten Verwirklichungen" (ebd., 433) zu betrachten. Es geht ihm dabei um die Anerkennung der den Sünder verwandelnden Wirksamkeit der Zuwendung Gottes.

18 Lutherisch/Römisch-katholischer Dialog in den USA, Rechtfertigung durch den Glauben (s. Anm. 13) 190 (Nr. 147).

19 Ebd., 191 (Nr. 149).

20 Vgl. ebd., 192-198 (Nr. 152-160).

Kirche daran zu messen, inwieweit sie 'die Verkündigung der freien und gnädigen Verheißungen Gottes in Christus Jesus, die allein durch den Glauben recht empfangen werden können' (Nr. 28), fördern oder hindern. Diese Übereinstimmung beinhaltet jedoch nicht immer Einigkeit im Blick auf die Anwendung des Kriteriums, d.h. welche Glaubensüberzeugungen, Bräuche und Strukturen der Prüfung standhalten"[21]. Nicht das Daß der kriteriologischen Funktion des (im Anschluß an das biblische Zeugnis unterschiedlich aussagbaren) Rechtfertigungsartikels blieb strittig, sondern das Wie der Wirksamkeit dieses Kriteriums und damit die konkreten Reformen der Kirche, die es im Namen Gottes anzustrengen gilt.

Viele evangelische Stellungnahmen zur umstrittenen Rede in der GE von dem „unverzichtbaren Kriterium" der Rechtfertigungslehre und von den „mehreren Kriterien", von denen Katholiken sich in Pflicht genommen sehen, vergleichen diese Passage (nur) mit Ausführungen in der Studie „Lehrverurteilungen – kirchentrennend (LV)"[22]. Dort wird ganz am Ende der Auseinandersetzung mit der Frage, ob die im 16. Jahrhundert in der Rechtfertigungslehre ausgesprochenen Lehrverurteilungen aus heutiger Sicht noch von kirchentrennender Wirkung sind, die bleibende Funktion des Rechtfertigungsartikels bei dem Bemühen, die Einheit der Kirche sicherzustellen, hervorgehoben: Seine Aufgabe ist es, „im Bewußtsein der Christen zu halten, daß wir Sünder allein aus der vergebenden Liebe Gottes leben, die wir uns nur schenken lassen, aber auf keine Weise, wie abgeschwächt auch immer, 'verdienen' oder an von uns zu erbringende Vor- oder Nachbedingungen binden können. Die 'Rechtfertigungslehre' wird damit zum kritischen Maßstab, an dem sich jederzeit überprüfen lassen muß, ob eine konkrete Interpretation unseres Gottesverhältnisses den Namen 'christlich' beanspruchen kann. Sie wird zugleich zum kritischen Maßstab für die Kirche, an dem sich jederzeit überprüfen lassen muß, ob ihre Verkündigung und ihre Praxis dem, was von ihrem Herrn vorgegeben ist, entspricht"[23].

Diese zwar unbestritten deutliche, angesichts der vorausgehenden Dialoge jedoch kaum erstaunliche Aussage, die angesichts des thematischen Zusammenhangs, in dem sie steht, auf Differenzierungen leicht verzichten kann, hat schon in der Phase der Rezeption von LV ungewöhnlich große Aufmerksamkeit erhalten. Die Stellungnahme des Gemeinsamen Ausschusses der VELKD und des DNK/LWB bewertet diese Positionsbestimmung folgendermaßen: „Eine Einigung darin, daß die Rechtfertigungslehre ihre Bedeutung nicht nur als besondere Teillehre im Ganzen der Glaubenslehre unserer Kirchen hat, sondern ihr darüber hinaus eine Bedeutung als kritischer Maßstab für Lehre und Praxis unserer Kirchen insgesamt zukommt, ist aus lutherischer Sicht ein fundamentaler Fortschritt im ökumenischen Dialog zwi-

---

[21] Ebd., 193 (Nr. 153). Als Beispiele für verbliebene Differenzen in der Einschätzung der Konsequenzen einer Anwendung des kritischen Maßstabs werden die Fegefeuerlehre, das Papstamt und die Heiligenverehrung benannt.

[22] Vgl. *K. Lehmann/W. Pannenberg (Hg.)*, Lehrverurteilungen – kirchentrennend?, Bd. I: Rechtfertigung, Sakramente und Amt im Zeitalter der Reformation und heute (Freiburg-Göttingen 1986).

[23] Ebd., 75.

schen unseren Kirchen, der nicht genug zu begrüßen ist."[24] Mir scheint, daß diese lutherische Stellungnahme zur Studie LV deren Rede von der kriteriologischen Maßstäblichkeit des Rechtfertigungsartikels zum einen ekklesiologisch verkürzt, während LV auch von der (im engeren Sinne) theo-logischen Relevanz dieses Kriteriums spricht; zum anderen hat sie mit der Einführung des Gedankens, die Rechtfertigungslehre sei nicht nur eine „Teillehre im Ganzen der Glaubenslehre" eine Erweiterung des Gedankens vornommen, die auch Einfluß auf die Formulierung der GE nahm, die die Vorstellung zurückweist, die Rechtfertigungslehre sei „nur ein Teilstück der christlichen Glaubenslehre" (GE 18). Damit war der Weg bereitet für eine Intensivierung der ökumenischen Auseinandersetzungen um die inhaltlich-theologische Sonderstellung der Rechtfertigungslehre im Kontext der anderen christlichen Glaubenslehren – nach meiner Wahrnehmung ein weiterer Schritt in Richtung einer „Theoretisierung" des ursprünglich stärker auf die kirchliche Praxis und deren Implikationen bezogenen reformatorischen Anliegens.

Das Gutachten des Päpstlichen Einheitsrates zu LV[25] äußert sich zurückhaltend im Blick auf die Frage, ob bei der Rede von der kritischen Maßstäblichkeit der Rechtfertigungslehre bereits ein Konsens erreicht ist. Es anerkennt grundsätzlich die erzielte Konvergenz über die „spezifische Funktion" der Rechtfertigungslehre, „kritischer Maßstab" zu sein für die Verkündigung und Praxis der Kirche.[26] Gleichwohl gilt: „Die kriteriologische Bedeutung der Rechtfertigungslehre für die Sakramentenlehre, die Ekklesiologie sowie für den ethischen Bereich bedarf allerdings noch vertiefter Studien"[27].

Unter Hinweis auf analoge Gedanken in vorausgehenden ökumenischen Gesprächen formuliert das 1994 veröffentlichte Dokument „Kirche und Rechtfertigung"[28] der gemeinsamen römisch-katholischen evangelisch-lutherischen Kommission, der erreichte „Konsens im Verständnis der Rechtfertigung" schließe „den im einzelnen zu bewährenden Konsens über die kritische Bedeutung der Rechtfertigungslehre für das Ganze der kirchlichen Lehre, Ordnung und Praxis mit ein: Alles, was über das Wesen der Kirche, über die Heilsmittel und über das der Kirche eingestiftete Amt geglaubt und gelehrt wird, muß im Heilsgeschehen selbst begründet und vom Rechtfertigungsglauben als Empfang und Aneignung des Heilsgeschehens geprägt sein. Entsprechend muß auch alles, was über Wesen und Wirkung der Rechtfertigung geglaubt und gelehrt wird, im Gesamtkontext der Aussagen über die Kirche,

---

24 Lehrverurteilungen im Gespräch. Die ersten offiziellen Stellungnahmen aus den evangelischen Kirchen in Deutschland (Göttingen 1993) 95.

25 Vgl. das unveröffentlichte, 1992 abgeschlossene und als Manuskript verbreitete Gutachten des Päpstlichen Rates zur Förderung der Einheit der Christen zur Studie Lehrverurteilungen – kirchentrennend?.

26 Vgl. ebd., 106f.

27 Ebd., 107.

28 Vgl. *Gemeinsame römisch-katholische evangelisch-lutherische Kommission (Hg.)*, Kirche und Rechtfertigung. Das Verständnis der Kirche im Licht der Rechtfertigungslehre (Paderborn-Frankfurt 1994).

die Heilsmittel und das der Kirche eingestiftete Amt verstanden werden"[29]. Diese gemeinsame Grundüberzeugung wurde gleich zu Beginn des Dokumentes als eine Begründung für das gesamte Vorhaben der Studie ausgesprochen, denn: „Ein Konsens in der Rechtfertigungslehre – auch wenn er differenziert ist – muß sich ekklesiologisch bewähren"[30]. Diese Aussage wurde im Dokument später bei der mühsamen, nicht immer zielführenden Suche nach Möglichkeiten, zu konkreten Annäherungen in den noch kontroversen ekklesiologischen Einzelfragen (im Blick auf das kirchliche Amt und die Verbindlichkeit kirchlicher Lehre) zu gelangen, wieder erinnert.

Die der GE vorausgehenden ökumenischen Dialoge spielen in der Debatte um die GE kaum eine bedeutende Rolle. Solche Beobachtungen veranlassen zu der Mutmaßung, daß vielen öffentlichen Kritikern der GE die langen ökumenischen Wege, welche die oft abschätzig als „Konferenzökumeniker" titulierten Theologen bereits miteinander gegangen sind, wenig vertraut sind.

2. Eigendynamik einer Kontroverse

Der Titel eines im Dezember 1997 veröffentlichten Aufsatzes der lutherischen Theologin Dorothea Wendebourg verknüpft den „Kampf ums Kriterium" mit der Frage, „wie die Rechtfertigungslehre zustande kam"[31]. Die Tatsache, daß von römisch-katholischer Seite Bedenken gegen die in Würzburg I vereinbarte Formulierung des kriteriologischen Charakters des Rechtfertigungsartikels vorgetragen wurden, die zu einer Modifikation des Textes führten, hat die Aufmerksamkeit auf diesen Gedanken erheblich gesteigert und in die Diskussion eine Schärfe eingetragen, die es zuweilen schwer macht, die eigentliche Sachproblematik im Auge zu behalten.[32]

---

[29] Ebd. 13 (Nr. 2) und ebd., 88f (Nr. 168). Lothar Ullrich macht auf die Bedeutung der ausgesagten Wechselwirkung zwischen Rechtfertigungslehre und Ekklesiologie aufmerksam. Aus römisch-katholischer Sicht gelte: „Der Gesamtkontext der Aussagen über die Kirche, die Heilsmittel und das der Kirche eingestiftete Amt muß auch gesehen werden bei allem, was über Wesen und Wirkung der Rechtfertigung geglaubt und gelehrt wird. Die Frage nach dem Heil ist zweifellos die Mitte aller unserer Fragen und heute auch identisch mit der Frage nach Gott; aber deshalb muß auch nach der Vermittlung des Heils gefragt werden, die der Kirche als Empfängerin und Vermittlerin des Heils aufgetragen ist. Und dabei gibt es bis heute leider auch noch kirchentrennende Hindernisse, die noch nicht und schon gar nicht automatisch mit dem erreichten Konsens in der Rechtferigungslehre überwunden sind" (*L. Ullrich*, Praxis und Prinzipien einer ökumenischen Hermeneutik [s. Anm. 2], 222).

[30] Kirche und Rechtfertigung (s. Anm. 28), 13 (Nr. 2).

[31] Vgl. *D. Wendebourg*, Kampf ums Kriterium – Wie die Rechtfertigungslehre zustande kam, in: epd-Dokumentation 3/98, 45-49.

[32] Den Anstoß zu der in öffentlichen Medien von evangelischen Autoren vielfach geäußerten Empörung über das Verhalten der römisch-katholischen Seite gab eine Bemerkung von Ingolf U. Dalferth in einem am 26.9.1997 veröffentlichten FAZ-Beitrag. Er schreibt am Ende des ersten Absatzes seines Artikels: „Ursprünglich sollte sie [die GE – D.S.] auf der Vollver-

Dorothea Wendebourg war bei beiden Treffen in Würzburg zugegen, bei denen die Einwände der Kirchen gegen den jeweiligen Entwurf der GE beraten und Textveränderungen vorgenommen wurden. Sie beklagt, daß „unterschiedliche, den tatsächlichen Vorgängen zum Teil geradewegs widersprechende Versionen der Entstehungsgeschichte geboten"[33] werden. Als „den heißesten Punkt der textgeschichtlichen Diskussion"[34] betrachtet sie die Frage, in welcher Weise die römisch-katholische Glaubenskongregation auf die Endredaktion der GE Einfluß nahm.
Die Glaubenskongregation hatte ihre Wünsche zur Veränderung des Textes Würzburg I am 2.1.1997 in einem Schreiben an den Einheitsrat mitgeteilt. Eine gemeinsame Kommission der Glaubenskongregation und des Einheitsrates setzte sich am 7.1.1997 in Rom unter Beteiligung der römisch-katholischen Mitglieder des Redaktionskomitees mit den Anliegen auseinander. Das Ergebnis dieser römisch-katholischen Konsultation wurde allen Mitgliedern des Redaktionskomitees am 10.1.1997 – also eine Woche vor der 2. Sitzung in Würzburg – durch ein Schreiben von Bischof Pierre Duprey bekanntgegeben. Die neuerlichen Einwände der deutschen Lutheraner – ein 12-seitiges Papier – wurden dagegen in Form einer Tischvorlage erst bei der Sitzung in Würzburg in die Diskussion eingebracht.
Wenn Dorothea Wendebourg schreibt, den Teilnehmern der 2. Sitzung in Würzburg habe das Schriftstück der Glaubenskongregation – der bereits erwähnte Brief an den Päpstlichen Einheitsrat – nicht vorgelegen, so trifft dies zwar zu. Die Wertung, die sie mit dieser Tatsache verbindet, ist jedoch völlig irreführend: Sie erweckt den Eindruck, den lutherischen Mitgliedern des Redaktionskomitees sei genau jener Text vorenthalten worden, der Aufschluß geben könnte über die Sachposition der auf römisch-katholischer Seite entscheidenden Instanz: „Wirkliches Gewicht konnte eine römische Stellungnahme nur haben, wenn sie von jener Instanz kam, die römischerseits schließlich auch über die GE zu urteilen haben wird: von der Glaubenskongregation"[35]. Nach römisch-katholischem Selbstverständnis ist das Urteil der Glaubenskongregation bei der Rezeption der GE zwar sehr bedeutsam, die entscheidende Instanz aber, die eine mögliche Zustimmung verantwortet, ist der Bischof von Rom. Bei seiner Entscheidungsfindung wird er den Rat fachkompetenter Gremien einholen, vorab den der Glaubenskongregation und des Rates zur Förderung der Einheit der Christen, sowie jener Theologen, die am Prozeß der Beratung der GE beteiligt waren.

---

sammlung des LWB in Hongkong im Juli [1997 – D.S.] feierlich angenommen werden. Doch Bedenken der deutschen Lutheraner und Einwände der Glaubenskongregation, die der lutherischen Seite – anders als im umgekehrten Fall – nicht zugänglich gemacht wurden, führten noch zu Jahresbeginn zu einer an zentralen Stellen veränderten Fassung der GE" (*I.U. Dalferth*, Kairos der Ökumene? Die GE führt zu neuem Nachdenken über reformatorische Theologie, in: epd-Dokumentation 46/97, 52-58, hier 52).

[33] *D. Wendebourg*, Kampf ums Kriterium (s. Anm. 31), 45.

[34] Ebd., 46.

[35] Ebd.

Die Behauptung von Dorothea Wendebourg, es habe eine „asymmetrische Gesprächssituation" bestanden, „bei der die Partner der einen Seite sämtliche sie bindenden Papiere auf den Tisch legen, die der anderen aber neben ihrem allen zugänglichen Papier noch ein anderes von besonderer Bindekraft in petto haben"[36] mißdeutet die innerkatholischen Entscheidungsprozesse und erschwert durch diese Fehlinformation der Öffentlichkeit die Akzeptanz der GE. Ein Anlaß für die von Dorothea Wendebourg (wie zuvor von Ingolf U. Dalferth[37]) zum Ausdruck gebrachte große Verärgerung über die Art und Weise römisch-katholischer Rezeptionsprozesse scheint die Tatsache zu sein, daß es zur Studie „Lehrverurteilungen – kirchentrennend?" (LV)[38] offiziell bisher „nur" eine Stellungnahme der Deutschen Bischofskonferenz[39] gibt, eine Stellungnahme der Glaubenskongregation jedoch noch fehlt, während die deutschen Synoden sich eingehend mit LV befaßt haben, und ein gleichlautender Beschluß der VELKD, der AKf und des DNK/LWB[40] vorliegt. Aus römisch-katholischer Sicht ist die in der GE geschehende offizielle Rezeption der Ergebnisse des ökumenischen Dialogs über Fragen der Rechtfertigungslehre ein thematisch begrenztes Teilstück im Gesamtprozeß der Prüfung der Frage, ob die im 16. Jahrhundert ausgesprochenen Lehrverurteilungen heute noch von kirchentrennender Wirkung sind. Der Einbezug aller nationalen und internationalen Dialoge in die abschließende Reflexion ist dabei unabdingbar.

3. Literarkritische und Redaktionsgeschichtliche Auskünfte

Angesichts der Tatsache, daß Spekulationen über mögliche Einwände der Glaubenskongregation gegen die Annahme einer kriteriologischen Relevanz des Rechtfertigungsartikels in der öffentlichen Diskussion nachhaltig wirksam sind, erscheint es mir angebracht, die der veröffentlichten Fassung der GE vorausgehenden Textvarianten zu dieser Thematik zu zitieren, soweit sie mir bekannt sind[41].

---

[36] Ebd.

[37] „Rom hat sich stets vorbehalten, die Entscheidungen der ökumenischen Gesprächspartner abzuwarten, um dann abschließend auf sie zu reagieren. Nie würde Rom eine Vereinbarung ratifizieren, von der nicht feststünde, daß sie die andere Seite schon akzeptiert hat. Man kann sie dann immer noch ablehnen – wie die Anglikaner mehrfach erfahren mußten. Oder man kann warten. Wenn es sein muß Jahrhunderte" (*I. U. Dalferth*, Kairos der Ökumene? [s. Anm. 32] 52).

[38] s. Anm. 22.

[39] Vgl. Stellungnahme der Deutschen Bischofskonferenz zur Studie „Lehrverurteilungen – kirchentrennend?" (21. Juni 1994) = Die Deutschen Bischöfe, Nr. 52.

[40] Leicht zugänglich ist der Nachdruck des Textes in: Ökumenische Rundschau 44 (1995) 99-102. Vgl. zu dem komplizierten und im Ergebnis nicht unumstrittenen Rezeptionsprozeß zu LV in den deutschen evangelischen Kirchen: *D. Sattler*, Neue Urteile zu den alten Lehrverurteilungen. Die evangelischen Kirchen in Deutschland und die Studie des Ökumenischen Arbeitskreises, zunächst in: Catholica 49 (1995) 98-113, jetzt in diesem Band.

[41] Prof. Dr. Lothar Ullrich (Erfurt), der bei der Erstellung der ersten Fassungen der GE mitgearbeitet hat, bei den internen, römisch-katholischen Beratungen zugegen war und bei den

Jene Fassung der GE, die im Februar 1995 an die Kirchen versandt wurde, formulierte den Gedanken in folgender Weise: „(16) Wir sind auch gemeinsam der Überzeugung, daß die biblische Botschaft von der Rechtfertigung uns in besonderer Weise auf die Mitte des neutestamentlichen Zeugnisses von Gottes Heilshandeln in Christus verweist. Sie sagt uns, daß wir als Sünder allein aus der vergebenden und neuschaffenden Barmherzigkeit Gottes leben, die wir uns nur schenken lassen und im Glauben empfangen, aber nie – in welcher Form auch immer – aus eigenen Kräften verdienen können. (17) Darum ist auch die Lehre von der Rechtfertigung, die diese Botschaft aufnimmt und entfaltet, nicht nur ein Teilstück im Ganzen der christlichen Glaubenslehre. Sie hat zugleich eine umfassende kritische und normative Funktion, sofern sie die gesamte Lehre und Praxis der Kirche unablässig auf die Mitte des biblischen Christuszeugnisses hin orientiert (Editio princeps, Nr. 16-17). Der von einer gemeinsamen Kommission der Glaubenskongregation und des Einheitsrates im November 1995 erstellte Modus zu Nr. 17, der in die Beratungen von Würzburg I eingebracht wurde, lautet: „Darum ist auch die Lehre von der Rechtfertigung, die diese Botschaft aufnimmt und entfaltet, nicht nur ein Teilstück der christlichen Glaubenslehre. Sie will als Kriterium die Lehre und Praxis unserer Kirchen unablässig auf Christus hin orientieren. Ihm allein ist letztlich zu vertrauen als dem einen Mittler, durch den Gott im Heiligen Geist seine rettenden Gaben ausgießt". Der Modus verstärkt die christologische Begründung der kriteriologischen Funktion der Rechtfertigungslehre, die nicht in Zweifel gezogen wird. Der Wegfall des Wortes „sofern" präzisiert den Gedanken und nimmt die Möglichkeit zu denken, der Rechtfertigungsartikel könne in einer Weise Kriterium sein, durch die die Kirche nicht auf die Mitte des Christuszeugnisses hin orientiert werde. Ein vom DNK/LWB eingebrachter Modus versucht ebenfalls genau dieses Mißverständnis zu vermeiden: „Sie [die Lehre von der Rechtfertigung – D.S.] hat zugleich eine umfassende kritische und normative Funktion, weil sie die gesamte Lehre und Praxis der Kirche unablässig auf das Herz des biblischen Christuszeugnisses hin orientiert".
Der in Würzburg I im Juni 1996 verabschiedete Text ist, wie die wenigen, im Zitat unten markierten Abweichungen belegen, nahezu identisch mit der Fassung, die von der römisch-katholischen Delegation als Modus eingebracht wurde. Er lautet: „Darum ist die Lehre von der Rechtfertigung, die diese Botschaft aufnimmt und entfaltet, nicht nur ein Teilstück der christlichen Glaubenslehre. Sie will als Kriterium die *gesamte* Lehre und Praxis unserer Kirchen unablässig auf Christus hin orientieren. Ihm allein ist *über alles* zu vertrauen als dem einen Mittler *(1 Tim 2,5f.)*, durch den Gott im Heiligen Geist *sich selbst gibt und* seine rettenden Gaben ausgießt".
Der auf diese Textfassung bezogene, in Rom zuvor beratene, in Würzburg II im Januar 1997 eingebrachte römisch-katholische Modus, der zu den fünf von insgesamt 15 Modi gehörte, denen die Glaubenskongregation besondere Bedeutung zumaß, lautet: „Darum ist die Lehre von der Rechtfertigung, die diese Botschaft auf-

---

Sitzungen in Würzburg die römisch-katholischen Anliegen vertrat, hat mir freundlicherweise Teile seiner Unterlagen zur Verfügung gestellt.

nimmt und entfaltet, nicht nur ein Teilstück der christlichen Glaubenslehre. *Lutheraner verstehen sie als das Kriterium, das im Blick auf alle Glaubenswahrheiten gilt. Katholiken sehen die Rechtfertigungslehre im Anschluß an das biblische Zeugnis in einem Gesamtverbund der fundamentalen Heilswahrheiten und der Vermittlung des Heils. Lutheraner und Katholiken sind sich jedoch einig, daß die Rechtfertigungsbotschaft* die gesamte Lehre und Praxis unserer Kirchen unablässig auf Christus hin orientieren will. Ihm allein ist über alles zu vertrauen als dem einen Mittler (1 Tim 2,5f.), durch den Gott im Heiligen Geist sich selbst gibt und seine rettenden Gaben ausgießt". Der Modus, den das DNK/LWB zu dieser Textpassage einbrachte, sah zum einen vor, am Ende des Satzes von den „erneuernden Gaben" zu sprechen; dieser Vorschlag wurde später akzeptiert. Der 2. Satz sollte folgende Gestalt bekommen: „Sie [die Lehre von der Rechtfertigung – D.S.] *ist das Kriterium, das* die gesamte Lehre und Praxis unserer Kirchen unablässig auf Christus hin *orientiert*" – eine Tatsachenfeststellung statt einer Absichtserklärung.
Nach langen Diskussionen einigte man sich in Würzburg II auf Anregung der lutherischen Seite schließlich darauf, den im römisch-katholischen Modus angedeuteten differenzierten Konsens aufzugreifen, die kriteriologische Funktion der Rechtfertigungslehre jedoch nicht allein als eine lutherische Auffassung darzustellen, sondern als gemeinsame Grundposition, die durch konfessionelle Differenzierungen nicht in Frage gestellt wird: „Sie [die Lehre von der Rechtfertigung – D.S.] ist ein unverzichtbares Kriterium, das die gesamte Lehre und Praxis der Kirche unablässig auf Christus hin orientieren will. Wenn Lutheraner die einzigartige Bedeutung dieses Kriteriums betonen, verneinen sie nicht den Zusammenhang und die Bedeutung aller Glaubenswahrheiten. Wenn Katholiken sich von mehreren Kriterien in Pflicht genommen sehen, verneinen sie nicht die besondere Funktion der Rechtfertigungslehre" (GE 18). Die Rede von „mehreren Kriterien" in der Endfassung des Textes ist somit keine Übernahme eines römisch-katholischen Modus; sie ist vielmehr das Ergebnis des Kommissionsgesprächs in Würzburg II. Die numerisch differenzierende Formulierung wurde durch den Modus des DNK/LWB provoziert. In der Sache knüpft sie – wie oben dargestellt – an frühere Dialogrunden und deren Rede von dem einen Kriterium und den vielen Kriterien zur Bestimmung der Ursprungstreue der Verkündigung des Evangeliums an.

III. Interpretationen der umstrittenen Passage der GE

Der Text einer ökumenischen Erkärung, deren Anliegen es ist, einer großen Öffentlichkeit bekannt zu machen, daß in Fragen der Rechtfertigungslehre zwischen lutherischen und römisch-katholischen Christen keine Differenzen von kirchentrennender Wirkung mehr bestehen, muß auch für diejenigen verständlich sein, die die Textgeschichte und die vorausgehenden ökumenischen Dialoge nicht kennen. Insofern ist die nicht näher bestimmte Rede von „mehreren Kriterien", von denen Katholiken sich „in Pflicht genommen sehen" (GE 18), gewiß ungeschickt. Sie lädt zu Spekulationen ein, in denen sich nicht selten ein Vorverständnis des „typisch Katholischen" spiegelt.

1. Anfragen und Deutungen von evangelischen Autoren

Innerhalb der deutschen lutherischen Theologie gibt es erhebliche Differenzen im Blick auf die Interpretation der eigenen Auffassung von der kriteriologischen Funktion der Rechtfertigungslehre sowie hinsichtlich des angenommenen Verständnisses der Kriterien von Orthodoxie und Orthopraxie in römisch-katholischer Tradition.
Ein häufiger Bezugspunkt der innerlutherischen Diskussion auch über GE 18 ist der Kommentar zur GE, den das Straßburger Institut für Ökumenische Forschung im Mai 1997 veröffentlicht hat.[42] Angesichts der Tatsache, daß Harding Meyer in vielfältiger Weise bei dem Prozeß der Entstehung der GE beteiligt war und ein genauer Kenner der ökumenischen Dialogrunden zwischen den lutherischen Kirchen und der römisch-katholischen Kirche ist, hat diese Stellungnahme großes sachliches Gewicht. Der Straßburger Kommentar räumt zunächst ein, „daß in bezug auf die Funktion der Rechtfertigungslehre als Kriterium für Lehre und Praxis der Kirche keine völlige Übereinstimmung zwischen Lutheranern und Katholiken besteht"[43]. Der Kommentar betont sodann den „organischen Zusammenhang"[44] zwischen der Rechtfertigungslehre und den anderen Fragen der Glaubenslehre. Als ein wichtiges Ergebnis des Dialogs wird festgehalten, daß die Rechtfertigungslehre in GE 18 „ein unverzichtbares Kriterium" genannt wird, „das die gesamte Lehre und Praxis der Kirche unablässig auf Christus hin orientieren will"[45]. Ein Widerspruch zwischen einer kirchlichen Lehre oder Praxis und dem Rechtfertigungsartikel erweist diese demnach als illegitim. Durch den römisch-katholischen Hinweis auf „mehrere Kriterien" für Orthodoxie und Orthopraxie werde das eine unverzichtbare Kriterium der Rechtfertigungslehre nicht bezweifelt, vielmehr solle dadurch zum Ausdruck kommen, „daß nicht alle theologischen Fragen allein von der Rechtfertigungslehre her zu entscheiden sind"[46]. Als Beleg für die Schlüssigkeit dieser Argumentation wird auf die Problematik der Frauenordination hingewiesen. Der Kommentar weist schließlich auf manche Schwierigkeiten bei der lutherischen Rede von „dem (einen) Kriterium" hin: Der „Umfang der Rechtfertigungslehre" lasse sich nicht durch präzise Abgrenzung von anderen Glaubenslehren bestimmen; die Rechtfertigungslehre bedürfe der Legitimation aus der Schrift und sei zugleich der Schlüssel zum rechten

---

42 Vgl. Gemeinsame Erklärung zur Rechtfertigungslehre. Ein Kommentar des Instituts für Ökumenische Forschung, Straßburg (Mai 1997); als Manuskript dort erhältlich; hier zitiert mit Bezug auf den Nachdruck in: epd-Dokumentation 3/98, 21-40.

43 Ebd., 32.

44 Ebd.

45 Ebd.

46 Ebd. Weiter unten weist der Straßburger Kommentar die Vorstellung zurück, ein Kriterium sei ein „Axiom oder Prinzip, von dem aus alle Teile der Glaubenslehre abgeleitet werden könnten" (ebd., 33).

Verständnis der Schrift; schließlich sei ein Kriterium immer ein Instrument, dessen Menschen sich bedienen und dessen Gebrauch daher nicht völlig losgelöst vom Urteilsvermögen derjenigen, die es verwenden, betrachtet werden könne.
Manche der lutherischen Äußerungen zu GE 18 greifen die Argumente des Straßburger Kommentars zu dieser Textpassage auf und führen den Gedankengang fort. Sehr intensiv setzt sich Gunther Wenz mit dieser Thematik auseinander.[47] Er stimmt der auch im Straßburger Kommentar formulierten Auffassung zu, der Rechtfertigungsartikel könne nicht als ein „axiomatisches Prinzip" begriffen werden, „aus dem alle Wahrheit des Glaubens deduktiv zu entfalten wäre"[48]. Vielmehr lasse er sich „mit einer regulativen Idee vergleichen, die in allen Momenten der Glaubenswahrheit bestimmend mitgesetzt ist. (...) Will man der inneren Einheit lutherischer Theologie gewahr werden, wird man in ihr jenen einheitsstiftenden Organisationszusammenhang zu entdecken haben, von dem her ihre inhaltlichen Bestimmungen zugleich auf ihre funktionale Bedeutung hin durchsichtig werden"[49]. Gunther Wenz gewinnt durch die Unterscheidung eines materialen und eines funktional-intentionalen Aspektes in der Rede von der Rechtfertigungslehre als dem einen Kriterium für Lehre und Leben der Kirche Offenheit für die Möglichkeit, daß das im 16. Jahrhundert (in damaliger Entsprechung von Materialität und Funktionalität) zeitbedingt formulierte lutherische Bekenntnis in späteren Zeiten zur Bewältigung neuer Herausforderungen auch anders gesagt werden kann oder gar muß. Es sei davon auszugehen, „daß der materiale Sinngehalt der Rechtfertigungslehre nicht unmittelbar von der Überzeugungskraft jener Vorstellungen abhängt, in deren Zusammenhang er ehedem zeitgemäß zur Sprache kam und die aufs engste verbunden sind mit der mittelalterlichen Bußtheorie"[50]. Zuweilen garantiert nur eine Veränderung der Sprachgestalt einer Aussage die Selbigkeit ihrer Wirksamkeit. Auf diese kommt es jedoch entscheidend an.
Während Gunther Wenz die Pluralität der Kriterien als Zugeständnis an die diachrone Wandlungsfähigkeit der Sprachgestalt des einen, „zeitlosen" Kriteriums für eine ursprungstreue Verkündigung des Evangeliums und Verwaltung der Sakramente betrachtet, verweisen andere Autoren auf die Notwendigkeit, auch in einer synchronen Perspektive neben dem Rechtfertigungsartikel weitere Kriterien zur Bestimmung des genuin Christlichen für möglich zu erachten: „Man sollte (...) nicht verkennen, daß selbstverständlich auch für die evangelische Lehre weitere Kriterien in Rechnung zu stellen sind (...). Zu denken ist z.B. an das Kriterium der Einsetzung Christi bei der Frage, welche Sakramente es in der Kirche gibt, oder an das Kriterium des Dekalogs oder des Liebesgebots in ethischen Fragen. Die Rechtfertigungs-

[47] Vgl. *G. Wenz*, Konsens in Grundwahrheiten der Rechtfertigungslehre? Die „Gemeinsame Erklärung zur Rechtfertigungslehre" des Lutherischen Weltbundes und des Päpstlichen Einheitsrates aus evangelischer Sicht, in: epd-Dokumentation 46/97, 39-48.
[48] Ebd., 40.
[49] Ebd., 41.
[50] Ebd.

lehre ist notwendiges, aber kein hinreichendes Kriterium"[51]. Im Chor der evangelischen Stimmen fehlen auch diejenigen nicht, die an die auch in den Schriften von Martin Luther sich spiegelnde Vielgestalt der biblisch bezeugten Weisen erinnern, Gottes Initiative zur Errettung der Sünder und Sünderinnen zum Ausdruck zu bringen, nämlich Reich Gottes, ewiges Leben, Heiligung, Versöhnung, Vergebung oder Erlösung.[52] Wolfhart Pannenberg verweist auf das Bekenntnis von Nizäa, Gott Vater und Sohn seien „wesenseins" (homoousios) und spricht dieser Aussage die Funktion zu, daß sie „ähnlich wie die Rechtfertigungslehre die ganze Lehre und Praxis der Kirche auf das in Christus offenbarte Heil hin orientiert"[53]. Er tut damit einen Schritt über die neutestamentliche Zeit hinaus und erinnert an den für alle christlichen Konfessionen verbindlichen trinitätstheologischen und christologischen Konsens in altkirchlicher Zeit.

Eberhard Jüngel hat mit seiner wiederholt vorgetragenen, harten Kritik an den Formulierungen von GE 18 entscheidend dazu beigetragen, daß eine intensive Suche nach einer dem Text angemessenen Interpretation der Aussage im Gange ist. Jüngel stellt nicht in Frage, daß der Rechtfertigungsartikel (im Anschluß an die biblischen Schriften) auch mit anderen Begriffen zum Ausdruck gebracht werden kann: „Gewiß doch! Aber es bleibt derselbe Glaubensartikel"[54]. Jüngel versteht dagegen die Rede von „mehreren Kriterien" als einen Hinweis auf unterschiedliche Kriterien. Als solche „anderen Kriterien" benennt er etwa „die sogenannte apostolische Sukzession und das vom allgemeinen Priestertum unterschiedene Weihepriestertum"[55]. Dagegen könne es nach reformatorischer Einsicht kein anderes Kriterium als das des Rechtfertigungsartikels geben, der eine vierfache Funktion hat: „(1) den Glauben an Jesus Christus so zur Sprache zu bringen, daß 'das Ganze des christlichen Glaubens als *strukturierte* Einheit' sichtbar wird, die allen Inhalten des Glaubensbekenntnisses ihre 'Kontur als jeweils besonderen Elementen innerhalb *eines* sie alle aufeinander beziehenden Zusammenhanges gibt'; (2) das derart strukturierte Ganze des christli-

---

[51] *U. Kühn*, Identitätskrise des deutschen Protestantismus?, in: epd-Dokumentation 7/98, 13f, hier 14.

[52] Vgl. etwa *H.G. Pöhlmann*, Hermeneutik des Verdachts. Die Bunkermentalität evangelischer Theologen, in: epd-Dokumentation 7/98, 19f, hier 20; *Schweizerischer Evangelischer Kirchenbund*, Stellungnahme zur Gemeinsamen Erklärung zur Rechtfertigungslehre des Lutherischen Weltbundes und des Päpstlichen Rats zur Förderung der Einheit der Christen, in: epd-Dokumentation 7/98, 24f, hier 25. Vgl. zur Vielgestalt der biblischen Rede von Gottes Heilsinitiative bes. auch die gemeinsame Stellungnahme von *A. Klein*, *H. Meyer*, *H. Pöhlmann*, *H. Schütte*, *F.G. Untergaßmair*, Die Rechtfertigungslehre trennt die Kirchen heute nicht mehr, in: epd-Dokumentation 46/97, 66-68, hier 66f.

[53] *W. Pannenberg*, Neue Konsense, entschärfte Gegensätze und protestantische Ängste, in: epd-Dokumentation 11/98, 39-41, hier 40.

[54] *E. Jüngel*, Unglaubliche Irreführungen – Wie Protestanten über ihren Glauben getäuscht werden, in: epd-Dokumentation 11/98, 34-37, hier 37; vgl. ausführlicher dazu: *Ders.*, Um Gottes willen – Klarheit! Kritische Bemerkungen zur Verharmlosung der kriteriologischen Funktion des Rechtfertigungsartikels – aus Anlaß einer ökumenischen „Gemeinsamen Erklärung zur Rechtfertigungslehre", in: epd-Dokumentation 46/97, 59-65, hier 62f.

[55] *Ders.*, Unglaubliche Irreführungen (s. Anm. 54) 37.

chen Glaubens auf den rechtfertigenden Glauben auszurichten und dadurch die (objektive) Wahrheit des Evangeliums als die den Sünder *wahrmachende* Wahrheit zur Geltung zu bringen; (3) alle kirchlichen Lehrbildungen und Verhaltensmuster kritisch daraufhin zu befragen, ob sie dieser Wahrheit entsprechen, und ihnen, falls das nicht der Fall ist, mit Widerspruch und Widerstand zu begegnen; und (4) zur in Anknüpfung und Widerspruch sich vollziehenden Auseinandersetzung mit den nichtchristlichen Wahrheitsansprüchen so anzuleiten, daß die Proklamation der Rechtfertigung des Gottlosen als eine der gottlosen Welt zu Hilfe kommende Wahrheit und also als göttliche Wohltat erfahrbar wird“[56].
Jüngel betrachtet die Rede von einem „unverzichtbaren Kriterium“ (GE 18) als widersinnig, weil dann auch die Möglichkeit gegeben sein müsse, von „verzichtbaren Kriterien“ zu sprechen.[57] Da es sich bei einem Kriterium aber um ein Instrument der Urteilsfindung handele, um eine „regula et norma certitudinis“, habe es immer den Charakter der Unverzichtbarkeit. In dieser Einschätzung der Sachlage widerspricht ihm Hans-Martin Barth[58], der an die Rückgebundenheit eines Kriteriums an einen bestimmten (sich wandelnden) Geltungsbereich erinnert und darin die Relativität eines Kriteriums begründet sieht. Zudem sei nicht ausgeschlossen, daß es bezogen auf denselben Fragezusammenhang zusätzlich zu einem „unverzichtbaren Kriterium“ weitere Kriterien geben könne, die dessen Gültigkeit nicht in Frage stellten. Allerdings habe es die GE versäumt, die Kriterien genau zu benennen und zueinander in Beziehung zu setzen.
Ingolf U. Dalferth anerkennt, daß in GE 18 gemeinsam ausgesagt ist, daß der Rechtfertigungsartikel ein notwendiges Kriterium ist, das die Hinordnung der gesamten Lehre und Praxis der Kirche auf Christus gewährleistet.[59] Er betrachtet diese Aussage jedoch nicht als eine neue Erkenntnis im ökumenischen Dialog. Entscheidend ist für ihn, ob die Erwähnung mehrerer Kriterien das „solus Christus“ in Zweifel ziehe: „Sagen Lutheraner und Katholiken gemeinsam, die unverzichtbare Orientierungsleistung der Rechtfertigungslehre bestehe darin, daß sie die Kirche unablässig auf *Christus*, aber gerade nicht, daß sie diese auf *solus Christus* verweise? Dann braucht man sich nicht zu wundern, wenn noch andere Gesichtspunkte bedeutsam werden müssen“[60]. Mutmaßungen darüber, was für die römisch-katholische Kirche neben Christus Jesus noch Zielperspektive ihrer Bemühung um Glaubenserkenntnis und Glaubenspraxis sein könnte, fehlen in der Literatur nicht: die Kirche, die Sakra-

[56] *Ders.*, Um Gottes willen – Klarheit (s. Anm. 54) 63f; Hervorhebungen im Original. Das Zitat im Zitat bezieht sich auf: *W. Härle/E. Herms*, Rechtfertigung. Das Wirklichkeitsverständnis des christlichen Glaubens (München 1980) 10.
[57] Vgl. *ders.*, Um Gottes willen – Klarheit (s. Anm. 54) 61f.
[58] Vgl. *H.-M. Barth*, Kein bereitliegendes Messer – die Erklärung zur Rechtfertigung und die Entdeckung eines Lebenselixiers, in: epd-Dokumentation 7/98, 10-12, hier 11f.
[59] Vgl. *I.U. Dalferth*, Bitte keine weiteren Antworten dieser Art! Offener Brief an das Institut für Ökumenische Forschung in Straßburg, in: epd-Dokumentation 1/98, 14-30, hier 27-29.
[60] Ebd., 29; Hervorhebungen im Original.

mente, das Amt und der Papst. Ich gestehe, mit Erstaunen zu lesen, was ein evangelischer Kommentator der GE als Anfrage formuliert: „Wie will man evangelischerseits die Rechtfertigungslehre als das entscheidende theologische Kriterium und das organisierende Prinzip, z.B. in der Sakramentenlehre oder in der Ekklesiologie, in Ansatz bringen, wenn für die katholische Seite diese Lehren ein eigenes verpflichtendes theologisches Prinzip darstellen?“[61]. Nein, auch für die römisch-katholische Theologie haben alle Lehren und Handlungen der Kirche nur das eine Ziel: unablässig auf Christus hin zu orientieren.

2. Römisch-katholische Auslegungsbemühungen

Ich teile die Verwunderung der römisch-katholischen Kommentatoren der gegenwärtigen Diskussion. Wer hätte erwartet, daß evangelische Stellungnahmen zu GE 18 für möglich halten, der ekklesiale Dienst des Bischofs von Rom könne als eine Konkurrenz zur christologisch-soteriologischen Orientierung der gesamten Lehre und Praxis der Kirche verstanden werden. Walter Kasper schreibt: „Die christologisch orientierte Kriteriologie läßt keine gleichberechtigten anderen Kriterien zu. Denn daß Jesus Christus allein das Heil ist, steht zwischen Lutheranern und Katholiken vom Neuen Testament her unbezweifelbar fest (GE 16). Darum wäre es auch nach katholischem Verständnis völlig widersinnig, etwa das Dogma von der Unfehlbarkeit des Papstes gleichberechtigt und alternativ neben die Rechtfertigungslehre zu stellen“[62]. Bischof Kasper stellt die christologisch-soteriologische Zentrierung der gesamten Lehre und Praxis der Kirche als eine nicht zuletzt durch das 2. Vatikanische Konzil im römisch-katholischen Raum wiederentdeckte Überzeugung der altkirchlichen Konzilien dar. Die als ökumenisch höchst relevant zu betrachtende Rede von der „Rangordnung oder ‘Hierarchie’ der Wahrheiten innerhalb der katholischen Lehre (...), je nach der verschiedenen Art ihres Zusammenhangs mit dem Fundament des christlichen Glaubens“ (Unitatis Redintegratio, Nr. 11), will genau dies zum Ausdruck bringen, was in der reformatorischen Theologie durch den Hinweis auf den Rechtfertigungsartikel als „das Kriterium“ der Orthodoxie und Orthopraxie geleistet werde. Walter Kasper bekräftigt somit das „solus Christus“, ist jedoch der Überzeugung, daß durch eine Berufung auf den Rechtfertigungsartikel nicht alle theologischen Streitfragen (etwa die Frage der eucharistischen Realpräsenz, der Frauenordination und der apostolischen Sukzession) entschieden werden können. Zudem erinnert auch er an die Vielgestalt der biblischen Redeweisen „zur Bezeichnung der ein für allemal geschehenen Heilstat Gottes in Jesus Christus“[63], die bedin-

[61] *R. Schwarz*, Einbahnweg zum Zugzwang – Einige Fragen und Anmerkungen zur „GE“, in: epd-Dokumentation 3/98, 41-43, hier 42.
[62] *W. Kasper*, In allem Christus bekennen. Einig in der Rechtfertigungslehre als Mitte und Kriterium des christlichen Glaubens?, in: epd-Dokumentation 46/97, 49-51, hier 51.
[63] Ebd., 50.

ge, daß es sich beim Rechtfertigungsartikel nicht um ein Kriterium von „exklusiver Bedeutung“ handele.

Zu den wenigen, die sich bisher von römisch-katholischer Seite in die jüngste Diskussion um die kriteriologische Relevanz des Rechtfertigungsartikels eingebracht haben, gehört Gerhard Ludwig Müller.[64] Auch er betont die christologisch-soteriologische Mitte des gemeinsamen christlichen Glaubens und unterscheidet diese von den (vielen) möglichen Ausdrucksweisen in der Rede von Erlösung: „Jesus Christus ist der einzige Maßstab und die Mitte, das einzige Kriterium für Sein und Sendung der Kirche. Das bedeutet auch: Nicht eine einzelne gedanklich-sprachliche Darstellungsform ist Norm und Grenze für die anderen“[65]. Demnach ist die Rechtfertigungslehre „eine der Sache nach unverzichtbare, der Form nach aber nicht die einzig mögliche Darstellung der radikalen Erlösungsbedürftigkeit des Menschen und der absolut freien, vergebenden und zum ewigen Leben berufenden Zuwendung Gottes zum Sünder“[66].

3. Konvergenzen und Differenzen

Die hier wiedergegebenen evangelischen und römisch-katholischen Kommentare zur Frage der kriteriologischen Bedeutung des Rechtfertigungsartikels wollen nicht mehr sein als kurze Einblenden in eine aktuelle Diskussion. Manche Feinheiten der Argumentation kamen nicht zur Darstellung. Trotz aller – auf mich befremdlich wirkenden – Schärfe im Ton scheint es in den in der Öffentlichkeit geführten Wechselgesprächen gelungen zu sein, sich (erneut) auf die christologisch-soteriologische Mitte des kirchlichen Verkündigungsdienstes zu verständigen, ohne sich dabei festgelegt zu wissen auf eine bestimmte Formulierung dieses einen Kriteriums kirchlicher Orthodoxie und Orthopraxie. Anerkannt wird von allen Seiten die auch biblisch bezeugte Vielgestalt der Redeweisen von der in Christus Jesus offenbaren und im Geist Gottes gegenwärtigen erlösenden Tat Gottes. Nicht geklärt erscheint dagegen die Frage, woran die „Gemeinsame Erklärung zur Rechtfertigungslehre“ denkt, wenn dort von „mehreren Kriterien“ die Rede ist, „von denen Katholiken sich in Pflicht genommen sehen“ (GE 18). Die Tatsache der anhaltenden, kontroversen öffentlichen Auseinandersetzung unter Fachkollegen über die angemessene Interpretation dieser Aussage ist ein Beleg dafür, daß eine präzisere Auskunft über das Gemeinte dem gemeinsamen Anliegen, einen differenzierten Konsens zu beschreiben, dienlich gewesen wäre.

---

[64] Vgl. *G.L. Müller*, Voran zur vollen Gemeinschaft. Gegen das Nein der 150 Theologieprofessoren zur „Gemeinsamen Erklärung zur Rechtfertigungslehre“, in: Christ in der Gegenwart 50 (1998) 61f.64.

[65] Ebd., 61.

[66] Ebd., 62.

IV. Reflexionen und Perspektiven

In den vorliegenden Dialogrunden zur Frage der kriteriologischen Relevanz des Rechtfertigungsartikels und in den theologischen Kommentaren ihrer Ergebnisse wurden verschiedentlich Versuche unternommen, Differenzierungen vorzunehmen und zu begründen. Einigkeit herrscht weitgehend im Blick auf die inhaltlich-materiale Bestimmung der göttlichen Erlösungsinitiative zur Errettung der Schöpfung – auch bei der Feststellung, daß dieses Geschehen bereits in biblischer Zeit in unterschiedlicher Sprachgestalt bezeugt werden konnte.
Von dieser Frage nach der (inhaltlich zu erfassenden) Mitte des christlichen Glaubens zu unterscheiden ist die Problematik, wie gewährleistet sein kann, daß die Glaubensgemeinschaft der von Gott in Christus Jesus eschatologisch-endgültig geoffenbarten Verheißung in allen Gestalten des kirchlichlichen Daseins treu bleibt. Die römisch-katholische Glaubensgemeinschaft beantwortet diese Frage mit dem Hinweis auf die Wirksamkeit des Geistes Gottes sowohl im Wort der kanonischen Schriftzeugnisse, als auch bei der Auslegung der biblischen Überlieferung und im Prozeß der Gegenwärtigung des apostolischen Ursprungs durch kirchliche Lehrentscheide. Zur Debatte steht in diesem Zusammenhang die Frage einer theologisch stimmigen Zuordnung der (unbestrittenen) materialen Suffizienz des Schriftzeugnisses zu den (umstrittenen) Instanzen, die beanspruchen, Gewißheit in der Frage der Treue zur apostolischen Überlieferung zu gewährleisten.[67] Die zwischen den Konfessionen noch kontroverse Annahme, es gebe solche Wege zur Überprüfung der Ursprungstreue des kirchlichen Lebens und Lehrens, ist aber keine Infragestellung der gemeinsamen Überzeugung, die der Ökumenische Arbeitskreis so formuliert hat: „Die Wahrheit der Schrift bewährt sich nur im Vollzug ihrer Wahrnehmung, so daß ohne eine solche Wahrnehmung, deren konkreter Ort die Kirche ist, von einer Selbstauslegung der Schrift nicht angemessen die Rede sein kann. Evangelische Theologie teilt diese Einsicht und anerkennt, daß ein adäquater Schriftgebrauch nur in der Kommunikations- und Verantwortungsgemeinschaft der Kirche in der Einheit des Geistes Christi möglich ist. Das Wort und die Wahrheit Gottes wären nicht wirklich in der Welt angekommen, würden sie nicht in der Kraft eben dieses Heiligen Geistes im Glauben von Menschen angenommen und gemeinsam öffentlich bezeugt. Der Gehalt des Wortes Gottes läßt sich insofern von den irdischen Gestalten der Auslegung und der Verkündigung des Wortes nach der Hl. Schrift nicht trennen“[68].
Meiner Wahrnehmung nach ist der ökumenische Dialog über die bereits im Malta-Bericht formulierte Grundaussage, das „primäre Kriterium“ sei, daß „der Heilige

[67] Vgl. dazu das 1998 zum Abschluß gekommene Dialoggeschehen im Ökumenischen Arbeitskreis evangelischer und katholischer Theologen: *W. Pannenberg/Th. Schneider (Hg.)*. Verbindliches Zeugnis (s. Anm. 12).

[68] Ökumenischer Arbeitskreis evangelischer und katholischer Theologen, Kanon – Heilige Schrift – Tradition. Gemeinsame Erkärung, in: *W. Pannenberg/Th. Schneider (Hg.)*, Verbindliches Zeugnis, Bd. I (Freiburg-Göttingen 1992) 392.

Geist das Christusereignis als Heilsgeschehen erweist"[69], kaum hinausgekommen. Gewiß, die evangelisch-katholische Übereinstimmung in der Überzeugung, das im Rechtfertigungsartikel als Tat Gottes ausgesagte Handeln am Menschen sei die Mitte des christlichen Bekenntnisses, hat sich gefestigt. Infragestellungen der Annahme, auch römisch-katholische Theologen stimmten dem „solus Christus" zu, erschweren allerdings der Öffentlichkeit die Anerkenntnis der bereits erreichten Verständigung. Um das „solus Christus" müssen wir nicht streiten – nur um die Wege der Gegenwärtigung dieser Erkenntnis im Leben der christlichen Glaubensgemeinschaft. In diesem Zusammenhang ist es dringend erforderlich, unter Einbezug der orthodoxen Theologie die ökumenische Besinnung auf die pneumatologische Dimension des gesamten kirchlichen Lebens zu vertiefen.

Spätere Zeiten werden es vielleicht als einen Segen – als eine „Sternstunde der Ökumene" – betrachten, daß so viele Theologen und Theologinnen am Ende des 2. Jahrtausends aufgerüttelt worden sind und danach fragen, was die Mitte des christlichen Bekenntnisses ist. Christus allein ermöglicht in Gottes Geist allen Glaubenden die Erkenntnis der unverbrüchlichen Zusage Gottes, er erweise Sündern und Sünderinnen sein Erbarmen. Darin sind evangelische und römisch-katholische Christen einig. Die gegenwärtige Verkündigungssituation nötigt uns zu einer Konzentration unseres Bekenntnisses – um Gottes willen! Glaubwürdig sind wir nur dann, wenn es gelingt, die Relevanz dieses gemeinsamen Bekenntnisses im Alltag der menschlichen Gottferne und Gottsuche zu bezeugen. In Christus Jesus ist Gott selbst in Zeit und Geschichte als der erschienen, der jeden Gemeinschaftsbruch seiner Geschöpfe mit der Zusage seiner ungeschuldeten Beziehungswilligkeit beantwortet. Die Erfahrung dieser göttlichen Initiative zum Heil der in die Sünde verstrickten Schöpfung ist in Gottes Geist bereits Gegenwart. Eine andere Sinnbestimmung des kirchlichen Daseins als jene, der Welt den Trost dieses christlichen Evangeliums zuzusprechen, kann es nicht geben. Nur – uns ergreifen lassen von Gottes im Wort wirkenden Geist, das müssen wir selbst – und zwar immer wieder neu.

---

[69] Vgl. Malta-Bericht (s. Anm. 11), 253 (Nr. 18).

Ablaßstreit in neuer Zeit

Beobachtungen zur Wiederbelebung einer alten konfessionellen Kontroverse[1]

Zu den „kardinalen Problemen", die der Anerkenntnis eines bestehenden lutherisch – römisch-katholischen Konsenses in Fragen der Soteriologie noch im Wege stehen, zählt Eberhard Jüngel[2] die Ablaßpraxis, deren Fortexistenz durch den von Papst Johannes Paul II. am 29. November 1998 angekündigten Jubiläumsablaß für das Heilige Jahr 2000[3] einer größeren Öffentlichkeit deutlich ins Bewußtsein trat. In

---

1 Überarbeitete Fassung eines Vortrags, den ich am 19. April 1999 vor der Katholisch-theologischen Fakultät der Universität Münster/Westf. im Rahmen eines Bewerbungsverfahrens gehalten habe.

2 Vgl. *E. Jüngel*, Kardinale Probleme, in: Stimmen der Zeit 124 (1999) 727-735, bes. 733. Der Titel dieses Beitrags nimmt auf ein Interview Bezug, das Kardinal Joseph Ratzinger im Juli 1999 der italienischen Zeitschrift „30 Giorni" gegeben hatte und in dem er auf noch zu bearbeitende Fragestellungen im Umfeld der Rechtfertigungslehre zu sprechen kam: vgl. die Wiedergabe des deutschen Textes und die Hinweise auf einzelne Varianten im italienischen Original, in: epd-Dokumentation Nr.36/99 (30. August 1999) 5-7. Aufsehen erregte vor allem unter evangelischen Kommentatoren, daß in der deutschen Ausgabe dieser Zeitschrift eine Bemerkung Ratzingers nicht wiedergegeben war, in der er die bleibende Bedeutung des Trienter Konzils für den Glauben und die Lehre der Kirche unterstrich. Meiner Wahrnehmung nach war das Gewicht, das die festgestellte Textdifferenz in der Rezeption bekam, sachlich nicht angemessen. Die Suche nach Vereinbarkeit des festgestellten Konsenses in der Rechtfertigungslehre mit der Position des Trienter Konzils ist nicht nur eine selbstverständliche Pflicht der römisch-katholischen theologischen Traditionsbildung, es ist auch die den Dialogpartnern bekannte Basis im ökumenischen Gespräch über Fragen der Rechtfertigungslehre, das ja zeigen wollte, das der nun gemeinsam eingenommene Standort nicht gegen die Lehre des Trienter Konzils steht. Die Ablaßthematik greift Joseph Ratzingen in seinem Interview nicht auf, wohl aber die Praxis des Bußsakramentes, deren weitere Behandlung die „Gemeinsame Erklärung zur Rechtfertigungslehre" (GER) selbst als erforderlich betrachtet: vgl. GER, Nr. 30, wiedergegeben in: *P. Lüning/R. Miggelbrink/H.J. Urban/J. Wanke*, Gerechtfertigt durch Gott. Die Gemeinsame lutherisch/katholische Erklärung. Eine Lese- und Arbeitshilfe (Paderborn 1999) 90.

3 Vgl. *Johannes Paul II.*, Incarnationis mysterium. Verkündigungsbulle des Großen Jubiläums des Jahres 2000 vom 29. November 1998 (Bonn 1998) = Verlautbarungen des Apostolischen Stuhls 136. Johannes Paul II. hat in dieser Bulle einzelne „Zeichen" näher bestimmt, durch die im bevorstehenden Heiligen Jahr die Wirksamkeit der Erlösung erfahrbar werden solle. Zu diesen „Zeichen" zählt nach römisch-katholischer Tradition auch der sogenannte „Jubiläumsablaß", der erstmals im Jahr 1300 von Papst Bonifaz VIII. in Aussicht gestellt wurde. Der Bulle von Johannes Paul II. ist ein Text beigefügt, in dem der derzeitige Großpönitentiar, Kardinal William Wakefield Baum, genaue Anweisungen für die Erlangung des Jubiläumsablasses gibt. Diese Konkretisierungen der Ablaßpraxis sind schärfer kritisiert wor-

jener Zeit, in der die Vorbereitungen zur Unterzeichnung der „Gemeinsamen Erklärung zur Rechtfertigungslehre“ (GER) sich ihrem erfolgreichen Abschluß näherten, erschien vielen evangelischen Kommentatoren die Gewährung eines Ablasses wie der untrügliche Erweis des weiterhin bestehenden konfessionellen Grunddissenses.
In den Monaten des erbitterten Streites vor allem in der deutschsprachigen Theologie um die Möglichkeit der Unterzeichnung der GER traten schnell geschriebene Positionsbestimmungen nicht selten an die Stelle fundierter fachtheologischer Auseinandersetzungen. Meiner Wahrnehmung nach trifft diese Beschreibung insbesondere auf die Diskussion um das Ablaßwesen zu, deren geschichtliche Entstehung oft ebenso wenig bekannt zu sein scheint wie die immensen Anstrengungen bereits im Vorfeld des 2. Vatikanischen Konzils, nicht zuletzt aus gewachsener ökumenischer Sensibilität ein Neuverständnis des Ablaßwesens anzustreben. Die in aller Regel auch römisch-katholischen Gemeindemitgliedern heute unvertraute Ablaßpraxis wirkt auf viele Menschen wie ein veraltetes Relikt aus dunklen Zeiten der Kirchengeschichte, das besser nicht in Erinnerung gerufen worden wäre und über dessen Gehalt an religiösem Erfahrungswissen es sich kaum nachzudenken lohnt.
Vor dem Hintergrund dieser knappen Charakterisierung der Atmosphäre, in der die jüngeren Äußerungen zum römisch-katholischen Ablaßwesen stehen, möchte ich zunächst die hohe ökumenische Brisanz dieser Frage durch Hinweise auf Kommentare zur jüngsten Papstbulle belegen, deren Inhalt ich vorab kurz zusammenfasse (I.). Sodann werde ich die innerkatholischen Kontexte der kritischen Auseinandersetzung um das Ablaßwesen darstellen, die vor allem in der Zeit des 2. Vatikanischen Konzils mit großem Engagement geführt wurden, aber auch in den nachfolgenden Jahrzehnten beachtlich blieben (II.). Die sich anschließende kurze Einführung in die Geschichte der Ablaßpraxis und -theologie soll es ermöglichen, diese Frömmigkeitsgestalt in ihren historischen Wurzeln zu begreifen; dies gelingt nicht ohne Blick auf die Geschichte der Buße (III.). In einer Zwischenüberlegung möchte ich der Frage nachgehen, welcher Lernertrag hinsichtlich der Möglichkeit der Preisgabe konfessioneller Eigenheiten durch den Blick auf die Ablaßthematik exemplarisch zu gewinnen ist (IV.). Schließlich möchte ich die Frage aufgreifen, in welch gewandelter Gestalt die Ablaßpraxis eine bleibende Bedeutung haben könnte, die sich auch im ökumenischen Gespräch auf der Basis eines bestehenden Konsens in Grundwahrheiten der Rechtfertigungslehre vertreten ließe (V.).

---

den als die Bemühungen von Johannes Paul II., ein neues Verständnis des Ablaßwesens grundzulegen. Vgl. als römisch-katholische Stellungnahmen zur jüngsten Ablaßbulle: *G. Voss*, Ablaß als Mittel zur Heiligung? Zur Verkündigung des Jubiläumsablasses durch Johannes Paul II., in: Una Sancta 54 (1999) 322-331; *F. J. Baur*, Jubiläumsablaß im Heiligen Jahr 2000. Die freudvolle Seite der geistlichen Erneuerung, in: Geist und Leben 73 (2000) 54-63; *R.-B. Trauffner*, „Freude über den Nachlaß der Schuld“. Der Ablaß – ein Zeichen der Gnade im Heiligen Jahr 2000, in: Gottesdienst 33 (1999) 121-123; *H. Schütte*, Nicht mit der Rechtfertigung verwechseln. Einige Anmerkungen zum Ablaß, in: KNA-ÖKI Nr. 4 (19. Januar 1999) 11-13; *D. Sattler*, Zeichen wirksamer Gegenwart Gottes. Zum Jubiläumsablaß des Heiligen Jahres 2000, in: Konradsblatt. Wochenzeitschrift der Erzdiözese Freiburg 83 (1999) Nr.9 (vom 28. Februar 1999) 10f.

I. Ökumenisch sensibilisierte Kommentare zu „Incarnationis mysterium“

Bei der Lektüre der röm. -katholischen und der evangelischen Kommentare, die aus Anlaß der Veröffentlichung der Bulle „Incarnationis mysterium“[4] erschienen sind, fiel es mir zuweilen schwer anzunehmen, die Schreibenden hätten alle denselben Text gelesen. Tendentiell apologetische Töne waren auf der einen Seite zu hören, deutliche Aggressionen bei anderen zu spüren.

Das in „Incarnationis mysterium“ primär zum Ausdruck kommende Anliegen von Johannes Paul II. ist es, Menschen hilfreich zu sein bei ihrer Suche nach „Spuren der Gegenwart Gottes in unserer Zeit“ (Nr.3). Daher ruft er die Vielfalt der Zeichenhandlungen in Erinnerung, die sich nach der Tradition der Kirche bei der menschlichen Suche nach Gott als wirksam und fruchtbar erwiesen haben. Zu diesen Zeichen zählen die Wallfahrten zu heiligen Stätten, durch die Menschen leibhaftig erfahren, gemeinsam miteinander auf dem Weg zu Gott zu sein. Eine Pilgerreise kann als eine Zeit gestaltet werden, in der Menschen sich auf ihr Leben besinnen, ihre Dankbarkeit zum Ausdruck bringen sowie zu Reue und Umkehr bewegt werden (Nr.7). Die Öffnung der Heiligen Pforte führt anschaulich vor Augen, daß wir als Getaufte mit Jesus Christus die Schwelle des Todes überschritten haben und zu einem Leben mit Gott berufen sind. Der Grund christlicher Hoffnung ist das in Jesus sichtbar in Erscheinung getretene Evangelium Gottes: Sünder und Sünderinnen können der Barmherzigkeit Gottes gewiß sein. Das Evangelium ist Zuspruch der Vergebungsbereitschaft Gottes und zugleich Mahnung, sich durch Taten der Umkehr und Buße zu üben, im Geist Jesu Christi als Gerechte zu leben (Nr.8).

Recht ausführlich erläutert Johannes Paul II. die Sinngebung des Ablasses, der als ein weiteres Zeichen der wirksamen Gegenwart Gottes im Heiligen Jahr von besonderer Bedeutung ist (Nr.9-10). Die Bulle erinnert an die biblisch überlieferte Tradition des alle fünfzig Jahre zu haltenden heiligen Jubeljahres, in dem allen Bewohnern des Landes die Freiheit geschenkt werden soll (Lev 25,10-13). Die mit dem „uralten Namen“ Ablaß bezeichnete kirchliche Praxis ist eine „kostbare Gabe“ Gottes, die Befreiung von den „zeitlichen Sündenstrafen“ verheißt (Nr.9). Die Ablaßpraxis greift die menschliche Erfahrung auf, daß es „Folgen der Sünde“ gibt, die auch nach der sakramentalen Beichte und der Zusage der Vergebung Gottes noch bestehen und das Leben der Menschen spürbar belasten. Diese können in einem schmerzlichen Prozeß der Annahme der leidvollen Folgen des eigenen Handelns bereits im irdischen Leben oder auch noch nach dem eigenen Tod im „Purgatorium“ („Läuterungszustand“) durchlitten werden. In diesem Geschehen wird niemand von der Gemeinschaft der Glaubenden alleine gelassen. Sehr eindrücklich schildert Johannes Paul II. die Verbundenheit der christlichen Gemeinschaft in der Sorge um das Wohl aller. Die Kirche verwahrt einen großen „Schatz“ an Zeugnissen wahrer Liebe zu Gott und zu den Mitgeschöpfen, und sie vermag diejenigen, die an den Folgen ihrer

[4] (s. Anm. 3).

Sündentaten leiden, am Reichtum der in der gesamten Glaubensgemeinschaft lebendigen „heilbringenden Kraft“ der von Christen in ihrem Leben und Sterben bezeugten Liebe teilhaben zu lassen. Menschen, die ein „Übermaß der Liebe“ lebten, treten stellvertretend für die Sünder und Sünderinnen ein, die aus eigener Kraft nicht fähig sind, das durch sie verschuldete Übel wiedergutzumachen (Nr. 10). In einem eigenen Abschnitt erinnert die Papstbulle an die zahlreichen Märtyrer des 20. Jahrhunderts (Nr. 13). Der Ablaß ist ein Bekenntnis zur solidarischen Verbundenheit der Glaubenden in der einen kirchlichen Gemeinschaft. Lebende und Verstorbene bilden im Glauben eine Gemeinschaft – auch angesichts der belastenden Folgen der Sünden, die einen Bruch der Gemeinschaft mit Gott und eine Beeinträchtigung der menschlichen Gemeinschaft bewirken. Die der Papstbulle beigefügten Ausführungsbestimmungen konkretisieren die Voraussetzungen zum Erwerb eines vollkommenen Ablasses im Heiligen Jahr: die Feier der sakramentalen Versöhnung, die Mitfeier der Eucharistie, echte Umkehr des Herzens, das Bezeugen der Zugehörigkeit zur kirchlichen Gemeinschaft im Gebet und in Taten der Liebe. Wahre Bußgesinnung wird als die „Seele des Jubiläums“ bezeichnet; sie äußert sich in einer Veränderung des Lebensstils (Verzicht auf überflüssigen Konsum, Unterstützung der Armen, dem Gemeinwohl dienende Tätigkeiten). Als Orte, an denen die heilsame Wirksamkeit des Ablasses erfahren werden kann, sind neben ausgewählten Kirchengebäuden daher auch alle Stätten vorgesehen, an denen Notleidende leben. Dies entspricht der wachen Aufmerksamkeit, mit der Johannes Paul II. die große Armut und die gewaltvolle Unterdrückung vieler Menschen weltweit beklagt und fordert, im Heiligen Jahr eine Änderung der Lebensweise anzustreben, durch die eine „neue Kultur internationaler Solidarität und Zusammenarbeit“ (Nr. 12) entsteht. Eindringlich bittet und mahnt der Papst: „Möge dieses Gnadenjahr das Herz derer berühren, die das Schicksal der Völker in Händen haben“ (Nr. 12). Johannes Paul II. mahnt nicht nur die einzelnen Sünderinnen und Sünder, im Heiligen Jahr den Weg der Umkehr und Buße zu beschreiten. Er weiß auch um die Schuldgeschichte der Kirche und fordert von ihr ein „Zeichen der Reinigung des Gedächtnisses“, einen „mutigen Akt der Demut“ im Eingeständnis der Verfehlungen der Christen (Nr. 11): „Als Nachfolger Petri fordere ich, daß die Kirche, gestärkt durch die Heiligkeit, die sie von ihrem Herrn empfängt, in diesem Jahr der Barmherzigkeit vor Gott niederkniet und von ihm Vergebung für die Sünden ihrer Kinder aus Vergangenheit und Gegenwart erfleht“ (Nr. 11).
Einzelne Passagen der neuen Ablaßbulle haben in der theologischen Rezeption eine uneingeschränkte Anerkennung gefunden. So setzt sie nach Ulrich Ruh[5] einen starken ökumenischen Akzent. Sie sei einladend geschrieben, mahne die Kirche zur Wahrnehmung ihres missionarischen Auftrags, fordere selbstkritisch größeres soziales Engagement, gestehe Verfehlungen der Kirche ein und möchte zu einer tat-

---

[5] *U. Ruh*, Vertiefung. Der Papst, das Heilige Jahr und der Ablaß, in: Herder Korrespondenz 53 (1999) 5.

sächlichen Lebensänderung und einer existentiellen Erneuerung des Menschen aufrufen.
Ganz anders ist die Wahrnehmung, die Michael Strauß hat. Er beginnt seine Stellungnahme in den Evangelischen Kommentaren mit dem Satz: „Wer gehofft hat, an der Schwelle zum neuen Millennium sei das Ende des konfessionellen Zeitalters nahe herbeigekommen, stellt enttäuscht genau das Gegenteil fest. Die Zeitenwende scheint insbesondere für die römisch-katholische Kirche ein willkommener Anlaß zu sein, ihren imperialen Anspruch als einzige und ewige Heilsanstalt zu reaktivieren."[6] Während, so Strauß, der Ablaß für die römisch-katholische Kirche ein „zentrales Merkmal ihres theologischen Selbstverständnisses" bleibe, müsse die evangelische Theologie den Ablaß ohne Rücksicht als das bezeichnen, was er sei: „Fromme Folklore". Der Autor bemüht sich, über die Geschichte des Ablaßwesens kurz zu informieren. Eingestreut in die weithin sachliche Darstellung ist jedoch ein Vergleich zwischen dem Mainzer Bischof Albrecht von Brandenburg im 16. Jahrhundert und seinem späten Nachfolger Karl Lehmann: Beiden sei die Verteidigung des Ablaßwesens gemeinsam.[7] Die durch die Ablaßbulle ausgelöste Irritation reizt offenkundig einzelne Gemüter so sehr, daß sie auch vor persönlichen Verletzungen nicht zurückschrecken.
Auffällig ist, daß in zahlreichen evangelischen Stellungnahmen Bezüge zwischen der Ablaßfrage und der Ekklesiologie hergestellt werden. Martin Schuck, ein Redakteur der Zeitschrift „Der Evangelische Bund", schreibt: „Die Ablaßtheologie ist für Evangelische nicht besser oder schlechter zu verdauen als die gesamte römisch-katholische Kirchenlehre; im Gesamt dieser Lehre ist sie ein ganz normaler Baustein neben vielen anderen"[8]. Vielen evangelischen Reaktionen auf den Jubiläumsablaß ist anzumerken, daß die Schreibenden dabei unter dem Eindruck der Diskussion um die GER stehen. Fast erleichtert wirkte mancheiner und mancheine, eine Thematik benennen zu können, die überdeutlich macht, wie groß die verbleibenden konfessionellen Differenzen noch zu sein scheinen, durch die die volle Kirchengemeinschaft

---

[6] *M. Strauß*, Fromme Folklore. Die katholische Kirche reaktiviert den Ablaß, in: Evangelische Kommentare 38 (1999) 5.

[7] Bischof Lehmann hat dem Heiligen Jahr 2000 ein Fastenhirtenwort gewidmet: vgl. *K. Lehmann*, „Christus gestern, heute, in Ewigkeit: Sein ist die Zeit". Auf dem Weg in das Heilige Jahr 2000. Hirtenwort des Bischofs von Mainz zur Österlichen Bußzeit 1999, hg. von der Bischöflichen Kanzlei (Eltville 1999). Bischof Lehmann gibt darin seiner Überzeugung Ausdruck, daß auch evangelische Christen zum Grundgedanken des Ablaßwesens Zugang finden können (vgl. ebd., 7). Er erinnert an die Unterscheidung zwischen der Sündenvergebung und der in der Ablaßpraxis einzig angezielten Minderung der Sündenstrafen, „die Überbleibsel, die als Folge der Sünde auch vom erlösten Menschen innerlich abgebaut werden müssen" (ebd., 6), und stellt seine Gedanken in die größeren Kontexte der bei der Ablaßgewinnung vorausgesetzten personalen Umkehr, der Suche nach Versöhnung mit Gott in der Feier der Buße und des Ringens um Befreiung von der drückenden Last der Verschuldung, unter der arme und entrechtete Menschen weltweit leiden.

[8] *M. Schuck*, Ablaß – ein ökumenisch unverdaulicher Brocken?, in: Evangelischer Bund. Beiträge zur evangelischen Orintierung Nr. 4/1998, 5.

auch weiterhin verhindert wird. So beendete Heike Schmoll ihren Artikel über die Ablaßbulle in der „Frankfurter Allgemeinen Zeitung“ am 14. Dezember 1998 mit der Feststellung: „Damit ist der Beweis gebracht, daß es in der Rechtfertigungslehre keine rechte Übereinstimmung geben kann“[9].
Die ganze Dramatik, die durch den Ablaßstreit auch heute noch ausgelöst werden kann, wurde ersichtlich, als der (damalige) Generalsekretär des Reformierten Weltbundes, Milan Opocensky, dem Präsidenten des Päpstlichen Rates zur Förderung der Einheit der Christen, Kardinal Edward Cassidy, in einem Schreiben vom 8. März 1999 mitteilte, der Reformierte Weltbund ziehe sich aus dem ökumenischen Komitee zur Vorbereitung des Jahres 2000 zurück, denn angesichts des angekündigten Jubiläumsablasses sei der gemeinsame Weg mit der römisch-katholischen Kirche vorerst an ein Ende gekommen.[10] Sehr schmerzlich berührt hat mich auch die Behandlung der Ablaß-Frage in der Silvester-Ausgabe der Süddeutschen Zeitung. Michael Winter schreibt: „Die katholische Kirche bietet uns an, reinen Tisch zu machen. Für alle Zeiten. Zumindest für die Ewigkeit. Das Zauberwort heißt Ablaß. Ein Jahr lang Ablaß für alle unseren Sünden, die wir begangen haben. Ein Jubiläums-Ablaß. Kein anderer Wettbewerber hat so etwas im Angebot. Lohnt sich vielleicht, Mitglied zu werden. (...) Welche Aussichten! Wir können nicht nur alles vergessen, was uns auf der Seele brennt. Wir können auch von morgen an zwei Jahre lang so richtig die Sau rauslassen. Wir können alle Schäbigkeiten und Gemeinheiten, die uns einfallen, an unserem Nächsten ausprobieren“[11]. Erschütternd ist diese Wahrnehmung einer römisch-katholischen Praxis. Träfe diese Deutung den Sachverhalt, so stünde die Ablaßpraxis in großer Spannung zur biblischen Weisung in Lev 25,8-54[12], im Jubeljahr das durch Übervorteilung entstandene Unrecht zu lindern, gegen

---

[9] *H. Schmoll*, Der Ablaß im neuen Gewand. Zur Debatte um die Gemeinsame Erklärung zur Rechtfertigungslehre, in: Frankfurter Allgemeine Zeitung vom 14. 12. 1998.

[10] Vgl. die KNA-Meldung 3920 vom 23. März 1999. Der Wortlaut des Briefes von Opocensky an Cassidy wird auf Nachfrage hin vom Reformierten Weltbund in Genf zugänglich gemacht. Darin beklagt der Generalsekretär vor allem auch die mangelnde ökumenische Sensibilität, die sich in der Ankündigung des Jubiläumsablasses zeige: „Together with many Protestants around the world, we have been saddened by the Bull of Indication ‘Incarnationis Mysterium’ discussing the controversial concept of indulgences. We wonder how it is possible that the Roman Catholic Church continues to highlight a term which is burdened and which evokes so many old battles and painful memories. Even if the historic situation today is not identical with the situation in the 15th and 16th centuries, I have to express my astonishment over the lack of sensitivity in this respect. What is the meaning of the bilateral dialogues if the results are not reflected in a deepened mutual understanding and in having more attention to the wounds of the past?“. Die Ankündigung des Jubiläumsablasses war der Anlaß für eine weitreichende Entscheidung des Reformierten Weltbundes: „it seems that our common path has reached a limit and we have to stop our common journey for the sake of the truth which we wish to seek together with you, the Roman Catholic Church, and for the sake of our faithfulness to the prophetic and apostolic message“.

[11] *M. Winter*, Reiner Tisch. Im Jahr 2000 sind wir endlich aller Sünden ledig, in: Süddeutsche Zeitung vom 31. Dezember 1998.

[12] Das Jubeljahr ist eine „Reformkonzeption priesterlicher Kreise, die damit in der frühen

überzogene Zinserhebung und Wucher anzukämpfen, für die mittellosen Verwandten zu sorgen und auch den verarmten fremden Schuldsklaven die Freiheit zu schenken. Weit entfernt von diesem biblischen Grundanliegen erscheint die Ablaßpraxis im raschen und vordergründigen kritischen Urteil der Öffentlichkeit.[13]
Recht sachlich und kenntnisreich wirkt die kurze Berichterstattung über die Ankündigung des Jubiläumsablasses von Jörg Haustein im Materialdienst des Konfessionskundlichen Instituts in Bensheim.[14] In seinem Bericht zur ökumenischen Lage 1999 wird derselbe Autor dann deutlicher in seiner Kritik an der Ablaßbulle: „Daß in einem Jahr einer Gemeinsamen Erklärung zur Rechtfertigungslehre in einem römisch-katholischen Dokument Begriffe wie Verdienen, Erlangen, Erwerben eine Hauptrolle spielen, muß enttäuschen. Im Gespräch über das Thema 'Rechtfertigung' wurde zu wenig berücksichtigt, daß es eigentlich heißen muß 'Rechtfertigung und Kirche'. Denn es ist doch so, um es einmal pointiert zu sagen: Die Reformation begann nicht mit einem Dissens in der Frage der Rechtfertigung, sie begann mit dem Angriff Luthers auf die Ablaßlehre. Und die Reformation wurde zu einem weltgeschichtlichen Ereignis dadurch, dass sich die römischen Behörden, aus welchen Motiven auch immer, dem Gespräch über die Ablaßpraxis verweigerten. Und da stehen wir eben noch heute. Ein Gespräch über die Abschaffung des Ablasses, das ist die bittere Erfahrung von 'Incarnationis mysterium', wäre auch heute nicht möglich"[15].

---

nachexilischen Zeit der fortschreitenden Verarmung, Versklavung, Vertreibung und Überfremdung der kleinbäuerlichen Unterschicht einen Riegel vorschieben wollen" (*R. Albertz*, Art. „Jobeljahr", in: *M. Görg/B. Lang [Hg.]*, Neues Bibel-Lexikon, Bd. 2 [Zürich-Düsseldorf 1995] 346f, hier 346 [Lit.]).

[13] So mag es nicht verwundern, daß es auch Zeitungsmeldungen popularisierender Art gab, in denen zum einen die Unkenntnis der Redakteure in Fragen der Theologie ersichtlich wurde, vor allem aber das in der Öffentlichkeit noch immer bestehende Interesse an der alten Frage, wie Menschen von ihren Sünden befreit werden können. Der Kölner Express reagierte auf das Erscheinen der Bulle „Incarnationis mysterium" mit folgender Schlagzeile: „Papst: Ein Tag keinen Sex, Sünden weg". Solche Bemerkungen lassen jede Differenzierung vermissen. Erschreckend und ernüchternd tritt ins Bewußtsein, wie schwer es ist, die theologischen Zusammenhänge, die bei der Ablaßfrage zu beachten sind, in einfacher Weise zu erläutern.

[14] Vgl. *J. Haustein*, Mit dem alten Ablaß in das neue Jahrtausend, in: Materialdienst des Konfessionskundlichen Instituts 50 (1999) 8f. In diesem Beitrag wird über die Geschichte der Ablaßtheologie und -praxis kurz berichtet, die auch nach römisch-katholischer Lehrtradition gegebene Rückbindung der Wirksamkeit des Ablasses an die personale Umkehrbereitschaft wird nicht verschwiegen, und die Unterscheidung zwischen Sündenschuld und Sündenstrafe ist gut vertraut. Kritik erfahren vor allem die konkreten Ausführungsbestimmungen zur Gewinnung eines Ablasses: „Für den Besuch der einen Kirche 'gibt' es Ablaß, für den einer anderen Kirche nicht. Warum? Wer die prinzipiellen Anfragen der Reformation an den Ablaß ernst nimmt, der kann solcher Kasuistik, mag sie noch so sehr um wahre Buße bemüht sein, nach wie vor nichts abgewinnen. Schon gar nicht kann sie einen ökumenischen Wert haben" (ebd., 9). Weitere Anfragen formuliert Haustein hinsichtlich der Notwendigkeit, bei der Gewinnung des Jubiläumsablasses dem Glaubensbekenntnis und dem „Vater unser" auch eine marianisch gefomte Anrufung und die Teilhabe an der Gebetsmeinung des Papstes hinzuzufügen.

[15] *Ders.*, Der Evangelische Bund und die ökumenische Situation. Ökumenischer Lagebericht

Ansätze zu einem ökumenischen Gespräch über den Ablaß sind im September 1999 in den Lutherischen Monatsheften dokumentiert: Die evangelischen Theologen Thomas Kaufmann und Martin Ohst versuchen zu begründen, daß der päpstliche Ablaß die Rede vom Rechtfertigungs-Konsens widerlege[16], Peter Neuner legt dar, daß der Jubiläumsablaß der Unterzeichnung der GER nicht im Wege steht[17]. Kaufmann und Ohst machen zunächst darauf aufmerksam, daß die Ankündigung des Jubiläumsablasses für das Heilige Jahr 2000 engstens verbunden ist mit dem Selbstverständnis dieses Papstes. Im Anschluß an ihr Referat der ihnen wichtig erscheinenden Passagen der Verkündigungsbulle kommen die evangelischen Autoren zu dem Ergebnis, daß „die hier vorgelegte Ablaßtheorie (...) doch nun wirklich mit keiner denkbaren reformatorisch orientierten Rechtfertigungslehre vereinbar [ist]"[18]. Unter den Aspekten, die die Autoren als Thema der Bulle herausgreifen, ist dem Gedanken der ekklesialen Verbundenheit aller Getauften auch im Geschehen der Suche nach Versöhnung breiter Raum gegeben, während andere Gedanken – wie vor allem das im Papstschreiben auch eindrücklich betonte Erfordernis einer individuellen personalen Vorbereitung auf das Geschenk der von Gott allein gewährten Versöhnung – keine Erwähnung finden. Nach einer ausdrücklichen, offenbar nicht ganz leicht fallenden Selbstdisziplinierung, auf die nächstliegende Erklärung für den behaupteten Widerspruch zwischen der Ablaßlehre und dem in der GER behaupteten Konsens in Grundwahrheiten zu verzichten, nämlich einfach anzunehmen, die linke Hand wisse zuweilen nicht was die rechte tut (nach Mt 6,3), suchen die Autoren dann nach argumentativ ausgewiesenen Gründen: Sie machen zum einen auf den Zusammenhang zwischen der Ablaßpraxis und der auch in der römisch-katholischen Bußpraxis für das Bußwerk angenommenen Wirkung einer Tilgung der zeitlichen Sündenstrafen aufmerksam; sie stellen zum anderen einen Zusammenhang her zwischen den in GER 18 erwähnten „weiteren Kriterien", von denen die römisch-katholische Kirche sich in Pflicht genommen weiß, und der Bindung des römischen Lehramts an die als „unfehlbar" betrachteten lehramtlichen Äußerungen zum Ablaß (ohne Differenzierung werden die Dekrete Leos X. von 1518, die Texte des Trienter Konzils und neuere Texte genannt). Kaufmann und Ohst kommen zu dem Ergebnis, daß der angenommene Konsens in Grundwahrheiten der Rechtfertigungslehre sich als „inhaltsleer" erweise, weil er offenkundig in Deckung zu bringen sei mit „theoretische[n] und praktische[n] Optionen (...), die jedem denkbaren reformatorischen Verständnis von Rechtfertigung diametral zuwiderlaufen"[19]. Sie betrachten den gefundenen Konsens daher als „Konstrukt aus Kompromißformeln", durch die die

---

1999, in: epd-Dokumentation 41a/99 (27. September 1999) 1-10, hier 8.

[16] Vgl. *T. Kaufmann/M. Ohst*, Unvereinbar und inhaltsleer. Der päpstliche Ablaß widerlegt die Rede vom Rechtfertigungs-Konsens, in: epd-Dokumentation 39/99 (20. September 1999) 1-3.

[17] *P. Neuner*, Ist das noch „Ablaß"? Der Jubiläumsablaß steht der Gemeinsamen Erklärung nicht im Wege, in: ebd., 3f.

[18] *T. Kaufmann/M. Ohst*, Unvereinbar und inhaltsleer (s. Anm. 16) 2.

[19] Ebd.

Sachdifferenzen „notdürftig verschleiert" werden und eine „Verständigung verhindert" wird.[20] Worin allerdings genau die völlige Unverträglichkeit der reformatorischen Rechtfertigungslehre mit der (verkürzt) dargelegten römisch-katholischen Ablaßlehre besteht, das erfahren die Leser/innen der Lutherischen Monatshefte nicht. Angesichts der Auswahl der Zitate von Johannes Paul II. ist jedoch zu vermuten, daß diese Unvereinbarkeit insbesondere in der Annahme der Existenz der zeitlichen Sündenstrafen und in der Möglichkeit, bei deren Ausleiden als kirchliche Gemeinschaft wirksam werden zu können, liegen.
Peter Neuner antwortet auf die Vorbehalte von Kaufmann und Ohst zunächst mit dem Eingeständnis, daß die Ablaßfrage gewiß eine Belastung des ökumenischen Gesprächs darstellt, fordert aber die evangelischenTheologen mehrfach dazu auf, doch den geringen Stellenwert der Ablaßpraxis in der römisch-katholischen Kirche nüchtern anzuerkennen.[21] Zudem macht er auf die christologischen und soteriologischen Kontexte aufmerksam, in die die ekklesiale Argumentation in der Papstbulle eingebunden ist. Deutlich zur Sprache kommt auch die eher ungewöhnlich starke Betonung der personalen Voraussetzung für die Wirksamkeit der im Raum der Kirche gefeierten Versöhnung der Menschen mit Gott. Die ohne Vorbild in den bisherigen lehramtlichen Texten von Johannes Paul II. in seiner Bulle angeregten gedanklichen Verbindungen zur fruchtbaren Wirksamkeit des sozialen Handelns und des Dienstes an Notleidenden finden bei Neuner Anerkennung und provozieren zugleich die Frage, ob hier überhaupt noch von einem „Ablaß" im überlierferten Sinn gesprochen werden kann. Auch meiner Wahrnehmung nach regen die Ausführungen der Papstbulle zu einem neuen Nachdenken über das Wesen der „Sündenstrafen" an, deren schmerzliche Wirksamkeit nach römisch-katholischer Lehrtradition durch die Ablaßpraxis verändert werden kann. Genau diese Frage nach dem rechten Verständnis der zeitlichen Sündenstrafen war nicht nur der Gegenstand bereits der kontroversen theologischen Diskussionen im Reformationszeitalter[22], sie stand auch im Mittelpunkt der mit hohem Engagement geführten Diskussionen beim 2. Vatikanischen Konzil.

---

[20] Ebd., 3.

[21] Vgl. *P. Neuner*, Ist das noch „Ablaß"? (s. Anm. 17) 3f.

[22] Vgl. *D. Sattler*, Gelebte Buße. Das menschliche Bußwerk (satisfactio) im ökumenischen Gespräch (Mainz 1992) bes. 10-48. Die Offenheit, die auch die reformatorischen Theologen im 16. Jahrhundert (in der Tradition des Augustinus) für ein personal-existentiell geprägtes Verständnis der Sündenfolgen zeigten, kommt in der gegenwärtigen Diskussion kaum zur Sprache. Meines Erachtens wäre eine intensive Auseinandersetzung mit dieser Frage, bei der die Sichtweisen der unterschiedlichen mittelalterlichen Theologenschulen erörtert werden könnten, auch hilfreich in der Diskussion um die verwandelnde Wirksamkeit der Taufe im Kontext der Rede vom Menschen als „simul iustus et peccator". Die hörere Bereitschaft der römisch-katholischen Tradition, die von Gott in der Taufe erwirkte Wandlung zum Guten anzuerkennen und die nachbaptismale Konkupiszenz nicht als (personale) „Sünde" zu bezeichnen, korrespondiert mit einer nüchternen Anerkenntnis der fortdauernden Störung der Schöpfungsordnung durch die menschliche Sünde, deren Folgen immerfort auf den Weg zur Umkehr und Buße rufen.

II. Die Diskussionen um den Ablaß im Umfeld des 2. Vatikanischen Konzils

Der Erzbischof von München-Freising, Kardinal Julius Döpfner, beendete am 11. November 1965 seine Rede vor der 158. Generalkongregation des 2. Vatikanischen Konzils mit der eindringlichen Bitte, die Ablaßlehre in der den Bischöfen zur Beratung vorliegenden Form[23] nicht zu promulgieren, da noch offene Fragen zu klären seien und zudem schwere Belastungen für die neueren ökumenischen Beziehungen zu befürchten wären, wenn dies geschehe.[24] Kardinal Döpfner lehnte die Textvorlage ab und setzte sich dafür ein, daß eine Kommission gebildet werde, die den Gläubigen den Ablaß auf knappe und gut verständliche Weise nahezubringen wisse.[25] Kardinal Stephan Wyszynski beklagte gleich zu Beginn der Diskussion, daß kaum einer der Konzilsteilnehmer ausreichende Kenntnisse über diese komplexe Materie habe.[26] Kardinal Alfrink sprach für die Konferenz der niederländischen Bischöfe und machte mit großem Nachdruck auf die Diskrepanz aufmerksam, die zwischen der vorgelegten Ablaßlehre und dem in der zeitgenössischen Theologie favorisierten Verständnis bestehe. Er setzte sich für eine Revision des Textes im Sinne der neueren Theologie ein.[27] Der Vertreter der spanischen Bischöfe verwahrte sich gegen

---

[23] Sacra Paenitentiaria Apostolica, De sacrum indulgentiarum recognitione, in: Acta Synodalia Sacrosancti Concilii Oecumenici Vaticani II, Vol. IV, Pars VI (Vatikanstadt 1978) 131-185.

[24] „Concluendo: sequentes propositiones concretas propono: 1) indulgentiarum recognitio in forma praesenti, quae exhibetur in Positione ne, quaerimus, promulgetur! Nam obstant difficultates supra expositae; et insuper etiam gravia incommoda pro recentibus relationibus oecumenicis timenda essent. 2) Commissio pro recognitione indulgentiarum constituta notabiliter augeatur, ita ut contineat imprimis peritos theologiae dogmaticae, ex variis sententiis et scholis provenientes." („Zusammengefaßt: Ich mache folgende konkrete Vorschläge: 1) Wir bitten, die Bestätigung der Ablässe in der gegenwärtigen Form, wie sie die Vorlage bietet, nicht zu promulgieren. Denn dem stehen die oben dargelegten Hindernisse entgegen. Vor allem sind auch schwere Beeinträchtigungen der neuen ökumenischen Beziehungen zu befürchten. 2) Die für die Anerkennung der Ablässe gebildete Kommission soll wesentlich erweitert werden, so daß sie vor allem Fachleute der dogmatischen Theologie aus verschiedenen Richtungen und Schulen umfaßt." – *Em.mus P.D. Iulius Card. Döpfner*, Archiepiscopus Monacensis et Frisingensis et praeses commissarius episcoporum Germaniae, in: ebd., 332-335, hier 334)

[25] Vgl. ebd., 335. Kardinal Döpfner schlug vor, eine solche Kommission solle sowohl die reiche Tradition des Ablaßwesens bedenken als auch im Geist des 2. Vatikanischen Konzils wirken.

[26] „Licet indulgentiae in magna aestimatione sint, perpauci tamen de hac materia sufficientem scientiam habent." („Wenn sich die Ablässe auch großer Wertschätzung erfreuen, haben doch nur sehr wenige ausreichende Kenntnis dieser Materie." – *Em.mus P. D. Stephanus Card. Wyszynski*, Archiepiscopus Gnesnensis et Varsaviensis, in: ebd., 315).

[27] „Conferentia Episcopalis neerlandica optaret ut Positio iterum recognoscatur secundum conceptiones quas theologia hodierna de indulgentiis exhibet" („Die holländische Bischofskonferenz plädiert dafür, daß die Vorlage erneut überarbeitet wird, gemäß den Konzeptionen, die die heutige Theologie über Ablässe vorlegt." – *Em.mus P.D. Bernardus Card. Alfrink*,

jede Eile bei der Neugestaltung des Ablaßwesens.[28] Der für die österreichischen Bischöfe sprechende Wiener Kardinal Franz König hat an die unter ökumenischer Perspektive noch zu wenig erforschte Geschichte der Ablaßpraxis erinnert und seine Erwartung formuliert, in der auch von ihm gewünschten neuen Kommission zur Beratung der Ablaßfrage könnten katholische und nicht-katholische Mitglieder vertreten sein, damit die katholische Lehre authentisch und fruchtbar vermittelt werde.[29] Dazu kam es jedoch leider nicht. Zu den in vielen Wortmeldungen von Konzilsteilnehmern benannten offenen Fragen zählten vor allem das genaue Verständnis der zeitlichen Sündenstrafen und der Weisen ihrer Heilung. Insbesondere die Gestalt der kirchlichen Mitwirkung bei diesem Geschehen war umstritten: Ist der Ablaß als jurisdiktionell wirksamer Akt der kirchlichen Autorität zu verstehen oder vielmehr als eine Fürbitte der kirchlichen Gemeinschaft, die ihre Kraft im personalen Umkehrprozeß der Sünder und Sünderinnen entfalten kann?
Die Sorge einzelner Bischöfe des 2. Vatikanischen Konzils, die Ablaßthematik könne die erst in den Anfängen befindlichen ökumenischen Beziehungen erheblich belasten, war gewiß nicht unberechtigt, aber sie ist, rückblickend betrachtet, als vielleicht etwas zu ängstlich zu bezeichnen. Zwar konnten sich im Anschluß an das Konzil die Kräfte innerhalb der römisch-katholischen Theologie nicht durchsetzen, die sich für eine grundlegende Erneuerung des Ablaßwesens eingesetzt haben, allen voran Bernhard Poschmann[30] und Karl Rahner[31]. Die Positio, die Konzilsvorlage, ging nahezu unverändert in die Apostolische Konstitution „Indulgentiarum Doctrina"[32] ein, die Paul VI. am 1.1.1967 promulgierte. Aber trotz der Bedenken, die von katholischer Seite gegen diesen Text vorgetragen wurden[33], war die Kritik von evangeli-

Arciepiscopus Ultraiectensis, in: ebd., 317).

[28] Vgl. *Em.mus P. D. Beniaminus Card. De Arriba Y Castro*, Archiepiscopus Tarraconensis, in: ebd., 319-321.

[29] Vgl. *Em.mus P.D. Franciscus Card. König*, Archiepiscopus Vindobonensis, in: ebd., 323-331, bes. 324.

[30] *B. Poschmann*, Der Ablaß im Licht der Bußgeschichte (Bonn 1948).

[31] *K. Rahner*, Über den Ablaß, in: Stimmen der Zeit 156 (1955) 343-355; *ders.*, Bemerkungen zur Theologie des Ablasses, in: Schriften zur Theologie, Bd. II (Einsiedeln-Zürich-Köln 1955) 185-210; *ders.*, Kleiner theologischer Traktat über den Ablaß, in: Schriften zur Theologie, Bd. VIII (Einsiedeln-Zürich-Köln 1967) 472-487; *ders.*, Zur heutigen kirchenamtlichen Ablaßlehre, in: ebd., 488-518.

[32] *Paul VI.*, Apostolische Konstitution über die Neuordnung des Ablaßwesens. Lateinisch – Deutsch (Trier 1967).

[33] Die innerkatholische Diskussion der Ablaßkonstitution von 1967 konzentrierte sich weithin auf die Frage, wie in ihr die Wirksamkeit des Ablasses begründet sei: allein kraft der kirchlichen Fürbitte oder aufgrund eines jurisdiktionellen Aktes des Nachlasses der zeitlichen Sündenstrafen. Paul VI. verwahrte sich dagegen, die Ablaßerteilung lediglich als Gebet der Kirche zu verstehen: „Wenn nämlich die Kirche beim Ablaß von ihrer Gewalt als Dienerin am Erlösungswerk Christi, des Herrn, Gebrauch macht, so betet sie nicht nur, sondern teilt dem recht bereiteten Christgläubigen autoritativ den Schatz der Genugtuungen Christi und der Heiligen zum Nachlaß der zeitlichen Strafen zu" (ebd., 105). Karl Rahner hat sich sehr darum bemüht, diese umstrittene Passage als mit seinem personalen Verständnis der zeitli-

schen Theologen eher zurückhaltend. Einzelne Autoren brachten ihre Enttäuschung zum Ausdruck[34], aber die ökumenische Aufbruchsstimmung prägte stärker das damalige Bewußtsein und auch den Schreib- und Redestil. Der evangelische Theologe Johann Christoph Hampe kommentierte im Kontext seiner Dokumentation der ökumenisch relevanten Geschehnisse auf dem 2. Vatikanischen Konzil die Diskussionen um den Ablaß mit der Bemerkung: „Der Ablaß ist keine wichtige Frage mehr. Das Protestieren wäre heute eine viel zu große Sache. Nur erwähnt, wirklich nur erwähnt werden muß er"[35]. Der ökumenische Frühling nach dem 2. Vatikanischen Konzil ließ zunächst über manche düstere Wolke am Horizont hinwegsehen. Die sich in den 60er Jahren formende Gewißheit, gemeinsam auf dem Weg der inneren Erneuerung der christlichen Glaubensgemeinschaft zu sein, ermutigte dazu, das Verständnis theologischer Einzelfragen von der Mitte des gemeinsamen Bekenntnisses her zu erstreben. Der Ablaßfrage wurde der ihr gebührende marginale Stellenwert zuerkannt. Aus heutiger Sicht kann es als bedauerlich erscheinen, daß das intensive vorkonziliare Bemühen um ein besseres Verständnis des Ablasses in der Folgezeit völlig in den Hintergrund trat. Die kontroverse Diskussion blieb bestehen, der Streit unausgetragen, und das Ablaßwesen wurde zunehmend zu einem Fremdling im römisch-katholischen Glaubensbewußtsein sowie in der wissenschaftlichen Diskussion.

III. Geschichtlich geformtes Grundverständnis des Ablaßwesens

Es gibt in der Ablaßfrage viele Bezüge zu grundlegenden theologischen Fragestellungen. Der Ablaß kann als ein Thema gelten, bei dessen Kritik sich viele Fäden zu einem Gewebe verbinden, das dann im Gesamtwerk als geschichtlich gewordene konfessionell-reformatorische Identität in Erscheinung tritt. Die Entstehung der reformatorischen Ablaßkritik erscheint in vielem als historisch kontingent, ihre Be-

---

chen Sündenstrafen vereinbar zu erklären, indem er die Rede von der „autoritativen Zuteilung" des „Kirchenschatzes" gegen ein rein juridisches Mißverständnis abgrenzt und die Vorstellung eines (aufgrund der göttlichen Zusage) „unfehlbar" wirksamen Fürbittgebets der Kirche entfaltet, bei dem die Umkehrwilligen zur inneren Gewißheit gelangen können, daß sie aus den Stricken der Sündenfolgen befreit werden können: vgl. *K. Rahner*, Zur heutigen kirchlichen Ablaßlehre (s. Anm. 31). Die Ablaßkonstitution zeigt unter Berufung auf das Konzil von Trient an vielen Stellen Offenheit für ein Verständnis der zeitlichen Sündenstrafen als konnaturalen Sündenfolgen (vgl. *Paul VI.*, Apostolische Konstitution über die Neuordnung des Ablaßwesens [s. Anm. 32] 79), sie vermag diesen Ansatz nach Meinung zeitgenössischer Kommentatoren jedoch nicht immer in Übereinstimmung zu bringen mit ihren Ausführungen zur konkreten Ablaßpraxis.

[34] Vgl. *H. Bornkamm*, Thesen und Thesenanschlag Luthers. Geschehen und Bedeutung (Berlin 1967).

[35] *J. C. Hampe (Hg.)*, Die Autorität der Freiheit. Gegenwart des Konzils und Zukunft der Kirche im ökumenischen Disput, Bd. 1 (München 1967) 436.

deutung aber bleibt zeitenlos als eine Mahnung, als Kirche Jesu Christi in allem nur eines zu wollen: das Evangelium zu verkündigen, Gottes Freispruch des Sünders und der Sünderin rein aus seiner Gnade wirksam durch den Glauben auf Gottes Wort der Verheißung hin zu predigen. Zumindest die Praxis des Ablasses im 16. Jahrhundert konnte den Eindruck erwecken, die Kirche beanspruche für sich eine amtliche Vollmacht, in einem Bereich zu wirken, in dem allein Gott noch handlungsfähig ist: wenn es um die Frage geht, wie die Geschöpfe, die angesichts der Sünde der Verlorenheit des Todes verfallen sind, doch gerettet werden können. Die ekklesiologisch-amtstheologische Zuspitzung des Ablaßstreits war kein historischer Zufall. Die Soteriologie und die gelebte Ekklesiologie erschienen als unvereinbar – und so denken viele Kritiker bis heute.

Nicht wenige evangelische Theologinnen und Theologen zitieren den „Katechismus der Katholischen Kirche" und den „Codex Iuris Canonici", wenn sie darüber informieren wollen, wie der Ablaß nach dem römisch-katholischen Selbstverständnis definiert ist. Auf die Frage „Was ist der Ablaß?" antwortet der Weltkatechismus mit Zitaten aus der Ablaßkonstitution Pauls VI. Demnach ist „der Ablaß (...) Erlaß einer zeitlichen Strafe vor Gott für Sünden, die hinsichtlich der Schuld schon getilgt sind. Ihn erlangt der Christgläubige, der recht bereitet ist, unter genau bestimmten Bedingungen durch die Hilfe der Kirche, die als Dienerin der Erlösung den Schatz der Genugtuungen Christi und der Heiligen autoritativ austeilt und zuwendet. Der Ablaß ist Teilablaß oder vollkommener Ablaß, je nachdem er von der zeitlichen Sündenstrafe teilweise oder ganz freimacht. Ablässe können den Lebenden und den Verstorbenen zugewendet werden"[36]. Canon 994 des Kirchenrechts bestimmt, daß jeder Gläubige einen Ablaß für sich selbst gewinnen oder in Gestalt der Fürbitte den Verstorbenen zuwenden kann. Für noch Mitlebende kann kein Ablaß gewonnen werden.

Die Wirksamkeit des Ablasses ist eindeutig begrenzt auf den Bereich der zeitlichen Sünden*strafen*; die Vergebung der Sündenschuld und die Tilgung der „ewigen Sündenstrafe" sind die notwendig erforderlichen Voraussetzungen, ohne die der Ablaß keine Wirksamkeit entfalten könnte – eine Einschränkung, die auch in fachtheologischen Beiträgen sehr oft aus dem Blick gerät. Eine der entscheidenden Fragen ist demnach, was unter den sogenannten „zeitlichen Sündenstrafen" zu verstehen sei, bei deren Behebung der Ablaß Hilfe verspricht. Der Weltkatechismus verweist darauf, daß „jede Sünde, selbst eine geringfügige, eine schädliche Bindung an die Geschöpfe nach sich [zieht], was der Läuterung bedarf, sei es hier auf Erden, sei es nach dem Tod im sogenannten Purgatorium"[37]. Deutlich widerspricht der Katechismus der Möglichkeit zu denken, die zeitlichen Sündenstrafen seien eine Form der „Rache, die Gott von außen her ausüben würde", vielmehr seien sie „etwas, was sich aus der Natur der Sünde ergibt"[38]. Nach meiner Wahrnehmung ist in der ge-

---

[36] *Katechismus der Katholischen Kirche* (München 1993) Nr. 1471.

[37] Ebd., Nr. 1472.

[38] Ebd.

samten Diskussion um den Ablaß dies eine entscheidende Frage: Ist die Sündenstrafe eine von außen zusätzlich zur Sündentat auferlegte Strafe mit dem Ziel der Vergeltung oder ist die Sündenstrafe eine durch die Sündentat selbst innerlich bewirkte, leidvolle Folge des menschlichen Tuns, die sich im menschlichen Miteinander als eine Störung auswirkt. Die Antwort, die auf diese Frage gegeben wird, hat große Bedeutung im Blick auf die Beschreibung der Wirksamkeit des Ablasses. Ich komme darauf zurück.

Zur römisch-katholischen Ablaßlehre gehört die Vorstellung vom sogenannten Kirchenschatz. Johannes Paul II. erklärt in „Incarnationis mysterium", der Kirchenschatz bestehe aus „den Werken der Heiligen", und er erinnert daran, daß es Menschen gibt, „die geradezu ein Übermaß an Liebe, an ertragenem Leid, an Reinheit und Wahrheit zurücklassen, das die anderen einbezieht und aufrichtet"[39]. Unter den Gläubigen gebe es einen „wunderbaren Austausch geistlicher Güter". Ein Übermaß an Liebe unter Menschen – gibt es das? Und welchen Gewinn sollten Dritte und Vierte haben, wenn das Leiden in Geduld ertragen wird? Welche Rolle hat die Kirche im Geschehen der Versöhnung zwischen Gott und den Menschen? In welcher Weise ist das Miteinander der Lebenden und der Toten zu besprechen? Viele Fragen stellen sich im Kontext des Ablaßstreites – und es sind keine leichten.

Wer die Entstehungsgeschichte der römisch-katholischen Ablaßlehre kennt, weiß, was alles zusammengekommen ist, damit dieses komplizierte Gebilde hat werden können. Wie die Geschichte der kirchlichen Buße, so ist auch das mit dieser engstens zusammenhängende Ablaßwesen historisch gut erforscht. Neben den bereits genannten Arbeiten von Bernhard Poschmann[40] und Karl Rahner[41] sind vor allem die Studien von Nikolaus Paulus[42], Herbert Vorgrimler[43] und Arnold Angenendt[44] in diesem Zusammenhang zu erwähnen. Unter den evangelischen Theologen haben sich vor allem historisch interessierte Forscher mit dem Ablaßwesen befaßt.[45]

Das Ablaßwesen hat eine frühe historische Wurzel in dem gläubigen Vertrauen der christlichen Gemeinschaft, daß Menschen, die vor ihrem Tod die Feier ihrer Rekonziliation mit der Kirche (und nach damals unstrittiger Vorstellung somit auch mit

---

[39] *Johannes Paul II.*, Incarnationis mysterium (s. Anm. 3) Nr. 13.

[40] (s. Anm. 30).

[41] (s. Anm. 31).

[42] *N. Paulus*, Geschichte des Ablasses im Mittelalter, 3 Bde (Paderborn 1922/23).

[43] *H. Vorgrimler*, Buße und Krankensalbung = HDG IV/3 (Freiburg-Basel-Wien 1978) 203-214; *ders.*, Der Ablaß. Lose Beilage in: Handbuch der Ablässe. Normen und Gewährungen (Bonn 1989); *ders.*, Der Ablaß, in: *Ders.*, Wegsuche. Kleine Schriften zur Theologie, Bd. 2 (Altenberge 1998) 434-447.

[44] Vgl. *A. Angenendt*, Theologie und Liturgie der mittelalterlichen Totenmemoria, in: *K. Schmid/J. Wollasch (Hg.)*, Memoria. Der geschichtliche Zeugniswert des liturgischen Gedenkens im Mittelalter (München 1984) 79-199; *ders.*, Geschichte der Religiösität im Mittelalter (Darmstadt 1997) bes. 652-657.

[45] Vgl. die Literaturhinweise bei *G. A. Benrath*, Art. „Ablaß", in: TRE 1 (1977) 347-364; *M. Ohst*, Art. „Ablaß", in: RGG^4 1 (1998) 66f.

Gott[46]) nicht mehr erlebten, weil sie starben, bevor sie das ihnen auferlegte gesamte Bußwerk hätten vollenden können, dennoch auf ihre Rettung vor der Verdammnis hoffen konnten, weil die noch Lebenden mit der Kraft ihrer Fürbitte für die Verstorbenen eintreten werden. Die im christlichen Altertum weithin unhinterfragte theologische Vorstellung war, daß keine Sünde (von Gott) ungestraft bleiben werde: deus nullum peccatum impunitum dimittit.[47] Als sich im 6./7. Jahrhundert die Gestalt einer mehrfach wiederholbaren, auch bei weniger bedeutsamen Sündentaten sinnvoll erscheinenden Beichte herausbildete, entstanden Bußbücher, in denen die Bußtarife festgelegt waren, die bei entsprechenden Sündentaten als Bußwerk zu tun waren. Genaue Zahlenangaben, Quantifizierungen der Schwere der Schuld und der ihr entsprechenden Strafe waren in diesen Büchern geläufig. Zudem war ein differenziertes System von Redemptionen (Erleichterungen) und Kommutationen (Austauschformen) vorgesehen. So konnte ein Büßer etwa statt tagelang zu fasten auch eine Geldsumme zahlen. Nahestehende Menschen konnten dabei mitwirken, daß ein Büßer rascher von seiner Bußstrafe befreit werden konnte.

Bis zur ersten Jahrtausendwende wurde die Rekonziliation der Büßer und Büßerinnen erst nach der Verrichtung des Bußwerks einmal jährlich am Gründonnerstag gefeiert. Nicht zuletzt wegen der beschwerlichen Wegstrecken geschah es oft, daß die Büßenden, die ihr Bekenntnis gesprochen hatten und die Bußauflage erfüllt hatten, zur Feier der Rekonziliation nicht erneut erschienen. So entwickelte sich die Praxis, ihnen vorbehaltlich der Erfüllung der Bußauflage die Rekonziliation zuzusprechen und eine Absolution zu erteilen. Das dem Begriff der Absolution entlehnte Wort „Ablaß" bezeichnete in diesem gestuften Gesamtgeschehen der im Raum der Kirche gefeierten Versöhnung der Büßer mit Gott den Nachlaß eines Teils der auferlegten kirchlichen Buße. Die um die erste Jahrtausendwende belegte Verdrängung des Bußwerks hinter die vorbehaltlich gefeierte Rekonziliation machte dann den Weg frei für die wachsende Eigenständigkeit des Geschehens der Tilgung zeitlicher Sündenstrafen. Hinzu kam noch die Vorstellung, das Fürbittgebet der Bischöfe oder des Papstes für die Sünder habe angesichts der ihnen übertragenen Binde- und Lösegewalt eine stärkere Wirksamkeit. Diese Wirksamkeit wurde bald brieflich besiegelt und mit kirchlicher Autorität den Bußwilligen als Nachlaß zunächst nur der

---

[46] Vgl. zur ekklesialen Dimension von Buße und Versöhnung (insbesondere zu dem theologischen Grundgedanken der „reconciliatio cum Ecclesia" als „res et sacramentum" der „reconcilatio cum Deo"): *L. Lehmeier*, The ecclesial dimension of the sacrament of penance from a catechetical point of view (Cebu City 1965); *M. Mügge*, Reconciliatio cum Ecclesia. Eine dogmengeschichtliche Untersuchung über den ekklesiologischen Aspekt des Bußsakraments. Diss. masch. (Münster 1974); *K. Rahner*, Das Sakrament der Buße als Wiederversöhnung mit der Kirche, in: Schriften zur Theologie, Bd. VIII (Einsiedeln-Zürich-Köln 1967) 447-471.

[47] Arnold Angenendt weist auf frühe Belege für diese Vätersentenz – insbesondere bei Augustinus – hin; er betrachtet diese Grundsicht des göttlichen Handelns angesichts der neutestamentlich überlieferten Gleichnisse vom verlorenen Schaf oder vom verlorenen Sohn als „eine geradezu unbegreifliche Aussage, die sich gleichwohl wie ein 'Ursatz' seit der Spätantike durch die Frömmigkeit und Theologie zieht" (*A. Angenendt*, Geschichte der Religiösität im Mittelalter [s. Anm. 44] 629).

kirchlichen Buße, gewissermaßen als Erleichterung der Bußauflage zugesprochen. Die Bußauflage konnte auch ganz wegfallen, wenn ein Büßer auf andere Weise seine gläubige Tatkraft unter Beweis stellte, wie es nach damaliger Vorstellung etwa durch die Teilnahme an einem Kreuzzug geschah. Das Kreuzzüge gelten als die Geburtsstunde des sog. vollkommenen Ablasses im 11. Jahrhundert: Papst Urban II. betrachtete die freiwillige Bereitschaft, an einem Kreuzzug teilzunehmen, als hinreichende Buße für alle zeitlichen Sündenstrafen. Erst von der Mitte des 13. Jahrhunderts an wurde es in der kirchlichen Praxis üblich, Ablässe auch den Verstorbenen im Fegefeuer explizit zuwenden zu können. Dabei war die Annahme wirksam, daß die während der Lebenszeit noch nicht erfüllte Bußauflage zur Folge hat, daß nach dem Tod eine Zeit der Buße auf die Verstorbenen wartet. Bei diesem Geschehen sollten die Toten um die Anteilnahme der Lebenden wissen und sie spürbar wirksam erfahren als eine Erleichterung des Läuterungsgeschehens. Die Wurzel der Ablaßpraxis ist das in der stellvertretenden Tat gelebte Bewußtsein von der Zusammengehörigkeit der ekklesialen Gemeinschaft der Sünder und der Frommen im Leben und über den Tod hinaus.

Mißbrauch ist bekanntlich kein tragfähiges Argument gegen die Möglichkeit einer gerechtfertigten Praxis. Der offenkundige Mißbrauch der Ablaßpraxis im 16. Jahrhundert ist zwischen den Konfessionen heute unstrittig. Auf die Frage, wann und wie genau sich das reformatorische Bekenntnis formte und die reformatorische Wende geschah, haben schon viele unterschiedlich geantwortet. In diesem Forschungsstreit um die historischen Bedingungen der reformatorischen Entdeckung[48] blieb jedoch anerkannt, daß die mißbräuchliche Ablaßpraxis und die dahinter vermutete Ablaßtheologie für Martin Luther ein wichtiger Bezugspunkt waren, an dem er Klarheit in seiner theologischen und ekklesiologischen Position gewonnen hat. Vor Augen standen ihm Menschen, deren Gewissensnöte und Höllenängste von Ablaßhändlern ausgenutzt wurden, um auch für den eigenen Bedarf Geld einzutreiben. Zwei geistlich-theologische Grundüberzeugungen Martin Luthers festigten sich angesichts des Ablaßwesens: (1) Allein der vertrauende Glaube an den barmherzigen Gott, der in Christus Jesus offenbar gemacht hat, daß er die Sünder und Sünderinnen als solche, als bleibend sündige Wesen vor dem Tod bewahrt, kann Heilsgewißheit schenken. Der wahre „Schatz der Kirche“ ist das hochheilige Evangelium der Gnade Gottes, so sagt Luther in seiner 62. These zum Ablaß.[49] (2) Von der personal-existentiellen Buße, von Reue und Umkehr, von der inneren Erneuerung des Menschen, der Reinigung der Herzen, der gelebten Buße kann und darf es keinen Freispruch geben und an ihre Stelle können keine rein äußerlich bleibenden Werke treten, die den inneren Menschen nicht verwandeln.

Eine in der Lutherforschung sich haltende These ist, daß Martin Luther bei den frühen Auseinandersetzungen mit der Kirche seiner Zeit von einer tiefen pastoralen

[48] *B. Lohse*, Luthers Theologie in ihrer historischen Entwicklung und in ihrem systematischen Zusammenhang (Göttingen 1995) bes. 97-110.

[49] *Martin Luther*, 95 Thesen über die Kraft der Ablässe, in: WA 1, 233-238.

Sorge bewegt war, keineswegs jedoch daran dachte, eine eigenständige Glaubensgemeinschaft zu begründen, schon gar nicht eine, die nach ihm benannt werden könnte. Gottfried Seebaß[50] hat jüngst daran erinnert, daß die Reformation in ihrer Frühzeit als ein „ökumenisches Ereignis" zu verstehen ist: als ein Bemühen um die Erneuerung der einen Kirche von ihrer Mitte her. Bereits vor den 95 Thesen zum Ablaß von 1517 sah sich Luther genötigt, gegen die von Erzbischof Albrecht von Mainz erlassene „Instructio summaria"[51] anzugehen. Diese versprach als die „Hauptgnaden" des Ablasses: vollkommene Vergebung aller Sünden, Teilhabe an allen geistlichen Gütern der Kirche und vollkommene Freiheit von den Leiden des Fegefeuers. Wer wollte sich einen solchen Bescheid nicht besorgen? In seinem Brief vom 31. Oktober 1517 an Albrecht von Mainz, dem Begleitschreiben zu den 95 „Thesen über die Kraft der Ablässe", erinnerte Luther den Erzbischof an seine eigentliche Aufgabe, an seinen ihm von Christus Jesus selbst anvertrauten Dienst: „Es ist die erste und (...) einzige Pflicht aller Bischöfe, dafür zu sorgen, daß das Volk das Evangelium und die Liebe Christi lerne. (...) Der Mensch wird durch kein Geschenk eines Bischofs seines Heils gewiß"[52]. Philipp Melanchthon[53] hat in der Apologie zur Confessio Augustana mit seinem Hinweis auf die nicht mögliche Begründung des Ablaßwesens durch eine Weisung der Heiligen Schrift die lutherische Preisgabe der Ablaßpraxis argumentativ abgesichert. Johannes Calvin situierte seine in scharfer Form vorgetragene Kritik des Ablaßwesens im christologisch-soteriologischen Kontext: Überschüssige menschliche Verdienste, die die Kirche autoritativ zuwenden kann, gelten als eine für die reformierte Bekenntnistradition unerträgliche Infragestellung des allein erlösenden Handelns Gottes in Christus Jesus.

In der Konfliktsituation des 16. Jahrhunderts war bei den altgläubigen Theologen die Neigung nicht sonderlich groß, eine theologisch begründete Reform des Ablaßwesens anzustreben. Eine Verteidigung des Bestehenden galt als die zeitbedingte Herausforderung. Sie geschah 1563 beim Trienter „Dekret über die Ablässe.[54] Die

---

[50] *G. Seebaß*, Die Reformation als ökumenisches Ereignis, in: Evangelische Theologie 59 (1999) 4-12.

[51] *Erzbischof Albrecht von Mainz*, Instructio summaria, in: CCath 41 (1988) 224-293.

[52] *Martin Luther*, Brief an Albrecht von Mainz vom 31. Oktober 1517, in: WA Br 1, Nr.48. Der große Ernst, mit dem Luther seinen Widerstand gegen das Ablaßwesen betreibt, rührt von seiner tiefen Überzeugung her, dabei „im Namen unseres Herrn Jesu Christi" zu sprechen, so sagt er es in einem Vorspruch zu den 95 Thesen, mit dem er zu einer Disputation über sie einlädt. Diese Disputation fand statt, und viele weitere folgten. Und es passierte, was meiner Wahrnehmung nach bis heute im kontroverstheologischen Gespräch zu beobachten ist: Die komplizierten theologischen Sachfragen erfahren weniger Aufmerksamkeit als die mit ihnen oft verbundenen kirchenkritischen Randbemerkungen. Die Widerrede gegen Luther konzentrierte sich bald auf seine Äußerungen zum päpstlichen Amt – eine Akzentsetzung, die Luther selbst nicht intendiert hatte.

[53] ApolCA 12,175 = BSLK 290,36f.

[54] Das Trienter Konzil äußerte sich am 4. Dezember 1563 in seinem „Dekret über die Ablässe" zur Sache. Darin heißt es: „Da der Kirche von Christus die Vollmacht zugestanden wurde, Ablässe zu gewähren, und jene ihr von Gott übertragene Vollmacht auch in ältesten Zeiten gebrauchte, so lehrt und gebietet das hochheilige Konzil, daß der Gebrauch von Ablässen, der

Trienter Väter waren immerhin auch darum bemüht, offenkundige Mißbräuche zu beseitigen. Und es war bereits in den Ausschußverhandlungen beim Augsburger Reichstag 1530 gelungen, eine Eingrenzung der Problematik vorzunehmen: Klargestellt wurde, daß der Ablaß – wie auch das Bußwerk – lediglich im Bereich der Sünden*strafen* wirksam ist, nicht im Bereich der Sünden*schuld*.
Zu einer wirklich neuen Sicht des Ablaßwesens haben römisch-katholische Theologen erst im 20. Jahrhundert gefunden. Die bußgeschichtliche Forschung hat dazu einen wichtigen Beitrag geliefert. Einen eigenen Weg in der Beschreibung des Wesens der Sündenstrafen ging Karl Rahner.[55] Er griff einen Gedanken auf, den schon Augustinus und Thomas formuliert hatten und dessen Spuren sich auch in der Bußtheologie des Konzils von Trient finden: Es gibt „reliquiae peccati", Reste der Sünde, die auch nach dem Zuspruch der Vergebung in der Absolution als Sündenfolgen fortbestehen und das Miteinander der Menschen leidvoll belasten. Sich selbst zur Strafe wird der ungeordnete Geist, so sagt Augustinus in seinen Confessiones.[56] Als ein häufig bemühtes Beispiel gilt dabei die Lüge, die Mißtrauen provoziert, das bleibt, auch wenn die Lüge eingestanden ist. Einmal durch Unwahrheit genährt, bleibt das Mißtrauen als Versuchung auch in neuen Situationen bestehen. Bei allen Grenzen, die die Verwendung dieses personal-anthropologischen Begriffs der Sündenstrafen im Blick auf die Beschreibung der Verstrickung der Schöpfung in die Macht des Bösen hat, finde ich den Gedanken nach wie vor tragfähig, Gott könne seine Schöpfungsordnung so vorgesehen haben, daß die Geschöpfe auf dem Weg ihres eigenen Leidens an den Folgen ihrer bösen Taten zur Umkehr gerufen werden. Die Sündenstrafen haben dann keinen Vergeltungscharakter, sie intendieren nicht den Ausgleich eines Übels mit einem neuerlichen Übel, sie wirken vielmehr therapeutisch; sie machen sensibel für die selbstverschuldete Beeinträchtigung des Miteinanders und wecken die Bereitschaft zum Neubeginn; sie bewirken wahre Reue.
Wichtig erscheint es mir nun, an dieser Stelle darauf aufmerksam zu machen, daß eine Zustimmung zu einem solchen Verständnis der Sündenstrafen keinen stimmigen Weg mehr finden läßt zu der Vorstellung, die im menschlichen Leben spürbaren Sündenfolgen könnten durch einen amtlich-kirchlichen Zuspruch einfach beseitigt werden – gar täglich vollständig. Eine autoritativ bewirkte Dispens von einem existentiellen Leiden ist nicht vorstellbar. So sah es zumindest Karl Rahner und dem stimmten auch jene Bischöfe zu, die sich schon während des 2. Vatikanischen Konzils für eine Erneuerung des Ablaßwesens einsetzten. Hier genau sitzt der Stachel im Fleisch der inner-römisch-katholischen Diskussion um den Ablaß.

---

für das christliche Volk äußerst heilsam und durch die Autorität der heiligen Konzilien gebilligt ist, in der Kirche beibehalten werden soll": Konzil von Trient, Dekret über die Ablässe (4. Dezember 1563), in: DH 1835.

[55] Vgl. die ausführliche Darstellung der Position Rahners in ihren biblischen Wurzeln und ihren traditionsgeschichtlichen Bezügen in: *D. Sattler*, Gelebte Buße (s. Anm. 22) bes. 232-335.

[56] Vgl. *Augustinus*, Confessiones I, 12.

Diskussionen um den Ablaß wurden in den letzten Jahren selten geführt. In aller Regel besteht dazu auch kein Grund, weil der Ablaß auch in der römisch-katholischen Frömmigkeit nahezu jede Bedeutung verloren hat. Um das Jahr 1983 herum, dem letzten Heiligen Jahr aus Anlaß der Feier von Tod und Auferweckung Jesu vor damals 1950 Jahren, erschienen einige Beiträge zu dieser Frage. Ottmar Fuchs[57] forderte eine stärkere Wahrnehmung der in der Gesellschaft wirksamen Formen des Unheils. Eine Neugestaltung des Ablaßwesens erschien ihm in der Weise möglich, daß die Kirche sich für die Beseitigung des Unrechts einsetzt, das den Ärmsten der Armen weltweit geschieht. An die biblische Tradition, in Heiligen Jahren einen Schuldenerlaß zu gewähren, ein Erlaßjahr zu feiern[58] und Gefangenen ihre Freiheit zu schenken wird derzeit vor allem in der weltweiten ökumenischen Bewegung erinnert, die in den letzten Jahrzehnten eine starke ethische Ausrichtung hat. Aber nicht nur auf der sozialpolitisch-gesellschaftlichen Ebene ist die Thematik der Schuldverstrickung aktuell, auch im Blick auf die gelebte menschliche Beziehungswirklichkeit wächst die Sensibilität für die Anerkenntnis der generationenübergreifenden Sündenverhängnisse. Die Theologie steht vor neuen Herausforderungen. Ich denke dabei zum Beispiel an die systemische Familientherapie etwa in der Gestalt des gewiß nicht unumstrittenen Bert Hellinger[59]: Er läßt in Gruppentrainings Familiensituationen nachstellen, bei denen die geschichtlich gewordene Nähe oder Distanz zwischen den Personen vor Augen tritt. Auch die Toten – die getöteten Kinder vor allem – werden präsent. Und überdeutlich wird, wie sehr wir in unserer individuellen Identität geprägt sind durch die Menschen um uns herum. Das Wissen um die Toten, mit denen wir uns über Generationen hinweg noch unversöhnt meinen, hat eine ganz eigene Wirksamkeit, die auch zu verändern ist.

IV. Der Ablaßstreit im Zusammenhang der Bildung einer konfessionellen Gemeinschaft

Der neue Ablaßstreit wird von nicht wenigen evangelischen Kollegen und Kolleginnen zum Anlaß genommen, die konfessionelle Differenz zwischen der römisch-katholischen Kirche und den Kirchen der Reformation als eine prinzipielle zu bezeichnen, die sich an diesem Beispiel lediglich anschaulich zeige, die in Wirklichkeit aber vor allem die Ekklesiologie und im letzten die Soteriologie betreffe.
Ich möchte mit meinen Ausführungen zu den Hintergründen des neuen Streites um den Ablaß die Fragestellung verbinden, wie sich die konfessionelle Gemeinschaft

[57] *O. Fuchs*, Ablaß – eine alte Frömmigkeitsform in neuer Weltverantwortung, in: Diakonia 16 (1985) 111-117.
[58] Erlaßjahr 2000. Aufrufe zur Befreiung der armen Völker aus dem Würgegriff der Schulden, dokumentiert in: Una Sancta 54 (1999) 25-32.
[59] *B. Hellinger*, Der Abschied. Nachkommen von Tätern und Opfern stellen ihre Familien (Heidelberg 1998).

formt und wie die Preisgabe einer durch Abgrenzung konstituierten evangelisch – katholischen Konfessionalität zukünftig gelingen könnte. Mit diesen Formulierungen gebe ich meine Überzeugung zu erkennen, die Preisgabe einer bestimmten konfessionellen Identität sei in der ökumenischen Bewegung eine anzustrebende Zielsetzung. Mit dieser These möchte ich keineswegs bestreiten, daß es eine bereichernde Vielfalt in den Ausdrucksgestalten des christlichen Glaubens geben kann, die in ihrer Pluralität nicht nur notgedrungen zu tolerieren sind, sondern sogar noch stärker zu fördern. Geschichtlich bedingte, aufgrund kultureller Unterschiede gegebene Verschiedenheiten in den Feierformen des einen christlichen Glaubens sind eine Bereicherung für die christliche Glaubensgemeinschaft. Der Ablaßstreit ist jedoch von einer anderen Art; er läßt sich meines Erachtens nicht einfach der Thematik der erwünschten versöhnten Verschiedenheit der Konfessionen zurechnen.
Die Ablaßfrage bietet sich für eine exemplarische Auseinandersetzung mit hermeneutischen Grundproblemen der Ökumene nicht nur aus historischen Gründen an. An ihrem Beispiel läßt sich aufzeigen, wie notwendig es ist, eine geschichtlich gewordene, konfessionell geprägte Eigenart ganz nüchtern in ihren größeren theologischen Zusammenhängen wahrzunehmen. Nicht nur genaue Kenntnisse sind dabei erforderlich – das gewiß auch angesichts einer solch komplexen Thematik, die im römisch-katholischen Glaubensleben der Gemeinden kaum mehr vertraut ist. Darüber hinaus ist die Bereitschaft wichtig, aus theologischen Einsichten auch Konsequenzen zu ziehen in der Veränderung einer überlieferten kirchlichen Praxis.
Der Begriff „Konfession“ ist ein junger Begriff. Er wurde im 19. Jahrhundert von der römisch-katholischen Theologie geprägt, um mit ihm die Eigenart insbesondere der lutherischen Theologie zu bezeichnen, sich in der Tradition der Bekenntnisschriften des 16. Jahrhunderts zu wissen. Neben dieser recht engen Begriffsbestimmung von „Konfessionalität“ im 19. Jahrhundert sind gewiß weitere und offenere geläufig, so daß es heute vielen unproblematisch erscheint, auch die orthodoxen Kirchen und die römisch-katholische Kirche als eine „Konfession“ zu bezeichnen: als eine Ausprägung des Christlichen mit der Tendenz, sich in spezifischen Fragestellungen von anderen Konfessionen abzugrenzen. Sammelbände[60] informieren über die geschichtlich bedingten Konfessionalisierungsprozesse im evangelischen und im katholischen Raum.
Es gibt unterschiedliche Optionen bezüglich der Frage, ob die „Konfessionalität“ des christlichen Glaubens ihm wesensgemäß sei, es also nicht anders sein könne, als daß es auf Dauer angelegte, unterschiedliche Gesamtsichten des Evangeliums gebe, die in einer Gemeinschaft im Gedächtnis bewahrt bleiben und prinzipiell unvereinbar sind mit anderen, ebenfalls legitimen Gesamtsichten des Evangeliums Gottes. Auffällig ist, daß vorwiegend Angehörige der reformatorischen Kirchen sich für die theologische Legitimität der unaufhebbaren Konfessionalität des Christlichen aus-

---

[60] *H. Baier (Hg.)*, Konfessionalisierung vom 16.-19. Jahrhundert. Kirche und Traditionspflege (Neustadt an der Aisch 1989); *W. Reinhard/H. Schilling (Hg.)*, Die Katholische Konfessionalisierung. Wissenschaftliches Symposion der Gesellschaft zur Herausgabe des Corpus Catholicorum und des Vereins für Reformationsgeschichte (Münster 1995).

sprechen. In den Diskussionen darüber wird gelegentlich noch immer Bezug genommen auf einen Aufsatz von Ernst Käsemann[61]. Er formulierte die These, daß der Kanon der neutestamentlichen Schriften nicht die Einheit der einen Kirche begründe, sondern die Vielzahl der konfessionellen Kirchentümer. Unaufhebbar wäre somit die Konfessionalität des Christentums, weil sie schon ursprünglich bestand und biblisch legitimiert sei. Nicht wenige Modelle der Einheit, die als zukünftige Gestalt der Kirche(n) diskutiert werden, wollen es strikt bei der Eigenständigkeit organisierter Systeme belassen, in denen über das Einbringen der Kompetenzen der Getauften und die Wahrnehmung von amtlicher Verantwortlichkeit je unterschiedlich entschieden ist. Kongregationalistisch oder synodal oder hierarchisch – all dies wären dann legitime Organisationsgestalten der einen Kirche Jesu Christi. Sollen die Konfessionen für immer bleiben oder lassen sie sich in ein neues Gesamt integrieren? Es besteht zwischen den Kirchen keine Einigkeit in der Zielsetzung der ökumenischen Bewegung. Die Ziellosigkeit gilt gerade in den letzten Jahrzehnten als ihre große Not. Wer das gemeinsame Ziel nicht kennt, der weiß auch die Wege nicht.
Es gibt eine andere Option zur Frage der Konfessionalität des Christentums, die eher im römisch-katholischen Raum vertreten ist. „Konfessionen" können auch verstanden werden als durch die Zeitsituation herausgeforderte, jeweils geschichtlich geprägte Bemühungen, die Mitte der Schrift in Bekenntnisgestalt zu gegenwärtigen – mahnend, lehrend, aufrichtend, reinigend. Konfessionen sind dann und wann höchst erforderlich, im 16. Jahrhundert waren sie es ganz gewiß. Ihr Daseinsrecht wäre dann als in doppelter Weise „relativ" zu bezeichnen: bezogen auf das biblische Zeugnis, das sie mahnend einklagen, und bezogen auf die jeweils gegenwärtige Verkündigungssituation, in der das normative biblische Zeugnis möglicherweise noch immer verschwiegen, verdreht oder verkannt wird. Wenn aber andere christliche Gemeinschaften in ihrem Leben und ihrer Lehre dem Evangelium Gottes nicht oder nicht mehr widersprechen, dann ist es auch nicht mehr erforderlich, sich von ihnen zu distanzieren, dann gilt es vielmehr, gemeinsam mit kraftvoller Stimme dasselbe zu sagen über Gottes Barmherzigkeit und Gerechtigkeit.
Einige wenige Beobachtungen zum geschichtlichen Prozeß der Konfessionalisierung erscheinen mir bedeutsam vor allem im Blick auf die Frage, auf welche nichttheologischen Faktoren im Geschehen der Bildung und der Preisgabe konfessioneller Identität zu achten ist. Zur Konkretisierung des Gesagten greife ich wieder auf den Ablaßstreit zurück. Die Anfangserlebnisse gehen mit durch die Geschichte der Konfessionen. Viele bilaterale Dialoge behandeln Fragestellungen, die aus jener Zeit stammen, in denen sich Konfessionsgemeinschaften bildeten. So steht die Frage nach der bleibenden Bedeutung des christologischen Bekenntnisses auf dem Konzil von Chalzedon (451) bis heute im Zentrum der Gespräche mit den altorientalischen Kirchen.[62] Die Rechtmäßigkeit der Einfügung des „filioque" in das nizäno-konstan-

[61] *E. Käsemann*, Begründet der neutestamentliche Kanon die Einheit der Kirche?, in: Evangelische Theologie 11 (1951/52) 13-21.
[62] Vgl. *R. Kirchschläger/A. Stirnemann (Hg.)*, Chalzedon und die Folgen (Innsbruck-Wien 1992).

tinopolitanische Glaubensbekenntnis bestimmt noch immer Thema und Atmosphäre der Dialoge mit den byzantinisch-orthodoxen Kirchen.[63] Die Fragen nach dem Verständnis der Rechtfertigung, der Sakramente und des Amtes[64] sind nicht zufällig die beständigen Streitpunkte bei der evangelisch – katholischen Konsenssuche. Bilaterale Gespräche leiden oft unter der Last der geschichtlich gewordenen Differenz, die in der Gegenwart bleibend Mißtrauen bewirkt. In der multilateralen Ökumene etwa des Weltrates der Kirchen ist es manchmal leichter, nach vorne in die Zukunft zu schauen und die Aufgaben anzugehen, die gemeinsam vor uns liegen.

Mir scheint, daß dem Ablaß in der gegenwärtigen ökumenischen Diskussion zu großes Gewicht gegeben wird, weil es eben nicht stimmt, wenn manche evangelische Kollegen sagen, der Ablaß sei für die römisch-katholische Kirche von zentraler Bedeutung. Andererseits tut sich die römisch-katholische Kirche offenbar sehr schwer, die theologische Kritik gerade an dieser überlieferten Frömmigkeitspraxis zum Anlaß zu nehmen, auf sie fortan etwa ganz zu verzichten.

Konfessionen sind soziale Gebilde, Institutionen, deren Identität sich auch durch das im Gedächtnis bewahrte Wissen um den Anfang immer wieder neu bildet. Wie auch in anderen Institutionen ist die Erzählung von dem gemeinsamen Anfang wichtig, um den Sinn der Gemeinschaft für die Gegenwart und für die Zukunft zu erfassen. In Krisenzeiten, wenn Veränderungen oder gar die Preisgabe einer vertrauten Gemeinschaft drohen, erscheint es besonders wichtig, sich des Ursprungs zu vergewissern, um nichts verloren zu geben. Der Soziologe Reiner Franzpötter[65] beschreibt solche Vorgänge in organisierten Systemen im nicht-kirchlichen Raum. Meines Erachtens wäre es in der ökumenischen Forschung hilfreich, sich mit den Erkenntnissen der Soziologie, vorab der Wissenssoziologie, vertrauter zu machen.

Achtsamkeit auf die in einem Trennungsgeschehen gerissene Wunde ist die Voraussetzung für einen guten Beginn des erneuerten Miteinanders. Es stimmt zwar, daß die neue Ablaßbulle von Johannes Paul II. viele schöne Gedanken enthält und für Ungewöhnliches offen ist. Vor allem das diakonische Handeln der Christen wird mit Entschiedenheit gefordert und nirgends entsteht nach meiner Wahrnehmung der Eindruck, der Ablaß solle ein Ersatz sein für die innere Umkehr und Erneuerung der Menschen. Aber zweierlei wurde meines Erachtens versäumt: (1) Zum einen die Aufmerksamkeit auf die so belastete Geschichte dieser Praxis. Die Einladung an die nicht-katholischen Kirchen, an dieser Praxis teilzuhaben, verkennt die Härte des theologischen Widerstands. (2) Zum anderen eine fundierte theologische Auseinandersetzung mit der Geschichte des Ablaßwesens. Eine wirklich argumentativ ausgetragene, öffentliche theologische Diskussion in Kenntnis der ökumenisch strittigen

---

[63] Vgl. *A. Stirnemann/G. Wilflinger (Hg.)*, Vom Heiligen Geist. Der gemeinsame trinitarische Glaube und das Problem des Filioque (Innsbruck – Wien 1998).

[64] Vgl. *K. Lehmann/W. Pannenberg (Hg.)*, Lehrverurteilungen – kirchentrennend?, Bd. I: Rechtfertigung, Sakramente und Amt im Zeitalter der Reformation und heute (Freiburg-Göttingen 1986).

[65] *R. Franzpötter*, Organisationskultur. Begriffsverständnis und Analyse aus interpretativ-soziologischer Sicht (Baden-Baden 1997) bes. 116-124.

Sachfragen fand vor der Ausrufung des Heiligen Jahres nicht statt. Dieses Versäumnis trug dazu bei, daß in den ersten Wochen des neuen Jahrtausends die konfessionell kontroverse Diskussion um den Ablaß neue Nahrung bekam.
Anläßlich des Heiligen Jahres 2000 erschien das „Enchiridion Indulgentiarum“[66], in dem die Ausführungsbestimmungen zur Erteilung des Ablasses zu lesen sind, in vierter Auflage. Zu den Neuerungen, die dieses Werk enthält, zählt auch die Bestimmung, daß die Teilnahme an der Gebetswoche für die Einheit der Christen (in der dritten Woche des Januar) einen Ablaß bewirke.[67] Angesichts der zunehmend auf die Ablaßfrage sich konzentrierenden konfessionellen Kontroverse um die Tragfähigkeit des Konsenses in Grundwahrheiten der Rechtfertigungslehre ist es nicht erstaunlich, daß diese neue Konkretisierung der Ablaßpraxis großes Aufsehen erregte. Sie war durch die Annahme motiviert, auf diese Weise dem Gebet für die Einheit der Christen eine höhere Bedeutung zu geben, geschah also in ökumenischer Gesinnung.[68] Faktisch löste sie vor allem innerhalb der lutherischen Bekenntnisgemeinschaft die Diskussion aus, ob nun auch evangelische Christen durch die Mitfeier der Gebetswoche für die Einheit der Christen implizit der Ablaßpraxis zustimmen, gar dabei einen Ablaß „gewinnen“ müssen. Höchste Brisanz bekam diese Diskussion anläßlich der Teilnahme des Präsidenten des Lutherischen Weltbundes, Landesbischof Christian Krause, bei der Feier zur Öffnung der Heiligen Pforte in der Kirche St. Paul vor den Mauern am 18. Januar in Rom.[69] Die ökumenische Dimension der

---

[66] Vgl. *Paenitentiaria Apostolica*, Enchiridion indulgentiarum (Rom ^{4}1999).

[67] Nr. 11 des neu aufgelegten Handbuchs der Ablässe bestimmt: „§ 1. Plenaria indulgentia conceditur christifideli qui aliquot functionibus in hebdomada pro christianorum unitate participaverit et eiusdem hebdomadae conclusioni interfuerit. § 2. Partialis indulgentia conceditur christifideli qui orationem legitime adprobatum pro christianorum unitate devote recitaverit“ (§ 1. Ein vollkommener Ablaß wird jenem Christgläubigen gewährt, der an einigen Veranstaltungen in der Woche für die Einheit der Christen teilgenommen hat und beim Abschluß dieser Woche dabei war. § 2. Ein Teil-Ablaß wird jenem Christgläubigen gewährt, der andächtig ein rechtmäßig anerkanntes Gebet für die Einheit der Chrsten gesprochen hat; – ebd., 58).

[68] Die Gewährung eines Ablasses für die Teilnahme an der Gebetswoche für die Einheit der Christen wird zuvor in folgender Weise begründet: „Catholica Ecclesia Conditoris sui precem pridie quam pateretur ad Patrem prolatam 'ut omnes unum sint' maxime cordi habet et ideo christifideles enixe hortantur ut pro christianorum unitate assidue orent“ (Die Katholische Kirche trägt die Bitte ihres Gründers ganz besonders im Herzen, die er am Tag vor seinem Leiden an den Vater gerichtet hat, daß alle eins seien; deshalb werden alle Christgläubigen dringend ermahnt, beharrlich für die Einheit der Christen zu beten; – ebd.).

[69] Christian Krause begründete seine Teilnahme an dieser Feier, mit der er sich neuerlich scharfer Kritik in lutherischen Kreisen aussetzte, mit dem Hinweis auf die christologisch-soteriologische Symbolik der geöffneten Heiligen Pforte: Christus Jesus ist das Tor zum Leben, durch das die Getauften geschritten sind. Zugleich wies er die bestehende Ablaßpraxis als für lutherische Christen unannehmbar zurück: „Wir Lutheraner müssen auch der heutigen Theorie und Praxis der Ablässe widersprechen, weil sie mit der Rechtfertigungslehre nicht vereinbar sind, auch wenn wir durchaus sehen, daß nach heutiger offizieller kirchlicher Lehre die Erlangung eines Ablasses die Rechtfertigung voraussetzt und nicht bewirkt. Gleichwohl wird nach unserem Urteil durch den Ablaß das ausschließliche Vertrauen auf die Barmher-

Feier des Heiligen Jahres sollte – der Intention von Johannes Paul II. nach – durch die Teilnahme von hochrangigen Vertretern der Konfessionen an dieser Feierlichkeit sinnbildlich zum Ausdruck kommen. Viele folgten dieser Einladung und bezeugten durch ihre Anwesenheit den Ernst ihrer Suche nach sichtbarer Einheit der Christen. Die anläßlich dieses Geschehens erschienenen Kommentare sind ein weiterer Erweis dafür, daß die Sinngebung der bestehenden römisch-katholischen Ablaßpraxis unvertraut ist. Es bedurfte großer Anstrengung, erneut zu verdeutlichen, daß der Ablaß nicht ein Ersatz für die existentiell-personale Buße ist, nicht „automatisch" zu „gewinnen" ist und von römisch-katholischen oder gar von evangelischen Christen nicht notwendigerweise angestrebt werden muß. Da weder historische Kenntnis noch ökumenische Sensibilität derzeit den Umgang mit der Ablaßfrage prägen, ist die Mahnung nur allzu gut verständlich, die Walter Kasper vor dem Hintergrund dieser jüngsten Turbulenzen formuliert hat: „Das Thema Ablaß muß (...) im ökumenischen Dialog noch in aller Offenheit und Klarheit besprochen werden. (...) Die entstandenen Mißverständnisse sollten zusätzlicher Anstoß für eine Vertiefung im theologischen Dialog sein"[70].
Auch die erste Auflage des „Handbuchs der Ablässe", das nach der Neuordnung des Ablaßwesens durch Paul VI. 1968 publiziert wurde und 1989 in die deutsche Sprache übersetzt wurde[71], enthielt Einzelbestimmungen, für die viele evangelische wie römisch-katholische Christen kein Verständnis mehr aufbringen: Ein in Gemeinschaft öffentlich gebeteter Rosenkranz etwa, der ohne längere Unterbrechungen zumindest zu einem Drittel gebetet wird, erwirkt nach Beichte und Eucharistieteilnahme einen vollkommenen Ablaß[72], die Erneuerung des Taufversprechens nur einen Teilablaß, es sei denn sie findet in der Ostervigil oder am Jahrestag der Taufe statt[73]. Es ist nicht verwunderlich, daß sich die evangelischen Schwestern und Brüder über solche Einzelheiten erregen. Sie wirken an vielen Stellen wie eine Demonstration der Eigenarten römisch-katholischer Frömmigkeitstradition und berücksichtigen nicht, welche Neuorientierungen etwa beim Verständnis der Tauferneuerung oder der Heiligenverehrung in den ökumenischen Gesprächen erreicht worden sind. Viele Einzelbestimmungen für die Ablaßpraxis – insbesondere die stark formalisierten und mit Nachdruck gegebenen präzisen Auskünfte über den Erwerb eines vollkommenen Ablasses oder eines Teilablasses – sind theologisch kaum zu rechtfertigen, weil kein einsichtig zu machender Bezug zum gewiß voraus-

---

zigkeit Gottes verdunkelt und menschliches Tun unzutreffend eingeschätzt" (Erklärung von Landesbischof Christian Krause [Wolfenbüttel], Präsident des Lutherischen Weltbundes [LWB], zu seiner Teilnahme am ökumenischen Gottesdienst zur Eröffnung der Gebetswoche für die Einheit der Christen in der Basilika St. Paul vor den Mauern in Rom am 18. Januar 2000 = Pressemitteilung des LWB/DNK vom 17. Januar 2000).

70 Faktisch ein Stein des Anstosses. „Über Ablaß muß im ökumenischen Dialog gesprochen werden". Interview mit *Walter Kasper*, in: KNA-ÖKI Nr. 4 (18. Januar 2000) 3-5, hier 4.

71 Apostolische Pönitentiarie, Handbuch der Ablässe. Normen und Gewährungen (Bonn 1989) = deutsche Übersetzung des „Enchiridion indulgentiarum" (Rom ^{3}1986).

72 Vgl. ebd., 55f (Nr. 48).

73 Vgl. ebd., 63 (Nr. 70).

gesetzten inneren Umkehrgeschehen gegeben ist. Unter Berücksichtigung des anthropologisch gewendeten, personalen Ansatzes im Verständnis der Sündenstrafen[74] ist die Vorstellung eines „vollkommenen Ablasses“ kaum noch verständlich zu machen.

V. Eine Lösung?

Bei der Suche nach einer Lösung des ökumenischen Ablaßstreits bin ich auf Worte von Joseph Ratzinger gestoßen. Vor kurzem noch fragte er sich: „Kann ein Papst von einem existentiellen Prozeß dispensieren?“ – und antwortete: „Natürlich nicht. Was eine innere Forderung menschlicher Existenz ist, das kann nicht durch einen Rechtsakt überflüssig gemacht werden“[75]. Dieser Gedanke hält sich in den neueren Dokumenten der römisch-katholischen Kirche zum Ablaß durch. Johannes Paul II. spricht in „Incarnationis mysterium“ mehrfach von dem Erfordernis der Lebensänderung, von der notwendigen Erneuerung der eigenen Existenz. Davon befreit der Ablaß nicht und darüber müßten wir zwischen den Konfessionen nicht mehr streiten. Welche Wirksamkeit hat dann aber der Ablaß?
Eine Antwort auf diese Frage setzt ein klares Verständnis der Sündenstrafen voraus, auf deren Nachlaß der Ablaß in der römisch-katholischen Tradition bezogen ist. Meines Erachtens ist es von entscheidender Bedeutung für die Sicht des Ablasses, ob dabei eine Minderung der Kirchenbuße gemeint ist oder eine erleichternde, hei-

---

[74] Walter Kasper nimmt in seiner Antwort auf die jüngsten Einwände gegen den mit der Gebetswoche für die Einheit der Christen verbundenen Ablaß auf dieses Verständnis der Sündenstrafen Bezug, wenn er sagt: „Der Ablaß bedeutet nicht Sündenvergebung, er bedeutet nicht Rechtfertigung. Eine Sünde hinterläßt, auch wenn sie durch Gottes Gnade vergeben ist, in der Seele Narben. Sie hat noch Folgen, die weiterbestehen und in der täglichen Buße des Christen 'aufgearbeitet' werden müssen. Und hier will die Gemeinschaft der Heiligen, die Kirche dem einzelnen Christen mit dem Ablaß zu Hilfe kommen. Der Christ tut die tägliche Buße nicht nur als Einzelner, sondern eingebettet in die Gemeinschaft der Gläubigen. Das ist das Grundanliegen des Ablasses“ (*W. Kasper*, Interview [s. Anm. 70] 4). Meiner Wahrnehmung nach könnte es im ökumenischen Gespräch gelingen, dieses Verständnis des Ablasses, das dem lutherischen Anliegen von der immerwährenden Buße im täglich innerlich erneuerten Leben entgegenkommt, zu vermitteln. Diese Überzeugung habe ich in meiner Dissertation auf der Basis der biblischen Zeugnisse und der Überlegungen in der theologischen Tradition zu begründen versucht: vgl. *D. Sattler*, Gelebte Buße (s. Anm. 22). Zum Gewinn an Glaubwürdigkeit dieser Deutung wäre es jedoch erforderlich, beschreiben zu können, in welcher Weise das gemeinschaftliche kirchliche Handeln (etwa im Gebet) auf die existentielle Not der Sünder und Sünderinnen angesichts der verbleibenden, leidvollen Folgen des eigenen Handelns Einfluß nehmen könnte. Die durch den amtlich verbürgten Nachlaß der zeitlichen Sündenstrafen angezielte Gewißheit im genauen Maß der Linderung der existentiellen Not erscheint in der bisherigen Ablaßpraxis vielfach noch als unverbunden mit den Erfahrungen im alltäglichen Leben der Getauften.

[75] *J. Ratzinger*, Portiunkula. Was Ablaß bedeutet, in: *Ders.*, Bilder der Hoffnung. Wanderungen im Kirchenjahr (Freiburg-Basel-Wien ^{3}1997) 91-100, hier 95.

lende, therapeutisch wirksame Einflußnahme auf den existentiellen Prozeß des Ausleidens der Sündenfolgen. Geht es – wie geschichtlich ursprünglich – um die Frage, welches kirchlich auferlegte Bußwerk im Blick auf die Schwere der Sündentat angemessen ist, dann kann eine Minderung der Strenge dieser Auflage die Gewißheit der Büßenden stärken, von Gott auch als Sünder und Sünderinnen angenommen zu sein. Unter der Voraussetzung der in der Rekonziliation bereits zugesprochenen und in der Eucharistie gefeierten, allein von Gott ermöglichten Wiederaufnahme der Sünder und Sünderinnen in die Gemeinschaft mit ihm kann eine Erleichterung der Bußauflage eine Unterstützung des Prozesses des Büßenden sein, Vertrauen in den sich seiner allein aus Gnade erbarmenden Gott zu gewinnen. Die Gewißheit wächst, wirklich als Sünder und Sünderin angenommen zu sein von Gott. Der amtliche Zuspruch dieser Erleichterung der aufgetragenen Buße stärkt die Bereitschaft der Angesprochenen, der Verheißung zu trauen. Dabei spricht der Amtsträger nicht aus eigener Vollmacht. Er ist nur Bürge: Zeuge für Gottes Versöhnungsbereitschaft. Ich möchte nicht verbergen, daß bei einer solchen Konzeption, bei der die Stärkung der Gewißheit der Versöhnung mit Gott durch die amtlich verbürgte Erleichterung der Bußstrenge entscheidend ist, in der Praxis viele Probleme bestehen: Es gibt das öffentliche Rekonziliationswesen mit den schweren Bußauflagen ja kaum noch. Wir kennen in der christlichen Tradition schon lange keine strengen Formen der Buße mehr. Ich halte dies für nicht unbedenklich, weil auf diese Weise die Gefahr besteht, den tiefen Ernst des bei der Taufe gegebenen Versprechens aus dem Sinn zu verlieren, sich vom Geist Jesu Christi ergreifen zu lassen und mit niemandem in Gestalt des sündigen Gemeinschaftsbruchs leben zu wollen. Bei einer Erneuerung der öffentlichen Feier der Rekonziliation wäre neu nachzudenken über die angemessene Gestaltung der Bußauflage, deren Sinn es ist, der existentiellen Umkehrbereitschaft öffentlichen Ausdruck zu geben, um das beschädigte öffentliche Ansehen der gesamten christlichen Gemeinschaft heilen zu helfen und ihr damit Glaubwürdigkeit zurückzugewinnen.

Ganz anders muß meines Erachtens die Argumentation sein, wenn mit den Sündenstrafen die der Sündentat selbst entspringenden, mit ihr innerlich verbundenen, sich über die Generationen hinweg wirksam erweisenden Folgelasten des menschlichen Tuns gemeint sind. Taufe und Eucharistie feiern diesbezüglich die allein von Gott zu eröffnende Möglichkeit der Versöhnung, die in Christus Jesus als die von Gott auch ergriffene in Zeit und Geschichte offenbar wurde und in Gottes Geist uns aus reiner Gnade zuteil wird. Gott ist der Grund der Versöhnung. In unserer Lebenszeit, hier und heute schon, ist es heilsam, in einen Prozeß der Aussöhnung mit dem eigenen Dasein zu geraten, das immer in Gemeinschaft mit den Mitlebenden geschieht, zu denen auch die Toten zählen, die für das eigene Leben bedeutsam waren und sind. Dieser Prozeß der Aussöhnung miteinander darf weder im Leben noch im Sterben nachgelassen werden, denn er ist heilsbedeutsam für den eschatologischen Leib des Menschen, für seine in Beziehungen zu anderen Geschöpfen gewordene Lebenswirklichkeit. Eine amtliche Dispens davon ist nicht sinnvoll, wohl aber eine von der Glaubensgemeinschaft getragene, bewußte Einflußnahme auf dieses Geschehen im

Sinne der Erleichterung der Schwere und der Bitterkeit des selbstverschuldeten Leidens. Erfahrene geistbegabte Menschen können anderen Menschen, die auf der Suche nach Aussöhnung mit ihrem Leben sind, mit gutem Rat zur Seite stehen. Fürbitte halten können Getaufte füreinander. All dies sind Gestalten der mitleidenden Anteilnahme der Kirche Jesu Christi am Schicksal einzelner Menschen. Ablaß im Sinne der Minderung der leidvollen Dimension der Sündenfolgen wäre dann in der kirchlichen Communio zu erhoffen.
Mein Eindruck ist, auch in der Ablaßfrage steht wie bei anderen Fragen zwischen den Konfessionen zur Diskussion, ob und in welcher Weise Menschen für Menschen ein Zeichen der Ermutigung zum Vertrauen sein können, von Gott aus den Verstrickungen des Bösen befreit worden zu sein. Getaufte Menschen in unserer Nähe, die im Vertrauen auf die Wahrheit des Wortes Gottes erlöst leben, frei von der Sorge, sich selbst retten zu müssen und offen für die Liebe zu allen, haben Bedeutung im immer wieder neuen Geschehen der ganz persönlichen Suche nach Gottvertrauen. Über die ekklesiale Dimension des existentiellen Glaubens müßten wir anläßlich des Ablaßstreits in neuer Zeit noch mehr und noch genauer sprechen. Es lohnte sich.

Das Opfer Jesu Christi im eucharistischen Gedächtnis der Kirche

Bemühungen um einen evangelisch-katholischen Konsens

I. Problemanzeigen

Noch immer fällt es vielen evangelischen Theologen schwer, die Kennzeichnung der Eucharistie als „Opfer" mit ihrem Abendmahlsverständnis zu verbinden. Für dieses Hemmnis, das auch im Rezeptionsprozeß der hier vorzustellenden katholisch-lutherischen Studien zur Frage des Opfercharakters der Eucharistie offenkundig wurde, lasssen sich gewichtige historische Gründe[1] benennen. Zu diesen kommen gegenwärtig gerade im evangelischen Bereich ganz grundlegende Anfragen an die theologische Legitimität[2] und pastorale Opportunität[3] einer Deutung des Kreuzestodes Jesu als „Opfer". Werden diese bestritten, ist es auch unmöglich, der Gedächtnisfeier von Tod und Auferstehung Jesu Christi „Opfercharakter" zuzusprechen. Anlaß für Klaus-Peter Jörns, sich zu der Frage zu äußern, ob und wie in einer evangelischen Abendmahlsfeier der „Sühnetod" Jesu Christi verkündigt werden kann, sind Fragen von evangelischen Studierenden, wie etwa die, warum es heute noch üblich sei, „Menschenblut zu trinken, ja, noch grundsätzlicher: die Gemeinden mit den geschichtlich längst überwundenen blutigen Opferpraktiken zu beschweren"[4]. In ähnlicher Weise artikulieren

---

[1] Vgl. *Th. Schneider*, Opfer Jesu Christi und der Kirche. Zum Verständnis der Aussagen des Konzils von Trient, in: Catholica 31 (1977) 51-65; *L. Ullrich*, Ist die katholische Meßopferlehre ein Hindernis für die katholische Anerkennung des Augsburgischen Bekenntnisses?, in: *F. Hoffmann/U. Kühn (Hg.)*, Die Confessio Augustana im ökumenischen Gespräch (Berlin 1980) 191-220; *G. Wenz*, Die Lehre vom Opfer Christi im Herrenmahl als Problem ökumenischer Theologie, in: Kerygma und Dogma 28 (1982) 7-41.

[2] Vgl. *H.-M. Barth*, Stellvertretendes Opfer?, in: Una Sancta 49 (1994) 29-36; *I.U. Dalferth*, Die soteriologische Relevanz der Kategorie des Opfers. Dogmatische Erwägungen im Anschluß an die gegenwärtige exegetische Diskussion, in: Jahrbuch für Biblische Theologie 6 (1991) 173-194; *G. Ebeling*, Der Sühnetod Christi als Glaubensaussage. Eine hermeneutische Rechenschaft, in: Zeitschrift für Theologie und Kirche. Beiheft 8 (1990) 3-28; *G. Barth*, Der Tod Jesu Christi im Verständnis des Neuen Testaments (Neukirchen-Vluyn 1992); *G. Bader*, Symbolik des Todes Jesu (Tübingen 1988); *G. Friedrich*, Die Verkündigung des Todes Jesu im Neuen Testament (Neukirchen-Vluyn ²1985).

[3] Vgl. *K.-P. Jörns*, Der Sühnetod Jesu Christi in Frömmigkeit und Predigt, in: Zeitschrift für Theologie und Kirche. Beiheft 8 (1990) 70-93.

[4] Ebd., 70.

derzeit nach meiner Erfahrung auch katholische Christen ihr Unverständnis der theologischen Zusammenhänge.[5]
Die soteriologische Relevanz des Todes Jesu (im Kontext gewiß des gesamten Christusereignisses) in der heutigen Verkündigungssituation verstehbar und annehmbar zu machen, ist daher ein konfessionsverbindendes, ökumenisches Anliegen. Evangelische und katholische Theologen haben sich in den zurückliegenden Jahren in intensiven Gesprächen bemüht, die theologische Bedeutung der Rede vom eucharistischen Opfer aufzuzeigen und geschichtlich bedingte Verkehrungen des eigentlich Gemeinten gemeinsam als solche zu bezeichnen. Der Erkenntnisweg, die Ergebnisse und ihre Rezeption sind der Gegenstand der nachstehenden Ausführungen.

II. Dialoggeschichte(n)

Die Frage, in welcher Weise die Feier des Herrenmahls als „Opfer“ zu verstehen ist, gilt als eine schwierige, weil historisch sehr belastete und auch innerkonfessionell strittige Einzelfrage des ökumenischen Dialogs zu eucharistietheologischen Themen.[6] Auf der Basis der Ausführungen des 2. Vatikanischen Konzils[7],

---

[5] Wie tiefreichend und verbreitet das Mißverständnis der eucharistischen Feier ist, läßt die Besprechung dieses Geschehens in den Literaturen der Welt erahnen. Ein Beispiel: Die von dem niederländischen Erzähler Cees Nooteboom in seinem Roman „Rituale“ gezeichnete Gestalt des Lebensmüden Inni Wintrop erinnert sich anläßlich der an ihn gerichteten Frage, seit wann er nicht mehr an Gott glaube, an seine Erfahrungen als Meßdiener, der dem alten Pater Romualdus zur Seite stand. Nach anfänglicher Faszination durch die Beschäftigung mit „geheimnisumwitterten, altertümlichen Ritualen (...), die ihm, Inni, das Gefühl vermittelten, tief in die Zeit zurückzuversinken“ (*C. Nooteboom*, Rituale [Frankfurt 1993] 62f), überfallen ihn Zweifel und Ablehnung: „Was sie da trieben, Pater Romualdus und er, das hatte mit dem Minotaurus zu tun, mit Götteropfern und Rätseln, mit Sibyllen, mit Schicksal und Verhängnis. Es war ein ganz kleiner Stierkampf für zwei Herren, wobei der Stier zwar fehlte, jedoch aus einer Wunde blutete, die leergetrunken wurde, ein Geheimnis, begleitet von leisem lateinischem Geflüster. Einmal aber, und dann für alle Zeit, verging die Zauberei in nichts“ (ebd., 63).

[6] Vgl. zum ökumenischen Dialog über Fragen des Abendmahls: *Bistumskommission für ökumenische Fragen Münster (Hg.)*, Die Eucharistie im Gespräch der Konfessionen. Eine Beitrag zur Rezeption des Dokuments „Taufe, Eucharistie und Amt“ (Lima 1982) (Kevelaer 1986); *M. Garijo-Guembe u.a.*, Mahl des Herrn. Ökumenische Studien (Frankfurt 1988); *G.K. Schäfer*, Eucharistie im ökumenischen Kontext. Zur Diskussion um das Herrenmahl in Glauben und Kirchenverfassung von Lausanne 1927 bis Lima 1982 (Göttingen 1988); *P.Ch. Ibebuike*, The Eucharist. The discussion on the Eucharist by the Faith and Order Commission of the World Council of Churches Lausanne 1927 – Lima 1982 (Frankfurt 1989); *E. Lessing*, Abendmahl. Ökumenische Studienhefte 1 (Göttingen 1993); *J. Rehm*, Das Abendmahl. Römisch-Katholische und Evangelisch-Lutherische Kirche im Dialog (Gütersloh 1993).

[7] Vgl. bes. SC 6f;47f; LG 3;10-12;28;34;45; PO 2. Vgl. dazu: *Th. Schneider*, Das Opfer der Kirche nach der Dogmatischen Konstitution „Lumen Gentium“ des Vatikanum II, in: Wissenschaft und Weisheit 41 (1978) 19-31.

in denen sich die theologische Neubesinnung der Vorjahre spiegelt, beschäftigten sich mehrere katholisch-lutherische Dialogkommissionen auf nationaler und internationaler Ebene mit dieser Fragestellung.[8]
Der 1967 erschienene Schlußbericht zu den katholisch-lutherischen Gesprächen in den USA über „Die Eucharistie“ faßt unter der Überschrift „Die Eucharistie als Opfer“ Gemeinsamkeiten und historisch bedingte Kontroversen auf wenigen Seiten zusammen.[9] Ausführlicher geht der Text „Auf dem Weg zu ein und demselben eucharistischen Glauben?“ (1971) der französischen Groupe des Dombes auf die Sachfragen ein und bereichert die nachfolgenden Gespräche insbesondere durch ihre Hinweise auf das Verständnis des sakramentalen Gedächtnisses (memoria).[10] Das auf internationaler Ebene von der gemeinsamen Kommission des Lutherischen Weltrats und des römisch-katholischen Einheitssekretariats erarbeitete Dokument „Herrenmahl“ (1978) leistete für die späteren Annäherungen insofern wichtige Vorarbeiten, als der liturgische Feiercharakter des eucharistischen Opfers gemeinsam bewußt wurde. Die theologischen Bemerkungen zum Opfercharakter des Herrenmahls sind allerdings knapp[11] und stoßen insbesondere bei ekklesiologischen Aspekten der Frage an Grenzen. Ein von Vinzenz Pfnür erarbeiteter Exkurs behandelt ausdrücklich die eschatologische Dimension der Fragestellung: „Die Messe als Sühneopfer für Lebende und Verstorbene ex opere operato“[12]. Die von derselben internationalen Dialogkommission erarbeiteten Dokumente „Das geistliche Amt in der Kirche“[13] (1981) und „Einheit vor uns“[14] (1984) nehmen im Zusammenhang ihrer spezifischen Fragestellungen Bezug auf die erreichten Annäherungen im Verständnis der Eucharistie.
In den Dialogen zwischen der anglikanischen und der römisch-katholischen Kirche zeigten sich Möglichkeiten, einer mit den Kirchen der Reformation gemeinsamen Besprechung ekklesialer Aspekte der Thematik „Eucharistie als Opfer“ näherzukommen.[15] Erreicht wurde dies durch die theologische Gewichtung des Gedächtnischarakters der eucharistischen Feier.

---

[8] Vgl. *E. Hönig*, Die Eucharistie als Opfer nach den neueren ökumenischen Erklärungen (Paderborn 1989).

[9] Vgl. *G. Gassmann u.a. (Hg.)*, Um Amt und Herrenmahl. Dokumente zum evangelisch/römisch-katholischen Gespräch (Frankfurt 1974) 58-63.

[10] Vgl. *Groupe des Dombes*, Vers une méme foi eucharistique? Accord entre catholiques et protestants (Les Presses de Taizé 1972).

[11] Vgl. *Gemeinsame römisch-katholische evangelisch-lutherische Kommission*, Das Herrenmahl (Frankfurt-Paderborn 1978) Nr. 18; 36f; 56-61.

[12] Ebd., 101-105.

[13] Vgl. *Gemeinsame römisch-katholische evangelisch-lutherische Kommission*, Das geistliche Amt in der Kirche (Frankfurt-Paderborn 1981) Nr. 29.

[14] Vgl. *Gemeinsame römisch-katholische evangelisch-lutherische Kommission*, Einheit vor uns (Frankfurt-Paderborn 1984) Nr. 68.

[15] Vgl. bes. aus der „Windsor-Erklärung“ (1971) über „Die Lehre von der Eucharistie“: „Gott [hat] die Eucharistie seiner Kirche als ein Mittel gegeben, durch welches das Versöh-

Von Bedeutung auch für das Gespräch mit der römisch-katholischen Kirche waren die zwischen der Russischen Orthodoxen Kirche und der Evangelischen Kirche in Deutschland zum Thema „Das Opfer Christi und das Opfer der Christen"[16] (1976) erzielten Ergebnisse.
Das vom Reformierten Weltbund und dem Sekretariat für die Einheit der Christen erarbeitete Dokument „Die Gegenwart Christi in Kirche und Welt"[17] (1977) schaffte mit der Betonung der pneumatischen Gegenwärtigung der Lebenshingabe Jesu Christi in der Eucharistie wichtige Voraussetzungen für eine Verständigung.
Im multilateralen ökumenischen Dialog liegen in den von der Kommission für Glauben und Kirchenverfassung des Weltrats der Kirchen (unter römisch-katholischer Beteiligung) erarbeiteten und in Lima 1982 verabschiedeten Konvergenzerklärungen zu Fragen von Taufe, Eucharistie und Amt erste Bemühungen um eine Verständigung in der Opferthematik vor.[18]
Eingehend behandelt wurde die Frage nach dem Opfer Jesu Christi im eucharistischen Gedächtnis der Kirche in einer in den Jahren 1976-1982 erarbeiteten und 1983 erschienenen Studie des deutschen Ökumenischen Arbeitskreises evangelischer und katholischer Theologen „Das Opfer Jesu Christi und seine Gegenwart in der Kirche. Klärungen zum Opfercharakter des Herrenmahles"[19], deren Inhalt im Folgenden ausführlich dargestellt wird.
Der Ökumenische Arbeitskreis (ÖAK) übernahm im Anschluß an den ersten Besuch von Papst Johannes Paul II. 1980 in Deutschland den Auftrag, die im 16. Jahrhundert von den Konfessionen ausgesprochenen Lehrverurteilungen hinsichtlich der Frage zu untersuchen, ob die dabei zu Tage tretenden Lehrdifferenzen (noch) von kirchentrennender Wirkung sind. Da in diese Studie des Arbeitskreises über die Themen Rechtfertigung, Sakramente und Amt[20] auch die Gesprächsergebnisse der zuvor behandelten Opferthematik eingingen[21], gewannen sie insofern nochmals an Bedeutung, als der Rezeptionsprozeß zu dieser

---

nungswerk Christi am Kreuz im Leben der Kirche verkündigt und wirksam gemacht wird" (Dokumente wachsender Übereinstimmung, Bd. 1 [Frankfurt-Paderborn 1983] 140f [Nr. 5]).

[16] Vgl. *Kirchliches Außenamt der EKD (Hg.)*, Das Opfer Christi und das Opfer der Christen (Frankfurt 1979) (Beiheft zur Ökumenischen Rundschau 34).

[17] Vgl. Dokumente wachsender Übereinstimmung, Bd. 1 (Anm. 15) 503-510 (Nr. 67-92, bes. Nr. 80f).

[18] Vgl. Taufe, Eucharistie und Amt. Konvergenzerklärungen der Kommission für Glauben und Kirchenverfassung des Ökumenischen Rates der Kirchen (Frankfurt-Paderborn 1982) Teildokument Eucharistie Nr. 5-11.

[19] Vgl. *K. Lehmann/E. Schlink (Hg.)*, Das Opfer Jesu Christi und seine Gegenwart in der Kirche. Klärungen zum Opfercharakter des Herresmahles (Freibrug-Göttingen 1983; [2]1986).

[20] Vgl. *K. Lehmann/W. Pannenberg (Hg.)*, Lehrverurteilungen – kirchentrennend? I: Rechtfertigung, Sakramente und Amt im Zeitalter der Reformation und heute (Freibrug-Göttingen 1986).

[21] Vgl. ebd., 89-94.

Studie „Lehrverurteilungen – kirchentrennend?" inzwischen ein erhebliches Gewicht bekommen hat.[22]

III. Erkenntnisgewinn

Das eucharistische Opfer ist die sakramentale Gegenwärtigung der liebenden Lebenshingabe Jesu Christi in der (Mahl-)Feier und im Leben der Kirche. In dieser Weise ließe sich knapp zusammenfassen, was der Ökumenische Arbeitskreis in jahrelangem Bemühen durch Detailuntersuchungen und in Gesprächen erarbeitete und der Öffentlichkeit zur Rezeption übergab.[23] Im Vergleich zu den anderen ökumenischen Stellungnahmen zur Opferthematik ist die Studie des ÖAK von weit größerem Umfang und von dem Bemühen geleitet, in der theologischen Sachfrage einen Konsenstext zu bieten. Die interdisziplinäre Zusammensetzung des ÖAK ermöglichte eine differenzierte biblische Fundierung, historische Verifizierung und systematische Profilierung der Erkenntnisse. Die Fachreferate, die den „Abschließenden Bericht" in der Sache orientierten, sind mit den Kommentaren (Voten) jeweils von Vertretern der nichtreferierenden Konfession in der Studie abgedruckt.[24] Die schließlich erfolgreiche Redaktion des Abschlußberichtes erwies sich als sehr mühsam[25], weil eine Thematik von jahrhundertelanger kontroverstheologischer Brisanz bewältigt werden mußte.
Der mit der Überschrift „Das Opfer Jesu und der Kirche" versehene „Abschließende Bericht"[26] ist in vier Abschnitte unterteilt:
Einleitende Erwägungen (1.) situieren die Opferthematik im Kontext des innerkonfessionellen und ökumenischen Bemühens um eine erneuerte Eucharistietheologie und begründen die gewählte Vorgehensweise. Auf der Basis der Aussage: „Das verbindliche apostolische Erbe ist als Maßstab der Identitätsfindung

---

22 Vgl. zur Rezeptionsgeschichte der Studie: *W. Pannenberg/Th. Schneider (Hg.)*, Lehrverurteilungen – kirchentrennend? IV: Antworten auf kirchliche Stellungnahmen (Göttingen-Freiburg 1994).

23 Vgl. *K. Lehmann/E. Schlink (Hg.)*, Das Opfer Jesu Christi (Anm. 19). Vgl. zur Geschichte und Bedeutung dieses Dialogdokuments: *K. Lehmann*, Die Gegenwart des Opfers Jesu Christi im Herrenmahl der Kirche. Zur Bedeutung eines neuen ökumenischen Dokuments: Kerygma und Dogma 29 (1983) 139-148; *E. Hönig*, Die Eucharistie als Opfer (Anm. 8) 218-249; *J. Rehm*, Abendmahl (Anm. 6) 195-293.

24 Vgl. ebd., 17-214. Das biblische Zeugnis stellten Alfons Deissler (AT) und Ferdinand Hahn (NT) dar. Die Überlieferungsgeschichte wird von Karl Suso Frank (Alte Kirche), Wolf-Dieter Hauschild (CA), Erwin Iserloh (CA) und Theodor Schneider (Trient) behandelt. Allgemein-hermeneutische Überlegungen führten Edmund Schlink und Reinhard Slenczka aus. Ein längeres Referat von Emil J. Lengeling zur Neuinterpretation des Tridentinums durch das 2. Vatikanum und die nachkonziliare Liturgiereform fehlt in der Textsammlung.

25 Vgl. die Einführung der Herausgeber: ebd., 11f.

26 Vgl. ebd., 215-238.

für Gegenwart und Zukunft als verpflichtend anzunehmen"[27], zielt das Dokument einen „Rückgang auf das ursprüngliche biblische Zeugnis und die Überprüfung seiner authentischen Überlieferung und Auslegung"[28] an.

Die sich anschließenden Ausführungen zum *Opferverständnis der Bibel (2.)* beginnen mit hermeneutischen Vorüberlegungen von großer Bedeutung: Die Vielfalt der ganz unterschiedlichen Opferbegriffe in den alt- und neutestamentlichen Schriften macht es erforderlich, die im biblischen Zeugnis selbst enthaltene Einbindung der Rede und Praxis des Opfers in den Gottesglauben Israels wahrzunehmen, und die geschehene Zentrierung im Christusereignis theologisch zu gewichten: „Für das christliche Verständnis hat *Jesu Tod entscheidende hermeneutische Funktion*. Deshalb kann im Blick auf Opferverständnis und Opferterminologie nur noch Jesu Sterben Orientierungsmaßstab sein"[29].

Die Darstellung der Opfervorstellungen in alttestamentlicher Zeit hebt den Communio-Charakter des Schlachtopfers (2.2.3) und die in der prophetischen Kultkritik eingeforderte sozial-mitmenschliche Dimension des Jahweh-Glaubens (2.2.4) hervor und erkennt „von Anfang an beim Opferverständnis eine starke Tendenz in Richtung auf Personalisierung und Relevanz für die Gemeinschaft"[30].

Die Beschreibung des neutestamentlichen Opferverständnisses in der ÖAK-Studie ist auf das Verständnis des Todes Jesu Christi konzentriert, dessen soteriologische Relevanz im Kontext von Leben, Verkündigung und Auferweckung Jesu besprochen wird. Die differenzierte Nachzeichnung der Aufnahme auch des Opfermotivs in die Vielfalt der biblischen Ansätze zum Verständnis des heilvollen Geschehens in Christus Jesus macht deutlich, daß im Neuen Testament „ein neues Verständnis von Opfer gewonnen werden [sollte] (...), wobei die Tatsache der Selbsthingabe Jesu hervorgehoben und das Opfergeschehen mit der Person dessen in feste Verbindung gebracht worden ist, den Gott gesandt hat zum Heil der Menschen"[31]. Besonders gut greifbar ist der christologisch zentrierte Opfergedanke im Hebräerbrief (2.3.9): „Ein für allemal" (Hebr 7,27; 9,12) hat Christus Jesus mit seinem eigenen Blut, als er sich selbst dargebracht hat, die ewige Erlösung bewirkt. Der christologische Ursprung und die personale Sinnbestimmung der neutestamentlichen Rede vom Opfer im Sinne von Jesu liebender und vertrauender Sterbebereitschaft bilden die theologisch-inhaltlich verbindliche Grundlage bei der Deutung des eucharistischen Mahlgeschehens als „Opfer". Das Herrenmahl vollzieht sich in der Gestalt eines Gemeinschaftsmahles, in dem das geschichtlich einmalige Opfer Jesu Christi – seine Lebenshingabe – erinnernd vergegenwärtigt wird.[32] Deutlicher als die Bezugnahme auf die eu-

---

[27] Ebd., 216.
[28] Ebd.
[29] Ebd., 218. Hervorhebung im Original.
[30] Ebd., 220.
[31] Ebd., 222.
[32] Vgl. ebd., 222f.

charistische Mahlfeier ist im neutestamentlichen Zeugnis die Verbindung zwischen dem einmaligen, erlösenden Lebensopfer Jesu Christi und der paränetischen Taufunterweisung, als in der Taufe mit ihm Gestorbene und in seinem Geist zum Leben Erwachte an seinem Schicksal teilzuhaben und ihm in seiner Liebe nachzufolgen.

Am Ende des biblischen Teils der Studie ist die „christologische Konzentration“[33] als hermeneutisches Prinzip bei der Deutung und Wertung der Überlieferungsgeschichte noch einmal festgehalten.

Der Blick auf den *Weg der geschichtlichen Überlieferung (3.)* richtet sich zunächst auf die Frühzeit der Kirche, in der es zu einer verstärkten Verwendung des Opfermotivs zur Deutung der eucharistischen Feier kam. Für die Folgezeit wurde entscheidend, daß bei den östlichen und westlichen Vätern das Tun der Kirche zunehmend als opferndes Handeln beschrieben werden konnte. Dabei wurde zunächst die christologische Bestimmung der Rede vom Opfer keineswegs aus dem Sinn verloren, da die feiernde Christengemeinde sich nicht als Subjekt eigener Handlung verstand, sondern als „neue Menschheit, die in Christus Jesus begründet und in der Eucharistie sakramental dargestellt wird“[34]. Als jedoch in der frühmittelalterlichen Krise der sakramentalen Idee der biblische Gedanke der anamnesis/memoria der Lebenshingabe Jesu Christi in der erinnernden und gegenwärtigenden eucharistischen Feier der Kirche aus dem Blick geriet, war der Weg offen für das Mißverständnis des Meßopfers als eines eigenständigen Opfers der Kirche mit versöhnender Wirkung für Lebende und Verstorbene.[35]

Bei einer flüchtigen Betrachtung der im Reformationszeitalter eingenommenen kontroversen Positionen mußte eine katholisch-lutherische Verständigung in der Frage des Opfercharakters der Eucharistie als nahezu aussichtslos erscheinen. Aber durch intensive historische Forschung gelangen dem ÖAK diesbezüglich Klärungen von großer Tragweite. Deutlich wurde z.B, daß weniger die von den Altgläubigen vertretene theologische Position, als vielmehr mißbräuchliche Praktiken und gedankliche Vergröberungen der eigentliche Angriffspunkt der reformatorischen Kritik waren. So nährte allein schon die Häufung der „Meßopfer“ in den vielen Winkelmessen unter dem Leitmotiv der Mehrung seiner sühnenden Gnadenwirkung den Verdacht, die Einmaligkeit des neutestamentlich bezeugten Opfers Jesu Christi und die Vollgenügsamkeit seiner Erlösungstat würden bestritten.[36] Da es Martin Luther unter den Verstehensvoraussetzungen seiner Zeit nicht möglich war, das Kreuzesopfer Christi und die Abendmahlsfeier im Begriff des sakramentalen Gedächtnisses miteinander zu verbinden, lehnte er um der Einzigkeit des erlösenden Opfers Christi in seiner Lebenshingabe wil-

---

[33] Ebd., 224.

[34] Ebd., 225.

[35] Vgl. ebd., 225f.

[36] Vgl. ebd., 226f.

len die Bezeichnung der Messe als Opfer heftig und strikt ab.[37] Nach CA 24 ist die Eucharistie zwar als Gedächtnisfeier zu verstehen, ihre Kennzeichnung als Opfer für die Erbsünde und die anderen Sünden wird jedoch zurückgewiesen, weil dadurch die Einmaligkeit des Kreuzesopfers verdunkelt werde.
Die Väter des Trienter Konzils stimmten mit der von reformatorischer Seite vertretenen, biblischen Auffassung von der Einmaligkeit und Vollgenügsamkeit des erlösenden Kreuzesopfers Jesu Christi überein. Sie sahen sich daher „vor die Aufgabe gestellt, den Opfercharakter der Messe zu wahren, ohne die Einheit des neutestamentlichen Opfers anzutasten“[38]. Die folgenreiche und der Sache nicht dienliche Entscheidung des Konzils, die Eucharistiethematik in zwei separaten Dekreten zu behandeln[39], verfestigte in der Folgezeit die gedankliche Trennung zwischen der Rede von der Eucharistie als Sakrament und vom Meßopfer. Zwar sind mit den Begriffen memoria (Gedächtnis), repraesentatio (Vergegenwärtigung) und applicatio (Zuwendung)[40] wichtige Termini zur Verhältnisbestimmung von Kreuz und Abendmahl in die Konzilstexte aufgenommen, aber insgesamt bedient sich der Trienter Text „einer der neutestamentlichen Sicht fremden Denk- und Redeweise vom Opfer, welche die Grundaussage zwar bewahrt, aber zugleich erneut verstellt und gefährdet“[41], was insbesondere die nachtridentinischen Meßopfertheorien erschreckend zu Bewußtsein bringen.[42] Ein Umdenken wurde im katholischen Raum erst im Gefolge der Neubesinnung in der Ekklesiologie in der ersten Hälfte des 20. Jahrhunderts möglich.[43]
Opfer Jesu Christi und der Kirche (4.) im Sinne einer gemeinsamen (!) systematischen Zusammenschau der zuvor ausgeführten Aspekte. Neben der personalen Sinnbestimmung und der christologischen Prägung der Opfervorstellung kommt auf der Grundlage der unstrittigen Überzeugung von der „Einmaligkeit und Einzigartigkeit des Selbstopfers Jesu Christi“[44] insbesondere zur Sprache, wie eine Teilhabe der Getauften am Opfer Jesu Christi theologisch zu denken

---

[37] Offenkundig wird die sich zuspitzende Kontroverse in den Schmalkadischen Artikeln Luthers (1537), die Teil der lutherischen Bekenntnisschriften sind: „Dieser Artikel von der Messe wird's ganz und gar sein in Concilio; denn wo es muglich wäre, daß sie uns alle andere Artikel nachgeben, so konnen sie doch diesen Artikel nicht nachgeben, wie der Campegius [päpstlicher Legat] zu Augspurg gesagt: er wollt' sich ehe auf Stucken zureißen lassen, ehe er wollt' die Messe fahren lassen. So werde ich mich auch mit Gottes Hulfe ehe lassen zu Aschen machen, ehe ich einen Messeknecht mit seinem Werk lasse meinem Heilande Jesu Christo gleich oder hoher sein. Also sind und bleiben wir ewiglich gescheiden und widernander. Sie fuhlen's wohl: wo die Messe fället, so liegt das Bapsttum. Ehe sie das lassen geschehen, so toten sie uns alle“ (AS 2,2 = BSLK 419,7-17).

[38] Vgl. *K. Lehmann/E. Schlink (Hg.)*, Das Opfer Jesu Christi (Anm. 19) 228.

[39] Decretum de ss. Eucharistia (1551): DH 1635-1661; Doctrina de ss. Missae sacrificio (1562): DH 1738-1759.

[40] Vgl. DH 1740.

[41] *K. Lehmann/E. Schlink (Hg.)*, Das Opfer Jesu Christi (Anm. 19) 230.

[42] Vgl. ebd.

[43] Vgl. ebd.

[44] Ebd., 232.

ist. Das Anliegen der römisch-katholischen Seite, auch von einem „Opfer der Kirche“ zu sprechen, wird aufgegriffen: Eingebunden in eine pneumatologische Argumentation[45] erscheint das „Opfer der Kirche“ als geistgewirkte Teilhabe der Gemeinde an der absteigenden (katabatischen) und aufsteigenden (anabatischen) Linie des Opfers Jesu Christi. In ihm empfängt die Kirche alles vom Vater und schenkt sich gleich ihm allen Menschen. „Opfer der Kirche meint also nicht Darbringung einer uns gegenüberstehenden heiligen Gabe auf dem Altar an Gott durch die Hand des menschlichen Priesters, sondern Eingehen der Kirche in die Hingabe Jesu Christi, d.h. *Darbringung unserer selbst* durch, mit und in Jesus Christus *als lebendige Opfergabe*“[46]. In ihrer Menschenliebe, ihrem „Kult des Lebensopfers“[47] bringt die Kirche Gott ein Opfer des Lobes dar, indem sie im Geist Gottes hineingenommen wird in die liebende und vertrauende Beziehung des Sohnes zum Vater.
Abschließend soll noch besonders betont sein, daß der ÖAK sein personales Verständnis des Opfers als liebende Hingabe in gelungener Weise mit dem Mahlcharakter der eucharistischen Feier zu verbinden vermag und dabei zeigt, was sakramentales Denken leistet: „Das *sichtbare Zeichen* für die Opferhingabe Jesu Christi in der Eucharistiefeier und unser Einbezogenwerden in diese Selbsthingabe ist nicht irgendein erdachter oder konstruierter Darbringungsritus, sondern das *Mahl*, also einerseits das Anbieten und Austeilen seiner selbst als Speise und ander[er]seits unser dankbares Annehmen und Aufnehmen dieser seiner Hingabe an uns und für uns“[48].

IV. Rezeption

Die Ergebnisse des ökumenischen Dialogdokumentes „Das Opfer Jesu Christi und seine Gegenwart in der Kirche“ wurden in theologischen Fachkreisen zur Kenntnis genommen. Auf der Ebene der Kirchenleitungen wurde die im offiziellen Auftrag erstellte, ebenfalls vom ÖAK erarbeitete Studie „Lehrverurteilungen – kirchentrennend?“ (LV)[49] inzwischen vielfach besprochen.[50] Dabei zeigte sich im Blick auf die Darstellung der Opferthematik, bei der die Ergebnisse der Opfer-Studie vorausgesetzt sind und im Sinne der spezifischen Aufgabenstellung um historische Details der Reformationszeit erweitert wurden[51], daß die römisch-katholische Rezeption eher zustimmend ist, evangelische Stimmen sich dagegen auch kritisch und in Einzelfragen ablehnend äußern.

---

45 Vgl. ebd., 234f.
46 Ebd., 237. Hervorhebungen im Original.
47 Ebd., 238.
48 Ebd., 233. Hervorhebungen im Original.
49 Vgl. *K. Lehmann/W. Pannenberg (Hg.)*, Lehrverurteilungen I (Anm. 20).
50 Vgl. *W. Pannenberg/Th. Schneider (Hg.)*, Lehrverurteilungen IV (Anm. 22).
51 Vgl. ebd., 89-94.

Der Päpstliche Rat für die Förderung der Einheit der Christen sieht in seiner Stellungnahme zu LV auf der Grundlage der vom ÖAK erarbeiteten Klärungen die „kirchentrennende Schärfe" der Kontroversen um den Opfercharakter der Eucharistie überwunden.[52] Zugleich hält das Gutachten fest: „Aus den neu gewonnenen theologischen Einsichten bezgl. des Opfercharakters der Messe sollten auch katholischerseits Konsequenzen für eine unmißverständliche Liturgiesprache gezogen werden"[53].

Weitgehende Übereinstimmung mit den Ergebnissen des ÖAK signalisiert die Stellungnahme einer von der Arnoldshainer Konferenz eingesetzten Kommission.[54] Das Votum des Facharbeitskreises Faith-and-Order- und Catholica-Fragen bezieht in seine Stellungnahme die Opfer-Studie ausdrücklich ein und äußert ein weitgehend zustimmendes Urteil zu den Ergebnissen des ÖAK.[55] Dieser in der ehemaligen DDR situierte Arbeitskreis hält jedoch eine begriffliche Unterscheidung zwischen dem menschlich-kirchlichen sacrificium und dem göttlichen sacramentum im Opfer Jesu Christi für geboten. Die Stellungnahme des Gemeinsamen Ausschusses der VELKD und des DNK des Lutherischen Weltbundes zu LV läßt erkennen, daß ihr verbleibender Zweifel an einem schon auf ganzer Linie bestehenden Konsens sich nicht auf christologische Aussagen bezieht, sondern in der für evangelische Rezipienten schwierigen Rede vom „Opfer der Kirche" gründet.[56]

Weit stärker ablehnend als die in offiziellem Auftrag der Kirchenleitungen erstellten evangelischen Stellungnahmen urteilt ein Gutachten der Göttinger Fakultät zu den Ergebnissen von LV, wobei die Stoßrichtung der Kritik eindeutig ekklesiologisch ist: „Der Gedanke der sakramentalen Vergegenwärtigung des Kreuzesopfers, die ihrerseits Opfer sein soll, weist der Kirche eine Rolle zu, die ihr nicht zukommt. Dadurch, daß sie – in Gestalt ihres zentral von dieser Funktion her als Priestertum bestimmten Amtes – das einmalige Geschehen in die Gegenwart versetzt und zumal, wenn sie dabei ihrerseits als opfernde tätig ist, gewinnt sie faktisch eine Mitbeteiligung am Versöhnungswerk selbst"[57].

Diese Stellungnahme läßt vermuten, daß die wichtigen Studien des ÖAK mit ihren Klärungen zum Opfercharakter des Herrenmahls nicht wirklich zur Kenntnis genommen wurden. Sie zeigt, daß die personale Sinnbestimmung der neutestamentlichen Rede vom Opfer, die auch im ekklesiologischen Kontext erhalten

---

52 Vgl. Gutachten des Einheitsrats, 110. Der bisher nicht veröffentlichte Text ist in Manuskriptform bei ökumenischen Einrichtungen greifbar.

53 Ebd.

54 Vgl. Lehrverurteilungen im Gespräch. Die ersten offiziellen Stellungnahmen aus den evangelischen Kirchen in Deutschland (Göttingen 1993) 35f; 42.

55 Vgl. ebd., 179f.

56 Vgl. ebd., 113-118.

57 *D. Lange (Hg.)*, Überholte Verurteilungen? Die Gegensätze in der Lehre von Rechtfertigung, Abendmahl und Amt zwischen dem Konzil von Trient und der Reformation – damals und heute (Göttingen 1991) 100.

bleibt und sich nicht auf das Tun des Priesters (allein) bezieht, unverstanden ist. Für diese wieder freigelegte biblische Sicht will ich abschließend mit den Worten eines am Zustandekommen der Opfer-Studie maßgeblich Beteiligten noch einmal werben: „Teilhabe an der Eucharistie [ist] zugleich Bewegung auf Gott hin, die vertrauensvolle, dankbare Hingabe der Brüder und Schwestern Jesu Christi, der Glieder seines Leibes in die Hände des liebenden Vaters und insofern der eigentliche Akt der *Gottesverehrung* des neuen Volkes Gottes, der Kirche. In dem Maße, wie wir uns in die Liebe Jesu *zu den Menschen und zum Vater* einbeziehen lassen, werden auch wir selbst zum Opfer, zu einem Opfer, das nicht nur in der Stunde der Eucharistiefeier geschieht, sondern im ganzen mühsamen Lebensalltag“[58].

---

[58] *Th. Schneider*, Wir sind sein Leib. Meditationen zur Eucharistie (Mainz ^{4}1989) 67. Hervorhebungen im Original.

Vollendung unserer Lebenszeit in schmerzlich heilender Gottbegegung

Römisch-katholische Zugänge zum Geschehen der eschatologischen Läuterung

I. Literarisch erfaßte Besinnung auf die Lebensfragen

Zu den Kennzeichen der neueren römisch-katholischen Theologie gehört ihre Bereitschaft, auf die Fragen zu achten, die das Leben den Menschen stellt[1]: Der in der christlichen Gemeinschaft lebendige Glaube soll als bedeutsame und verwandelnde Antwort auf die existentielle Suche der Menschen nach einer Lichtung des Dunkels ihres Daseins aufleuchten. Bei dem Bemühen, den Lebensfragen auf die Spur zu kommen, sind die Wahrnehmungen des geschöpflichen Lebens, die sich in Kunst und Literatur finden, eine Quelle der Erkenntnis. Zwei Themenkreise bewegen zahllose Werke: die Liebe und der Tod, die Sehnsucht nach beglückendem Miteinander und das vielfältige Erleben des Scheiterns, das in der Gewißheit der Endlichkeit aller menschlichen Regungen seine irdisch trostlose Gestalt gewinnt.[2]
In einem ihrer frühesten Texte hat Ingeborg Bachmann in verdichteter Weise eine Schau der eschatologischen Gottesbegegnung gewagt:

„Wir gehen, die Herzen im Staub,
und lange schon hart am Versagen.
Man hört uns nur nicht, ist zu taub,
um das Stöhnen im Staub zu beklagen.

Wir singen, den Ton in der Brust.
Dort ist er noch niemals entsprungen.
Nur manchmal hat einer gewußt:
wir sind nicht zum Bleiben gezwungen.

---

1 Wegweisend für diese „anthropologische Wende" der Theologie waren die Beiträge von Karl Rahner. Vgl. einführend: *K. Rahner*, Theologie und Anthropologie, in: Schriften zur Theologie, Bd. VIII (Einsiedeln-Zürich-Köln 1967) 43-67; *P. Eicher*, Die anthropologische Wende. Karl Rahners philosophischer Weg vom Wesen des Menschen zur personalen Existenz (Fribourg 1970).

2 In der römisch-katholischen Eschatologie ist insbesondere Franz-Josef Nocke den Spuren der anthropologisch gewendeten Theologie gefolgt. Zugleich zeigt dieser Autor große Offenheit für die Spiegelung existentieller Fragen in den Literaturen der Welt: vgl. *F.-J. Nocke*, Liebe, Tod und Auferstehung. Über die Mitte des Glaubens (München ³1993); *ders.*, Eschatologie, in: *Th. Schneider (Hg.)*, Handbuch der Dogmatik, Bd. 2 (Düsseldorf ³2000) 377-478.

Wir halten, beenden den Trott.
Sonst ist auch das Ende verdorben.
Und richten die Augen auf Gott:
wir haben den Abschied erworben."[3]

Menschen erfahren sich als auf den Tod zugehend. Sie sind nicht in Unkenntnis über die eigene Sterblichkeit und über das oft selbst verschuldete Unheil. Die Mahnung zur Umkehr trifft oft auf verschlossene Ohren. Im scheinbar unaufhörlichen Gang der Dinge bleibt dem Menschen die Möglichkeit, innezuhalten und im Angesicht Gottes nach einem Ausgang des Lebens zu suchen, der einen getrösteten Rückblick auf das Leben eröffnet.

In der Erwartung einer eschatologischen Läuterung der Toten im Angesicht Gottes gibt es römisch-katholische Eigenarten, deren konfessionell kontroverse Behandlung eine lange Geschichte hat. Die Lehre vom Purgatorium und manche der Besonderheiten der römisch-katholischen Frömmigkeit, die nur unter dieser Voraussetzung einsichtig werden, lassen eine ökumenisch orientierte Revision sinnvoll erscheinen, bei der sich das existentielle Lebenswissen, das in den geschichtlich geformten Gestalten religiöser Praxis verborgen verwahrt ist, erschließen könnte.

Ich möchte im folgenden kurz auf die aktuelle ökumenische Brisanz der Frage nach der eschatologischen Läuterung eingehen (II.), die zentralen Überlegungen zur Hermeneutik eschatologischer Aussagen erinnern, die in der Mitte des 20. Jahrhunderts von römisch-katholischen Theologen angestellt wurden (III.), die Anliegen der römisch-katholischen Lehrtradition skizzieren (IV.) und auf die Bemühungen in der neueren Theologie hinweisen, bei der Umschreibung des Geschehens der eschatologischen Läuterung auf humanwissenschaftliche Erkenntnisse Bezug zu nehmen (V.).

Die den Beitrag leitende Intention ist die Begründung der Hoffnung von Menschen, in der eschatologischen Gottesbegegnung die erinnert-gegenwärtige Lebenszeit als in versöhnter Weise vollendet zu erfahren. Dabei wird der Schmerz der Selbsterkenntnis nicht ausbleiben, jedoch nicht alles sein am Ende.

II. Zur ökumenisch-theologischen Aktualität der Fragestellung

Zu den römisch-katholischen Formen der Frömmigkeit, bei denen die Vorstellung einer eschatologischen Läuterung der Verstorbenen vorausgesetzt ist, gehört neben der Praxis des Totengedächtnisses in der Feier der Eucharistie auch das Ablaßwesen, das historisch eng verbunden ist mit der Auflage eines Bußwerks im Kontext der sakramentalen Feier der Versöhnung. Diese Frömmigkeitsformen setzen die

---

[3] *I. Bachmann*, Werke. *Hg. von Ch. Koschel/I. von Weidenbaum/C. Münster*, Bd. 1: Gedichte, Hörspiele, Libretti, Übersetzungen (München 1978) 11. Das Gedicht ist an der Jahreswende 1948/49 entstanden.

Existenz sogenannter „zeitlicher Sündenstrafen" voraus und zielen deren Verwandlung an. Die Geschichte der Ökumene kennt eine große Zahl an Kontroversen über das rechte Verständnis dieser „zeitlichen Sündenstrafen". In den Debatten stehen die römisch-katholische Kirche auf der einen Seite und die orthodoxen sowie die reformatorischen Kirchen auf der anderen Seite. Der Streit spitzte sich im Reformationszeitalter angesichts der mißbräuchlichen Ablaßpraxis zu und hat in jüngster Zeit durch die Ausrufung des „Jubiläumsablasses" im Heiligen Jahr 2000 hohe Brisanz gewonnen. Angesichts der neu belebten Ablaßpraxis erscheint vielen evangelischen Kommentator/inn/en der am Reformationstag 1999 in Augsburg gefeierte Konsens in Grundwahrheiten der Rechtfertigungslehre als nicht tragfähig erwiesen.[4]

Ohne an dieser Stelle auf die gewiß höchst deutebedürftige römisch-katholische Ablaßpraxis näher einzugehen zu können, möchte ich dennoch einen Aspekt herausgreifen, der meines Erachtens in den jüngeren ökumenischen Kommentaren wenig Beachtung findet: Die im Umfeld des 2. Vatikanischen Konzils in den Spuren der anthropologisch gewendeten Theologie Karl Rahners versuchte Erneuerung des Verständnisses der zeitlichen Sündenstrafen zielte eine erfahrungsnahe und lebensrelevante Interpretation der leidvollen Folgen des menschlichen Tuns an, die durch das bloße Eingeständnis der bereuten Schuld und den Zuspruch der Vergebungsbereitschaft Gottes noch nicht behoben sind. Karl Rahner[5] griff einen Gedanken auf, den schon Augustinus und Thomas formuliert hatten und dessen Spuren sich auch in der Bußtheologie des Konzils von Trient finden: Es gibt „reliquiae peccati", Reste der Sünde, die auch nach dem Zuspruch der Vergebung in der Absolution als Sündenfolgen fortbestehen und das Miteinander der Menschen leidvoll belasten. Sich selbst zur Strafe wird der ungeordnete Geist, so sagt Augustinus in seinen Confessiones.[6] Als ein häufig bemühtes Beispiel gilt dabei die Lüge, die fortwährendes Mißtrauen provoziert, auch wenn die Lüge eingestanden ist. Einmal durch Unwahrheit genährt, bleibt das Mißtrauen als Versuchung auch in neuen Situationen bestehen.

---

[4] In Fortführung der Thesen in meiner Dissertation habe ich mich auch in jüngerer Zeit mit der ökumenischen Kontroverse um die zeitlichen Sündenstrafen befaßt: Vgl. *D. Sattler*, Gelebte Buße. Das menschliche Bußwerk (satisfactio) im ökumenischen Gespräch (Mainz 1992); *dies.*, Gedächtnis der Toten in der Feier der Eucharistie. Systematisch-theologische Überlegungen in ökumenischer Perspektive, in: *S. Hell (Hg.)*, Die Christenheit auf dem Weg ins 3. Jahrtausend. Die Glaubwürdigkeit christlicher Kirchen – heute und morgen? FS Lothar Lies (Innsbruck-Wien 2000); *dies.*, Ablaß-Streit in neuer Zeit. Beobachtungen zur Wiederbelebung einer alten konfessionellen Kontroverse, in: Catholica 54 (2000) 14-38; jetzt auch in diesem Band.

[5] Vgl. *K. Rahner*, Bemerkungen zur Theologie des Ablasses, in: Schriften zur Theologie, Bd. II (Einsiedeln-Zürich-Köln 1955) 185-210; Kleiner theologischer Traktat über den Ablaß, in: Schriften zur Theologie, Bd. VIII (Einsiedeln-Zürich-Köln 1967) 472-487; *ders.*, Zur heutigen kirchenamtlichen Ablaßlehre, in: ebd., 488-518. Vgl. auch die ausführliche Darstellung der Position Rahners in ihren biblischen Wurzeln und ihren traditionsgeschichtlichen Bezügen in: *D. Sattler*, Gelebte Buße (s. Anm. 4) bes. 232-335.

[6] Vgl. *Augustinus*, Confessiones I, 12.

Bei allen Grenzen, die die Verwendung dieses personal-anthropologischen Begriffs der Sündenstrafen im Blick auf die Beschreibung der Verstrickung der Schöpfung in die Macht des Bösen hat, finde ich den Gedanken nach wie vor tragfähig, Gott könne seine Schöpfungsordnung so vorgesehen haben, daß die Geschöpfe auf dem Weg ihres eigenen Leidens an den Folgen ihrer bösen Taten zur Umkehr gerufen werden. Die Sündenstrafen haben dann keinen Vergeltungscharakter, sie intendieren nicht den Ausgleich eines Übels mit einem neuerlichen Übel, sie wirken vielmehr therapeutisch; sie machen sensibel für die selbstverschuldete Beeinträchtigung des Miteinanders und wecken die Bereitschaft zum Neubeginn; sie bewirken wahre Reue.
Wichtig erscheint es mir nun, an dieser Stelle darauf aufmerksam zu machen, daß eine Zustimmung zu einem solchen Verständnis der Sündenstrafen keinen stimmigen Weg mehr finden läßt zu der Vorstellung, die im menschlichen Leben spürbaren Sündenfolgen könnten durch einen amtlich-kirchlichen Zuspruch einfach beseitigt werden – gar täglich vollständig. Eine autoritativ bewirkte Dispens von einem existentiellen Leiden ist nicht vorstellbar.
Diskussionen um den Ablaß wurden in den letzten Jahren selten geführt. In aller Regel besteht dazu auch kein Grund, weil der Ablaß auch in der römisch-katholischen Frömmigkeit nahezu jede Bedeutung verloren hat. Um das Jahr 1983 herum, dem letzten Heiligen Jahr aus Anlaß der Feier von Tod und Auferweckung Jesu vor damals 1950 Jahren, erschienen einige Beiträge zu dieser Frage. Ottmar Fuchs[7] forderte eine stärkere Wahrnehmung der in der Gesellschaft wirksamen Formen des Unheils. Eine Neugestaltung des Ablaßwesens erschien ihm in der Weise möglich, daß die Kirche sich für die Beseitigung des Unrechts einsetzt, das den Ärmsten der Armen weltweit geschieht. Die biblische Tradition, in Heiligen Jahren einen Schuldenerlaß zu gewähren, ein Erlaßjahr zu feiern[8] und Gefangenen ihre Freiheit zu schenken, wird derzeit vor allem in der weltweiten ökumenischen Bewegung erinnert, die in den letzten Jahrzehnten eine starke ethische Ausrichtung hat. Aber nicht nur auf der sozialpolitisch-gesellschaftlichen Ebene ist die Thematik der Schuldverstrickung aktuell, auch im Blick auf die gelebte menschliche Beziehungswirklichkeit wächst die Sensibilität für die Anerkenntnis der generationenübergreifenden Sündenverhängnisse. Die Theologie steht vor neuen Herausforderungen. Ich denke dabei zum Beispiel an die systemische Familientherapie etwa in der Gestalt des gewiß nicht unumstrittenen Bert Hellinger[9]: Er läßt in Gruppentrainings Familiensituationen nachstellen, bei denen die geschichtlich gewordene Nähe oder Distanz zwischen den Personen vor Augen tritt. Auch die Toten – die getöteten Kinder vor allem – werden präsent. Und überdeutlich wird, wie sehr wir in unserer individuellen Identität geprägt sind durch die Menschen um uns herum. Das Wissen um die Toten, mit

---

[7] *O. Fuchs*, Ablaß – eine alte Frömmigkeitsform in neuer Weltverantwortung, in: Diakonia 16 (1985) 111-117.

[8] Erlaßjahr 2000. Aufrufe zur Befreiung der armen Völker aus dem Würgegriff der Schulden, dokumentiert in: Una Sancta 54 (1999) 25-32.

[9] *B. Hellinger*, Der Abschied. Nachkommen von Tätern und Opfern stellen ihre Familien (Heidelberg 1998).

denen wir uns über Generationen hinweg noch unversöhnt meinen, hat eine ganz eigene Wirksamkeit, die auch zu verändern ist. Die aufgegebene Suche nach einer heilenden Wandlung der geschichtlich gewordenen Lebensgestalten hat an der Todesschwelle keine unüberwindliche Grenze. Bei Gott ist eine schmerzlich heilende Aussöhnung mit der Lebensgeschichte möglich.

III. Ansätze einer Neubesinnung auf die Grundlagen der Eschatologie

Die römisch-katholische Eschatologie[10] denkt seit Mitte des 20. Jahrhunderts sehr oft über sich selbst nach. Sie bemüht sich darum, ihre Aussagen einsichtig zu machen, indem sie die Voraussetzungen offenlegt, die sie bei ihrer Rede macht. Dabei zeigte sich, daß die gesamte Eschatologie als Theo-logie zu begreifen ist. Die neuere Dogmatik betrachtet es als ihre Aufgabe, in allen Traktaten von Gott zu sprechen und diese Gottes-Rede in ihrer Relevanz für das Heilwerden der Schöpfung zu beschreiben. Zu den ersten, die gegen das Mißverständnis angingen, die Eschatologie handele von Dingen, von Orten und von Räumen, gehörte Hans Urs von Balthasar. Seine Worte aus den 50er Jahren werden bis heute oft zitiert: „Gott [selbst] ist das 'Letzte Ding' des Geschöpfs. Er ist als Gewonnener Himmel, als Verlorener Hölle, als Prüfender Gericht, als Reinigender Fegfeuer."[11] Die Eschatologie, die Rede von dem Letzten, thematisiert nicht allein das zeitlich Letzte, das an einem zeitlichen Ende Geschehende, sondern weit umfassender das qualitativ Letzte, nämlich Gott als den bleibenden, gültigen, sich bewährenden, tragfähigen, sich in seiner Barmherzigkeit treu erweisenden Grund des Daseins.
Menschliche Rede von Gott ist immer metaphorische und analoge Rede. Die Eschatologie spricht in Bildern von Gottes Willen, die Schöpfung zu vollenden. Diese Bilder werden in Anlehnung an menschliche Erfahrungen geformt. Sie können nicht mehr als erste Ahnungen vermitteln vom Leben bei Gott, sie weisen die Vorstellungen in die richtige Richtung. Die eschatologische Metaphorik ersetzt allerdings nicht durch Bildrede, was man präziser begrifflich sagen könnte. Die Theo-

[10] Vgl. die einführenden Darstellungen und die Literaturverweise in: *A. Gerhards (Hg.)*, Die größere Hoffnung der Christen. Eschatologische Vorstellungen im Wandel (Freiburg-Basel-Wien 1990); *Th. Schneider*, Was wir glauben. Eine Auslegung des Apostolischen Glaubensbekenntnisses (Düsseldorf [5]1998) 445-500; *M. Kehl*, Eschatologie (Würzburg 1986); *ders.*, Was kommt nach dem Ende? Von Weltuntergang und Vollendung, Wiedergeburt und Auferstehung (Freiburg-Basel-Wien 1999); *W. Beinert (Hg.)*, Texte zur Theologie. Dogmatik: Eschatologie, 2 Bde. Bearbeitet von *G. Bachl* (Graz-Wien-Köln 1999); *G. Sauter*, Einführung in die Eschatologie (Darmstadt 1995).
[11] *H. U. von Balthasar*, Eschatologie, in: *J. Feiner/J. Trütsch/F. Böckle (Hg.)*, Fragen der Theologie heute (Einsiedeln 1958) 403-421, hier 407. Vgl. zum Geschehen von Läuterung und Gericht bei von Balthasar: *D. Engelhard*, Im Angesicht des Erlöser-Richters. Hans Urs von Balthasars Neuinterpretation des Gerichtsgedankens (Mainz 1999).

logie ist vielmehr bleibend angewiesen auf erschließende Bildrede und kommunikativen Austausch über die Bedeutung der bei ihr verwendeten Metaphern.[12]
Für die Rede von der Läuterung und vom Gericht Gottes ist in besonderer Weise wichtig, was Karl Rahner für eschatologische Aussagen allgemein zu bedenken gab: Es handelt sich bei ihnen nicht um Zukunftsspekulationen, die loszulösen wären von den Ereignissen in der Geschichte Gottes mit der Schöpfung.[13] Die geschichtliche Offenbarung des universalen Heilswillens Gottes ist auch der Ort, an dem sich die eschatologische Hoffnung formt. Die Erkenntnis, daß Gott nicht den Tod gutheißt, sondern das Leben, hat nach jüdisch-christlicher Glaubensüberzeugung Gott selbst durch sein Wirken in der Zeit ermöglicht. Der Ausblick auf das Kommende, das Eschatologische, beginnt daher mit einem Rückblick auf das Gewesene, das bereits Gewirkte, das Gegenwärtige. Dieser Ausblick will nicht Neugier befriedigen, er will vielmehr dazu ermutigen, hier und heute schon, in jeder Gegenwart als erlöste Frauen und Männer miteinander zu leben. Nach dem biblischen Zeugnis (vor allem in seiner johanneischen Gestalt) ist das Gericht in der Lebenszeit der Menschen Gegenwart. Das Eschaton ist bereits präsent, die Endscheidungszeit ist angebrochen. Jesus Christus ist nach Johannes 3,16-21 „das Gericht", die „krisis", die in die Welt einbrach. Wer an Jesus Christus glaubt, wird nicht gerichtet, wer nicht glaubt, ist schon gerichtet. Eine Gesamtsicht der johanneischen Theologie läßt erkennen, daß apokalyptisch-futurische Aspekte des eschatologischen Gerichts keinen Widerspruch darstellen zu den präsentischen: Jetzt ist Entscheidungszeit, einst ist Erntezeit. Gott wird dann seine Verbundenheit mit allen erklären, die Taten der Gerechtigkeit tun. Wer Hungernde speist, Gefangene befreit, Kranke besucht, wer Nackte bekleidet und Fremde aufnimmt, gehört zu Gott, handelt in seinem Sinne. Das Gerichtsgleichnis in Mt 25 ruft dazu auf, sich zum Willen Gottes zu kehren und die Tora zu leben.
Die neuere systematisch-theologische Rede von Gottes Gericht steht vor keiner leichten Aufgabe: Die herkömmliche Vorstellung der Trennung von Leib und Seele im Tod der Einzelnen, von dem sofortigen individuellen, „besonderen" Gericht über die Seele sowie einem „Wartezustand" vor dem universalen, „allgemeinen" Gericht am Jüngsten Tag über die mit ihren Leibern wiederbekleideten Seelen, büßte in den letzten Jahrzehnten auch in der römisch-katholischen Theologie ihre einstige Plausibilität ein. Eine solche Vorstellung scheint nicht zu der ganzheitlichen biblischen Anthropologie zu passen. Das Modell problematisiert die in die Ewigkeit eingetragenen linearen Zeitvorstellungen nicht, und es vermag die zu keiner Zeit aufzulösende Verbundenheit des Lebens der Einzelnen mit dem Leben der anderen Geschöpfe nicht zum Ausdruck zu bringen. Das Unbehagen gegenüber diesem Modell motivierte zur Entwicklung der alternativen Vorstellung einer „Auferstehung im Tod".[14]

---

[12] Vgl. zu dieser in der neueren römisch-katholischen Theologie vielfach besprochenen Überzeugung: *J. Werbick*, Bilder sind Wege. Eine Gotteslehre (München 1992), bes. 49-78.
[13] Vgl. *K. Rahner*, Theologische Prinzipien der Hermeneutik eschatologischer Aussagen, in: Schriften zur Theologie, Bd. IV (Einsiedeln-Zürich-Köln 1960) 401-428.
[14] Vgl. *G. Greshake/G. Lohfink*, Naherwartung – Auferstehung – Unsterblichkeit. Untersu-

Gisbert Greshake und Gerhard Lohfink treten seit den 70er Jahren für die Vorstellung ein, daß sich „im Tod" jedes einzelnen Menschen das eine und einzige Gericht über das gesamte Leben dieses Menschen ereignet. Kritiker haben Lohfink und Greshake widersprochen und sie zu Modifikationen ihres Konzeptes veranlaßt: Herbert Vorgrimler[15] warf ihnen vor, das Eschaton zu individualisieren und die noch ausstehende Leidensgeschichte der unzähligen Menschen zu verharmlosen, die nach dem Tod einzelner verstorbener Menschen weiterleben, geschunden und gemordet werden. Joseph Ratzinger[16] beklagte die Preisgabe der Rede von der „Seele" der Menschen, die nach Ratzinger der Ort dialogischer Gemeinschaft zwischen Gott und den Menschen ist.

In der in der römisch-katholischen Theologie noch anhaltenden Diskussion zeigte sich inzwischen, daß es keine Vorstellung, kein Modell des Eschaton gibt, das die ewige Zeitmächtigkeit Gottes schlüssig und anschaulich zur kontingenten Geschichte der Geschöpfe in Beziehung setzen könnte. Es gibt keine menschliche Vorstellung, die sich nicht in Räumen und Zeiten bewegte. Die neuere Eschatologie hat es daher aufgegeben, sich gegen die immer unzulänglich bleibenden eschatologischen Modelle zu wehren. Sie hat gelernt, die Rede von eschatologischen Orten und Zeiten auf ihre theologischen Aussageintentionen hin zu befragen.

IV. Eine Skizze der römisch-katholischen Lehrtradition

In der neueren römisch-katholischen Theologie wird im Blick auf das rechte Verständnis der eschatologischen Läuterung oft darauf hingewiesen, daß die lehramtlichen Entscheide in dieser Frage gering an Zahl und sehr zurückhaltend in der inhaltlichen Aussage sind[17].

Die beiden Unionskonzilien von Lyon (1274)[18] und Florenz (1439)[19] lehren, die Seelen der Verstorbenen müßten „poenae purgatoriae seu catharteriae" (läuternde oder reinigende Strafen) erdulden, wobei ihnen die Lebenden in Gestalt der Fürbitte beistehen könnten. In beiden lehramtlichen Texten ist auf eine genaue Umschreibung des Ortes verzichtet, an dem die reinigenden Strafen erlitten werden. Im Text bleibt

---

chungen zur christlichen Eschatologie (Freiburg-Basel-Wien [5]1982).

[15] Vgl. *H. Vorgrimler*, Der Tod im Denken und Leben des Christen (Düsseldorf [2]1981).

[16] Vgl. *J. Ratzinger*, Eschatologie. Tod und ewiges Leben (Regensburg 1977).

[17] Vgl. *G. L. Müller*, „Fegfeuer". Zur Hermeneutik eines umstrittenen Lehrstücks in der Eschatologie, in: Theologische Quartalschrift 166 (1986) 25-39; *K. Lehmann*, Was bleibt vom Fegfeuer?, in: Internationale Katholische Zeitschrift 9 (1980) 236-243; *K. Rahner*, Fegfeuer, in: Schriften zur Theologie, Bd. XIV (Einsiedeln-Zürich-Köln 1980) 435-449; *K. Reinhardt*, Das Verständnis des Fegefeuers in der neueren Theologie, in: Trierer Theologische Zeitschrift 96 (1987) 111-122.

[18] Vgl. *H. Denzinger*, Kompendium der Glaubensbekenntnisse und kirchlichen Lehrentscheidungen. Lateinisch – Deutsch. *Hg. von P. Hünermann* (Freiburg-Basel-Wien [37]1991) Nr. 856-859 = DH.

[19] Vgl. DH 1304-1306.

auch offen, wie sich der in der östlich-orthodoxen Theologie bedeutsame Gedanke der medizinell-therapeutisch heilenden Wirksamkeit der zeitlichen Sündenstrafen zu der in der westlichen Theologie eher vertrauten Vorstellung eines vergeltenden, strafenden Ausgleichs für die Sünde verhält.

Die Aussagen des Trienter Konzils zur Fegfeuerthematik[20] beschränken sich weitgehend darauf, die reformatorische Infragestellung der Existenz des Purgatoriums mit der Behauptung seiner Gegebenheit zu erwidern. Das vorrangige Anliegen der Konzilsväter war es, die Frömmigkeitsformen weiterhin praktizieren zu können, die die Annahme eines eschatologischen Läuterungsgeschehens voraussetzen. Ausdrücklich wendet sich das Konzil auch gegen einzelne Mißbräuche: Neugierde, Aberglaube und Gewinnstreben sollten von dem Geschehen der Teilhabe der Lebenden am Geschick der Verstorbenen ferngehalten werden. Es gab gewiß auch in späterer Zeit noch Anlaß zu einer solchen Ermahnung.[21]

Die neuere römisch-katholische Theologie bemüht sich auf der Basis der Einsichten in die Hermeneutik eschatologischer Aussagen um eine Deutung des eschatologischen Läuterungsgeschehens, bei der die biblischen Weisungen von entscheidender Bedeutung sind. Die weiteren Entwicklungen in der nachbiblischen Tradition werden auf ihre Hintergründe hin befragt. Mentalitäts- und sozialgeschichtliche Studien zum Läuterungsgeschehen stoßen auf breites Interesse.[22] In ihnen wird die Verbindung zwischen einer theologisch begründeten Praxis und unsachgemäßen Nebeninteressen kommerzieller Art aufgedeckt. Mit der Angst der Menschen ließ sich Wucher treiben.

In der neueren römisch-katholischen Eschatologie ist es vertraut geworden, die Läuterung als einen integralen Aspekt des Gerichtsgeschehens zu betrachten. Läuterung und Gericht gelten als zwei Vollzüge, die ein Gesamt bilden: Gott erspart niemandem die schmerzlich heilvolle Wiedererkenntnis der Zusammenhänge des Lebens. Nicht der Wunsch nach Vergeltung leitet ihn dabei, sondern sein heiliger Zorn angesichts der in der Lebenszeit verwirkten Möglichkeiten, im Leben bereits in der Gemeinschaft der Geschöpfe das Gute füreinander zu ergreifen.

---

[20] Vgl. DH 1580; 1820.

[21] Das 2. Vatikanische Konzil erinnert an die Sorge der in der Kirche Verantwortlichen, „bemüht zu sein, jegliche vielleicht da und dort eingeschlichenen Mißbräuche, Übertreibungen oder Mängel fernzuhalten oder zu beheben. Alles sollen sie erneuern zu vollerem Lob Christi und Gottes" (Kirchenkonstitution „Lumen Gentium", Nr. 51).

[22] Vgl. *J. Le Goff*, Die Geburt des Fegefeuers (Stuttgart-Darmstadt 1984); *ders.*, Wucherzins und Höllenqualen. Ökonomie und Religion im Mittelalter (Stuttgart 1988); *H. Vorgrimler*, Die Geschichte der Hölle (München 1993); *A. Angenendt*, Theologie und Liturgie der mittelalterlichen Totenmemoria, in: *K. Schmid/J. Wollasch (Hg.)*, Memoria. Der geschichtliche Zeugniswert des liturgischen Gedenkens im Mittelalter (München 1984) 79-199; *ders.*, Geschichte der Religiösität im Mittelalter (Darmstadt 1997) bes. 652-657.

V. Rezeption humanwissenschaftlicher Erkenntnisse

Als ein Kennzeichen der römisch-katholischen Eschatologie gilt die Tatsache, daß sie über lange Zeit stärker an der Frage nach der Vollendung des einzelnen menschlichen Lebens interessiert war als an der Frage nach der Zukunft des Kosmos. Ein Hang zur individual-ethischen Ausrichtung der Eschatologie ist der römisch-katholischen Tradition eigen. In diesem Kontext steht auch das Bemühen, im Rückgriff auf die Erkenntnisse der modernen human- und sozialwissenschaftlichen Biographieforschung das eschatologische Läuterungsgeschehen beschreibend zu erfassen.[23]

Von den zahlreichen Erkenntnissen der Biographieforschung gelten insbesondere vier als von großer Bedeutung: (1) Elemente biographischen Erzählens sind in der Alltagskommunikation sehr verbreitet. Zu den primären Funktionen, die biographische Bemerkungen im Alltag haben, zählen die rechtfertigende Begründung (apologetisch), die Selbstvergewisserung (anamnetisch) und die Handlungsorientierung (prognostisch). Auffällig ist bei dieser Zusammenstellung das Vorkommen der dreifachen Zeitstruktur menschlicher Wirklichkeitswahrnehmung: Menschen erinnern, gegenwärtigen und planen ihr Leben.[24] (2) Die Wahrnehmung der eigenen Zeitlichkeit wirkt sich auf die Gestalt der Thematisierung des widerfahrenen Lebens aus. Das Wissen um die Endlichkeit des Lebens und das Erspüren der Besonderheit bestimmter Zeiten gelten als wichtige Motivationen für die Bereitschaft von Menschen, von sich zu erzählen. In Krisenzeiten kommen größere Zeiträume in den Blick der von sich Erzählenden – etwa dann, wenn Diskontinuitäten im Lebenslauf eintreten, wenn Entscheidungen anstehen oder ein Abschied zu bestehen ist. Menschen nehmen ihre Lebenszeit als die für sie bedeutsame Zeit wahr. (3) Bei der erzählerischen Selbstthematisierung entwerfen die Subjekte ein Konzept ihres Lebens. Der Lieferant des Materials ist das Gedächtnis, das wichtig Erscheinendes erinnert, eine Verkettung von Ereignissen herstellt und Deutungen vornimmt. Volker Drehsen, ein auch in der Soziologie ausgewiesener evangelischer Theologe, schreibt: „Der integrale Charakter der lebensgeschichtlichen Erzählung gründet (...) auf einer Fiktionalität, die sich (...) nicht aus der freien Phantasie speist, sondern ihren Anhalt in den erinnerten Ereignissen und ihre Grenze im interpretatorischen Umgang mit ihnen findet. Und sie kommt nicht durch bloße Aneinanderreihung zustande, sondern allein als Ergebnis einer Rekonstruktion und Entzifferung des erlebten Lebens, als Resultat gewisser Leistungen der Auswahl, Akzentuierung, Bewertung und perspektivischen Zusammenstellung."[25] (4) Beim biographischen Erzählen wird die

---

[23] Vgl. dazu ausführlicher: *D. Sattler*, Selbstthematisierung im Selbstgericht. Zur Rezeption der Biographieforschung in der Eschatologie, in: Theologie der Gegenwart 42 (1999) 92-105; jetzt auch in diesem Band.

[24] Vgl. *M. Kohli*, Zur Theorie der biographischen Selbst- und Fremdthematisierung, in: *J. Matthes (Hg.)*, Lebenswelt und soziale Probleme. Verhandlungen des 20. Deutschen Soziologentages zu Bremen 1980 (Frankfurt-New York 1981) 502-520.

[25] *V. Drehsen*, Lebensgeschichtliche Frömmigkeit. Eine Problemskizze zu christlich-

unverwechselbare Eigenart des einzelnen menschlichen Lebens offenkundig; zugleich tritt aber auch die unaufhebbare Verbundenheit der einzelnen mit den anderen in Erscheinung. Die Beschreibung des eigenen Lebens kommt ohne die Beschreibung des Lebens der anderen nicht aus. Gelebtes und Erlittenes verbinden sich zu einer unverwechselbaren Geschichte. Die Mit-Lebenden sind beim Erzählgeschehen gegenwärtig.

Beim Nachdenken über die Strukturen des biographischen Erzählens treten somit die Temporalität, die Subjektivität und die Sozialität menschlicher Lebenswahrnehmung vor Augen. Die hohe Bereitschaft zur Selbstthematisierung auch im Alltag läßt sich als ein Hinweis auf das Streben der Menschen deuten, das Leben zu verstehen, um handeln zu lernen. Die Biographieforschung macht darauf aufmerksam, daß Menschen durch die erinnernde Wahrnehmung des eigenen Lebens zu sich finden wollen, Zusammenhänge sehen wollen. Menschen erdenken ein Konstrukt ihrer Persönlichkeit, das stimmig ist. Sie suchen nach Erklärungen für das Gewordene und halten sich offen für Kommendes. Das Medium, der Träger der Identifizierung des Selbst, ist die gegenwärtigende Erinnerung, das Gedächtnis, das nicht alles verwahrt, nicht mehr alles wahrnimmt, sondern nur Bedeutsames behält. Das Gedächtnis stellt zudem neue Zusammenhänge her. Es ist keine reine Abbildung von Gewesenem. Es stellt die situativen Deutungen von einzelnen Widerfahrnissen immer wieder in einen neuen Deutehorizont. Geprägte Zeiten, Krisenzeiten vor allem, motivieren zu einer solchen Selbstbetrachtung, zu einer Selbsthabe in Gedanken. Die Selbstreflexion ist ein beständiger Prozeß der Selbstkonstitution, deren Ziel es ist, zu verstehen und authentisch handeln zu lernen. Die Biographieforschung widerstreitet der Versuchung zu einer Auflösung des einzelnen Menschenlebens in das Gesamt der Lebensbezüge. Sie wehrt sich gegen die Vorstellung einer Erklärbarkeit des Werdenden durch das bereits Vorhandene. Immer bleibt es auch überraschend, wie eine Einzelne umgeht mit den Gegebenheiten.

Die Theologie des Gerichts kann an die skizzierten Erfahrungen anknüpfen. Zugleich muß sie Eigenes sagen: Die Selbsterkenntnis des Menschen ist eine geschenkte Gabe Gottes, die das Eigensein des Menschen nicht beseitigt, dieses vielmehr ermöglicht. Verbindet sich mit der Rede von der „Seele" des Menschen die Vorstellung, jeder Mensch sei ein unverwechselbar besonderer Mensch, und diese Besonderheit trete gerade in der immer subjektiven Erinnerung an das in der Geschichte seines Leibes für ihn Gewordene zu Tage, so scheint dieser Begriff auch zukünftig in der Eschatologie unverzichtbar. Mit Joseph Ratzinger[26] wäre dann jedoch auch wichtig zu betonen, daß die Seele des Menschen nicht etwa aus eigener Kraft unsterblich ist, es vielmehr Gottes Tat ist, dem Menschen über den Todesgraben hinweg Erinnerung an sich selbst zu gewähren. Die menschliche Erinnerung an

---

religiösen Dimensionen des (auto-)biographischen Interesses in der Neuzeit, in: *W. Sparn (Hg.)*, Wer schreibt meine Lebensgeschichte? Biographie, Autobiographie, Hagiographie und ihre Entstehungszusammenhänge (Gütersloh 1990) 43.

[26] Vgl. *J. Ratzinger*, Eschatologie (s. Anm. 16) bes. 127-135.

das eigene Leben, die die Voraussetzung für eine Selbstthematisierung ist, diese memoria des Menschen ist Teilhabe an Gottes ewig lebendigem Gedächtnis.
Im Bild des eschatologischen Selbstgerichts kommt zum Ausdruck, daß die eschatologische Versöhnung personale Gestalt hat, bei der das „Mit-Tun" der Geschöpfe voraussetzt ist. Zugleich birgt diese Bildrede die Gefahr, das aktive, wirkende Handeln Gottes aus dem Blick zu verlieren. Wichtig wäre auch in diesem Zusammenhang eine stärker pneumatologisch ausgerichtete theologische Argumentation: Gott ist nicht ein unbeteiligter Zuhörer, der sich anhört, zu welcher Selbsterkenntnis Menschen wohl finden werden. Gott ist mit seinem lebenerhaltenden und lebenstiftenden Geist in der Seele des Menschen und läßt diese an seiner Erkenntnis der jeweils für die Einzelnen relevanten Zusammenhänge teilhaben.
Die Eschatologie muß von einer von Gott ermöglichten Perichorese der Selbst- und der Fremdwahrnehmungen sprechen, um an der Verbundenheit zwischen dem Einzelgericht und dem universalen Gericht festhalten zu können. Die Biographieforschung lenkt den Blick auf das unverwechselbare Leben eines einzelnen Menschen. Gegenstand ihrer Betrachtung ist die gesamte Lebenszeit in ihrem Prozeßcharakter, mit ihren Brüchen, Wandlungen und Konstanten. Rückschauende Selbstvergewisserungen konfrontieren immer mit den gesamten erinnerten Daten. Die Analyse autobiographischer Erzählungen vermittelt die Einsicht, daß sich die eigene Lebensgeschichte in der Retrospektive als Geschichte von Begegnungen mit anderen Menschen, mit Orten, Ansichten, Erwartungen und Enttäuschungen darstellt. Erinnert wird, was begegnet ist – auch in Gestalt von Phantasien und Ängsten. Jede Lebensgeschichte ist untrennbar verbunden mit den Lebensgeschichten der Anderen. Niemand ist je allein. Wahrnehmungen meines Lebens aus der Sicht der Anderen werden mir zumindest zu Teilen schon während meiner Lebenszeit bekannt.
Der Rückgriff auf Erfahrungen der Selbstwahrnehmung und der Fremdwahrnehmung ist hilfreich bei dem theologischen Bemühen, anschaulich zu machen, wie das besondere Gericht und das universale Gericht miteinander verbunden sind. Erst die von Gott ermöglichte, die meinem Blick eröffnete Teilhabe an der Selbstwahrnehmung der Anderen ermöglicht es mir, mein eigenes Leben in seiner gewordenen Gestalt zu verstehen. Was letztlich zählt ist nicht allein eine gute Sterbestunde. Ich muß nicht bangen, ob mir in diesem Augenblick der richtige Gedanke in den Sinn kommt. Im Tod erlebt jeder und jede bei sich selbst und bei all denen, die im Leben bereits Vertraute waren, jenen Prozeß mit, in dem Gott die Wahrnehmungen reinigt und miteinander versöhnt. Das gesamte Menschenleben wird gegenwärtig. Die Täter begegnen der Wahrnehmung ihres Lebens aus der Sicht der Opfer. Die Opfer erfahren von der schmerzlichen Selbstbesinnung der Täter. Die Täter können sich selbst leichter annehmen, wenn sie gewahr werden, daß Gott den Opfern Gerechtigkeit widerfahren läßt.
Auch das skizzierte Geschehen der Perichorese der Wahrnehmungen ist theologisch als ein pneumatisches Ereignis zu begreifen: Gottes Geist verbindet das Unverbundene. Er führt die Täter vor die Opfer. Alle Tränen, die je Menschen weinten, sind gesammelt im Krug des Gedächtnisses Gottes (vgl. Ps 56,9). Die theologische Re-

flexion bezieht eine Gestalt der Wahrnehmung mit in ihre Überlegungen ein, die im menschlichen Miteinander nicht vorkommt: Sie rechnet mit einem Wesen, das Selbstwahrnehmung und Fremdwahrnehmung zueinanderführen kann im gegenwärtigenden Moment der Schau Gottes.

Mit Bezug auf ein weiteres der frühen Gedichte von Ingeborg Bachmann möchte ich meine Gedanken beschließen:

„Abends frag ich meine Mutter
heimlich nach dem Glockenläuten,
wie ich mir die Tage deuten
und die Nacht bereiten soll.

Tief im Grund verlang ich immer
alles restlos zu erzählen,
in Akkorden auszuwählen,
was an Klängen mich umspielt.

Leise lauschen wir zusammen:
meine Mutter träumt mich wieder,
und sie trifft, wie alte Lieder,
meines Wesens Dur und Moll."[27]

Im lebensgeschichtlichen Erzählen bekommt die Lebensmelodie einen unverwechselbaren Lauf. Im Bild der lebenserfahrenen und mitfühlenden Mutter, die im Geschehen der deutenden Selbsterkenntnis bei dem suchenden Kind ist, begegnet die Verheißung des Geschenkes neuer Einsicht in die frohstimmenden und die belastenden Zusammenhänge des Lebens. Gott ist wie eine Mutter, die den unzerstörbaren Lebenstraum des ihr vertrauten Wesens deutend eröffnet. Die Lebenszeit läßt bereits ahnen, wie die Selbsterkenntnis uns in Gottes Gegenwart schmerzlich heilend verwandeln wird.

[27] *I. Bachmann*, Werke (s. Anm. 3) 10. Die Schriftstellerin schrieb den Text im Sommer 1948 in Erinnerung an ihre eigene Mutter.

III

Anstöße aufnehmen

Gott in Frauengestalt

Weibliche Suche nach hintergründigen biblischen Gottesbildern[1]

Zur Einstimmung

Wenn Menschen mit Pinseln und Worten die Wirklichkeit in Bildern zeichnen und besprechen, bilden sie diese nicht nur ab, sie bilden auch ein, gestalten Wirklichkeit und verzerren sie zugleich. Der „Macht“ der wirklichkeitsprägenden Bilder auf die Spur zu kommen, ist Frauen nicht nur in der Theologie ein besonderes Anliegen. So sind sie insbesondere aufmerksam geworden auf die Bilder, die sich christliche Theologen in unterschiedlichen Epochen von der Frau machten.[2] Thomas von Aquin etwa war der Auffassung: „Es kann jemand sich der Rede auf zweifache Weise bedienen. Einmal privat, im vertraulichen Gespräch einem oder mehreren gegenüber. Und diesbezüglich kann die Gnade der Rede Frauen zukommen. Sodann öffentlich (...). Dies wird der Frau nicht zugestanden.“[3] Dieses Zitat aus der Summa theologica des Thomas, der diese Antwort auf die von ihm selbst gestellte Frage gibt, ob sich die Gnade der Rede, der Weisheit und der Wissenschaft auch auf Frauen erstreckt, spiegelt eine Meinung, die gewiß in seiner Zeit nicht nur er vertritt – aber könnte das ein Trost sein? Richtig ist auch, daß im Hintergrund seiner anthropologischen Aussagen eine philosophische „Mode“ steht: die Rezeption nämlich des aristotelischen Gedankenguts mitsamt den darin enthaltenen naturphilosophischen Anschauungen: Als „mas occasionatus“, als durch widrige Umstände – etwa bei feuchtem Südwind – bei der Zeugung „verhinderter Mann“, ist die Frau ein „unvollkommener Mensch“, eben kein Mann.[4] Thomas von Aquin gilt bis heute in der katholischen Theologie als „Meister“ seines Faches und wird bekanntlich vom Zweiten Vatikanischen Konzil als solcher Studierenden empfohlen[5] – und dies mit einer dabei notwendigen Differenzierung sicher durchaus zu Recht. Im Blick auf die hier aufgegriffene Fragestellung, welche Anliegen und Forschungsergebnisse feministisch-theologisch motivierte Wissenschaftlerinnen hinsichtlich der Bildrede von Gottes Wesen vortra-

---

1 Vortrag im Rahmen der Ringvorlesung zu Themen der Frauenforschung an der Johannes Gutenberg-Universität, Mainz, SS 1994.

2 Vgl. *R. Jost/U. Kubera (Hg.)*, Wie Theologen Frauen sehen. Von der Macht der Bilder (Freiburg 1993).

3 *Thomas von Aquin*, Sth II-II 177,2 c.

4 Vgl. *I.W. Frank*, Femina est mas occasionatus. Deutung und Folgerungen bei Thomas von Aquin, in: *P. Segl (Hg.)*, Der Hexenhammer. Entstehung und Umfeld des Malleus maleficarum von 1487 (Köln-Wien 1987) 71-102; *O.H. Pesch*, Thomas von Aquin. Grenze und Größe mittelalterlicher Theologie (Mainz 1988) bes. 208-227.

5 Vgl. OT 16.

gen, sollte diese Einstimmung zunächst aufmerksam machen auf die Lasten, die manche auch von großen Theologen vertretenen Thesen und deren Wirkungsgeschichte Frauen auferlegt haben, um möglicherweise einen auch emotionalen Zugang zu finden zu den „streitbaren Schwestern“[6], wie Elisabeth Gössmann, eine der ersten katholischen Frauen, die sich im wissenschaftlichen Raum profilierten, Theologinnen nennt.
Im folgenden werde ich das Thema „Gott in Frauengestalt“ in fünf Abschnitten behandeln: Annäherungen an diese Fragestellung versuchen, Anliegen der feministisch-theologischen Reflexion bei dieser Thematik benennen, die vorgetragenen – im wesentlichen biblisch begründeten – Argumente sammeln, die dabei gemachten Aussagen in Thesen zusammenfassen und abschließend verbleibende Aufgaben formulieren.

I. Annäherungen

1. Mensch sein als Frau und Mann

Versuche, eine Anthropologie der Geschlechter[7] zu konzipieren, sind mit vielfältigen Schwierigkeiten verbunden, die gewiß auch darin begründet sind, daß es ganz unterschiedliche erkenntnisleitende Interessen und Methoden bei der Behandlung dieser Fragestellung gibt. An dieser Stelle muß der Hinweis genügen, daß die feministische Theologie – wie grundsätzlich wohl jede Gestalt frauenspezifischer Sichtung der Wirklichkeit – mit einer Problematik konfrontiert ist, die einem Dilemma gleichkommt: Das Betreiben von feministischer Forschung setzt voraus, daß Weibliches im Frau-sein gegeben und bekannt ist und unterschieden zu denken ist vom Männlichen im Mann-sein. Zugleich ist höchste Vorsicht geboten, um bei der konkreten Beschreibung der angenommenen Geschlechterdifferenz nun nicht wieder in die alten Klischees zu verfallen, gegen die sich Frauen gerade wehren. Zwar fällt recht leicht, die Eigenschaften, die Frauen verbreitet und unkritisch zugeschriebenen werden – empfindsam-emotional, weich, unterwürfig, passiv, sanftmütig und nachgiebig – als Vorurteil abzutun, ungleich schwerer fällt aber, positiv zu bestimmen, worin sich die biologisch-physiologisch ja unverkennbare Geschlechterdifferenz auch im Verhalten, in Begabungen und Neigungen zeigen könnte. Aussichtsreich ist der Versuch einer Beantwortung dieser Frage wohl nur, wenn er auf der Grundlage gezielter empirischer

---

6 Vgl. *E. Gössmann*, Die streitbaren Schwestern. Was will die Feministische Theologie? (Freiburg-Basel-Wien 1981). Zu Person und Werk Elisabeth Gössmanns vgl. auch: *Th. Schneider/H. Schüngel-Straumann (Hg.)*, Theologie zwischen Zeiten und Kontinenten. FS Elisabeth Gössmann (Freiburg-Basel-Wien 1993).

7 Vgl. *Th. Schneider (Hg.)*, Mann und Frau. Grundproblem theologischer Anthropologie (Freiburg-Basel-Wien 1989); *H. Pissarek-Hudelist (Hg.)*, Die Frau in der Sicht der Anthropologie und Theologie (Düsseldorf 1989); *E. Moltmann-Wendel (Hg.)*, Frau und Mann. Alte Rollen – Neue Werte (Düsseldorf 1991).

Untersuchungen geschieht und in die Deutung das sozial-gesellschaftlich und damit geschichtlich bedingte Rollenverhalten einbezieht.
Auf unser Thema bezogen bedeutet dies zunächst: Die der weiblichen Lebenswelt entnommene Bildrede vom Wesen Gottes ist jeweils im Kontext ihrer geschichtlichen und kulturellen Bezüge zu deuten. Diese anspruchsvolle Aufgabenstellung gilt in gleicher Weise gewiß auch für Gottesbilder „in Mannsgestalt".

2. Christus Jesus: „Mutter des Lebens" – Ungewohntes zum Thema

> „Und du, Jesus, liebster Herr,
> bist du nicht auch Mutter?
> Wahrlich du bist eine Mutter,
> die Mutter aller Mütter.
> Du hast den Tod geschmeckt,
> in deinem Wunsch deinen Kindern Leben zu geben."
>
> *(Anselm von Canterbury, + 1109)* [8]

Dieses sehr eindrückliche Gebet des in der Theologiegeschichte ja eher für sein Bemühen bekannten Anselm, mit den Mitteln menschlicher Vernunft Gotteserkenntnis zu begründen und Einsicht in Gottes Wege zur Erlösung der Schöpfung zu gewinnen, steht mit seiner Verwendung des Bildes der Mütterlichkeit Jesu in einer breiten Tradition schon patristischer und verstärkt dann mittelalterlicher Christusfrömmigkeit, die vor allem in die zisterziensische Spiritualität einging und deren dichteste Gestalt in den Texten der englischen Mystikerin und Reklusin Juliana von Norwich zu finden ist.[9]
Die Erinnerung an die Bildrede von der Mütterlichkeit Jesu ist im Kontext der Suche nach „hintergründigen" biblischen Gottesbildern aus zwei Gründen wichtig, einem mehr formalen und einem theologisch-inhaltlichen: (1) Noch ganz vordergründig macht dieser Hinweis darauf aufmerksam, daß die Zugehörigkeit zu einem biologisch bestimmten Geschlecht nicht die Möglichkeit nimmt, zur Beschreibung einer Person auch Erfahrungen heranzuziehen, die im Lebenskontext des anderen Geschlechts verwurzelt sind. (2) Im Leben und Sterben Jesu, in dieser geschichtlichen Gestalt eines Mannes aus Nazaret in Galiläa, in seiner menschenfreundlichen Zugewandtheit, die er durchhalten kann bis in den Tod, zeigt uns Gott sein wahres Gesicht: das Gesicht einer Mutter, die bereit ist, zu zerber-

---

8 Text abgedruckt in *S. Fritsch/B. von Wartenberg-Potter (Hg.)*, Die tägliche Erfindung der Zärtlichkeit. Gebete und Poesie von Frauen aus aller Welt (Gütersloh 1986) 19.

9 Vgl. *B. Fischer*, „Jesus, unsere Mutter". Neue englische Veröffentlichungen zu einem wiederentdeckten Motiv patristischer und mittelalterlicher Christusfrömmigkeit, in: Geist und Leben 59 (1985) 147-156; *M. Collier-Bendelow*, Gott ist unsere Mutter. Die Offenbarung der Juliana von Norwich (Freiburg-Basel-Wien 1989); *C. Walker Bynum*, Jesus as Mother. Studies in the Spirituality of the High Middle Ages (Berkeley-Los Angeles-London 1982); *U. Wiethaus*, Gott als Mutter in mittelalterlicher Spiritualität. Methodologische Überlegungen zu Caroline Walker Bynums Buch „Jesus as Mother", in: *M.-Th. Wacker (Hg.)*, Der Gott der Männer und die Frauen (Düsseldorf 1987) 93-100.

sten und zu bluten, um dem geliebten Kind das Leben zu schenken. Ein besseres Bild als die Todeswehen beim Gebären des Lebens wissen Christen wohl nicht, um das anschaulich zu verkündigen, was – gewiß nicht unproblematisch – abstrakt auch Gottes Selbsthingabe und „Opfer" in Christus Jesus genannt werden kann.

II. Anliegen

Bevor der inhaltliche Gehalt der biblischen und theologischen Rede von „Gott in Frauengestalt" hier näherhin darzustellen ist, sollen zunächst die beiden wichtigsten Anliegen von Frauen bei ihrer Erforschung der Weiblichkeit Gottes beschrieben werden, um sie sodann einordnen zu können in den Gesamtkontext feministisch-theologisch motivierter Wissenschaft. Dabei ist gewiß von vornherein zu beachten, daß es weder *die* feministische Theologie, noch *die* feministisch-theologische Rede von Gott gibt, sondern zahlreiche Beiträge von Frauen, die sich auch kritisch miteinander auseinandersetzen, gleichwohl aber gemeinsame Grundpositionen vertreten.[10]

1. In Bildern von Gott reden

Die feministisch-theologische Erinnerung an die weibliche Dimension des biblisch bezeugten Gottes will einen Beitrag leisten zur Aufdeckung und Rezeption der Analogizität aller Rede von Gott: Weibliche Bilder von Gott sind offenbar leichter als „nur Bilder" zu entschlüsseln als männliche, die die Wirklichkeit Gottes vermeintlich besser treffen. Marie-Theres Wacker, eine Wissenschaftlerin, die sich in besonders intensiver Weise mit der alttestamentlichen Göttinnen-Vorstellung beschäftigt hat, schreibt: „Theologisch *brauche* ich die Göttin nicht, *gebrauche* aber ihre Bilder gleichsam im Sinne eines Bildersturzes, um sichtbar zu machen, wo speziell *unsere*, d.h. christliche bzw. katholische theologische und

---

[10] Vgl. als Einführungen in die feministische Theologie die ausgewählten Darstellungen: *C.J.M. Halkes*, Gott hat nicht nur starke Söhne. Grundzüge einer feministischen Theologie (Gütersloh 1980); *E. Gössmann*, Die streitbaren Schwestern. Was will die Feministische Theologie? (Freiburg-Basel-Wien 1981); *Ch. Schaumberger/M. Maassen (Hg.)*, Handbuch Feministische Theologie (Münster 1986); *D. Strahm*, Aufbruch zu neuen Räumen. Eine Einführung in feministische Theologie (Fribourg 1987); *U. Gerber*, Die feministische Eroberung der Theologie (München 1987); *M. Kassel (Hg.)*, Feministische Theologie. Perspektiven zur Orientierung (Stuttgart 1988); *E. Moltmann-Wendel (Hg.)*, Weiblichkeit in der Theologie. Verdrängung und Wiederkehr (Gütersloh 1988); *H. Meyer-Wilmes*, Rebellion auf der Grenze. Ortsbestimmung feministischer Theologie (Freiburg-Basel-Wien 1990); *E. Gössmann u.a.*, (Hg.): Wörterbuch der feministischen Theologie (Gütersloh 1991); *H. Pissarek-Hudelist/L. Schottroff (Hg.)*, Mit allen Sinnen glauben. Feministische Theologie unterwegs (Gütersloh 1991).

kerygmatische Tradition der Selbstvergötzung des Männlichen erlegen ist, statt sich der Wirklichkeit Gottes, wie unvollkommen auch immer, anzunähern"[11]. Menschen können nicht anders als „nur" in Bildern von Gott reden, die als solche immer menschlicher Lebenswirklichkeit entstammen und darin bleibend ihre Grenze erfahren. Das 4. Laterankonzil (1215) formulierte diese theologische Grundüberzeugung in bleibend gültiger Weise: „Zwischen dem Schöpfer und dem Geschöpf kann man keine so große Ähnlichkeit feststellen, daß zwischen ihnen nicht eine noch größere Unähnlichkeit festzustellen wäre".[12] Die Wirklichkeit Gottes kann nur in menschlichen Bildern erfaßt werden; die so mögliche Ahnung von Gottes Wesen ist jedoch immer überstiegen zu denken von dem jeweils größeren Anders-Sein Gottes. Gott als „die Andere" zu verkündigen, verleiht – so die Erwartung vieler Frauen – der Rede von Gott als „dem ganz Anderen" mehr Nachdruck und Glaubwürdigkeit.

2. Gesellschaftliche Rollenzuweisungen und „Geschlecht" der Gottheit

Wenn auch das Interesse zumindest der meisten Theologinnen keineswegs ist, statt der Männlichkeit Gottes nun seine – oder dann besser – *ihre* Weiblichkeit zu behaupten, vielmehr Konsens darin besteht, daß die jüdisch-christliche Gottesvorstellung alles Geschlechtliche transzendiert, wiewohl sie auf der Bildebene zumindest beim Gebrauch personaler Metaphern darin verhaftet bleibt, so gibt es gleichwohl ein spezifisches Interesse von Frauen, der Frage nach einem möglichen Zusammenhang zwischen dem (bildhaften) „Geschlecht" der verehrten Gottheit und gesellschaftlichen Rollenzuweisungen nachzugehen. Gerade bei dieser Thematik ist allerdings die innerfeministische und allgemein wissenschaftliche Hypothesenbildung alles andere als übersichtlich, und eine Konsensbildung scheint noch in weiter Ferne. Die strikte Leugnung jeglichen Zusammenhangs etwa zwischen dem Geschlecht der verehrten Gottheit und der Wertschätzung der Menschengruppe desselben Geschlechts ist im Blick auf die vielfältigen Belege der Religionsgeschichte, die einen solchen Konnex nahelegen, ebenso ignorant wie eine monokausale Erklärung der gesellschaftlichen Rollenverteilung durch bloßen Rekurs auf das Religionssystem.

Die Zustimmung zu dem von Mary Daly[13] geprägten Schlagwort: „If God is male then the male is God" („Wenn Gott männlich ist, dann ist das Männliche Gott"), und die Annahme, der jüdisch-christliche Gott sei nur männlich vorzustellen, ließ

[11] *M.-Th. Wacker*, Aschera oder die Ambivalenz des Weiblichen. Anmerkungen zum Beitrag von Georg Braulik, in: *Dies./E. Zenger (Hg.)*, Der eine Gott und die Göttin. Gottesvorstellungen des biblischen Israel im Horizont feministischer Theologie (Freiburg-Basel-Wien 1991) 137; vgl. *H. Pissarek-Hudelist*, Als Frau von Gott erzählen. Feministische Visionen einer neuen Rede von Gott, in: Katechetische Blätter 115 (1990) 114.

[12] DH 806.

[13] Vgl. *M. Daly*, Jenseits von Gottvater Sohn & Co (München 1978).

nicht wenige Frauen zur Überzeugung kommen, in der christlichen Kirche keinen frauengemäßen Lebensraum zu finden. Dagegen kommt die auch von feministisch-theologisch sensibilisierten Theologinnen – wie etwa der schon genannten Marie-Theres Wacker[14] – zustimmend kommentierte Untersuchung von Fritz Stolz zu dem Ergebnis, daß das „Symbolsystem" – das Gottesbild – nicht einfachhin parallel ist dem „religiösen Sozialsystem", wie sich etwa in einer an der Universität Löwen durchgeführten empirischen Untersuchung der Gott zugeschriebenen „väterlichen" und „mütterlichen" Eigenschaften bestätigt: „Es ist (...) nicht so, daß Gott nach dem Verständnis des Westeuropäers in besonderem Maße patriarchale Züge hätte, im Gegenteil. Dabei ist es interessant, daß bei den befragten Personen der Anteil praktizierender Katholiken weit übervertreten ist (...). Ausgerechnet die Angehörigen der Konfession, die in ihren Sozialstrukturen die Männer mit einer exklusiven Verantwortung betraut, betonen im Gottesbild die mütterlichen Züge"[15]. Eine Frage, die sich bei dieser Aussage allerdings stellt, ist, ob in den Köpfen der befragten Westeuropäer – und ja wohl auch Westeuropäerinnen – rein auf der Bildebene, der Imagination, bei der Gottesvorstellung nicht doch „Mannsgestalten" vor dem geistigen Auge erschienen sind, denen neben den väterlichen eben auch noch mütterliche Eigenschaften zugesprochen wurden.

3. Feministisch-theologische „Hermeneutik der Erinnerung"

Die beiden bisher referierten Anliegen von Frauen in der Theologie, die Rede von Gott zu einem Schwerpunkt ihrer Forschung zu machen, ließen sich miteinander verbinden unter dem Leitgedanken „Protest": ein Protest gegen das Ignorieren des Anders-seins Gottes und gegen die damit einhergehende Vergötzung des Männlichen und ein Protest gegen die Versuchung, Frauen in Kirche und Gesellschaft zu benachteiligen im Namen eines vermeintlich männlichen Gottes. Wie allgemein bei der Beschreibung der Anliegen feministisch-theologischer Reflexion genügen diese Hinweise auf die Fehlmeinungen ausgrenzende und darin nur indirekt positiv wirkende Zielsetzung ihrer Vertreterinnen jedoch nicht. Viele Frauen wollen vielmehr auch unmittelbar, direkt zur Bereicherung der Theologie, die ja als ganze im Dienst der Verkündigung steht, beitragen, indem sie in besonderer Sensibilität auf die oftmals vergessenen biblischen Gottesbilder aufmerksam machen, in denen Gottes Dasein und Sosein unter Inanspruchnahme spezifisch weiblicher Lebenserfahrungen bezeugt wird. Zur „Hermeneutik des Verdachts" gesellt sich also die „Hermeneutik der Erinnerung" – beides Anliegen, die in der feministischen Theologie auch im Blick auf andere Fragestellungen vertreten werden.[16]

---

[14] Vgl. *M.-Th. Wacker*, Feministisch-theologische Blicke auf die neuere Monotheismus-Diskussion. Anstöße und Fragen, in: *Dies./E. Zenger (Hg.)*, Der eine Gott und die Göttin (s. Anm. 10) 33.

[15] *F. Stolz*, Feministische Religiosität – Feministische Theologie. Religionswissenschaftliche Perspektiven, in: Zeitschrift für Theologie und Kirche 86 (1989) 477-516, hier 509.

[16] Vgl. zur Methodik und Hermeneutik feministischer Theologie besonders: *H. Meyer-Wilmes*, Rebellion auf der Grenze (s. Anm. 9); *E. Schüssler Fiorenza,* Zu ihrem Gedächtnis.

Historisch wurzelt die femistische Theologie in der politischen Emanzipationsbewegung, die zunächst in den USA und von dort ausgehend im angelsächsischen Raum Europas Fuß faßte. So erklärt sich auch, daß die Vertreterinnen feministisch-theologischer Positionen anfangs vor allem in den protestantischen Kirchen beheimatet waren, während die Bewegung gegenwärtig kaum noch konfessionell situiert ist. Der politische Wurzelboden der feministischen Theologie spiegelt sich in den Ausführungen der schweizerischen katholischen Theologin Doris Strahm, deren Einführung in Geschichte und Inhalte feministisch-theologischer Forschung eine gute Orientierungshilfe ist.[17] Doris Strahm bestimmt die feministische Theologie als „Teil einer umfassenden feministischen Kulturkritik“[18], die „der herrschenden Theologie die Gültigkeit ab[spricht], die befreiende Botschaft Gottes in allgemeingültiger Weise auszulegen“[19]. Konkret will feministische Theologie eine erfahrungsbezogene, kontextuelle und befreiend wirkende Rede von Gott sein.[20] Geschwisterlichkeit und Ganzheitlichkeit im Miteinander von Frau und Mann sind dabei erklärte Zielsetzungen.[21] Doris Strahm differenziert zwischen zwei Gruppierungen innerhalb der feministischen Theologie, von denen die eine – im Anschluß an Carol Christ – als „reformistisch“, die andere als „revolutionär“ zu bezeichnen sei, erstere eine antipatriarchale Reform der christlichen Kirchen anstrebt, letztere dagegen „die christliche Tradition für irreformabel sexistisch“[22] hält. Theologinnen, die sich für eine frauengerechte Reform der christlichen Tradition einsetzen, betreiben neben der Kritik der theologischen Bilder, die in Lehre und Verkündigung erscheinen, vor allem auch – damit zusammenhängend – eine Kritik der in den gottesdienstlich-liturgischen Feiern verwendeten Sprache.[23] In jüngerer Zeit läßt sich in vielen Beiträgen christlicher Frauen deutlich die Tendenz erkennen, sich auf neue Weise selbst als Kirche zu begreifen: Auf das „Nein“ der Frauen folgte ein „Anders“, und dieses gab den Mut zum „Trotzdem“.[24]

III. Argumente

Der spezifisch feministisch-theologisch motivierte Blick auf das in den alt- und neutestamentlichen Schriften enthaltene Zeugnis von Gottes Wesen ermöglichte

---

Eine feministisch-theologische Rekonstruktion der christlichen Ursprünge (München-Mainz 1988).

17 Vgl. *D. Strahm*, Aufbruch zu neuen Räumen (s. Anm. 10).

18 Ebd., 13.

19 Ebd.

20 Vgl. ebd., 14-17.

21 Vgl. ebd., 17-21.

22 Ebd., 22.

23 Vgl. *H. Wegener u.a. (Hg.)*, Frauen fordern eine gerechte Sprache (Gütersloh 1990).

24 Vgl. *M. Rotter/R. Schüle (Hg.)*, Trotz allem. Frauen sagen ja zur Kirche (Würzburg 1994); *V. Straub (Hg.)*, Auch wir sind die Kirche. Frauen in der Kirche zwischen Tradition und Aufbruch (München 1991).

Entdeckungen, die für die Verkündigung des biblischen Gottesbildes von großer Bedeutsamkeit sind. In diesem Zusammenhang soll hier zunächst auf eine Detailfrage aufmerksam gemacht werden, die in der alttestamentlichen Forschung zunehmend Aufmerksamkeit erregt.

1. Eine Spezialfrage: Jahweh und seine Aschera

„Jahweh" ist der alttestamentlich bezeugte Name Gottes, der mit diesem Namen als der für seine Schöpfung, für alles, was immer ist, Daseiende, Mitseiende, Fürsorgende verkündigt wird, weil er sich als ein solcher dem Volk Israel geoffenbart hat, sich als ein solcher in geschichtlicher Zeit erfahrbar gemacht hat. Die ältesten Texte des Alten Testamentes datieren um 1000 v. Chr., die Verehrung des Gottes Jahweh dürfte jedoch wesentlich älter sein. Eine genaue Angabe über die zeitlichen Anfänge der Anrufung dieses Gottes – ursprünglich wohl ein in der Sinai-Region angerufener „Berggott" – scheint kaum möglich. Archäologische und ikonographische Studien, wie sie in der religionsgeschichtlichen Wissenschaft erstellt werden, zeigen, daß es im Süden Palästinas Inschriften aus dem 9./8. Jahrhundert gibt, die von „Jahweh und seiner Paredra"[25] sprechen. Solche Inschriften etwa auf Scherben von großen Vorratskrügen könnten darauf hinweisen, daß auch der Gott Jahweh – wie andere in der Religionsgeschichte bekannte Göttergestalten – eine weibliche Paredra, ein Gegenüber hatte, somit früher einmal „nur" die männliche Gestalt eines Götterpaares war, deren weiblicher Teil „Aschera" hieß und eine Fruchtbarkeitsgöttin war, die meist im Symbol des Baumes dargestellt wurde. Die Frage, ob anzunehmen sei, daß im Kontext des Übergangs zur ausdrücklichen und reflektierten Monolatrie, der Verehrung nur eines Gottes in Israel (wohl um 900 v. Chr.), der weibliche Teil des Götterpaares eliminiert wurde, und was dies für die Frauen in Israel damals und heute bedeutete, bewegte und bewegt noch immer die Gemüter der Alttestamentler/innen.[26]
Die Tatsache, daß die alttestamentlichen Schriften selbst vor allem in dem exilisch-vorexilischen sog. deuteronomistischen Geschichtswerk (1 Kön 15,13; 16,33; 2 Kön 13,6; 21,7; 23,4.6.15; vgl. 2 Chr 33, 7.15) eine heftige Polemik gegen jene Kultsymbole enthalten, für die allein der Name Aschera in späterer Zeit noch verwendet wurde, ließ zudem die Frage aufkommen, ob bei der Durchsetzung des biblischen Monotheismus frauenfeindliche Züge in das jüdische Gottesbild – und infolgedessen in das gesellschaftliche Frauenbild – aufgenommen wurden, die in der Anfangszeit gerade fehlten.
In dieser hier nur in groben Zügen gezeichneten bibelexegetischen Fachdiskussion zeichnet sich ein Konsens in der Richtung ab, daß zur Zeit der Entstehung der

---

[25] Vgl. *U. Winter*, Frau und Göttin. Exegetische und ikonographische Studien zum weiblichen Gottesbild im Alten Israel und in dessen Umwelt (Freiburg-Göttingen 1983) 486-490.

[26] Vgl. die Diskussion in: *M.-Th. Wacker/E. Zenger (Hg.)*, Der eine Gott und die Göttin (s. Anm. 10) (Lit.!). Vgl. auch die Beiträge zu dieser Thematik in: Bibel und Kirche 49 (1994) H.2.

Jahweh-allein-Verehrung bereits eine ihm etwa gleichrangige Göttin nicht mehr vorstellbar war, somit auch nicht bewußt bekämpft werden mußte, was sich im Inschriftenmaterial durch die durchgängige Verwendung des (unterordnenden) Personalpronomens („Jahweh und *seine* Aschera") spiegelt.
Exemplarisch zeigt sich in der intensiven wissenschaftlichen Diskussion nicht nur, wie anregend „streitbare Schwestern" sein können. Es wird auch deutlich, wie wenig geschichtlich geprägt unsere Gottesvorstellungen doch meist sind. Schließlich wird auch erkennbar, wie schwer sich schon die jüdische Glaubensgemeinschaft getan hat, den Aspekt der „Fruchtbarkeit" und damit die sinnlich-erotische Bildwelt in ihr Gottesbild zu intergrieren. Da ihr die christliche Gemeinschaft in diesem Bereich keineswegs nachsteht, sollte sie vor einer Verurteilung tunlichst zurückschrecken – was allerdings in feministisch-theologischen Schriften nicht immer geschieht und entsprechend eine heftige Diskussion um den „Antijudaismus" des christlichen Feminismus auslöste.

2. Weibliche Bildwelt in der biblischen Rede von Gott

Angesichts der vielfältigen und nur schwerlich zu überlesenden bzw. zu überhörenden biblischen Zeugnisse für eine Gottesverkündigung unter Heranziehung der weiblichen Bildwelt[27] überrascht, wie wenig dies dem Glaubensbewußtsein der wohl meisten Christen vertraut ist. So erregte etwa der so bald verstorbene Papst Johannes Paul I. zu Beginn seines kurzen Pontifikats größte Aufmerksamkeit, als er bei seiner Angelus-Ansprache am 10. September 1978 den damaligen israelischen Premierminister Begin an die gemeinsame alttestamentliche prophetische Überlieferung erinnerte, die Gottes Treue mit der Liebe einer Mutter zu ihrem Kind vergleicht.[28]
Angesichts der Überraschung, die eine solche päpstliche Verkündigung auslöste – er zitierte ja bloß Jes 49,15 („Kann denn eine Frau ihr kleines Kind vergessen, eine Mutter ihren leiblichen Sohn? Und wenn sie ihn vergessen würde, ich [Jahweh] vergesse dich [Israel] nicht") – drängt sich der Gedanke auf, hier habe die christliche Ikonographie in einer Weise bewußtseinsprägend gewirkt, daß die biblischen Bilder dagegen nicht ankommen konnten. Gewiß ist die innere Sperre noch immer vieler Christen, die biblische Rede etwa von unserer Mutter Gott anzunehmen, auch durch die im gottesdienstlichen Vollzug all-präsente Anrede Gottes als Vater, Sohn und Geist begründet. Kaum bekannt ist dagegen, daß die von Jesus aus der jüdischen Tradition aufgegriffene „Vater"-Vorstellung in der Rede von Gott verstärkt erst in den jüngeren alttestamentlichen Texten begegnet, in nachexilischer Zeit, als die Väter in den gegenüber den früheren Sippenverbänden kleineren Familienstrukturen eine besondere Rolle übernahmen.[29] Dabei

---

[27] Vgl. *V.R. Mollenkott*, Gott – eine Frau? Vergessene Gottesbilder der Bibel (München 1985).
[28] Vgl. l'Osservatore Romano deutsch vom 15.9.1978.
[29] Vgl. *E.S. Gerstenberger*, Jahwe – ein patriarchaler Gott? (Stuttgart 1988).

wird zudem oft übersehen, daß sich mit der Rede von der „Väterlichkeit" Gottes nach dem biblischen Zeugnis im wesentlichen drei Inhalte verbinden, die von Frauen keineswegs abgelehnt werden: (1) Gott ist einer, der seinen in ihm aufkommenden „gerechten Zorn" besänftigen kann und in Güte verwandelt – eben wie ein Vater es seinen Kindern gegenüber tut (Ps 103,13; Jes 63,15b-16a); (2) Gott trägt das müde Volk durch die Wüste, als es selbst nicht mehr laufen kann – wie ein Vater sein kleines Kind bei einer Wanderung nach gewisser Zeit auf den Arm nimmt (Dtn 1,31; Jer 31,9); (3) Gott ist der Vater aller – und dies ist Grund zu Solidarität unter allen Menschen (Mal 1,6; 2,10). Dieser Gott-Vater ist wahrlich kein patriarchaler Herrscher. Jesus steht in seiner Rede von Gott, seinem Vater, in dieser Tradition.

Die weibliche Erfahrungswelt, die in den biblischen Schriften zur Verkündigung des Wesens Gottes herangezogen wird, ist recht differenziert und beschränkt sich keineswegs allein auf die Rede von der „Mütterlichkeit" Gottes, wenngleich gerade in diesem Kontext ganz eindrückliche Zeugnisse überliefert sind.[30] Gott ist nach dem alttestamentlichen Zeugnis vorzustellen als eine „Gebärende" und „Stillende": In Dtn 32,18 etwa klagt Mose über Israel: „Du vergaßest den Gott, der dich geboren hat". Nach Num 11,11-13 erinnert Mose in angefochtener Situation – das Volk hadert auf der Wüstenwanderung nach seiner Befreiung aus der Sklaverei in Ägypten mit seinem Gott, der es nun scheinbar verhungern und verdursten läßt – im Zwiegespräch mit Gott diesen – diese – an ihre Mütterlichkeit und fragt: „Habe denn ich dieses ganze Volk in meinem Schoß getragen, oder habe ich es geboren, daß du zu mir sagen kannst: nimm es an deine Brust?". Gott ist nach dem biblischen Zeugnis eine Lebenszugewandte, Nährende, Stillende und Tröstende: „Wie eine Mutter ihren Sohn tröstet, so tröste ich euch" (Jes 66,13), so läßt Jahweh sich durch seinen Propheten Jesaja verkündigen. Nicht nur dem menschlichen Erfahrungsbereich sind die biblischen Bilder für die Mütterlichkeit Gottes entnommen – auch dem tierischen. So wird Gott mehrfach im Bild einer Adlermutter vorgestellt, die ihre Jungen auf ihren Flügeln davonträgt und in Sicherheit bringt (Dtn 32,11f; Ex 19,4). Die gleichfalls mütterliche Sorge eines anderen Federgetiers, die Küken unter die Flügel zu nehmen, um sie zu wärmen und zu schützen, wird dann ja auch im Neuen Testament in Mt 23,37 aufgegriffen: Dort ist es Jesus, der von sich sagt, er habe die Kinder Israels um sich sammeln wollen, wie eine Henne ihre Küken unter ihre Flügel nimmt. Diese Bildrede gilt in der theologischen Tradition als ein biblischer Beleg für die Rede von der „Mütterlichkeit" Jesu.

Ebenfalls auf die Situation von Schwangerschaft und Geburt bezogen ist ein biblisches Gottesbild, das dabei aber nicht die Mutter in den Blick nimmt: In Ps 22,10f – jenem Psalm, den Jesus in seiner Todesstunde gebetet haben könnte –

[30] Vgl. bes. auch Hos 11, 1-11 und die (kontroverse) Besprechung dieses Textes bei: *H. Schüngel-Straumann*, Gott als Mutter in Hosea 11, in: Theologische Quartalschrift 166 (1986) 119-134; *S. Kreuzer*, Gott als Mutter in Hosea 11?, in: Theologische Quartalschrift 169 (1989) 123-132.

wird Gott gezeichnet als eine Geburtshelferin, eine Amme: „Du bist es, die mich aus dem Schoß meiner Mutter zog, mich barg an der Brust meiner Mutter".
Breit entfaltet nicht nur in der feministisch sensibilisierten Bibelexegese ist eine Auffälligkeit der hebräischen Sprache: die Tatsache, daß das hebräische Wort (rachamim), das im Deutschen mit „Erbarmen" übersetzt wird, der Plural des hebräischen Wortes für „Mutterschoß" (rächäm) ist. Gottes Erbarmen gründet in „Blutsbanden". „Ein Fleisch" mit ihm, trifft es ihn – sie selbst, wenn ihre Kinder unter den unheilen Folgen eigenen Tuns leiden und daher erbarmt sie sich ihrer.
Die spezifisch weibliche Erfahrungswelt bei der Verkündigung Gottes heranzuziehen, erschien den biblischen Schriftstellern offenbar unverzichtbar: Gottes Sehnsucht, Leben zu schenken und in Beziehung zu bleiben mit seinen Geschöpfen – trotz aller Infragestellung von deren Seite – ist leichter zu erfassen, wenn sie in der Bildrede von Gottes Weiblichkeit zum Ausdruck gebracht wird. Daß sich in den Bildern, die sich zur Gottesverkündigung anbieten, gelebtes Frauenleben spiegelt, sei nicht vergessen. So mutmaßt etwa der Alttestamentler Othmar Keel, im Hintergrund der in der Zeit des babylonischen Exils (Mitte des 6. Jh. v. Chr.) verstärkt vorkommenden Rede von der Mütterlichkeit Gottes könnte der „dramatische[n] Einsatz der Mütter für ihre Säuglinge unter den extremen Bedingungen der Deportation und des Exils"[31] stehen.

3. Ruach und Sophia

Das christliche Bekenntnis zu Gott ist ein Bekenntnis zu seinem trinitarischen, dreipersonalen Wesen. Dabei gilt als ein Grundaxiom der Trinitätstheologie, daß der Gottesbegriff durch die Geschichte der Offenbarung, durch die Geschichte Gottes mit den Menschen bestimmt ist, die ihre geschichtlichen Erfahrungen als in Gottes Wesen begründet deuten.[32] So ist der Ausgangspunkt der Trinitätstheologie nicht rationale Spekulation, sondern Gotteserfahrung, wie sie nach christlicher Glaubensüberzeugung am dichtesten, mit Händen greifbar und mit den Augen sichtbar, in Jesus von Nazaret geschehen ist. Das christlich-trinitarische Gottesbild entspringt in seiner reflektierten Gestalt an diesem geschichtlichen Ort, es weiß sich aber in der Tradition des alttestamentlich bezeugten Gottes und teilt mit dieser gleichfalls monotheistischen Tradition den Glauben an den *einen* Gott, der sich schon in den alttestamentlichen Schriften in seiner inneren Lebendigkeit, seiner inneren Dynamik geoffenbart hat. Unter feministisch-theologischer Perspektive sind insbesondere zwei der sog. „Personifikationen" Gottes von besonderer Bedeutung: Gott ist ruach (Geist), und Gott ist sophia (Weisheit). Beide Aussagen haben alttestamentliche und neutestamentliche Bedeutungen.
Ruach ist im Hebräischen an den weitaus meisten der Belegstellen grammatikalisch ein weibliches Wort. Das grammatikalische Geschlecht ist in dieser semitischen Sprache insofern von besonderer Eindringlichkeit, als die Satzkonstruktion

---

[31] *O. Keel*, Jahwe in der Rolle der Muttergottheit, in: Orientierung 53 (1989) 91, Anm. 6.
[32] Vgl. *W. Kasper*, Jesus der Christus (Mainz 1974) 203.

(vor allem die für das Hebräische zentrale Verbform) das grammatikalische Geschlecht des dazugehörenden Subjektes aufgreift. D.h.: In den allermeisten Fällen ist an der Verbform zu erkennen, ob sie auf eine weibliche oder eine männliche Person bezogen ist. Die Grundbedeutungen von ruach sind: Sturm und Wind. Gemeint ist ein dynamisches, wandelndes Wehen, das Leben schenkt. Auf dieser Sinnbasis verbleibt auch die Rede von der ruach als dem Atem, dem Lebensodem. Stärker abstrahierend bedeutet ruach schließlich auch Sinn, Gesinnung, Sendung. Die mit der Rede von Gottes ruach gemachte Aussage zur Göttlichkeit Gottes läßt sich zusammenfassen im Begriff „Leben“: Gott ist lebenschaffende und lebenerhaltende, in allem lebenswillige, zugewandte ruach – Geist. Die gedankliche Verbindung von Gottes Geist mit der Rede vom Leben, das alle Tode verwandelt, bleibt gerade auch im neutestamentlichen Zeugnis erhalten, ist es doch nach Röm 1,3 u.ö. „der Geist“, in dem Gott Jesus von den Toten auferweckt hat.

Geist (ruach) und Weisheit (sophia) haben beide, wie nicht zuletzt die ikonographischen und religionsgeschichtlichen Untersuchungen von Silvia Schroer[33] belegen, eine enge Beziehung zum Symbolbild der Taube. Die Taube ist nach Silvia Schroer im 2. und 1. Jahrtausend *das* Begleittier zahlreicher antiker Göttinnen und noch der jüdische Gelehrte Philo von Alexandrien (+ 45/50 n.Chr.) symbolisiert das Wesen der göttlichen Weisheit in der Gestalt der Taube. Ausgehend von dieser Beobachtung wäre nun nicht nur von der alttestamentlichen Weisheitsspekulation zu handeln, ist doch die Weisheit das erste Schöpfungswerk Gottes, das als seine tanzende, lebensfrohe Gespielin dabei ist, da alles wird. Wichtig wäre auch, eingehender als dies in diesem Rahmen möglich ist, auf die sog. neutestamentliche Sophia-Christologie einzugehen: Nach 1 Kor 1,30 hat Gott Christus Jesus für uns „zur Weisheit“ gemacht. Er ist nicht nur der menschgewordene (männliche) logos Gottes, in ihm nimmt auch die (weibliche) Weisheit Gottes Menschengestalt an. Beide Vorstellungen widersprechen sich jedoch nicht, sind doch beide verbunden in einem Grundgedanken, denn logos und sophia meinen in der biblischen Traditon letztlich Sinn, Ordnung, Gerechtigkeit, die heilvolle Wirklichkeit Gottes, die von Gott seiner Schöpfung eingestiftete Bestimmung, es möchte für alle alles gut werden. Diese weise Ordnung erscheint in Christus Jesus in menschlicher Gestalt; sie wird geschichtlich erfahrbar in seiner unverbrüchlichen Menschenfreundlichkeit.

4. Nichtpersonale Metaphern

Kurz sei nun noch erwähnt, daß die Schwierigkeit, bei allen personalen Gottesbildern genötigt zu sein, zwischen einem weiblichen *oder* einem männlichen Bild

---

[33] Vgl. *S. Schroer*, Der Geist, die Weisheit und die Taube. Feministisch-kritische Exegese eines neutestamentlichen Symbols auf dem Hintergrund seiner altorientalischen und hellenistisch-frühjüdischen Traditionsgeschichte, in: Freiburger Zeitschrift für Philosophie und Theologie 33 (1986) 197-225.

zu wählen, und beides in der Gefahr steht, Gott menschlich zu denken, viele Frauen dazu ermutigt hat, die zahlreichen nichtpersonalen biblischen Metaphern für Gottes Wesen aufzugreifen und darin ein Gottesbild zu finden. Besondere Bedeutung im Kontext weiblicher Spiritualität haben dabei offenbar die Metaphern „Baum“ und vor allem „Quelle“, weil in ihnen Gottes fruchtbare, beseligende, beglückende Lebendigkeit, seine Hunger und Durst stillende Nähe zum Ausdruck gebracht werden kann. In diesem Sinne ist die Rede von Gott als der Quelle lebendigmachender Wasser, die niemals versiegt, in der biblischen Tradition breit entfaltet (Ps 36,10; Jer 2,13; Ps 65,10; Offb 21,6).[34]
In diesem Zusammenhang scheinen mir zwei allgemeine Hinweise von großer Bedeutung: (1) Wie alle Metaphern ersetzen, substituieren auch die theologischen Metaphern nicht einfach eine auch auf andere Weise auszusagende, genau bestimmte Wirklichkeit, ihre Bedeutung wird vielmehr erst im kommunialen Interaktionsgefüge generiert. Insofern sind auch die biblischen Metaphern für Gottes Wesen nur angemessen zu verstehen, wenn die „Erschließungssituation“, die Vorerfahrungen, die Weltsicht derer, die solche Metaphern verwenden, in die Deutung eingehen. Im Blick etwa auf das Bild der Wasserquelle als Gottesbild bedeutet dies: Nach biblischer Tradition sind „die Wasser“ auch die tobenden, tiefen, verschlingenden Wasser des Meeres. Wasser ist auch Symbol der Todesbedrohtheit allen Lebens. Nur Gott hat Macht über die Wasser, er allein kann die Stürme stillen. Insofern reden Wüstenbewohner/innen und Küstenbewohner/innen je anders vom Wasser. Rede von Gott in Bildern ist, so zeigt sich hier exemplarisch, immer zu verstehen als ein auf Gemeinschaft angewiesenes, worthaftes Deutegeschehen, als Verkündigung, in der die besprochene Wirklichkeit – Gott – sich ereignet, sich präsent setzt.
(2) Neben der gewiß wichtigen Gottesverkündingung in nichtpersonalen Metaphern scheint mir unerläßlich, auch personale Metaphern für Gott zu verwenden, ist doch nur auf diese Weise möglich, von seiner Freiheit in der Zuwendung und seiner Beziehungsfähigkeit zu sprechen. Menschliches Miteinander, personales Gegenüber von Ich und Du gilt nach der biblischen Überlieferung als *das* eigentliche Gottesbild: „Gott schuf den Menschen als sein Abbild – männlich und weiblich schuf er sie“ (Gen 1,27). In der sog. priesterschriftlichen Schöpfungserzählung drücken die hebräischen Vokabeln zur Bezeichnung von „Mann und Frau“ als Bild Gottes gerade deren geschlechtliches Dasein aus. Zu übersetzen wäre eigentlich: „Gespitzt und gehöhlt“ schuf Gott den Menschen, sein Bild. In der evangelischen Theologie war es insbesondere Karl Barth[35], der in der menschlichen Gemeinschaft das Bild eines Gottes erblickte und beschrieb, der selbst in sich Gemeinschaft, Beziehung ist und daher sagt: „Laßt *uns* Menschen machen, *uns ähnlich*“ (Gen 1,26). Das drängende, liebende, das Leben wollende Zueinander der Geschlechter, von Mann und Frau, als biblisches Gottesbild zu begreifen, eröffnet, so scheint mir, neue Räume.

---

[34] Vgl. *E. Moltmann-Wendel* u.a., Erde – Quelle – Baum. Lebensymbole in Märchen, Bibel und Kunst (Stuttgart 1994).
[35] Vgl. *K. Barth*, Die kirchliche Dogmatik, Bd. III/1 (Zollikon-Zürich 3/1957) bes. 220-222.

IV. Aussagen

Die bisherigen Ausführungen lassen sich in vier Thesen zusammenfassen:

1. Sexus und gender

Feministische Theologie bespricht in der Rede von „Gott in Frauengestalt“ nicht die Weiblichkeit Gottes im Sinne eines biologischen Geschlechts der Gottheit, sondern sie zielt eine methodische Umsetzung der Einsicht an, daß alle Lebenserfahrungen und Lebensdeutungen – und zu diesen gehört der Gottesglaube – auch durch die Zugehörigkeit zum weiblichen oder männlichen Geschlecht bestimmt sind. Die „gender“-Frage umfaßt in diesem Sinne die Frage nach den sozialen Rollen und der kulturellen wie religiösen Symbolwelt.

2. Bildzwänge

Die christliche Ikonographie, die die (jüdisch-alttestamentliche) Scheu verloren hat, ein Gottesbild zu zeichnen, und die liturgische Anrede Gottes als „Vater“ Jesu Christi, deren spät-alttestamentliche Verbreitung und deren „mütterlicher“ Bildgehalt nicht im Bewußtsein sind, haben zu dem in der christlichen Glaubensgemeinschaft verbreiteten Gottesbild „in Mannsgestalt“ geführt, dessen Bildcharakter nicht transparent ist, wie der in den christlichen Gemeinden oft anzutreffende Widerstand bei der Rede von Gott, unserer Mutter, belegt.

3. Gottes Ein-bild-ung

Voraussetzung, Basis und Kriterium der christlichen Rede von Gott ist Gottes eigene Bemühung, sich ins Bild zu setzen, sich zu zeigen, sich zu offenbaren. Gott bildet sich selbst ein in Welt und Geschichte, er zeigt sein liebendes Angesicht, das in menschlichen Bildern nachzuzeichnen Aufgabe der Theologie als Verkündigung Gottes ist. *Das* „Ebenbild des unsichtbaren Gottes“ (Kol 1,15) ist Christus Jesus; in ihm ist die Güte und Menschenfreundlichkeit Gottes in irdischer Zeit erschienen (Tit 3,4).

4. Bekenntnis zum Leben

Die von Frauen als die ihnen und ihrem Alltag nahen Gottesbilder gewählten, sind miteinander verbunden in dem inhaltlichen Stichwort „Leben“.[36] Die biologisch bedingte und gesellschaftlich delegierte Sorge der Frau für das werdende

---

[36] Vgl. dazu auch das reiche Bildmaterial, das zusammengestellt ist bei: *A. Getty*, Göttin. Mutter des Lebens (München 1993).

Leben – und, wie vielfach bezeugt, auch für das verlöschende Leben, war doch Frauen die Totenwache und der Totenkult überlassen –, die Nähe der Frau zum Leben schafft eine innere Disposition, die dazu befähigt, gerade das lebenszugewandte, lebenbejahende, gutheißende Sorgen Gottes als Gottes Wesen zu begreifen.

V. Aufgaben

Aufgabenstellungen sind oft schnell benannt, ihre Bewältigung fällt dagegen meist ungleich schwerer. Dennoch scheint mir wichtig, hier am Schluß auf ein Desiderat zu verweisen, dessen Erfüllung dringlich ansteht: Frauenspezifische Forschung ist immer wieder genötigt, Auskunft über ihre Bestimmung der Geschlechterdifferenz zu geben. Nötig und hilfreich wäre dabei, die gewiß schon vorhandenen Anstrengungen zu verstärken, in der Anthropologie der Geschlechter durch interdisziplinäre Zusammenarbeit einer wissenschaftlichen Konsensfindung näher zu kommen.

Der von vielen Theologinnen als ihr Anliegen formulierten Zielsetzung, ein geschwisterliches Miteinander in der Kirche leben zu wollen, wäre gedient, wenn mehr und mehr „Herren der Schöpfung" Bereitschaft aufbringen könnten zu hören, was Frauen zu sagen haben. Thomas von Aquin[37] begründete seine Überzeugung, Frauen beschränkten ihre Rede besser auf den kleinen, privaten Raum in dreifacher Weise: (1) Es stehe den Frauen als den Untergebenen nicht zu, Männer zu belehren. (2) Durch ein öffentliches Auftreten von Frauen werde „der Geist der Männer zur Sinnlichkeit verführt". (3) Die weibliche Weisheit sei nicht so vollkommen, daß ihnen eine öffentliche Lehrtätigkeit anvertraut werden könnte. Das erste Argument hat zentrale Aussagen der biblischen Anthropologie gegen sich (etwa Gal 3,28); die dritte Begründung ist durch eine veränderte Faktenlage widerlegt; es bleibt also noch die zweite Erwägung – ein Problem, das ja wohl an die Männer zurückzugeben wäre.

---

[37] Vgl. Sth II-II 177,2 c.

Wandeln Worte Wirklichkeit?

Nachdenkliches über die Rezeption der Sprechakttheorie in der (Sakramenten-)Theologie

I. Vorüberlegungen zur Fragestellung

„Tod und Leben stehen in der Macht der Zunge" (Spr 18,21). Vor Gericht ist das Geschick eines Beschuldigten oft eine Konsequenz der Worte, die Zeugen über ihn sprechen. Was das Herz plant, bleibt solange im Verborgenen, bis die Zunge es öffentlich macht und Gutes und Böses, Leben und Tod daraus erwachsen (vgl. Sir 37,16-18). Nach Gerhard von Rad ist die Thematik des rechten Redens und mehr noch des rechten Schweigens „geradezu unerschöpflich"[1] in der älteren Weisheitsliteratur. In allen Bereichen des menschlichen Zusammenlebens wandeln die Worte der einen die Wirklichkeit der anderen.

Der Sprachgebrauch war von den frühesten Zeiten an ein beliebter Gegenstand philosophischer Betrachtung. In unserem Jahrhundert hat eine Theorie zur Erfassung der Wirkweise sprachlicher Äußerungen, die auf John L. Austin zurückgehende „Sprechakttheorie", in vielen theologischen Beiträgen Aufmerksamkeit erfahren. Angesichts der aus der Tradition vertrauten Rede von der Wirksamkeit jener Worte, die in sakramentalen Feiern gesprochen werden, ist es nicht erstaunlich, daß eine Rezeption sprechakttheoretischer Erkenntnisse insbesondere in sakramententheologischen Arbeiten[2] nachzuweisen ist. Die Annahme der Performativität menschlicher Rede[3] ist in die allgemeine sakramententheologische Redeweise eingegangen. Sprechakttheoretische Überlegungen sind von römisch-katholischen Systematikern als eine Hilfe betrachtet worden, die in sakramentalen Handlungen gesprochenen Worte hinsichtlich ihrer Wirksamkeit zu vergleichen mit den Worten, die in der Schriftlesung und der Predigt verwendet werden.[4]

---

1 *G. von Rad*, Weisheit in Israel (Neukirchen-Vluyn ^{3}1985) 115.

2 Vgl. *A.P. Martinich*, Sacraments and speech acts, in: Heythrop Journal 16 (1975) 289-303. 405-417; *B.R. Brinkmann*, 'Sacramental Man' and Speech acts again, in: Heythrop Journal 16 (1975) 418-420. Vgl. aus jüngerer Zeit: *A. Moos*, Das Verhältnis von Wort und Sakrament in der deutschsprachigen Theologie des 20. Jahrhunderts (Paderborn 1993) 204-211; *H.O. Meufels*, Kommunikative Sakramententheologie (Freiburg-Basel-Wien 1995) 26f.

3 Vgl. *D. Zadra/A. Schilson*, Symbol und Sakrament, in: Christlicher Glaube in moderner Gesellschaft 28 (1982) bes. 100-103; *J.-M.R. Tillard*, Les sacrements de l'Église, in: Initiation à la pratique de la théologie, Bd. 2 (Paris 1983) 392f; *Th. Schneider*, Zeichen der Nähe Gottes. Grundriß der Sakramententheologie (Mainz ^{7}1998) 43f; *H. Vorgrimler*, Sakramententheologie (Düsseldorf 1987) 87f.

4 So betrachtet etwa der Dogmatiker Hermann Josef Weber die Rezeption der von John L. Austin beschriebenen Bedingungen, unter denen ein Sprechakt gelingt, als geeignet, die „weit

Sprachphilosophische Überlegungen sind zwar im allgemeinen in der evangelischen systematischen Theologie umfassend rezipiert[5], Bezugnahmen auf solche fehlen im sakramententheologischen Zusammenhang jedoch zumeist.
Die Möglichkeiten, sich in der ökumenischen Sakramententheologie von der Sprechakttheorie zum Denken anregen zu lassen, sind noch nicht ausgeschöpft. Feinheiten der sprachphilosophischen Theoriebildung sind in die theologischen Beiträge in aller Regel nicht eingegangen. Die innerlinguistische Kontroverse um den nur begrenzten Stellenwert der sprechakttheoretischen Analyse einzelner sprachlicher Äußerungen spiegelt sich kaum in der theologischen Diskussion. Die erneute Wahrnehmung linguistischer Überlegungen könnte die Beschreibung der spezifischen Weise, in der im theologischen Zusammenhang von einer wandelnden Wirkung menschlicher Sprachhandlungen auszugehen ist, erleichtern.
Ich möchte im Fortgang zunächst an die Geschichte und den Gehalt der Sprechakttheorie erinnern. Sodann werde ich einen Überblick geben über die Rezeption sprechakttheoretischer Erkenntnisse bei einzelnen theologischen Fragestellungen. Schließlich möchte ich mit Bezug auf sprachphilosophische Erkenntnisse eine systematisch-theologische Beschreibung der Wirkweise der sogenannten „Spendeformeln" in sakramentalen Feiern vornehmen.

II. Ansatz und Differenzierung der Sprechakttheorie[6]

1. Einordnung in die sprachphilosophische Chronologie

„What I shall have to say here is neither difficult nor contentious"[7]. Mit diesen Worten beruhigte John L. Austin 1955 seine Hörerinnen und Hörer an der Harvard University zu Beginn einer Vorlesungsreihe, in der er die Ergebnisse seiner Forschungen zur Thematik „Words and Deeds" zusammenfaßte. 1960 starb Austin 49jährig. Das Manuskript dieser Vorlesungen wurde 1962 posthum unter

größere Wahrscheinlichkeit" zu begründen, mit der das sakramentale Wort in „fruchtbarer" Weise wirkt: Vgl. *H.J. Weber*, Wort und Sakrament. Diskussionsstand und Anregung zu einer Neuinterpretation, in: Münchener Theologische Zeitschrift 23 (1972) 267. Weber begründet seine These mit der größeren Eindeutigkeit des Sinngehalts des sakramentalen Wortes und mit dem leichter zu erkennenden situativen Bezug der sakramentalen Worthandlung. Vgl. zur Kritik an dieser komperatistischen Argumentation von Weber: *R. Hempelmann*, Sakrament als Ort der Vermittlung des Heils. Sakramententheologie im evangelisch-katholischen Dialog (Göttingen 1992) 154f mit Anm. 123.

5 Vgl. die grundlegenden Arbeiten von: *G. Ebeling*, Einführung in die theologische Sprachlehre (Tübingen 1971); *I.U. Dalferth*, Religiöse Rede von Gott (München 1981).

6 Vgl. einführend: *G. Hindelang*, Einführung in die Sprechakttheorie (Tübingen 1983); *St.C. Levinson*, Pragmatik (Tübingen 1990) 227-282; *A. Linke u.a.*, Studienbuch Linguistik (Tübingen 1984) 182-195; *G. Grewendorf*, Art. „Sprechakttheorie", in: *H.-P. Althaus u.a. (Hg.)*, Lexikon der germanistischen Linguistik (Tübingen ²1980) 287-293; *H. Bussmann*, Lexikon der Sprachwissenschaft (Stuttgart ²1990) 726-729 (Lit.); *G. Beck*, Sprechakte und Sprachfunktionen. Untersuchungen zur Handlungsstruktur der Sprache und ihren Grenzen (Tübingen 1980).

7 *J.L. Austin*, How to do Things with Words (Oxford-New York ²1975) 1.

dem Titel „How to do Things with Words“[8] herausgegeben. Diese Studie gilt als der wichtigste Anstoß zur Entwicklung der sogenannten „Sprechakttheorie“ oder „Sprachhandlungstheorie“. Austin selbst sah den Wert seiner Ausführungen vor allem darin, daß sie „wahr“ sind, wie er in seiner Einleitungsrede sagt, „at least in parts“[9]. Um eine Differenzierung zwischen den überzeugenden, in der Kritik bewährten Teilen und den der wissenschaftlichen Diskussion nicht standhaltenden Partien seiner Argumentation bemühen sich Sprachphilosophen, Linguisten, Sozialwissenschaftler und Vertreter anderer Disziplinen bis heute.

In seinem methodischen Ansatz und in seiner Zielsetzung ist John L. Austin ein früher Vertreter der linguistischen Pragmatik. Die Pragmatik fragt nach dem Gebrauch der Sprache innerhalb eines situativ bestimmten Handlungskontextes. Die Rede von der „linguistischen Wendung“ in der Philosophie ist eng verbunden mit dem Namen Ludwig Wittgenstein, dessen „Philosophische Untersuchungen“[10] als eines der Hauptwerke jener philosophischen Richtung gelten, deren Gegenstand die alltäglich gesprochene Sprache ist („the ordinary language“)[11]. Nach neueren Forschungserkenntnissen arbeiteten Wittgenstein in Cambridge und Austin in Oxford zwar etwa zeitgleich seit den 30er Jahren, blieben aber ohne direkten Einfluß aufeinander.[12]

Austins Schüler John Searle hat die Überlegungen des Lehrers in eigenen Beiträgen präzisiert und korrigiert.[13] Im deutschen Sprachraum wurde das Gedankengut der Sprechakttheorie insbesondere durch die Arbeiten von Dieter Wunderlich[14] kritisch rezipiert und weitergeführt. Nicht zuletzt durch die Bezugnahme von Jürgen Habermas[15] auf die Sprachhandlungstheorie bei seiner Entfaltung der Theorie des kommunikativen Handelns fanden die Überlegungen von Austin und Searle

---

[8] (s. Anm. 7). Eine deutsche Bearbeitung, der die englischen Ausgaben von 1962 und 1975 zugrunde liegen, besorgte Eike von Savigny: Vgl. *J.L. Austin*, Zur Theorie der Sprechakte (How to do Things with Words) (Stuttgart 1979).

[9] *J.L. Austin*, How to do Things with Words (s. Anm. 7) 1.

[10] Vgl. *L. Wittgenstein*, Philosophische Untersuchungen, in: Werkausgabe, Bd. 1 (Frankfurt 1984) 225-580. „Laß dich die Bedeutung durch den Gebrauch lehren“ (ebd., 550).

[11] Vgl. *E. von Savigny*, Die Philosophie der normalen Sprache. Eine kritische Einführung in die „ordinary language philosophy“ (Frankfurt 1969) 15.

[12] Vgl. *St. C. Levinson*, Pragmatik (s. Anm. 6) 228f.

[13] Vgl. *J.R. Searle*, Speech Acts (Cambridge 1969) = Sprechakte. Ein sprachphilosophischer Essay (Frankfurt 1971); *ders.*, Austin on locutionary and illocutionary acts, in: Philosophical Review 87 (1969) 405-424; *ders.*, Was ist ein Sprechakt?, in: *M. Schirn (Hg.)*, Sprechhandlung – Existenz – Wahrheit. Hauptthemen der sprachanalytischen Philosophie (Stuttgart 1974) 33-53; *ders.*, Eine Klassifikation von Illokutionsakten, in: *P. Kussmaul (Hg.)*, Sprechakttheorie. Ein Reader (Wiesbaden 1980) 82-108.

[14] Vgl. *D. Wunderlich*, Sprechakte, in: *U. Maas/D. Wunderlich*, Pragmatik und sprachliches Handeln. Mit einer Kritik des Funkkollegs Sprache (Frankfurt 1972) 69-188; *ders.*, Zur Konventionalität von Sprechhandlungen, in: *ders. (Hg.)*, Linguistische Pragmatik (Frankfurt 1972) 11-58; *ders.*, Studien zur Sprechakttheorie (Frankfurt 1976); *ders.*, Über die Konsequenzen von Sprechhandlungen, in: *K.-O. Apel (Hg.)*, Sprachpragmatik und Philosophie (Frankfurt 1976) 441-462.

[15] Vgl. bes. *J. Habermas*, Theorie des kommunikativen Handelns, Bd. 1: Handlungsrationalität und gesellschaftliche Rationalisierung (Frankfurt 1981) 427-439.

Beachtung auch in den Sozialwissenschaften. Die Literatur zur Thematik ist dementsprechend weit gestreut und kaum zu überschauen.

2. Die Sprechakttheorie und ihre Terminologie

Die Sprechakttheoretiker haben ihren Erkenntnissen eine fest geprägte terminologische Gestalt gegeben. Ausgangspunkt der Überlegungen von Austin ist sein Widerspruch zu der These, Aussagesätze konstatierten immer bereits Bestehendes. Austin wird aufmerksam auf sprachliche Äußerungen, durch die nicht etwas festgestellt, sondern etwas hergestellt wird. Durch die Äußerung z.B. des Satzes: „Ich vermache dir meine Uhr" geschieht etwas, es ereignet sich Neues: Die Besitzverhältnisse ändern sich. Austin bezeichnet jene Sätze, durch deren Äußerung eine Handlung vollzogen wird, als „performative" Äußerungen, die sich von den beschreibenden, feststellenden, „konstatierenden" Äußerungen dadurch unterschieden, daß sie nicht wahr oder falsch seien, sondern vielmehr gelingen oder mißglücken.
Die Annahme, alle Äußerungen ließen sich als konstative *oder* performative erfassen, hat für Austin zu Beginn seiner Vorlesungsreihe Hypothesencharakter. Die von ihm in den ersten sieben von insgesamt zwölf Vorlesungen durchgeführte Überprüfung seiner Hypothese überzeugt ihn schließlich von der Unhaltbarkeit der von ihm zunächst angenommenen Alternative, da zum einen auch konstatierende Äußerungen Wirkungen erzielen, und zum anderen auch performative Äußerungen sich auf außersprachliche Sachverhalte beziehen. Der „propositionale Gehalt" der Aussage wird in der Bezugnahme auf „Welt" (Referenz) und in der Aussage über „Welt" (Prädikation) erkennbar.
Die Theorie der Sprechakte, die Austin in seinen letzten fünf Vorlesungen entfaltet, versucht der Erkenntnis Rechnung zu tragen, daß jede Äußerung performativen Charakter hat, d.h. eine Äußerung *immer* auch eine spezifische Form der Handlung ist. Genauerhin unterscheidet Austin drei Arten einer Handlung, die bei jedem Sprechakt miteinander verbunden sind: (1) „the act *of* saying" – den lokutionären Akt (die Tat des Sprechenden, durch *Lautbildung* Worte zu artikulieren, die auf eine außersprachliche Wirklichkeit verweisen); (2) „the act *in* saying" – den illokutionären Akt (die vom Sprechenden gemeinte Art seines Handelns, der *Handlungssinn* der Äußerung) und (3) „the act *by* saying" – den perlokutionären Akt (die vom Sprechenden intendierte oder auch nicht-intendierte *Wirkung* seiner Äußerung auf den Hörenden).
Ohne hier auf die weiteren Differenzierungen einzugehen, die Austin und Searle im Blick auf diese drei in einer Äußerung simultan sich ereignenden Akte vorgenommen haben, möchte ich die getroffenen terminologischen Unterscheidungen an einem sehr einfachen Beispiel verdeutlichen und dabei zugleich darauf aufmerksam machen, daß eine inhaltliche Bestimmung des illokutionären und des perlokutionären Aktes nur im situativen Kontext gelingt.

Die Lokution „ich komme gleich“ kann der illokutionäre Akt eines (telefonisch übermittelten) Versprechens sein, das Vorfreude auslöst, falls die Hörerin den Sprecher liebt. Derselbe Wortlaut „ich komme gleich“ kann (freilich dann anders intoniert und mit anderer Gestik) auch als Drohung gemeint sein, die Eifer hervorruft, falls die Sprechende (eine Mutter) ihrer Tochter zuvor aufgetragen hatte, ihr Zimmer aufzuräumen.

Lokution (act of saying)	*Illokution* (act in saying)	*Perlokution* (act by saying)	*Situation*
„ich komme gleich“	Versprechen	Vorfreude	Hörerin liebt Sprecher
„ich komme gleich“	Drohung	Eifer	Hörerin (Tochter) hatte Auftrag, Zimmer aufzuräumen

John R. Searle hat eine Verfeinerung der im Ansatz auch schon bei Austin zu findenden Klassifikation der illokutionären Akte, d.h. einer an Kriterien orientierten Einteilung der Illokutionen in Gruppen, vorgenommen, auf die ich im sakramententheologischen Kontext später zurückgreifen möchte. Daneben hat Searle auch eine präzisere Bestimmung der Voraussetzungen vorgenommen, die erfüllt sein müssen, soll eine Sprachhandlung gelingen.[16]

3. Innerlinguistische Diskussion

Die Sprechakttheorie ist in der Linguistik seit einiger Zeit Anfragen ausgesetzt, die bei einer theologischen Rezeption dieser Theorie Beachtung finden sollten. Weithin unbestritten ist in der gegenwärtigen linguistischen Forschung die Leistung von Austin und seiner Schule, auf die Komplexität der Handlungsformen im Sprechgeschehen aufmerksam gemacht und einen hilfreichen Apparat von Begriffen bereitgestellt zu haben, der es ermöglicht, die einzelnen sprachlichen Äußerungen zu analysieren. Zugleich wird in linguistischen Beiträgen aber die nur begrenzte Leistungsfähigkeit dieser Theorie betont: Sie bezieht sich weithin

[16] Diese sogenannten „Gelingensbedingungen“ sind teils regulativer, teils konstitutiver Natur. Die Einhaltung der „Sprechaktregeln“ stellt sicher, daß der Sprechakt sich ereignen kann. Da diese sich schwerlich allgemein für alle illokutionären Akte in gleicher Weise bestimmen lassen, arbeitet Searle zunächst exemplarisch und beschreibt die „Gelingensbedingungen“ des Sprechaktes eines „Versprechens“: Vgl. *J.R. Searle*, Sprechakte (München 1971) 88-113. Die Systematisierung der einzelnen Bedingungen, die erfüllt sein müssen, soll der Akt des Versprechens mittels der Äußerung des gegebenen Satzes erfolgreich und vollständig vollzogen sein, führt Searle zur Angabe von vier Grundregeln, die das Gelingen einer Sprachhandlung gewährleisten: (1) die Regel der Proposition (eine außersprachliche Wirklichkeit muß gegeben sein: etwa bei einem Glückwunsch ein dazu passendes Ereignis); (2) die Regel der Einleitung (ein situativer Anlaß muß vorliegen: bei einem Glückwunsch muß der Sprecher meinen, der Hörer sei über das Ereignis erfreut); (3) die Regel der Aufrichtigkeit (thematisiert die Sprecher-Hörer-Beziehung: der Sprecher ist selbst erfreut über das Ereignis, zu dem er beglückwünscht); (4) die Regel des Wesensgehalts (das illokutionäre Ziel wird angestrebt: der Sprecher will mit seinem Glückwunsch seine Freude zum Ausdruck bringen).

nur auf die vom Sprecher vollzogenen Handlungen; längere Redepassagen oder schriftliche Texte sind weniger im Blick; die Kommunikationssituation wird in sehr kleine Teile zerlegt, so daß das dialogische Wechselspiel menschlicher Rede aus dem Blick geraten kann. Dieter Wunderlich hat vor diesem Hintergrund den Begriff „Sprechaktsequenzen" geprägt und unterscheidet zwischen initiativen und reaktiven Sprechakten.[17] Searle war besonders interessiert, die institutionellen „Gelingensbedingungen" von Sprechakten zu beschreiben. Die neuere Linguistik achtet demgegenüber in hohem Maße auf die subjektiven Anteile, die zum Gelingen oder Mißlingen eines Rede-Ereignisses beitragen: Rollenerwartungen, Stimmungen, psychische Vorprägungen von Sprechenden *und* Hörenden.

III. Felder der (systematisch-)theologischen Rezeption

Ich möchte im Fortgang einige Hinweise auf die Geschichte der Rezeption der Sprechakttheorie im Gesamt der Theologie geben, die systematisch-theologischen Interessen an einem Rückgriff auf die Analysen von Austin und Searle beschreiben und schließlich auf Bedeutung und Grenzen einer theologischen Rezeption der Sprachhandlungstheorie aufmerksam machen. Diese Ausführungen skizzieren den Kontext, in den die sakramententheologischen Überlegungen einzuordnen sind.

1. Die Geschichte der Rezeption der Sprechakttheorie in der Theologie

„Die Analyse von Sprachhandlungen wirkt gegenüber denjenigen philosophischen Methoden, die den Theologen seit langem vertraut sind, in befremdlicher Weise empirisch, sogar gelegentlich verdächtig positivistisch. (...) Die Pedanterie, mit der die Sprachanalytiker versuchen, in ganz alltäglichen Weisen des Sprachgebrauches logische Strukturen freizulegen, spannt die Geduld auf eine harte Probe. (...) Und daß die Sprachanalytiker selber ihre Art der Sprachbetrachtung 'pragmatisch' nennen, verstärkt noch die ablehnende Haltung all derer, die unter 'Pragmatismus' eine Einstellung verstehen, die allen Grundsatzfragen aus dem Wege geht, ja geneigt ist, die Frage nach der Wahrheit überhaupt zurückzustellen zugunsten der Suche nach unmittelbarer Praxisanleitung"[18]. Mit diesen Worten faßt ein Mann mögliche Vorbehalte gegen eine Rezeption der Sprechakttheorie in der Theologie zusammen, der selbst als ihr profiliertester Rezipient in der

---

[17] Vgl. *D. Wunderlich*, Was ist ein Sprechakt?, in: *G. Grewendorf (Hg.)*, Sprechakttheorie und Semantik (Frankfurt 1979) 275-324.

[18] *R. Schaeffler*, Wahrheit und Institution. Sprachphilosophische Überlegungen zu einem theologischen Thema, in: *W. Kern (Hg.)*, Die Theologie und das Lehramt (Freiburg 1982) 152-200, hier 155f.

deutschsprachigen katholischen systematischen Theologie gelten kann: Richard Schaeffler.
Im angelsächsischen Raum läßt sich bereits in den 60er Jahren eine theologische Rezeption von Elementen der Sprechakttheorie nachweisen[19], die in der deutschen evangelischen Theologie weiterwirkte. In der deutschsprachigen katholischen Literatur faßte die Sprechakttheorie in den frühen 70er Jahren Fuß. In dieser Zeit erschienen viele Beiträge zum Themenfeld „Sprache und Theologie".[20] Im Gefolge von Bernhard Welte[21] hat Bernhard Casper[22] zu einer frühen Verbreitung von Grundkenntnissen der Sprechakttheorie beigetragen. Die Aufmerksamkeit auf die Sprachhandlungstheorie verstärkte sich nochmals in den 80er Jahren. Richard Schaeffler referierte 1981 in Freising bei einer Tagung der deutschsprachigen Dogmatiker und Fundamentaltheologen über das Thema „Wahrheit und Institution" und weckte mit seinen Bezugnahmen auf die Sprechakttheorie Interesse. 1985 fand eine von der Deutschen Bischofskonferenz angeregte interdisziplinäre Tagung zum Thema „Theorie der Sprachhandlungen und heutige Ekklesiologie"[23] statt, die auch dazu dienen sollte, das Gespräch zwischen Philosophie und Theologie neu zu beleben. Die meisten der dogmatisch-theologischen Referate, die auf dieser Tagung gehalten wurden, sind im Bereich der Sakramententheologie angesiedelt.
Die Dogmatik war weder die erste noch die einzige unter den theologischen Disziplinen, in der eine kritische Rezeption der Überlegungen von Austin und Searle geschah. Eine kritische Auseinandersetzung mit ihr legte sich in der philosophisch-theologischen Ethik[24] nahe. Der Professor für Moralphilosophie in Oxford, John Austin, votierte für die Möglichkeit, aus dem Sein auf ein Sollen schließen zu können. Sollensansprüche wären dann als Implikationen konventionell geregelter Sprechakte zu begreifen. Eine neutestamentlich-exegetische Arbeit von Tullio Aurelio[25] verbindet verschiedene sprachphilosophische Ansätze mit-

---

19 Als erste größere Arbeit, in der im systematisch-theologischen Zusammenhang eine Rezeption der Sprechakttheorie geschah, gilt: *D.D. Evans*, The logic of self-involvement. A philosophical study of everyday language about God as Creator (London 1963).

20 Vgl. den Forschungsbericht von *H.M. Kuitert*, Die Beschäftigung der Theologie mit der Sprache, in: Theologische Literaturzeitung 107 (1982) 401-414. Vgl. auch: *Th. Michels/A. Paus (Hg.)*, Sprache und Sprachverständnis in religiöser Rede. Zum Verhältnis von Theologie und Linguistik (Salzburg-München 1973); *W. Beinert u.a.*, Sprache und Erfahrung als Problem der Theologie (Paderborn 1978); *A. Pistoia*, Linguaggio e Liturgia: Rassegna Bibliografica, in: Ephemerides liturgicae 92 (1978) 214-237.

21 Vgl. *B. Welte*, Religiöse Sprache, in: Archiv für Liturgiewissenschaft 15 (1973) 7-21, bes. 11f; *ders.*, Bemerkungen zur religiösen Sprache, in: Erbe und Auftrag 51 (1975) 81-89.

22 Vgl. *B. Casper*, Sprache und Theologie. Eine philosophische Hinführung (Freiburg-Basel-Wien 1975) bes. 41-57.

23 Vgl. *P. Hünermann/R. Schaeffler (Hg.)*, Theorie der Sprachhandlungen und heutige Ekklesiologie. Ein philosophisch-theologisches Gespräch (Freiburg-Basel-Wien 1987).

24 Vgl. *A. Anzenbacher*, Einführung in die Ethik (Düsseldorf 1992) 279-283.

25 Vgl. *T. Aurelio*, Disclosures in den Gleichnissen Jesu. Eine Anwendung der disclosure-Theorie von I.T. Ramsey, der modernen Metaphorik und der Theorie der Sprechakte auf die Gleichnisse Jesu (Frankfurt-Bern-Las Vegas 1977).

einander und kommt so zu einem neuen Verständnis der Gleichnisse Jesu. Unter den exegetischen Methoden hat die pragmatisch-linguistische Analyse alt- und neutestamentlicher Texte inzwischen einen festen Platz[26]. In den frühen 70er Jahren hat Anton Grabner-Haider[27] für eine Rezeption der Sprachhandlungstheorie in der Religionspädagogik gesorgt. Er fragte danach, wie sich die Sprechakte des Glaubens erlernen lassen. Eine explizite Rezeption der Sprechakttheorie liegt in einer neueren liturgiewissenschaftlichen Arbeit von Josef Schermann[28] vor, der die Gestalten gottesdienstlichen Sprechens untersucht. Auch in der homiletischen Ausbildung fand die Sprechakttheorie Beachtung.[29] Norbert Brox[30] regte an, die kirchengeschichtliche Forschung und Lehre als eine „Sprachhandlung" zu verstehen, deren Kommunikationszusammenhang die Kirche ist.

2. Systematisch-theologische Interessen und Erkenntnisse

Es fällt nicht leicht, die Rezeption der Sprachhandlungstheorie in der Dogmatik zusammenfassend zu charakterisieren. Die Dokumentationsschrift zu der Tagung mit dem Thema „Theorie der Sprachhandlungen und heutige Ekklesiologie" hinterläßt den Eindruck, daß darin zwar viele anregende Gedanken zu finden sind, nur wenige aber mit explizitem Bezug auf die Sprechakttheorie. Entsprechend mühsam war es offenbar, die ursprünglich für den Vortrag konzipierten Beiträge nach Sachgesichtspunkten zu gruppieren. Franz Courth, dem die unangenehme Aufgabe zukam, den Ertrag der Referate und der Diskussion zu bündeln[31], griff in seinem Bericht ein Bildwort auf, das ein Vertreter der praktischen Theologie eingebracht hatte: Demnach sei die Sprachphilosophie eine „blumenreiche Wiese", die Gelegenheit gebe, je nach Bedarf einen entsprechend bunten Strauß zusammenzustellen. Manche der Autoren, so scheint es, pflückten bei ihrer Vorberei-

---

[26] Vgl. *W. Egger*, Methodenlehre zum Neuen Testament. Einführung in linguistische und historisch-kritische Methoden (Freiburg-Basel-Wien 1987) 133-146.

[27] Vgl. *A. Grabner-Haider*, Sprechen und Glauben. Ein sprachanalytischer Beitrag zur Theorie und Methode der Religionspädagogik (Donauwörth 1975); *ders.*, Glaubenssprache. Ihre Struktur und Anwendbarkeit in Verkündigung und Theologie (Wien-Freiburg-Basel 1975).

[28] Vgl. *J. Schermann*, Die Sprache im Gottesdienst (Innsbruck 1987).

[29] Vgl. *H.W. Dannowski*, Sprachbefähigung in der Ausbildung. Einführende Bemerkungen zur Rolle der Sprechakttheorie in der Homiletik, in: *P. Düsterfeld/H.B. Kaufmann (Hg.)*, Didaktik der Predigt. Materialien zur homiletischen Ausbildung und Fortbildung (Münster 1975) 163-225.

[30] Vgl. *N. Brox*, Kirchengeschichte und (Sprach-)Handlungstheorie, in: *P. Hünermann/R. Schaeffler (Hg.)* Sprachhandlungstheorie und heutige Ekklesiologie (s. Anm. 23) 98-103, bes. 101. Brox lehnt sich an eine Studie von Hans Reinhard Seeliger an: Vgl. *H.R. Seeliger*, Kirchengeschichte – Geschichtstheologie – Geschichtswissenschaft. Analysen zur Wissenschaftstheorie und Theologie der katholischen Kirchengeschichtsschreibung (Düsseldorf 1981).

[31] Vgl. *F. Courth*, Moderne Sprachphilosophie – Hilfestellung für die Theologie?, in: *P. Hünermann/R. Schaeffler (Hg.)*, Theorie der Sprachhandlungen und heutige Ekklesiologie (s. Anm. 23) 178.

tung allenfalls *eine* sprachphilosophische Blüte und nahmen sie in den großen Strauß jener Gedanken auf, die ihnen immer schon wichtig waren.[32]
In den systematisch-theologischen Arbeiten, die ausdrücklich einen Versuch machen, Erkenntnisse der Sprechakttheorie zu rezipieren, lassen sich zwei Interessen unterscheiden: (1) Frühe Arbeiten greifen das Anliegen von Austin auf, den Sinn menschlicher Rede nicht – positivistisch – auf eine überprüfbare Behauptung von Gegebenheiten zu beschränken.[33] (2) Die spätere systematisch-theologische Rezeption hat mehr Interesse an der Frage, welche Faktoren das Gelingen oder das Mißglücken kirchlicher Sprachhandlungen beeinflussen. Während die älteren Beiträge somit eher im Kontext des Nachdenkens über die Eigenart religiöser Rede anzusiedeln sind, beschäftigen sich die jüngeren stärker mit den institutionellen Rahmenbedingungen kirchlichen (Sprach-)Handelns.
Durch Beispiele läßt sich das Gesagte veranschaulichen: Als die älteste Studie, in der eine explizite Rezeption der Überlegungen von Austin und Searle mit Relevanz für die systematische Theologie zu greifen ist, gilt ein Buch von Donald Evans, das 1963 in London erschien.[34] Evans fragt danach, in welcher Weise einer, der sich zu Gott als dem Schöpfer bekennt, selbst in seiner Rede vorkommt. Sein Anliegen ist es aufzuzeigen, daß ein Bekenntnis zum schöpferischen Wirken Gottes eine bestimmte Haltung gegenüber der Welt impliziert – etwa zur Bewahrung der Schöpfung verpflichtet. Evans kann dabei an die Erkenntnis von Austin anknüpfen, daß auch Sprecher von Aussagesätzen einen illokutionären Akt vollziehen. Wer sagt, „Gott ist der Schöpfer der Welt", möchte damit möglicherweise staunende Freude über die Vielfalt und Ordnung der Wirklichkeit zum Ausdruck bringen und andere zum gemeinschaftlichen Lobpreis anregen. Der Satz: „Gott hat die Menschen – auch mich – erschaffen", kann jedoch auch eine Klage sein, die ein leidender Mensch formuliert, der sein Leben im Widerspruch erfährt zu der Hoffnung, die sein Gottesglaube in ihm geweckt hat.
Die Ausführungen von Richard Schaeffler[35] zur Bedeutung der Sprachhandlungstheorie bei der Analyse lehramtlicher Äußerungen können als ein Beispiel für das später gewachsene Interesse an der institutionellen Bindung einzelner Sprechakte gelten. Schaeffler nimmt die bei Austin und Searle zu findende Unterscheidung zwischen dem Handlungssinn einer Äußerung und dem propositionalen Gehalt dieser Äußerung – ihrem Bezug auf die außersprachliche Welt – in Anspruch, um „mit Furcht und Zittern"[36] zu fragen, ob die Träger der lehramtlichen Kompetenz

---

[32] Vgl. die kritische Rezension zu *P. Hünermann/R. Schaeffler (Hg.)*, Theorie der Sprachhandlungen und heutige Ekklesiologie (s. Anm. 23) von: *E. Arens*, in: Theologische Revue 84 (1988) 148f.
[33] Vgl. in diesem Zusammenhang die sprechakttheoretische Analyse der Sprachhandlung „Glaubensbekenntnis": *M.-J. Mananzan*, The „Language Game" of Confessing One's Belief. A Wittgensteinian-Austinian Approach to the Linguistic Analysis of Creedal Statements (Tübingen 1974); *W.A. de Pater*, Der Sprechakt, seinen Glauben zu bekennen, in: Möglichkeiten des Redens über Gott (Düsseldorf 1978) 31-56.
[34] Vgl. *D.D. Evans*, The logic of self-involvement (s. Anm. 19).
[35] Vgl. *R. Schaeffler*, Wahrheit und Institution (s. Anm. 18) 152-200.
[36] Ebd., 199.

ein Dogma nicht auch einmal widerrufen könnten. Aufgabe des Lehramtes ist es, so Schaeffler, angesichts situativer Herausforderungen zu prüfen, ob die Zustimmung zur Wahrheit bestimmter Aussagesätze notwendig ist, um weiterhin Mitglied der Kommunikations- und Handlungsgemeinschaft Kirche zu sein. Eine solche Prüfung lasse sich nur unter Einbezug der in der Entscheidungszeit relevanten Erfordernisse durchführen – und eben diese könnten sich ändern. Unbeschadet der bleibenden Wahrheit der Aussage sei nicht auszuschließen, daß die kirchliche Gemeinschaft ihre Identität leben kann, ohne von denen, die sich ihr zugehörig fühlen, weiterhin zu verlangen, einer bestimmten Aussage zuzustimmen.

3. Kritische Würdigung

Die Sichtung der Chancen und der Grenzen einer Rezeption sprechakttheoretischer Erkenntnisse insbesondere in der systematischen Theologie veranlaßt zu einem differenzierten Urteil: Eine Beschäftigung mit der Sprachhandlungstheorie kann sensibilisieren für die Vielgestalt der Handlungen, die die kirchliche Gemeinschaft in ihrem Sprechen vollzieht. Die Eigenarten etwa der individuell-persönlichen religiösen Rede, der lehramtlichen Äußerungen und des gottesdienstlichen Sprechens treten vor Augen. Die Kenntnis der sprechakttheoretischen Analyse der Äußerungsakte vereinfacht die Arbeit der Deskription, die Teil des Theologietreibens ist. Deskriptionen, beschreibende Analysen, verschaffen zwar mehr Klarheit über das, was geschieht, sie können diese Geschehnisse aber nicht begründen. Die gemeinsame Suche nach den Gründen, nach der Bedingung der Möglichkeit und nach dem Erweis der Sinnhaftigkeit eines als Handeln erkannten Sprechens, verbindet die Theologie auch zukünftig eng mit philosophischen Richtungen, die eine transzendentale Reflexion anstellen – so jedenfalls sieht es Richard Schaeffler[37], und ich teile seine Sicht.

[37] Vgl. *R. Schaeffler*, Der Zuspruch des Vergebungswortes und die Dialektik des praktischen Vernunftsgebrauchs, in: *P. Hünermann/R. Schaeffler (Hg.)*, Theorie der Sprachhandlungen und heutige Ekklesiologie (s. Anm. 23) 104-129. Nach Schaeffler ist die Sprechakttheorie durch einen dreifachen Begründungsmangel gekennzeichnet: (1) Sie sagt nicht, auf Grund welcher Sachnotwendigkeiten Sprachhandlungen vollzogen werden; (2) sie begründet die Bedeutung der Institutionen beim Zustandekommen von Sprachhandlungen nicht; (3) sie gibt keine Kriterien an, die es ermöglichten, Konventionen zu überprüfen, die einen Sprechakt gelingen lassen. Schaeffler greift in seinem Beitrag auf eine Theorie des Handelns mit Worten zurück, die in der neukantianischen Tradition steht: die Überlegungen von Hermann Cohen. Deutlich wird, daß die religiöse Gemeinschaft, in der Gebote gehört, Gebete gesprochen und Vergebung zugesprochen werden, notwendig erforderlich ist, um die Dialektik des praktischen Vernunftgebrauchs aufzuheben, die darin besteht, daß das Sittengesetz den Menschen zugleich zur Erkenntnis der Pflichten wie zur Erkenntnis des Ungehorsams führt.

IV. Sakramententheologische Überlegungen

In der ökumenischen Diskussion[38] hat die Rezeption der Sprechakttheorie zur Entschärfung der Kontroverse um das Verhältnis von Wort und Sakrament geführt: Die Wirksamkeit der Sakramente ist in ihrem Wortcharakter begründet; Sakramente sind spezifische Worthandlungen. Zugleich blieben Fragen offen: Wie läßt sich die Wirkung der „Spendeformeln“ (forma sacramenti) im Gesamt der gottesdienstlichen Feier beschreiben? Wer und was wandelt sich durch die gesprochenen Worte? Wie ist das Verhältnis zwischen dem gesprochenen „Wort“ und der außersprachlichen „Wirklichkeit“? Die Sprechakttheorie antwortet auf diese Frage in differenzierter Weise.

1. Klassifikation der Illokutionen nach John R. Searle

John R. Searle benennt insgesamt zwölf Kriterien, nach denen Sprachhandlungen unterschieden werden können.[39] Durch die Kombination einzelner Kriterien kommt Searle zu fünf Klassen illokutionärer Akte, in die sich nach seiner Meinung die allermeisten der Illokutionen einordnen lassen: Repräsentativa, Direktiva, Kommissiva, Expressiva und Deklarativa. Von den Kriterien, die eine Unterscheidung dieser Illokutionsklassen ermöglichen, ist eines im sakramententheologischen Zusammenhang sehr bedeutsam: die „Entsprechungsrichtung von Welt und Worten“, d.h. die unterschiedliche Weise, wie bei einzelnen Illokutionen Welt und Worte sich zueinander verhalten.

Bezeichnung	*Beispiele*	*Kriterium*		
Repräsentativa	Behauptung	Worte	→	Welt
Direktiva	Bitte, Befehl	Worte	←	Welt (Hörer)
Kommissiva	Versprechen, Drohung	Worte	←	Welt (Sprecher)
Expressiva	Dank, Glückwunsch	Worte	—	Welt
Deklarativa	Urteil, Kündigung	Worte	↔	Welt

Diese tabellarische Übersicht will folgende Unterscheidungen festhalten: Repräsentativa (wie etwa eine Behauptung) wollen mit den Worten der Welt entsprechen. Einfach gesagt: Die Welt ist bereits gegeben, die Worte wollen sie in Er-

---

[38] Vgl. *R. Hempelmann*, Sakrament als Ort der Vermittlung des Heils (s. Anm. 4) 154-156.

[39] Vgl. *J.R. Searle*, Eine Klassifikation von Illokutionsakten (s. Anm. 13) 83-88. Searle nennt folgende Unterschiede: (1) im Zweck/Ziel des Sprechakts; (2) in der Entsprechungsrichtung von Welt und Worten; (3) in der psychischen Einstellung; (4) in der Ausdrucksstärke, mit der ein Illokutionszweck dargeboten wird; (5) im sozialen Status des Sprechers/Hörers; (6) in der Nutzanwendung für Sprecher/Hörer; (7) im Bezug auf den übrigen Diskurs; (8) im propositionalen Gehalt; (9) in der Notwendigkeit eines sprachlich vermittelten Handelns; (10) im Erfordernis eines institutionellen Rahmens; (11) zwischen Sprechakten, deren zugehöriges Illokutionsverb performativ gebraucht werden kann, und solchen, bei denen dies nicht möglich ist; (12) im Vollzugsstil eines Illokutionsaktes.

scheinung bringen, öffentlich machen. Dagegen intendieren Direktiva und Kommissiva eine (zukünftige) Angleichung der Welt an die bereits gesprochenen Worte; Direktiva appellieren (in Gestalt einer Bitte oder eines Befehls) an den Hörer, diese Entsprechung herzustellen; Kommissiva (ein Versprechen oder eine Drohung) sind als eine Selbstverpflichtung des Sprechers zu verstehen, diese Angleichung vorzunehmen. Bei Expressiva wird, so Searle, vorausgesetzt, daß eine Entsprechung von Worten und Welt vorliegt, daß z.B. der Dank begründet ist und für einen Glückwunsch ein Anlaß besteht. Die Eigenart der Deklarativa schließlich ist es, in ihrem aktuellen Vollzug die Entsprechung von Worten und Welt bzw. von Welt und Worten herzustellen: Mit „ich kündige“ kündige ich; wird vor Gericht ein Urteil gesprochen, dann ist der Beschuldigte freigesprochen oder für schuldig befunden.
Läßt sich die „forma sacramenti“ einer der skizzierten Illokutionsklassen zuordnen? Austin und Searle haben die Worte „ich taufe dich“ oder „ich nehme dich an als meinen Mann“ eindeutig zugeordnet. Mit theologischen Gründen will ich ihnen widersprechen und mich bei meiner Zuordnung zugleich auf ihre Analysen beziehen. Um konkret werden zu können, wähle ich als Beispiel den Sprechakt: „Ich taufe dich“.[40]

2. Der Sprechakt: „Ich taufe dich“

In seiner Vorlesungsreihe über „Words and Deeds“ hat John L. Austin gleich zu Beginn und dann immer wieder die Schiffstaufe als Beispiel für performative Äußerungen herangezogen.[41] Seitdem gehört die Taufformel zu den am meisten gebrauchten Beispielsätzen in der entsprechenden linguistischen Literatur. Mit der Tatsache, daß Austin und später Searle mit „Taufe“ vor allem den Vorgang einer Namensgebung verbinden, mag es zusammenhängen, daß beide die Sprachhandlung „taufen“ – auch ohne Bezug auf die Schiffstaufe – in die Klasse der Deklarativa einordnen. Searle nimmt also an, daß im Augenblick des Aussprechens von „ich taufe dich“ jene „Welt“ hergestellt wird, die mit dieser Illokution angezielt ist. Gewähr für die in dieser Sprachhandlung geschehende Entsprechung von Worten und Welt ist, wie bei allen Deklarativa, eine außersprachliche Institution: „Nur wenn solche Institutionen wie z.B. die Kirche, das Gericht, Privatbesitz, der Staat usw. und eine spezielle Position des Sprechers und des Hörers

---

[40] Die Analyse muß für die einzelnen sakramentalen Feiern in spezifischer Weise vorgenommen werden. Dabei wäre zu unterscheiden zwischen der veränderlichen äußeren Gestalt von Worten, die in sakramentalen Feiern Verwendung finden, und den bleibenden Illokutionszielen, die in der theologischen Reflexion zu bestimmen sind. Deprekative und epikletische Sprachgestalten sind eher geeignet, das Mißverständnis zu vermeiden, die forma sacramenti wirke durch das menschliche Wort. Indikativische Formen bringen jedoch die Zusage Gottes unmittelbarer zum Ausdruck.
[41] Vgl. *J.L. Austin*, How to do Things with Words (s. Anm. 7) 5; passim.

in diesen Institutionen gegeben sind, kann man exkommunizieren, ernennen, vererben oder Krieg erklären"[42] – und im Sinne von Searle eben auch „taufen".
Eine systematisch-theologische Betrachtung der sakramentalen Handlungen kommt meines Erachtens zu anderen Ergebnissen als Austin und Searle. Der Sinn der Äußerung „ich taufe dich" erschließt sich nur durch einen Blick auf die gesamte liturgische Feier der Taufe. In dieser geschieht die Eingliederung eines umkehrbereiten und gläubigen Menschen in eine Gemeinschaft, die im Glauben gewiß ist, durch die bis in den eigenen Tod hinein bewahrte Liebe des menschgewordenen Wortes Gottes das Leben errungen zu haben. Dieses Leben ist frei von den tödlichen Folgen der Sünde; es ist dort bereits erfahrbar, wo Menschen in der Nachfolge Jesu auf Gottes Wort hören und gestärkt von Gottes Geist einander lieben.
Um welchen der von Searle klassifizierten Sprechakte handelt es sich bei der Taufe? Ich möchte in zweifacher Weise auf diese Frage antworten:
(1) Zum einen versammelt das Taufgeschehen Aspekte aller fünf Illokutionstypen. Das heißt konkret: Die im Glauben gewisse, bereits eröffnete Welt erlösten Lebens wird mit Worten repräsentiert. Die Tauffeier hat memoria-Charakter. Sakramente sind Repräsentativa. Der Täufling (und mit ihm die versammelte Gemeinde) wird aufgefordert, die Welt so zu gestalten, wie es der Worthandlung entspricht: durch eine neue Weise, gemeinschaftstreu zu leben. Die Tauffeier hat direktiven Charakter. Im lobpreisenden Dank bringt die Gemeinde ihren Glauben zum Ausdruck, daß die von den Worten besprochene Welt, Gottes lebensstiftendes Dasein, sie umfängt. Die Tauffeier ist ein Expressivum. Auch deklarativ wirkt die Feier der Taufe: Die Kirche erklärt in der Öffentlichkeit die Aufnahme eines Menschen in ihre Gemeinschaft, der sich zum christlichen Glauben bekennt. Das Hören vom Glauben der Gemeinschaft stärkt den Glauben der noch Zweifelnden. Die Taufe ist zudem ein Versprechen, ein Kommissivum. Alle Sakramente haben eschatologische Dimension; sie sind Anbruch der Ewigkeit in der Zeit. Die Sprechenden (die Gemeinschaft der Glaubenden und stellvertretend für sie der Taufende) versprechen, daß die Welt einmal ihren Worten entsprechen wird: „Tod wird nicht mehr sein, keine Trauer, keine Klage, keine Mühsal. Denn was früher war, ist vergangen" (Offb 21,4).
(2) Doch will mir scheinen, diese erste Antwort, der Aufweis vom Vorkommen aller Illokutionstypen im Taufgeschehen, genüge noch nicht. Beim zweiten Hinsehen wird nämlich erkennbar, daß ein gemeinsamer Grundzug die Weise kennzeichnet, wie in der Taufe Repräsentation, Expression, Direktion, Kommission und Deklaration geschehen. Die erinnernd-repräsentierte und im Lobpreis besungene Welt kann nicht vorgezeigt werden. Die Aufforderung, das eigene Leben für andere hinzugeben, es zu verlieren, um es zu gewinnen, erscheint vielen als Torheit. Die Gemeinde gibt ein Versprechen (Leben ohne Sünde, ohne Tod), das sie selbst nicht einlösen kann. Die deklarierte Aufnahme in die Gemeinschaft der Erlösten kontrastiert mit geschichtlichen Gemeinde-Erfahrungen. Wie lassen sich

---

[42] *J.R. Searle*, Eine Klassifikation der Illokutionsakte (s. Anm. 13) 98.

solche Beobachtungen in die Überlegungen einbeziehen? Sie führen meines Erachtens dazu, als verbindende Dimension der Illokutionen der Gemeinde eine spezifische Form der Repräsentation anzunehmen: das Zeugnis.[43] Die Gemeinde legt ein Bekenntnis ab. Sie bezeugt, daß sie Gottes Verheißung, Gottes promissio, Gottes Versprechen vertraut, das Gott in seinem Logos, in Christus Jesus, der Schöpfung gegeben hat und das Gott allein einlösen kann – und einlösen wird.
Die Worte, die Menschen in sakramentalen Feiern sprechen, gewinnen ihre Bedeutung im Gesamtzusammenhang der liturgischen Feier. Die forma sacramenti wandelt die Wirklichkeit der Angesprochenen: Sie erfahren durch sie, daß die versammelte Gemeinschaft sich an Gottes Verheißungswort festmacht. Die Worte der Vorsteher machen Gottes Zusage hörbar. Wer ihnen glaubt, wird von Gott beschenkt.

[43] Die lutherischen Bekenntnisschriften bezeichnen die Sakramente als „testimonia voluntatis Dei erga nos" (Zeugnisse von Gottes Willen uns gegenüber; CA 13,1), die Gott mit einer „promissio gratiae" (Versprechen der Gnade; ApolCA 13,3) versehen hat.

Selbstthematisierung im Selbstgericht

Zur Rezeption der Biographieforschung in der Eschatologie

I. Annäherungen: Das Leben wahr-nehmen

Im Jahr 1996 wurde die polnische Lyrikerin Wislawa Szymborska mit dem Nobelpreis für Literatur ausgezeichnet. Eines ihrer Gedichte möchte sie als Inschrift ihres eigenen Grabsteins verstanden wissen:

> „Hier ruht, altmodisch wie das Komma,
> eine Verfasserin von ein paar Versen.
> Die Gebeine genießen Frieden in den ewigen Gärten,
> obwohl sie keiner Literatengruppe angehörten.
> Drum schmückt nichts Beßres ihre Totenstätte
> als dieser Reim, die Eule und die Klette.
> Passant, hol den Computer aus dem Aktenfach
> und denk über Szymborskas Los ein wenig nach."[1]

In der distanzierten Redeweise einer dritten Person spricht die lebende Wislawa Szymborska von der toten Wislawa Szymborska. Sie schrieb diese Zeilen 1962. Damals ging sie auf ihr vierzigstes Lebensjahr zu. Wie viele Menschen erlebte die Dichterin die vermeintliche Lebensmitte als eine Krisenzeit. Im Vorausblick auf das sichere Ende ihres Lebens hinterläßt sie in literarischer Gestalt einen Rückblick auf das von ihr selbst wahrgenommene, eigene Leben.
Die Dichterin deutet ihr Leben mit Bildern aus ihrer Welt: Sie vergleicht ihr Leben mit einem „Komma", einem Satzzeichen, das selbst keine Botschaft hat, das lediglich dazu da ist, sinntragende Worte einander zuzuordnen. „Altmodisch" nennt sie dieses Komma zudem. Nicht mehr zeitgemäß erscheinen ihr offenbar die Zusammenhänge, die sie zwischen den Gegebenheiten herstellt. Ihr literarisches Werk hat das Maß von ein paar Versen. Den Reim auf ihr Leben muß sie sich selbst machen, denn sie ist eine Einzelschreiberin, keine Literatengenossin. Dem Passanten, der ihre Bitte erfüllen möchte, über ihr Los ein wenig nachzudenken, empfielt sie einen Computer: Die Gegenwärtigung der großen Zahl lebenswichtiger Daten scheint das menschliche Erinnerungsvermögen zu überfordern. Die im Moment des Todes versammelten Lebensereignisse müssen mühsam vergegenwärtigt werden, wenn eine Versöhnung mit dem gewordenen Dasein möglich werden soll.
Mein Vorhaben in diesem Beitrag ist es, die Erkenntnisse der Biographieforschung in Beziehung zu setzen zur theologischen Reflexion des Gerichts Gottes.

---

[1] *W. Szymborska*, Grabstein, in: *Dies.*, Hundert Freuden. Gedichte (Frankfurt 1996) 155.

Zu diesem Denkversuch wurde ich durch die in der neueren Eschatologie verbreitete Vorstellung vom Gericht als einem „Selbstgericht" angeregt. In der eschatologischen Begegnung mit Gott gelangen die Menschen zur „Selbsterkenntnis". Zu den viel zitierten Worten von Hans Urs von Balthasar gehört auch sein Satz: „Der Richter braucht nichts zu tun, nur zu sein."[2] Im Rückgriff vor allem auf das Zeugnis des Johannes-Evangeliums und unter Aufnahme der frühchristlichen Tradition (insbesondere von Gedanken des Origenes) beschreibt Balthasar das eschatologische Gerichtsgeschehen als ein „Selbstgericht" des Menschen vor Gott. Im Angesicht Gottes, der die Gesichtszüge Jesu von Nazaret trägt, betrachtet der Mensch sein Leben mit neuen Augen. Verborgenes kommt ans Licht, Zusammenhänge erschließen sich. Die Menschen sprechen selbst das Urteil über die geglückten und die verwirkten Momente ihres Lebens.
Viele Theologen haben die Überlegungen von Balthasars übernommen.[3] Das vorrangige Anliegen dieses Verständnisses des Gerichts als eines Selbstgerichts ist es, die verbreitete Vorstellung von einem Richtergott zu hinterfragen, dessen eschatologisches Urteil über die einzelnen Menschen ohne deren Befragung feststeht. Problematisiert wird das Bild von einem Gott, der nur nach seinen eigenen Maßstäben richtet und der seinen Richterspruch auch gegen den Willen der Geschöpfe unerbittlich wirksam werden läßt. Statt dessen soll die verwandelnde, die heilende und befreiende Kraft des Gerichts in den Vordergrund treten. Das Gericht rückt in die Nähe des Läuterungsgeschehens. Es ist ein Heilsereignis, das freilich nicht ohne die Schmerzen der bitteren Selbsterkenntnis zu erleben ist.
Nicht wenige Anfragen richten sich auf die Konzeption des eschatologischen Gerichts im Sinne eines Selbstgerichts: Sind die Menschen nicht völlig überfordert durch die Erwartung, selbst das Urteil über ihr Leben sprechen zu können? Wie läßt sich in diesem Zusammenhang noch theologisch angemessen von Gottes Gericht sprechen? Finden die anderen, die Mitmenschen, die sich an uns schuldig gemacht haben und an denen wir schuldig geworden sind, bei dieser Vorstellung nicht zu wenig Beachtung? In welcher Weise wirkt die „Communio sanctorum" und die Schar der uns anklagenden Opfer am eschatologischen Gerichtsgeschehen der Einzelnen mit?

---

[2] *H.U. von Balthasar*, Gericht, in: Internationale Katholische Zeitschrift Communio 9 (1980) 227-235, hier 232.

[3] Von Balthasars Konzeption des Gerichtes als Selbstgericht ist in den neueren eschatologischen Beiträgen meist zustimmend rezipiert worden: Vgl. exemplarisch: *F.-J. Nocke*, Eschatologie (Düsseldorf [2]1985) 127f; *M. Kehl*, Eschatologie (Würzburg 1986) 283-285. Dieser gedankliche Ansatz ermöglichte es unter anderem auch, das Läuterungsgeschehen gedanklich eng mit dem Gerichtsgeschehen zu verbinden: Das Leiden unter dem Unvollendeten ist die Kehrseite der Erkenntnis der eigenen Vollendungsgestalt. Greifbar ist in der Literatur jedoch auch die Mahnung, das eschatologische Selbstgericht nicht fälschlicherweise als eines zu begreifen, zu dem Menschen aus eigener Kraft befähigt wären. Vor allem Karl Lehmann warnte vor einem solchen Mißverständnis: Vgl. *K. Lehmann*, Weltgericht und Wiederkunft Christi, in: *Ders. u.a.*, Vollendung des Lebens – Hoffnung auf Herrlichkeit (Mainz 1979) 82-102, hier 88f. Von Balthasar widersprach dem nicht, vielmehr betonte er auch selbst den dialogischen Charakter des von ihm gemeinten Gerichtsgeschehens; vgl. dazu neuestens auch: *D. Engelhard*, Im Angesicht des Erlöser-Richters. Hans Urs von Balthasars Neuinterpretation des Gerichtsgedankens (Mainz 1999).

Angesichts dieser offenen Fragen erscheint es mir sinnvoll, sich mit einem Forschungsgebiet etwas näher zu beschäftigen, in dem die menschlichen Möglichkeiten und die Grenzen bei der Thematisierung der eigenen Lebensgeschichte untersucht werden. Eben dies geschieht in der Biographieforschung. Ich möchte daher im Folgenden zunächst über die allgemeine Biographieforschung und die bisherigen Felder ihrer theologischen Rezeption orientieren (II.) Ich stecke dann den Rahmen ab, in den ein erneuter theologischer Redeversuch über das eschatologische Gottesgericht sich meines Erachtens einzufügen hat. Ich erinnere an hermeneutische Vorzeichen der Eschatologie und skizziere die Grundzüge der neueren Theologie des Gerichts (III). Schließlich bemühe ich mich um eine Gestaltung des Gerichtsgedankens, bei der die Erkenntnisse der Biographieforschung Berücksichtigung finden, und bei der zugleich die Eigenart der theologischen Rede nicht aufgegeben wird (IV).

II. Orientierung: Biographieforschung und Theologie

1. Biographieforschung in den Sozial- und Humanwissenschaften

Biographisches und Religiöses waren immer schon eng miteinander verbunden. Viele Sozialwissenschaftler und Sozialwissenschaftlerinnen, die über die Geschichte der biographischen Forschung in ihrer Disziplin schreiben, weisen darauf hin, daß die Wurzeln ihres Tuns tief im Nährboden der reichen christlichen Tradition des autobiographischen und biographischen Erzählens liegen: Die literarische Gattung der „Confessiones“, die Hagiographien und auch die Ketzerpolemiken sind nicht nur eine wichtige Quelle der historisch arbeitenden Biographieforschung, der jüdisch-christliche Glaube gilt darüber hinaus als ein entscheidend wichtiger Förderer der Überzeugung von der unverwechselbaren Eigenart und der unverlierbaren Würde der einzelnen menschlichen Person.
Die Anfänge der empirisch arbeitenden sozialwissenschaftlichen Erforschung menschlicher Biographien werden zumeist in den 20er Jahren des 20. Jahrhunderts angesetzt.[4] Als ihre entscheidende Aufgabenstellung betrachtete die Biographieforschung in ihrer ersten Phase die Beschreibung der individuell-subjektiven, freiheitlichen Taten eines Menschen. Die frühe Biographieforschung wollte sich mit dieser Ausrichtung sowohl von der Psychologie als auch von der Soziologie abgrenzen: Der individuelle Prozeß der Bewältigung des Lebens in Gestalt der unvorhersehbaren, personal-freiheitlichen Deutung des Geschehenen sollte ins Bewußtsein treten.
Drei Anliegen sind der Biographieforschung eigen: (1) Sie richtet ihren Blick auf das gesamte Leben eines Menschen; (2) sie beschreibt die Eigenperspektive der

---

[4] Vgl. *W. Fuchs*, Biographische Forschung. Eine Einführung in Praxis und Methoden (Opladen 1984); *W. Voges (Hg.)*, Methoden der Biographie- und Lebenslaufforschung (Opladen 1987); *P. Alheit/E. Hoerning (Hg.)*, Biographisches Wissen (Frankfurt/New York 1989).

Handlungsträger; (3) sie berücksichtigt individuelle Prozesse und Entwicklungen. Knapp zusammengefaßt, wendet sich die Biographieforschung somit gegen reduktionistische, objektivistische und rein systemisch arbeitende Zweige in den Human- und Sozialwissenschaften. Werner Fuchs, ein in Marburg tätiger Professor für Soziologie der Bildung, charakterisiert den biographischen Ansatz innerhalb der Gesellschaftswissenschaften in folgender Weise: „Biographische Forschung (...) gesteht den subjektiven Prozeßbeschreibungen und Strukturdeutungen selbst soziale Wirklichkeit und Wirkkraft zu; sie schließt Absichten und Entscheidungen der Menschen nicht aus der Gesellschaft als ihrem Gegenstand aus."[5] Die biographische Methode will das Konkret-Besondere in den Blick nehmen. Sie ist aufmerksam auf die Tiefendimensionen und die Feinstrukturen der alltäglichen Lebenswirklichkeit. Wandlungen im Lebenslauf einzelner Menschen werden wahrgenommen.

Auch in der Biographieforschung ist der Streit um die ihr angemessene Methode eine Diskussion um dabei vorausgesetzte Sachpositionen: Vertreter und Vertreterinnen von Richtungen, die die biographische Forschung einsetzen wollen, um bestehende gesellschaftliche Verhältnisse (Rollenzuweisungen oder Berufsperspektiven) zu verändern, arbeiten vorwiegend mit statistischem Material, mit Methoden der Empirie: Sie quantifizieren und qualifizieren die Daten. Andere Forscher und Forscherinnen bemühen sich um das Verständnis der Zusammenhänge zwischen äußeren Ereignissen und personalen Entscheidungen, die sich zu einem bestimmten Lebenslauf eines Menschen fügen. Dieser hermeneutische Ansatz in der Biographieforschung arbeitet weitgehend mit sogenannten biographischen Interviews: Menschen werden gebeten, von ihrem Leben zu erzählen.[6]

Von den zahlreichen Erkenntnissen der Biographieforschung gelten insbesondere vier als von großer Bedeutung: (1) Elemente biographischen Erzählens sind in der Alltagskommunikation sehr verbreitet.[7] Zu den primären Funktionen, die biographische Bemerkungen im Alltag haben, zählen zum einen die rechtfertigende Begründung (ein apologetisches Moment), die Selbstvergewisserung (ein anamnetisches Geschehen) und schließlich die Handlungsorientierung (ein prognostischer Zug). Auffällig ist bei dieser Zusammenstellung das Vorkommen der dreifachen Zeitstruktur menschlicher Wirklichkeitswahrnehmung: Wir erinnern, gegenwärtigen und planen unser Leben, und all dies geschieht mehr oder weniger bewußt.

---

[5] *W. Fuchs*, Biographische Forschung (s. Anm 4) 104.

[6] Die Autobiographie ist dann nicht ein schriftlich verfaßter Text, der zum Gegenstand des literaturwissenschaftlichen oder geschichtswissenschaftlichen Interesses wird, die Erzählung ist vielmehr ein Rede-Ereignis, das unter psychologischen oder soziologischen Prämissen analysiert wird: Vgl. *G. Niggl (Hg.)*, Die Autobiographie. Zur Form und Geschichte einer literarischen Gattung (Darmstadt 1989).

[7] Martin Kohli, ein führender deutscher Biographieforscher hat dies in zahlreichen Untersuchungen nachweisen können: Vgl. *M. Kohli*, Zur Theorie der biographischen Selbst- und Fremdthematisierung, in: *J. Matthes (Hg.)*, Lebenswelt und soziale Probleme. Verhandlungen des 20. Deutschen Soziologentages zu Bremen 1980 (Frankfurt-New York 1981), 502-520.

(2) Die Wahrnehmung der eigenen Zeitlichkeit wirkt sich auf die Gestalt der Thematisierung des widerfahrenen Lebens aus. Das Wissen um die Endlichkeit des Lebens und das Erspüren der Besonderheit bestimmter Zeiten gelten als wichtige Motivationen für die Bereitschaft von Menschen, von sich zu erzählen. In Krisenzeiten kommen größere Zeiträume in den Blick der von sich Erzählenden. Wenn Diskontinuitäten im Lebenslauf eintreten, wenn Entscheidungen anstehen oder ein Abschied zu bestehen ist, dann erhöht sich die Bereitschaft, autobiographisch zu erzählen.[8]
(3) Bei der erzählerischen Selbstthematisierung entwerfen die Subjekte ein Konzept ihres Lebens. Der Lieferant des Materials ist das Gedächtnis, das wichtig Erscheinendes erinnert, eine Verkettung von Ereignissen herstellt und Deutungen vornimmt. Volker Drehsen, ein auch in der Soziologie ausgewiesener evangelischer Theologe, schreibt: „Der integrale Charakter der lebensgeschichtlichen Erzählung gründet (...) auf einer Fiktionalität, die sich (...) nicht aus der freien Phantasie speist, sondern ihren Anhalt in den erinnerten Ereignissen und ihre Grenze im interpretatorischen Umgang mit ihnen findet. Und sie kommt nicht durch bloße Aneinanderreihung zustande, sondern allein als Ergebnis einer Rekonstruktion und Entzifferung des erlebten Lebens, als Resultat gewisser Leistungen der Auswahl, Akzentuierung, Bewertung und perspektivischen Zusammenstellung."[9]
(4) Beim biographischen Erzählen wird die unverwechselbare Eigenart des einzelnen menschlichen Lebens offenkundig. Zugleich tritt aber auch die unaufhebbare Verbundenheit der einzelnen mit den Anderen in Erscheinung. Die Beschreibung des eigenen Lebens kommt ohne die Beschreibung des Lebens der Anderen nicht aus. Gelebtes und Erlittenes verbinden sich zu einer unverwechselbaren Geschichte mit den Anderen und durch die Anderen. Die Mit-Lebenden sind beim Erzählgeschehen gegenwärtig.
Kurz gesagt, zeigt sich somit: Beim Nachdenken über die Strukturen des biographischen Erzählens treten die Temporalität, die Subjektivität und die Sozialität menschlicher Lebenswahrnehmung vor Augen. Die hohe Bereitschaft zur Selbstthematisierung auch im Alltag läßt sich als ein Hinweis auf das Streben der Menschen deuten, das Leben zu verstehen, um handeln zu lernen.

---

[8] Vgl. aus theologischer Perspektive: *M. Schneider*, Krisis. Zur theologischen Bedeutung von Glaubens- und Lebenskrisen (Frankfurt ^{2}1995); *G. Condrau*, Lebensphasen – Lebenskrisen – Lebenshilfen, in: CGG 6 (1981) 73-107.

[9] *V. Drehsen*, Lebensgeschichtliche Frömmigkeit. Eine Problemskizze zu christlich-religiösen Dimensionen des (auto-)biographischen Interesses in der Neuzeit, in: *W. Sparn (Hg.)*, Wer schreibt meine Lebensgeschichte? Biographie, Autobiographie, Hagiographie und ihre Entstehungszusammenhänge (Gütersloh 1990) 43.

2. Biographieforschung in der Theologie

Die ersten Träger einer Rezeption der biographischen Anthropologie in der Theologie waren Johann Baptist Metz[10], Rolf Zerfaß[11], Heinz Feilzer[12], Hermann Pius Siller[13] und Jürgen Werbick[14] auf römisch-katholischer Seite sowie Gerhard Ebeling[15], Wolfhart Pannenberg[16] und Walter Sparn[17] auf evangelischer Seite. Nach einer anfanghaften Aufmerksamkeit auf das Biographische in der systematischen Theologie der 70er Jahre, die jedoch recht schnell nachließ, waren es die Vertreter der praktisch-theologischen Disziplinen, die sich für eine fundierte Auseinandersetzung mit den human- und sozialwissenschaftlichen Erkenntnissen offen zeigten. Vertreter (später zunehmend auch Vertreterinnen) der Religionspädagogik, der Pastoraltheologie und der Homiletik[18] bezogen die Erkenntnisse der Biographieforschung in ihre Überlegungen ein. Heute gilt die theologische Frauenforschung als ein wichtiger Ort, an dem Erkenntnisse der empirischen Biographieforschung aufgegriffen und diskutiert werden.[19]

---

[10] *J.B. Metz*, Theologie als Biographie. Eine These und ein Paradigma, in: Concilium (D) 12 (1976) 311-315.

[11] *R. Zerfaß*, Biographie und Seelsorge. Heinz Feilzer zum 60. Geburtstag, in: Trierer Theologische Zeitschrift 97 (1988) 262-287.

[12] Vgl. *H. Feilzer/E. Schneck*, Biographie – (Religion) Glaube. Grundlegende Perspektiven, in: Trierer Theologische Zeitschrift 97 (1988) 253-261.

[13] *H.P. Siller*, Biographische Elemente im kirchlichen Handeln, in: *O. Fuchs (Hg.)*, Theologie und Handeln. Beiträge zur Fundierung der Praktischen Theologie als Handlungstheorie (Düsseldorf 1984) 187-208.

[14] *J. Werbick*, Lebensgeschichte als Glaubensgeschichte. Zur biographischen Struktur des konkreten Glaubens, in: *W. Simon/M. Delgado (Hg.)*, Lernorte des Glaubens. Glaubensvermittlung unter den Bedingungen der Gegenwart (Berlin-Hildesheim 1991) 23-43.

[15] Vgl. *G. Ebeling*, Dogmatik des christlichen Glaubens, Bd. 1 (Tübingen 1979) 282-287.

[16] Vgl. *W. Pannenberg*, Was ist der Mensch? (Göttingen 1962); *ders.*, Anthropologie in theologischer Perspektive (Göttingen 1983).

[17] Vgl. *W. Sparn (Hg.)*, Wer schreibt meine Lebensgeschichte? (s. Anm. 9). Vgl. auch *O. Marquard*, Identität – Autobiographie – Verantwortung. Ein Annäherungsversuch, in: *Ders./K. Stierle (Hg.)*, Identität (München 1979) 685-717.

[18] Vgl. *H.G. Schöttler*, Biographie und Predigt. Erfahrungsbezogene und biographische Aspekte in der Predigtarbeit, in: Trierer Theologische Zeitschrift 97 (1988) 288-297.

[19] Inzwischen liegen – neben historisch interessierten Einzeluntersuchungen – auch mehrere von Theologinnen geschriebene Dissertationen vor, in denen die grundlegende Bedeutung der Biographieforschung für die Theologie thematisiert wird. Monika Maaßen fragt in ihrer 1993 veröffentlichten Dissertation nach der Bedeutung von Frauenerfahrungen bei der Gewinnung und Begründung theologischer Erkenntnisse: Vgl. *M. Maaßen*, Biographie und Erfahrung von Frauen. Ein feministisch-theologischer Beitrag zur Relevanz der Biographieforschung für die Wiedergewinnung der Kategorie Erfahrung (Münster 1993). Stephanie Klein untersucht den Stellenwert einer empirisch arbeitenden Biographieforschung für eine erfahrungsbezogene praktische Theologie: Vgl. *St. Klein*, Theologie und empirische Biographieforschung. Methodische Zugänge zur Lebens- und Glaubensgeschichte und ihre Bedeutung für eine erfahrungsbezogene Theologie (Stuttgart-Berlin-Köln 1994). Vgl. auch: *H. Göttner-Abendroth*, Zur Methodologie von Frauenforschung am Beispiel Biographie, in: Beiträge zur feministischen Theorie und Praxis 7 (1984) 35-39.

In der systematischen Theologie erregte ein Beitrag von Johann Baptist Metz[20] in den 70er Jahren Aufmerksamkeit: 1974 nahm Metz den Geburtstag eines, wie Metz selbst sagt, „ausgesprochen antibiographischen Typs“[21] zum Anlaß, seine These zu begründen, Theologie sei Biographie: Karl Rahner wurde 70. Metz sucht eine Gestalt der Theologie, die das „Schisma zwischen Dogmatik und Lebensgeschichte“[22] beendet.

Jürgen Werbick[23] brachte in jüngerer Zeit Überlegungen in die systematische Gotteslehre ein, die in der religionspädagogischen Diskussion[24] verwurzelt sind: Werbick weist darauf hin, daß die persönliche Gläubigkeit eine Geschichte hat. Der Glaube hat biographische Struktur und ist Antwort auf die Lebensgeschichte. Diese Antwort setzt ein Hören des Wortes, in dem Gott von sich selbst Kunde gibt, voraus. Höre ich als Gottes Wort sein Sich-selbst-Versprechen, seine Zu-Sage bedingungslos da zu sein, dann brauche ich vor ihm mein Leben nicht als eine Siegesgeschichte zu erzählen. Werbick faßt den Gehalt des göttlichen Sich-selbst-Versprechens in folgende Worte: Es ist „Ein Versprechen, das gegen die Verneinung des Menschen durch das unabwendbare Unglück, gegen sein Gleichgültigwerden im alles einebnenden und vergessen machenden Ablauf der Dinge ‘anspricht’; ein Versprechen gegen das ‘Nichts’, die Leere, in die wir ‘hineingehalten’ sind.“[25]

Kann Gott das Versprechen, das er uns gibt, halten? Ist er immer bedingungslos da? Wir leben in einer Zeit, in der Bücher, die vorgeben, über Gottes Biographie Aufschluß geben zu können, gerne gelesen werden.[26] Das biographische Erzählen

---

[20] Vgl. *J.B. Metz*, Theologie als Biographie. Eine These und ein Paradigma, in: Concilium 12 (1976) 311-315; vgl. auch die Langfassung dieser Überlegungen: *Ders.*, Karl Rahner – ein theologisches Leben. Theologie als mystische Biographie eines Christenmenschen heute, in: Stimmen der Zeit 192 (1974) 305-316.

[21] *Ders.*, Theologie als Biographie (s. Anm. 20) 314.

[22] Ebd., 311. „Biographisch soll eine solche Theologie heißen, weil die mystische Biographie der religiösen Erfahrung, der Lebensgeschichte vor dem verhüllten Antlitz Gottes, in die Doxographie des Glaubens eingeschrieben wird“ (ebd.). Theologie ist die „verdichtete Erzählung der Lebensgeschichte vor Gott“ (ebd.). Metz sieht Ansätze dieser „lebensgeschichtlichen Dogmatik“ (ebd.) in der Theologie Rahners verwirklicht. Vgl. zur Bedeutung der Biographie für das Verständnis der Theologie eines Autoren besonders auch: *M. Schneider*, Theologie als Biographie. Eine dogmatische Grundlegung (Frankfurt ^{2}1998); *D.N. Duke*, Theology and Biography. Simple Suggestions for a Promising Field, in: Perspectives in Religious Studies 13 (1986) 137-149.

[23] Vgl. *J. Werbick*, Lebensgeschichte als Glaubensgeschichte (s. Anm. 14). Die für die Biographieforschung charakteristische Akzentuierung der subjektiven Wahrnehmung und Rekonstruktion der eigenen Lebensgeschichte macht sie für die theologische Reflexion interessant. Das Erzählen ist zudem ein dialogisches, ein kommunikatives Ereignis.

[24] Vgl. *R. Englert*, Glaubensgeschichte und Bildungsprozeß. Versuch einer religionspädagogischen Kairologie (München 1985). Vgl. auch die Beiträge in: *A. Grözinger/H. Luther (Hg.)*, Religion und Biographie. Perspektiven zur gelebten Religion. FS für Gert Otto (München 1987).

[25] *J. Werbick*, Lebensgeschichte als Glaubensgeschichte (s. Anm. 14) 33. Werbick formuliert seine Gedanken im Anschluß an Peter Sloterdijk, Eurotaoismus. Zur Kritik der politischen Kinetik (Frankfurt 1989).

[26] Große Beachtung findet derzeit etwa: Vgl. *J. Miles*, Gott. Eine Biographie (München-Wien 1996). Auch nach Miles ist es wichtig, sich von der Vorstellung der „Unwandelbarkeit“ Gottes zu

hat den ureigensten Raum der Theo-logie erobert: die Rede von Gott, von Gottes Leben. Es scheint so, daß für Menschen von heute ein Gott, in dessen Leben auch nicht alles so lief, wie er sich das vorstellte, sympathisch wirkt. Von Gottes Schwächen, von seinen Gefühlen, von seinem Ringen mit dem ihm unverhofft Widerfahrenen zu hören, das läßt Vertrauen fassen in ihn. „Starke", „unwandelbare", „ewige" Götter sind gegenwärtig – auch in theologischen Kreisen – weniger gefragt. Der italienische Schriftsteller Franco Ferrucci veröffentlichte bereits Mitte der 80er Jahre eine „Autobiographie" Gottes unter dem Titel „Il mondo creato". Der deutsche Untertitel lautet „Das Leben Gottes, von ihm selbst erzählt."[27] Ferrucci läßt Gott erzählen. Gott berichtet von seiner Liebe zu den Pflanzen und Tieren, von seiner Bestürzung angesichts des kriegerischen Mordens unter den Menschen und von seiner enttäuschten Rückkehr von der Erde wieder in seine Welt, da er merkte, dort unten, auf der Erde, nicht alles zum Guten wenden zu können.
Die christliche Theologie erzählt von einem anderen Fortgang der Lebensgeschichte Gottes: Zwar wurde – mit den Worten einer Weihnachtspredigt von Karl Rahner[28] – Gott auf Erden „keine Sonderrolle" zuteil, zwar „teilte er" mit uns „unser (menschliches) Los" – „Hunger, Müdigkeit, Feindschaft, Todesangst und ein elendes Sterben". Doch das Sterben und der Tod, der Abschied und die Resignation, sind nicht „das Letzte", was Christen und Christinnen von der Lebensgeschichte des in Gottes Geist lebendigen Gottmenschen erzählen. Das Eschaton ist der Raum, in dem sich Gottes Lebensgeschichte und die Lebensgeschichte aller Geschöpfe erneut begegnen. Gültiges wird bleiben, End-gültiges wird werden.

III. Rahmen: Gottes Gericht als ein Thema der Eschatologie

1. Zur Hermeneutik eschatologischer Aussagen in der Dogmatik

Die Eschatologie denkt seit Mitte des 20. Jahrhunderts sehr oft über sich selbst nach. Sie versucht, sich selbst zu verstehen, indem sie die Voraussetzungen offenlegt, die sie bei ihrer Rede macht. Dabei zeigte sich, daß die gesamte Eschatologie als Theo-logie zu begreifen ist. Die neuere Dogmatik betrachtet es als ihre Aufgabe, in allen Traktaten von Gott zu sprechen und diese Gottes-Rede in ihrer Relevanz für das Heilwerden der Schöpfung zu beschreiben. Zu den ersten, die in jüngerer Zeit gegen das Mißverständnis angingen, die Eschatologie handele von

---

lösen.

[27] Vgl. *F. Ferrucci*, Die Schöpfung. Das Leben Gottes, von ihm selbst erzählt (München-Wien 1988). Das Buch ist nicht ohne Witz geschrieben – etwa in den Passagen, in denen Gott bei Thomas von Aquin zu Besuch ist. Gott fragt zum Beispiel den großen Thomas, wie er, Gott, denn einer sein könne, der alles vorhersehen können soll, und doch gerade über die Türschwelle seiner Mönchszelle gestolpert sei. Hätte Gott nicht um diese Schwelle wissen müssen? Thomas wußte keine Antwort.

[28] Vgl. *K. Rahner*, Weihnachten, in: *Ders.*, Kleines Kirchenjahr (München 1954) 12-20.

Dingen, von Orten und von Räumen, gehörte Hans Urs von Balthasar. Seine Worte aus den 50er Jahren sind vielen im Ohr: „Gott [selbst] ist das 'Letzte Ding' des Geschöpfs. Er ist als Gewonnener Himmel, als Verlorener Hölle, als Prüfender Gericht, als Reinigender Fegfeuer."[29]

Rede von Gott ist immer metaphorische und analoge Rede. Die Eschatologie spricht in Bildern von Gott und von der Schöpfung. Diese Bilder werden in Anlehnung an menschliche Erfahrungen geformt. Sie können nur Ahnungen vermitteln vom Eigentlichen, weisen die Vorstellungen jedoch in die richtige Richtung. Die eschatologische Metaphorik ersetzt jedoch nicht durch Bildrede, was man eigentlich auch anders sagen könnte. Die Substitutionstheorie in der Metaphernlehre greift daher zu kurz. Die Rede von Gott ist vielmehr immer und unüberwindlich ein kommunikativer Austausch über die Bedeutung der bei ihr verwendeten Metaphern.[30]

Für die Rede vom Gericht Gottes ist in besonderer Weise wichtig, was Karl Rahner für eschatologische Aussagen allgemein zu bedenken gab: Es handelt sich bei ihnen nicht um Zukunftsspekulationen, die loszulösen wären von den Ereignissen in der Geschichte Gottes mit der Schöpfung.[31] Die geschichtliche Offenbarung des universalen Heilswillens Gottes ist auch der Ort, an dem sich die eschatologische Hoffnung formt. Die Erkenntnis, daß Gott nicht den Tod gutheißt, sondern das Leben, hat Gott nach jüdisch-christlicher Glaubensüberzeugung durch sein Wirken in der Zeit selbst ermöglicht. Der Ausblick auf das Kommende, das Eschatologische, beginnt daher mit einem Rückblick auf das Gewesene, das bereits Gewirkte. Dieser Ausblick will nicht Neugier befriedigen, er will vielmehr dazu ermutigen, hier und heute schon, in jeder Gegenwart als erlöste Frauen und Männer miteinander zu leben.

Nach dem biblischen Zeugnis (vor allem in seiner johanneischen Gestalt) ist das Gericht in der Lebenszeit der Menschen Gegenwart. Das Eschaton ist bereits präsent, die Entscheidungszeit ist angebrochen. Jesus Christus ist nach Johannes 3,16-21 „das Gericht", die „krisis", die in die Welt einbrach. Wer an Jesus Christus glaubt, wird nicht gerichtet, wer nicht glaubt, ist schon gerichtet. Johannes läßt Jesus sagen: „Wer mein Wort hört und dem glaubt, der mich gesandt hat, hat das ewige Leben; er kommt nicht ins Gericht, sondern ist aus dem Tod ins Leben hinübergegangen" (Joh 5,24f).

Eine Gesamtsicht der johanneischen Theologie läßt erkennen, daß apokalyptisch-futurische Aspekte des eschatologischen Gerichts keinen Widerspruch darstellen zu den präsentischen: Jetzt ist Entscheidungszeit, einst ist Erntezeit. Gott wird dann seine Verbundenheit mit allen erklären, die Taten der Gerechtigkeit tun. Wer Hungernde speist, Gefangene befreit, Kranke besucht, wer Nackte bekleidet

---

[29] *H.U. von Balthasar*, Eschatologie, in: *J. Feiner/J. Trütsch/F. Böckle (Hg.)*, Fragen der Theologie heute (Einsiedeln 1958) 407.

[30] Vgl. zu dieser in der neueren Theologie vielfach besprochenen Überzeugung: *J. Werbick*, Bilder sind Wege. Eine Gotteslehre (München 1992) bes. 49-78.

[31] Vgl. *K. Rahner*, Theologische Prinzipien der Hermeneutik eschatologischer Aussagen, in: *Ders.*, Schriften zur Theologie, Bd. IV (Einsiedeln-Zürich-Köln 1960) 401-428.

und Fremde aufnimmt, gehört zu Gott, handelt in seinem Sinne. Das Gerichtsgleichnis in Mt 25 ruft dazu auf, sich zum Willen Gottes zu kehren und die Tora zu leben.

2. Zur systematisch-theologischen Diskussion um Gottes Gericht

Die neuere systematisch-theologische Rede von Gottes Gericht steht vor keiner leichten Aufgabe: Die herkömmliche Vorstellung der Trennung von Leib und Seele im Tod der Einzelnen, von dem sofortigen individuellen, „besonderen“ Gericht über die Seele sowie einem „Wartezustand“ vor dem universalen, „allgemeinen“ Gericht am Jüngsten Tag über die mit ihren Leibern wiederbekleideten Seelen, dieses eschatologische Szenario büßte in den letzten Jahrzehnten seine einstige Plausibilität ein. Eine solche Vorstellung scheint nicht zu der ganzheitlichen biblischen Anthropologie zu passen. Das Modell problematisiert die in die Ewigkeit eingetragenen linearen Zeitvorstellungen nicht und es vermag die zu keiner Zeit aufzulösende Verbundenheit des Lebens der Einzelnen mit dem Leben der anderen Geschöpfe nicht zum Ausdruck zu bringen.
Das Unbehagen gegenüber diesem Modell motivierte zur Entwicklung von Alternativen – insbesondere zu der Vorstellung einer „Auferstehung im Tod“.[32] Gisbert Greshake und Gerhard Lohfink streiten seit den 70er Jahren für die Vorstellung, daß sich „im Tod“ jedes einzelnen Menschen das eine und einzige Gericht über das gesamte Leben dieses Menschen ereignet. Kritiker haben Lohfink und Greshake widersprochen und sie zu Modifikationen ihres Konzeptes veranlaßt: Herbert Vorgrimler[33] warf ihnen vor, das Eschaton zu individualisieren und die noch ausstehende Leidensgeschichte der unzähligen Menschen zu verharmlosen, die nach dem Tod einzelner verstorbener Menschen weiterleben, geschunden und gemordet werden. Joseph Ratzinger[34] beklagte die Preisgabe der Rede von der „Seele“ der Menschen, die nach Ratzinger der Ort dialogischer Gemeinschaft zwischen Gott und den Menschen ist.
In der noch anhaltenden Diskussion zeigte sich inzwischen, daß es keine Vorstellung, kein Modell des Eschaton gibt, das die ewige Zeitmächtigkeit Gottes schlüssig und anschaulich in Beziehung setzen könnte zur kontingenten Geschichte der Geschöpfe. Es gibt keine menschliche Vorstellung, die sich nicht in Räumen und Zeiten bewegte. Die neuere Eschatologie hat es daher aufgegeben, sich gegen die immer unzulänglich bleibenden eschatologischen Modelle zu wehren. Sie hat gelernt, die Rede von eschatologischen Orten und Zeiten auf ihre theologischen Aussageintentionen hin zu befragen. Die einzelnen Bilder sind Gerüste, auf denen die theologischen Gedanken aufsteigen können – mehr nicht, aber auch nicht weniger.

---

32 Vgl. *G. Greshake/G. Lohfink*, Naherwartung – Auferstehung – Unsterblichkeit. Untersuchungen zur christlichen Eschatologie (Freiburg-Basel-Wien ^{5}1982).
33 Vgl. *H. Vorgrimler*, Der Tod im Denken und Leben des Christen (Düsseldorf ^{2}1981).
34 Vgl. *J. Ratzinger*, Eschatologie. Tod und ewiges Leben (Regensburg 1977).

So ist sowohl die Rede vom „Einzelgericht“ als auch die Rede vom „Weltgericht“ theologisch unverzichtbar. Beide Redegestalten bringen je Eigenes zur Sprache: Die einzelnen Menschen stehen in unvertretbarer Verantwortung vor Gott: Einzelgericht geschieht. Das Unrecht und Gottes Gerechtigkeit werden vor aller Augen offenbar: Universales Gericht geschieht.[35]

IV. Gestaltung: Biographieforschung und Theologie des Gerichts

Welche Bedeutung kann eine Rezeption der Biographieforschung in der Eschatologie bei der Umschreibung des Gerichtsgeschehens haben? Ich möchte zunächst in Form einer allgemeinen Überlegung auf diese Frage antworten und dann das Gemeinte in zweifacher Hinsicht konkretisieren.

1. Grundlegung

Die Eschatologie greift bei der bildhaften Ausgestaltung der Rede vom Gericht auf weltliche, menschlich-geschichtliche Geschehnisse zurück. So arbeitet die Eschatologie in jüngerer Zeit eben etwa mit der Erfahrung der Selbsterkenntnis durch autobiographische Selbstthematisierung, durch autobiographisches Erzählen. Diese menschlichen Sprachhandlungen sind Gegenstand der human- und sozialwissenschaftlichen sowie der sprachwissenschaftlichen Betrachtung. Die Berücksichtigung der Forschungsergebnisse dieser Wissenschaften kann dazu führen, mit den Erfahrungstatsachen vertrauter zu werden. Diese gewonnene Vertrautheit kann zu entscheiden helfen, ob die Inanspruchnahme dieser Erfahrungswirklichkeiten im eschatologischen Zusammenhang zu Recht geschieht, ob der Rückgriff auf sie dazu geeignet ist, das mit der eschatologischen Aussage Gemeinte darzustellen. Die Rede von Gott, die der Theologie eigene Aufgabe, macht es erforderlich, an menschlich-weltliche Erfahrungen anzuknüpfen und diese zugleich zu übersteigen angesichts des Gottseins Gottes. Der Dialog mit den Wissenschaften verhilft der Theologie zu einer kritischen Überprüfung ihrer Rede, ihrer metaphorischen und immer analogen Bildrede.

[35] Mit den Worten von Medard Kehl gesagt: „Die Unterscheidung zwischen persönlichem Gericht nach dem Tod und allgemeinem Gericht am Ende der Geschichte (...) meint nicht eine doppelte, zeitlich auseinander gezogene oder sachlich getrennte Gerichts-Szene, sondern hebt verschiedene Aspekte des einen, immer zugleich persönlich und ekklesial-universal sich vollziehenden Vollendungsgeschehens hervor, das sich sowohl im Tod jedes einzelnen Menschen wie auch im Prozeß des Hineinsterbens aller Menschen und ihrer Welt in das vollendete Leben Gottes hinein ereignet“ (*M. Kehl*, Gericht. IV. Systematisch-theologisch, in: $LThk^3$ 4 [1995] 519).

2. Konkretisierungen

Zwei konkrete Überlegungen möchte ich nun noch anstellen, bei denen deutlich wird, daß eine Beschäftigung mit dem Vorgang der „Selbstthematisierung" im eschatologisch-theologischen Zusammenhang zu Differenzierungen nötigt.

(1) Die Theologie und Eschatologie betrachtet jede „Selbsthabe" des Menschen als eine von Gott geschenkte. Die Biographieforschung macht darauf aufmerksam, daß Menschen durch die erinnernde Wahr-nehmung des eigenen Lebens zu sich finden wollen, Zusammenhänge sehen wollen. Menschen erdenken ein Konstrukt ihrer Persönlichkeit, das „stimmig" ist. Sie suchen nach Erklärungen für das Gewordene und halten sich offen für Kommendes. Das Medium, der Träger der Identifizierung des Selbst, ist die gegenwärtigende Erinnerung. Das Gedächtnis verwahrt nicht alles, nimmt nicht alles wahr, sondern erinnert nur Bedeutsames. Das Gedächtnis stellt zudem neue Zusammenhänge her. Es leistet keine reine Abbildung von Gewesenem. Es stellt die situativen Deutungen von einzelnen Widerfahrnissen immer wieder in einen neuen Deutehorizont. Geprägte Zeiten – Krisenzeiten vor allem – motivieren zu einer solchen Selbstbetrachtung, zu einer Selbsthabe in Gedanken. Die Selbstreflexion ist ein beständiger Prozeß der Selbstkonstitution, deren Ziel es ist, zu verstehen und authentisch handeln zu lernen. Die Biographieforschung widerstreitet der Versuchung zu einer Auflösung des einzelnen Menschenlebens in das Gesamt der Lebensbezüge. Sie wehrt sich gegen die Vorstellung einer Erklärbarkeit des Werdenden durch das bereits Vorhandene. Immer bleibt es auch überraschend, wie eine Einzelne umgeht mit den Gegebenheiten.

Die Theologie des Gerichts kann an die skizzierten Erfahrungen anknüpfen. Zugleich muß sie Eigenes sagen: Die Selbsterkenntnis des Menschen ist eine geschenkte. Sie ist eine Gabe Gottes, die das Eigensein des Menschen nicht beseitigt, dieses vielmehr ermöglicht. Mit Gottes Hilfe transzendiert der Mensch die Grenzen seiner eigenen Fähigkeiten. Verbindet sich mit der Rede von der „Seele" des Menschen die Vorstellung, jeder Mensch sei ein unverwechselbar besonderer Mensch, und diese Besonderheit trete gerade in der immer subjektiven Erinnerung an das in der Geschichte seines Leibes für ihn Gewordene zu Tage, so scheint dieser Begriff auch zukünftig in der Eschatologie unverzichtbar. Es wäre dann jedoch auch wichtig (mit Joseph Ratzinger) zu betonen, daß die Seele des Menschen nicht etwa aus eigener Kraft „unsterblich" ist, es vielmehr Gottes Tat ist, dem Menschen über den Todesgraben hinweg Erinnerung an sich selbst zu gewähren. Die menschliche Erinnerung an das eigene Leben, die die Voraussetzung ist für eine Selbstthematisierung, diese „memoria" des Menschen ist Teilhabe an der „memoria" Gottes. Gottes Gedächtnis ist auf ewig lebendig.

Im Bild des eschatologischen Selbstgerichts kommt zum Ausdruck, daß das erlösende Versöhnungsgeschehen immer personale Gestalt hat. Es setzt immer das „Mit-Tun" der Geschöpfe voraus. Zugleich birgt diese Bildrede die Gefahr, das aktive, wirkende Handeln Gottes aus dem Blick zu verlieren. Wichtig wäre auch in diesem Zusammenhang eine stärker pneumatologisch ausgerichtete theologi-

sche Argumentation: Gott ist nicht ein unbeteiligter Zuhörer, der sich anhört, zu welcher Selbsterkenntnis Menschen wohl finden werden. Gott ist mit seinem lebenerhaltenden und lebenstiftenden Geist in der Seele des Menschen und läßt diese an seinem Leben – an Gottes memoria – teilhaben.
(2) Die Eschatologie muß von einer von Gott ermöglichten Perichorese der Selbst- und der Fremdwahrnehmungen sprechen, um an der Verbundenheit zwischen dem Einzelgericht und dem universalen Gericht festhalten zu können. Die Biographieforschung lenkt den Blick auf das unverwechselbare Leben eines einzelnen Menschen. Gegenstand ihrer Betrachtung ist die gesamte Lebenszeit in ihrem Prozeßcharakter, mit ihren Brüchen, Wandlungen und Konstanten. Rückschauende Selbstvergewisserungen konfrontieren immer mit den gesamten erinnerten Daten. Die Analyse autobiographischer Erzählungen vermittelt die Einsicht, daß sich die eigene Lebensgeschichte in der Retrospektive als Geschichte von Begegnungen mit anderen Menschen, mit Orten, Ansichten, Erwartungen und Enttäuschungen darstellt. Erinnert wird nur, was begegnet ist – auch in Gestalt von eigenen und fremden Phantasien und Ängsten. Jede Lebensgeschichte ist untrennbar verbunden mit den Lebensgeschichten der Anderen. Niemand ist je allein. Wahr-nehmungen meines Lebens aus der Sicht der Anderen werden mir zumindest zu Teilen schon während meiner Lebenszeit bekannt.
Der Rückgriff auf Erfahrungen der Selbstwahrnehmung und der Fremdwahrnehmung ist hilfreich bei dem theologischen Bemühen, anschaulich zu machen, wie das besondere Gericht und das universale Gericht miteinander verbunden sind. Erst die von Gott ermöglichte, die meinem Blick eröffnete Teilhabe an der Selbst-Wahrnehmung der Anderen ermöglicht es mir, mein eigenes Leben in seiner gewordenen Gestalt zu verstehen. Was letztlich zählt, ist nicht – nicht allein – eine gute Sterbestunde. Ich muß nicht bangen, ob mir in diesem Augenblick zufällig der richtige Gedanke in den Sinn kommt. Nein: Im Tod erlebt jeder und jede bei sich selbst und bei all denen, die im Leben bereits Vertraute waren, jenen Prozeß mit, in dem Gott die Wahrnehmungen reinigt und miteinander versöhnt. Das gesamte Menschenleben wird gegenwärtig. Die Täter begegnen der Wahr-nehmung ihres Lebens aus der Sicht der Opfer. Die Opfer erfahren von der schmerzlichen Selbstbesinnung der Täter. Die Täter können sich selbst leichter annehmen, wenn sie gewahr werden, daß Gott den Opfern Gerechtigkeit widerfahren läßt.
Auch das skizzierte Geschehen der Perichorese der Wahr-nehmungen ist theologisch als ein pneumatisches Ereignis zu begreifen: Gottes Geist verbindet das Unverbundene. Er führt die Täter vor die Opfer. Alle Tränen, die je Menschen weinten, sind gesammelt im Krug des Gedächtnisses Gottes. Die theologische Reflexion bezieht eine Gestalt der Wahrnehmung mit in ihre Überlegungen ein, die im menschlichen Miteinander nicht vorkommt: Sie rechnet mit einem Wesen, das Selbstwahrnehmung und Fremdwahrnehmung zueinanderführen kann im gegenwärtigenden Moment der Schau Gottes.
Kurz zusammengefaßt, meine ich als Ergebnis festhalten zu können: Die Beschäftigung mit der Biographieforschung verhilft zu einer größeren Vertrautheit mit dem Geschehen der autobiographischen Selbstthematisierung. Diese erweist

sich als für den menschlichen Daseinsvollzug wesentlich. Im eschatologisch-theologischen Zusammenhang der Rede von Gottes Gericht ist es erforderlich, Gottes geschenktes, gnädiges Erwirken der Selbsterkenntnis und auch Gottes Erwirken der Teilhabe an der Fremderkenntnis mit in die Überlegungen einzubeziehen. Beide Gedanken sind pneumatologisch auszugestalten. Beide Gedanken sprechen nicht von rein Zukünftigem, bloß Ausständigem: Für die mit Gottes Geist Beschenkten ist bereits gegenwärtig Gericht. Gottes Geist ruft zur Umkehr zu ihm und seiner Lebensverheißung sowie zur Hinkehr zu den Anderen und ihrem Lebenswillen.

3. Lyrische Nach-Lese

Wenn es uns einstmals möglich sein wird wahrzunehmen, in welcher Weise unser Leben bei den Hinterbliebenen Gegenwart ist, so können wir auf Beglückendes hoffen, und wir müssen auch mit Erschreckendem rechnen. Wislawa Szymborska faßt diesen Gedanken zu Beginn ihres Gedichts mit dem Titel „Die Briefe der Toten“ in folgende Worte:

> „Wir lesen die Briefe der Toten wie ratlose Götter,
> immerhin Götter, weil wir die späteren Daten kennen.
> Wir wissen, welches Geld nicht wiedergegeben wurde.
> Wissen auch, wen die Witwen in Eile geheiratet haben.
> Arme, verblendete Tote,
> fehlbare, hintergangene, linkisch betriebsame Tote.
> Wir sehn hinter ihren Rücken die Fratzen und Zeichen der andern.“[36]

Einstmals geschriebene Briefe (Dankesbriefe für geliehenes Geld mit Schuldschein versehen oder Liebesbriefe mit ewigem Treueversprechen) erweisen sich im Tod als wahr, sie „bewähren“ sich oder sie werden als Täuschung entlarvt. Wislawa Szymborska betrachtet es als das Privileg der Götter, die „späteren Daten“ zu kennen. Nur „Götter“ haben Einsicht in die Lebensläufe aller zu jeder Zeit. So kommt die Wahrheit über das Leben der Lebenden und der Toten an das Licht des Tages. Gericht geschieht.

Gott wird uns dann lehren, einander in die Herzen zu schauen. Dort wohnt der gute Wille. Wir werden verstehen lernen, was uns widerfahren ist. Auch in diesem Sinne ist die Theologie des Gerichtes Gottes „Evangelium“: Eine Botschaft, eine Verheißung von Bevorstehendem, das uns hier und heute schon froh machen kann.

---

[36] *W. Szymborska*, Die Briefe der Toten, in: *Dies.*, Hundert Freuden (s. Anm. 1) 80.

IV

Zugänge gewinnen

„Im Anfang ..."

Erwägungen zur Hermeneutik protologischer Aussagen

I. Die Fragestellung

Viele haben bereits über den Anfang nachgedacht: „Seitdem es Philosophie und Wissenschaft als eigenständige Tradition gibt, gehört die Frage nach dem Anfang zu den offenbar unveräußerlichen Problemen ihrer Geschichte".[1] Die systematisch-theologische Reflexion steht vor der Aufgabe, den Begriff des Anfangs in differenzierter Weise zu fassen, um die verschiedenen Kontexte, in denen die biblischen Schriften von den „Anfängen" Zeugnis ablegen, zur Sprache bringen zu können. Die Schöpfungslehre ist herausgefordert, zwischen dem zeitlichen Beginn von etwas (initium) und dem transzendentalen Grund von allem (principium) zu unterscheiden. Die jüdisch-christliche Glaubenserfahrung von Gottes Offenbarung in Zeit und Geschichte veranlaßt zudem dazu, Grund und Beginn von allem, was ist, mit Gottes Sein und Wirken „im Anfang" zu verbinden.

Ein kurzer Blick auf die Vielgestalt, in der die Frage nach dem Anfang im Leben begegnet, führt zu der Erkenntnis, daß diese Frage für die jeweilige Gegenwart der Fragenden Bedeutung hat. Anfangserfahrungen begleiten uns durch das gesamte Leben: Wir sehen nach der Geburt erstmals bei hellem Licht, gehen erste Schritte, lernen sprechen. Wir entdecken unsere Leiblichkeit, schenken Kindern das Leben. Wir wechseln die Tätigkeit, verändern die Lebensorte, begegnen erstmals einem Menschen, der uns zeitlebens nahe bleibt. Lang ersehnte Zeiträume beginnen und enden. Anderes beginnt erneut. Viele Menschen erfahren das Aufwachen als eine Situation, in der das noch Unbestimmte des Auf-sie-Zukommenden das Empfinden prägt. Im Gewahrwerden der Tatsache, einen neuen Tag zu erleben, drängt sich die Frage auf, welcher Sinn dem Leben eingestiftet ist. Was läßt das Zurückliegende, das Vergangene, für das Kommende erwarten? Ist es Frohstimmendes oder Bedrängendes? Morgengebete erbitten die Bereitschaft, am Anfang des Tages das Leben so anzunehmen, wie es geworden ist.[2]

---

[1] *W. Dupré*, Art. „Anfang", in: *H. Krings/H.M. Baumgartner/C. Wild (Hg.)*, Handbuch philosophischer Grundbegriffe, Bd. 1 (München 1973) 79.

[2] Karl Rahner hat in den frühen 50er Jahren im österreichischen Rundfunk vier kurze Morgenansprachen gehalten, in denen er vor Augen führte, welche Fragen sich am Tagesbeginn stellen: vgl. *K. Rahner*, Vier Worte zum Tagesanfang, in: *H. Vorgrimler (Hg.)*, Karl Rahner – Sehnsucht

Zu Beginn des 20. Jahrhunderts konnte Arnold van Gennep in seinem Buch „Les rites de passage" („Übergangsriten")[3] bereits auf eine Fülle von ethnographischen Untersuchungen zurückgreifen, die aufgewiesen hatten, daß es in allen Gemeinschaften Riten gibt, die Veränderungen begleiten. In rituellen Vollzügen werden Anfangserlebnisse im Zeitenlauf mit Worten und in Handlungen gedeutet. Das besondere Interesse von Arnold van Gennep galt der rituellen Gestaltung jener „Übergangsphasen", in denen der Abschied vom Früheren („Trennungsphase") zwar bereits vollzogen, die Ankunft beim Neuen („Angliederungsphase") jedoch noch nicht vollendet ist. Er denkt an Riten etwa in der Verlobungszeit oder der Schwangerschaft. Offenbar bedarf es der Stütze der Gemeinschaft, damit Einzelne lernen können, das Geschehen einer Veränderung und den Beginn von Neuem allmählich anzunehmen. Schritte aus Vertrautem in noch Unbekanntes lösen Ängste aus.
Doch gibt es auch ganz andere Erfahrungen mit dem „Anfang": Das bekannte Dichterwort vom „Zauber", der dem Anfang innewohnt[4], erschließt sich Menschen, die einmal verliebt waren, ohne längere Erläuterungen. Der Beginn menschlichen Miteinanders ist voller Verheißungen. Ein frag-loses, unmittelbares Erleben des Augenblicks ist möglich. Zum Gegenstand einer zweifelnden Betrachtung wird die Zeit des Anfangs erst in Krisensituationen, wenn sich die Frage stellt, was geblieben ist von dem, was einmal war. In Entscheidungszeiten geschieht eine Rückschau auf den Anfang des Infragestehenden, um den Wert des Gewordenen, des Gegenwärtigen, zu begreifen. Romano Guardini erinnert in seinen Meditationen über den „Anfang aller Dinge" an die Erfahrung, daß alternde Menschen gerne von ihrer Kindheit und Jugendzeit erzählen: „So tut ja jeder, wenn er nach einer Zeit des Vorwärtsdrängens das Bedürfnis empfindet, zurückzublicken, die Zusammenhänge seines Lebens zu erkennen und vielleicht anderen zu erzählen, wie es gegangen ist. (...) er sucht nach einer Quelle, der seinigen. Er fühlt das Vergehen und sichert sich seines Beginns"[5]. In der existentiellen Krise verbindet sich die Frage nach dem zeitlichen Beginn von etwas mit der tiefergreifenden Frage nach dem Grund des Gesamten. Hinter der Frage nach dem Anfang verbirgt sich die Frage nach dem Sinn. Die Frage nach dem Woher der eigenen Existenz sucht zugleich Antwort auf die Frage nach dem Wohin.

---

nach dem geheimnisvollen Gott (Freiburg-Basel-Wien 1990) 87-93. Rahner ermutigte dazu, den neuen Tag in Gottes Namen anzunehmen, ihn in seiner Einmaligkeit wahrzunehmen und ihn als stets offenstehende Möglichkeit zu betrachten, miteinander neu zu beginnen.

[3] Vgl. *A. van Gennep*, Übergangsriten (Frankfurt-New York-Paris 1986; Französisches Original: *Ders.*, Les rites de passage [Paris 1908]).

[4] Vgl. *H. Hesse*, Stufen, in: *Ders.*, Die Gedichte, Bd. 2 (Frankfurt 1977) 676.

[5] *R. Guardini*, Der Anfang aller Dinge. Meditationen (Würzburg 1961) 12.

II. Immer geschehender Anfang

In den letzten Jahren ist eine große Zahl von Sammelbänden und Monographien erschienen, in denen Biologen, Kosmologen und Theologen ihre Zugänge zum Verständnis der Welt darlegen und miteinander ins Gespräch bringen.[6] In den Publikationen zeigt sich, daß inzwischen weithin Klarheit besteht über die unterschiedlichen Betrachtungsweisen der Wirklichkeit in den Naturwissenschaften und in der Theologie. Auf dieser Basis können Annäherungen und auch Übereinstimmungen in den Positionen erreicht werden.
Die neuere kosmologische und biologische Erforschung der Evolution hat verstärkt Interesse an einer gedanklichen Erfassung des „Anfangsgeschehens" gewonnen, weil sie sich zunehmend mit folgendem Phänomen konfrontiert sieht: Über lange Zeit stabile, zyklische Vorgänge treten unerwartet in einen Prozeß der Veränderung ein, dessen Verlauf und mögliches Ergebnis sich jeglicher Prognose entziehen.[7] Mit dem nicht unmißverständlichen Begriff „Chaos" soll die nicht festgelegte Offenheit der Entwicklung des Kosmos erfaßt werden. Im Zuge der Chaosforschung, die gegenwärtig im interdisziplinärwissenschaftlichen Gespräch große Bedeutung hat, ist die allgemeine Aufmerksamkeit auf augenscheinlich indeterminierte und zugleich irreversible Vorgänge in der Zeit gewachsen. Jede erkannte Struktur, jedes stabile System, erscheint wie in einer „Warteschleife" vor einem „irreversiblen Zeitsprung", über dessen Verlauf sich im Voraus keine Aussage machen läßt.[8] Mit der Anerkenntnis der Irreversibilität von Prozessen in der Zeit ist auch Zustimmung zur strikten Singularität aller Ereignisse gegeben: Kein Sonnenaufgang ist wie der voraufgehende. Auch zyklische Vorgänge erweisen sich als letztlich immer

---

6 Vgl. *W. Gräb (Hg.)*, Urknall oder Schöpfung? Zum Dialog von Naturwissenschaft und Theologie (Gütersloh 1995); *J. Dorschner u.a.*, Mensch und Universum. Naturwissenschaft und Schöpfungsglaube im Dialog (Regensburg 1995); *V. Mortensen*, Theologie und Naturwissenschaft (Gütersloh 1995); *A. Ganoczy*, Chaos – Zufall – Schöpfungsglaube. Die Chaostheorie als Herausforderung der Theologie (Mainz 1995); *K. Schmitz-Moormann (Hg.)*, Schöpfung und Evolution. Neue Ansätze zum Dialog zwischen Naturwissenschaften und Theologie (Düsseldorf 1992); *C. Bresch u.a. (Hg.)*, Kann man Gott aus der Natur erkennen? Evolution als Offenbarung (Freiburg-Basel-Wien 1990); *C.N. Matthews/R.A. Varghese (Hg.)*, Cosmic Beginnings and Human Ends. Where Science and Religion Meet (Chicago and La Salle, Illinois 1995); *H.A. Müller (Hg.)*, Naturwissenschaft und Glaube. Natur- und Geisteswissenschaftler auf der Suche nach einem neuen Verständnis von Mensch und Technik, Gott und Welt (Bern-München-Wien 1988).

7 „Eines jedenfalls ist gesichert: der Kosmos hat die Form eines Prozesses. Deshalb stellt sich die Frage: ein Prozeß von wo ausgehend und wohin führend? Nur wenn wir die Zukunft dieses Prozesses annähernd so gut kennten wie seine Vergangenheit, könnten wir diesen Prozeß vollständig beschreiben. Aber die Zukunft läßt sich physikalisch nicht voraussagen, da die Zeit sich über Bifurkationen entfaltet und einen irreversiblen, nicht wiederholbaren Verlauf nimmt. Das heißt aber: Der Kosmos ist ein unvollendeter Prozeß, der seine eigene Zukunft nicht kennt" (*F. Cramer*, Ursprungsmythos, Zeit und Evolution, in: *W. Gräb [Hg.]*, Urknall oder Schöpfung [s. Anm. 6] 81).

8 Vgl. ebd., 75-88.

einzigartige. Das scheinbar Unveränderliche in der Natur variiert beständig seine Gestalt.
Ludwig Wittgenstein meinte, nicht das „Wie" der Wirklichkeit sei das Mystische, sondern das „Daß".[9] Viele naturwissenschaftlich geschulte Menschen erfahren gegenwärtig nicht nur das Vorhandensein, das „Daß" der Wirklichkeit, sondern auch deren „Werden" als das „Mystische". Warum geschieht überhaupt etwas und nicht vielmehr nichts? Warum ereignet sich dieses und nicht jenes? Unbestimmtheiten, Unberechenbarkeiten, Unvorhersagbares, Unerklärliches – in der Vergangenheit war die theologische Protologie des öfteren der Gefahr erlegen, in Zusammenhängen, deren lückenlose Erkenntnis menschlicher Forschung entzogen zu sein schien, von Gottes Wirken zu sprechen. Fortschreitende naturwissenschaftliche Erkenntnis hat in aller Regel in späterer Zeit diesen Gott als entbehrlichen „Lückenbüßer" enttarnt. Doch die Zeiten, in denen die Religionskritik durch eine naturwissenschaftliche Betrachtung der Wirklichkeit an argumentativer Stärke gewinnen konnte, sind wohl vorüber. Gegenwärtig wird insbesondere von seiten der Naturwissenschaften und der Medizin an die Philosophie und die Theologie das Anliegen herangetragen, die Sinnfrage aufzugreifen, deren Dringlichkeit an den Grenzen der naturwissenschaftlichen Betrachtung der Wirklichkeit[10] in Erscheinung tritt.
Die Wahrnehmung der „Offenheit" der Systeme eröffnet neue Möglichkeiten, im naturwissenschaftlich-theologischen Gespräch über den „Anfang" nachzudenken: „Es gibt Gründe dafür anzunehmen, daß die im Werden begriffene Welt ein System ist, das in keinem gegebenen Zustand verharren kann, das vielmehr auf jeder einmal ereichten Stufe über sich selbst hinaus auf neue und reichere Möglichkeiten seiner Entfaltung weist. Man spricht heute von 'Selbsttranszendenz' als der Fähigkeit der Erschließung neuer Entwicklungsplateaus. Man darf die Theorie offener Systeme – so gesehen – als den Versuch ansprechen, das 'Konzept der Geschichte' in das 'Konzept der Natur' zu integrieren. Die entscheidende Frage, die sich heute im Gespräch zwischen Theologie und Naturwissenschaft als die eigentliche Grundfrage erweist, lautet dementspre-

---

[9] *L. Wittgenstein*, Tractatus logico-philosophicus. Logisch-philosophische Abhandlung (Frankfurt 1963) 6.44.

[10] Johann Dorschner, Physiker in Jena, bestimmt diese Grenze im Blick auf die Frage nach dem „Anfang" der Welt folgendermaßen: „Auf naturwissenschaftliche Weise kann immer nur das Entstehen von etwas aus etwas erklärt werden. (...) die Naturwissenschaften [studieren] die materiellen Ursachen materieller Wirkungen, und der Zusammenhang von Ursache und Wirkung setzt immer die Existenz von Raum und Zeit voraus. Hier wird die Problematik des Anfangs der Welt voll sichtbar, denn in der relativistischen Kosmologie befindet sich am Nullpunkt der Zeit eine mathematische Singularität. Die Raumzeit hat hier ein Loch, und die physikalischen Größen der Materie, die bei der Annäherung an diesen Punkt gegen Unendlich streben, werden hier sinnlos. (...) Mit 'Anfang' der Welt ist also beim theoretischen Zurückgehen auf dem Zeitstrahl jener Punkt gemeint, an dem die physikalische Beschreibbarkeit der Welt unmöglich wird, weil Raum und Zeit physikalisch nicht mehr faßbar sind, d.h. im Sinne der Physik nicht mehr existieren" (*J. Dorschner*, Mensch und Universum, in: *Ders. u.a.*, Mensch und Universum [s. Anm. 6] 116f).

chend: Welches sind die Bedingungen der Möglichkeit jener Offenheit offener Systeme? Worauf beruht die Fähigkeit der Natur zur Erschließung neuer Organisationsplateaus? Das Rätsel des schöpferischen Anfangs hat sich auf diese Frage zusammengezogen, und es ist offenkundig, daß die Rede vom Anfang hier einen neuen und anderen Sinn gewinnt. Denn da offene Systeme (...) kein 'Außerhalb' kennen, bleibt, wie es scheint, nur die Möglichkeit, das 'Schöpferische' als eine im System selbst wirksame Potenz oder Kraft zu denken, und das wiederum schließt ein, daß es sich nicht um eine nur vorläufige, später vielleicht entbehrliche Hypothese handelt, sondern um eine Bedingung, ohne die überhaupt nichts verständlich würde“[11].

Gewiß: Die in der Rede vom „Urknall“ – ein Begriff, der auch von Physikern heute problematisiert wird, – festgehaltene Singularität der Gegebenheiten bei der Entstehung der planetarischen Welt konnte und kann dazu motivieren, das Entstandene zu bestaunen.[12] Aber: Jede mit den Methoden der Naturwissenschaften erforschte „Anfangskonstellation“ – die makrokosmisch-planetarische wie die mikrokosmisch-molekulare – beschreibt bereits Daseiendes, Daseiendes, das beständig im Werden ist. Die metaphysische Frage, warum überhaupt Seiendes ist und nicht vielmehr Nichts, achtet nicht auf Besonderheiten und Zusammenhänge in den Anfangszeiten und bei der prozeßhaften Entwicklung des Vorhandenen, sie fragt vielmehr nach dem Grund des Daseins, der Vorhandenheit überhaupt von etwas. Wird diese Frage ins Zeitliche gewendet, so legt es sich gegenwärtig nahe zu fragen, warum dem Gegebenen Zukunft eröffnet ist.

Noch immer erscheint es als dringliche Aufgabe der theologischen Protologie, nachdrücklich zu betonen, Gottes immerwährendes erschaffendes Wirken stehe nicht in Konkurrenz zur geschöpflichen Eigenentwicklung, Gott ermögliche eine solche vielmehr. Gott wirkt das Eigenwirken der Geschöpfe – und das in jedem Augenblick. Mit dem Begriff der „creatio continua“ versucht die theologische Reflexion, das Verständnis des anfangsetzenden, erschaffenden Handelns Gottes von dem Mißverständnis zu befreien, mit diesem sei nur ein im historischen Sinn erstmaliges und einmaliges Tätigwerden Gottes „am Anfang“ der Zeit gemeint. Die Rede von Gottes erschaffendem Wirken ist ein gläubiges Bekenntnis zur Ermöglichung von nicht-göttlichem, von geschaffenem Sein in

---

[11] *Ch. Link*, „Im Anfang ...“, Aufgabe und Ansatz einer Schöpfungslehre heute, in: *W. Gräb (Hg.)*, Urknall oder Schöpfung (s. Anm. 6) 164f. Hervorhebungen im Original. Zu den Fragen der „Selbstorganisation“ der Natur und der „Teleologie“ ihrer Entwicklung vgl. einführend: *S.N. Bosshard*, Erschafft die Welt sich selbst? Die Selbstorganisation von Natur und Mensch aus naturwissenschaftlicher, philosophischer und theologischer Sicht (Freiburg-Basel-Wien 1985); *C. Bresch u.a. (Hg.)*, Kann man Gott aus der Natur erkennen? (s. Anm. 6); *R. Isak*, Evolution ohne Ziel? Ein interdisziplinärer Forschungsbeitrag (Freiburg-Basel-Wien 1992).

[12] Vgl. *H. Schumacher*, Urknall und Schöpfergott. Weltentstehung und Weltzukunft in Naturwissenschaft und Bibel (Wuppertal-Zürich 1990); *G. Smoot/K. Davidson*, Das Echo der Zeit. Auf den Spuren der Entstehung des Universums (München 1995); *W.B. Drees*, Beyond the Big Bang. Quantum Cosmologies and God (La Salle, Illinois 1990); *J. Gribbin*, Die erste Genesis. Gott, die Zeit und der Urknall. (Essen 1995).

jeder Zeit. Im Gewand der Rede vom „Anfang“ tritt die Rede von der Kontingenz der Wirklichkeit auf.

III. Sünde im Anfang der Menschheit

Wer bei „Adam und Eva“ anfängt, hat vor, eine lange Geschichte zu erzählen und dabei „ganz vorne“ zu beginnen. Auch für Menschen, die mit den biblischen Schriften wenig vertraut sind, sind „Adam und Eva“ Anfangs-Gestalten. Die ersten Schriftkapitel waren Gegenstand einer verzweigten und teils unguten Auslegungsgeschichte.[13] Erst die Loslösung von einem historisierenden Mißverständnis der biblischen urgeschichtlichen Erzählungen eröffnete den Raum, die alle Zeit betreffende, universale Verkündigungsintention der Texte auch unter den Voraussetzungen der neuzeitlichen Welterkenntnis zu erfassen. Es ist Konsens der exegetischen Forschung, daß die Gegenwartserfahrung der Erzählenden Ausgangspunkt und Zielpunkt urgeschichtlichen Erzählens ist. Die Beschreibung und das Bedenken eines Anfangsgeschehens will dazu verhelfen, das in der Gegenwart Vorgefundene erkennend zu verstehen und verstehend zu verändern. Die Angabe eines Grundes oder einer Ursache von Ereignissen, Bezeichnungen und Zuständen wird allgemein als eine „Ätiologie“ bezeichnet.[14] Dabei hat die neuere exegetische Forschung die auf Karl Rahner[15] zurückgehende Unterscheidung zwischen „mythologischen Ätiologien“ und „geschichtlichen Ätiologien“ problematisiert und insbesondere der Zuweisung der Urgeschichte zum Bereich „geschichtlicher Ätiologien“, die sich in Rahners frühen Schriften findet, widersprochen. Im Blick auf Gen 2-3 spricht Christoph Dohmen von einer „ätiologischen Intention“[16] dieser Erzählung. Sie ist eine „prototypische Ausgangserzählung“[17]. Ein historisierender Umgang mit

---

[13] Untersuchungen zur Wirkungsgeschichte biblischer Texte, wie sie insbesondere in der feministisch-theologischen Forschung vorgelegt werden, konnten zeigen, daß Fehlinterpretationen der theologischen Aussageintention der sogenannten jahwistischen Sündenfallerzählungen sich bereits innerbiblisch belegen lassen. In Sir 25,24 heißt es: „Von einer Frau nahm die Sünde ihren Anfang, ihretwegen müssen wir alle sterben“. Im neutestamentlichen Zeugnis (1 Tim 2,8-15) geschieht ein Rückgriff auf diese Traditionsbildung. Vgl. dazu *H. Schüngel-Straumann*, „Von einer Frau nahm die Sünde ihren Anfang“? Die alttestamentlichen Erzählungen von „Paradies“ und „Sündenfall“ und ihre Wirkungsgeschichte, in: *E. Moltmann-Wendel (Hg.)*, Weiblichkeit in der Theologie (Gütersloh 1988), 31-55; *Dies.*, Mann und Frau in den Schöpfungstexten von Gen 1-3 unter Berücksichtigung der innerbiblischen Wirkungsgeschichte, in: *Th. Schneider (Hg.)*, Mann und Frau – Grundproblem theologischer Anthropologie (Freiburg-Basel-Wien 1989); *Dies.*, Denn Gott bin ich, und kein Mann. Gottesbilder im Ersten Testament – feministisch betrachtet (Mainz 1996), 9-32.

[14] Vgl. *Chr. Dohmen*, Art. „Ätiologie“, in: LThK 1 (^{3}1993) 1160-1162. Vgl. auch *Ders.*, Schöpfung und Tod (Stuttgart ^{2}1993).

[15] Vgl. *K. Rahner*, Art. „Ätiologie“, in: LThK 1 (^{2}1957) 1011f.

[16] *Ch. Dohmen*, Art. „Ätiologie“ (s. Anm. 14) 1162.

[17] Ebd.

der Erzählung in der Erwartung, durch sie Auskunft über die „paradiesischen Zustände" in der „Urzeit" zu erhalten, wird ihr nicht gerecht.
Die jahwistischen Sündenfallerzählungen erzählen „Erstmaliges" und meinen „Allmaliges". Diese Formulierung, die sich an Worte von Erich Zenger[18] anlehnt, versucht mit Zeitbegriffen das Anliegen mythischer Rede zu erfassen.[19] In der literarischen Gestalt einer genealogischen Erzählung tritt in den jahwistischen Texten von Gen 1-11 die Menschheit vor Augen als zu Mißtrauen, Feindschaft und Zwietracht neigend. Die „Ereignisse", von denen die Sündenfallerzählungen sprechen, sind zwar insofern als geschichtliche zu betrachten, als die Erfahrungen, von denen sie erzählen, in der Geschichte der Menschheit wirksam sind. Die Suche aber nach historischen Einzelgestalten, in deren Taten der Anfang der Sünde zu greifen wäre, verkennt das eigentliche Anliegen dieser biblischen Texte, nämlich die Gegenwart aller Menschen zu deuten.[20]
Das neutestamentliche Zeugnis von der in Christus Jesus geschehenen Erlösung aus den Fängen der universalen, im Geschlechterzusammenhang wirksam erfahrenen Sünde greift die ersttestamentliche, mythische Rede von jenem Geschehen „im Anfang" auf und verbindet sie mit einem geschichtlichen Ereignis. Damit steht die christliche Theologie vor der Aufgabe, den auch mit den Methoden historischer Forschung zugänglichen, in diesem Sinne „geschichtlichen" Anfang in Christus Jesus mit in die Überlegungen einzubeziehen.

IV. Der neue Anfang in Christus Jesus

Paulus bringt die in Christus Jesus erfahrene soteriologische Wende in Form einer typologischen Gegenüberstellung zu Bewußtsein: Der „erste Mensch" (ὁ πρωτος Αδαμ) empfängt Lebensatem. Der „letzte Mensch" (ὁ εσχατος Αδαμ) ist selbst lebendigmachender Geist (1 Kor 15,45). Die universale Bedeutung des in der Geschichte mit Jesus erlebten „Neubeginns", die im christlichen Bekenntnis formulierte soteriologische Wende von Unheil in Heil, ist nur

[18] Vgl. *E. Zenger*, „Das Blut deines Bruders schreit zu mir" (Gen 4,10). Gestalt und Aussageabsicht der Erzählung von Kain und Abel, in: *D. Bader (Hg.)*, Kain und Abel. Rivalität und Brudermord in der Geschichte der Menschen (München 1983), 11.

[19] Rudolf Mosis erinnert an die Bestimmung des Mythischen bei Sallust: Das im Mythos Erzählte „geschah niemals, ist aber immer": vgl. *R. Mosis*, Biblische Schöpfungsaussagen und heutiges Selbstverständnis des Menschen, in: *K. Schmitz-Moormann (Hg.)*, Schöpfung und Evolution (s. Anm. 6) 69-72. Nach Richard Schaeffler lehrt die protologische Erzählung den Hörer, „den Gesamtzusammenhang seiner alltäglichen Erfahrung aus seinen Möglichkeitsgründen zu begreifen" (*R. Schaeffler*, Aussagen über das, was „Im Anfang" geschah. Von der Möglichkeit, sie zu verstehen und auszulegen, in: IKaZ 20 [1991] 340-351, hier 342).

[20] Die Erbsündentheologie steht vor der Aufgabe, die Universalität der Erlösungsbedürftigkeit der Schöpfung in einer Weise zu begründen, die nicht zur Annahme eines naturgesetzlichen Sündenverhängnisses nötigt. Dies gelingt nur, wenn der Usprung der Sünde als Freiheitsgeschehen erfaßt wird: vgl. *H. Hoping*, Freiheit im Widerspruch. Eine Untersuchung der Erbsündenlehre im Ausgang von Immanuel Kant (Innsbruck-Wien 1990).

unter Hinzunahme der Ostererfahrung zu begründen. In Kol 1,18 heißt es: „Er ist der Anfang, der Erstgeborene von den Toten, damit er in allem der Erste sei". Als „Erster der Entschlafenen" ist Christus auferweckt worden (1 Kor 15,20).

Die Begegnungen mit dem Auferweckten und die Geistbegabung sind die Anfangsereignisse, in denen das Christusbekenntnis seinen Ursprung hat. Im Neubeginn der nachösterlichen Gemeinde erscheint auch schon der mit Jesus vor Ostern erlebte Anfang rückschauend in einem neuen Licht. Die neutestamentlichen Schriften überliefern den geschichtlichen Anfang des Evangeliums im Leben und Wort Jesu und erzählen von dessen soteriologischer Relevanz. Menschen, die in der Nähe Jesu waren, haben durch ihn Neues erlebt. Die von den Zeugen an Jesus erfahrene neue Weise, sündelos gemeinschaftstreu zu leben, bleibt in der nachösterlichen Erinnerung der Gemeinde kraft des Geistes gegenwärtig. Der geschichtliche Anfang des Christusgeschehens öffnet die Augen des Glaubens. Diese Augen erkennen angesichts der österlichen Geist-Erfahrung das Christusereignis als Grund des Glaubens an das von Gott allen verheißene und bereitete „Ende", von dem her sich auch schon der „Anfang" von allem als gestiftet erweist.

Das Wort αρχη (archä) kommt im Neuen Testament an zahlreichen Stellen in christologischem Zusammenhang vor[21]. In den meisten neutestamentlichen Traditionen findet sich die Rede von dem im Christusereignis erfahrenen „Anfang" an signifikanter Stelle, so daß die Rückfrage nach der theologischen Bedeutung dieser Zeugnisse sich von den neutestamentlichen Schriften selbst her ergibt.[22]

Eine theologische Bestimmung des im Christusereignis erfahrenen „Anfangs" muß die jeweils unterschiedlichen neutestamentlichen Christologien als jenen Zusammenhang beachten, in dem sich Verstehen erschließt. Markus und Jo-

---

[21] Besonders häufig belegt ist es im johanneischen Schrifttum. Innerhalb der synoptischen Tradition findet es sich vor allem im lukanischen Doppelwerk. Auch die paulinischen Schriften, der Hebräerbrief und die Offenbarung des Johannes sprechen von der αρχη in Christus Jesus: Vgl. *I. de la Potterie*, La notion de „commencement" dans les écrits johanniques, in: *R. Schnackenburg/ J. Ernst/J. Wanke (Hg.)*, Die Kirche des Anfangs. FS H. Schürmann (Freiburg-Basel-Wien 1978), 379-403 (Lit.); *G. Delling*, Art. αρχη, in: ThWNT 1 (1933) 477-483. Für das Gesamtverständnis der Texte ist es wichtig zu bedenken, daß ἀρχῆ nicht allein dazu verwendet werden kann, einen zeitlichen Beginn zu bezeichnen. Dem deutschen Wortsinn von „Anfang" noch recht nahe ist die räumliche Vorstellung von der αρχη eines Weges, dem „Ausgangsort". Darüber hinaus wird αρχη im Neuen Testament aber auch verwendet, um die höhere Vollmacht, die „Spitzenposition", die „Kopfstellung" des als αρχη Bezeichneten ins Wort zu bringen: Vgl. *K. Weiß*, Art. αρχη, in: EWNT 1 (1980) 388f.

[22] Die neutestamentlichen Zeugnisse müssen vor dem Hintergrund der im Alten Testament geschehenden gläubigen Erinnerung an den „Anfang" der Taten Gottes gelesen werden, wie sie in der prophetischen, der priesterschriftlichen und der weisheitlichen Tradition geschieht: vgl. *C. Westermann*, Anfang und Ende in der Bibel (Stuttgart 1969); *H. Groß*, „Anfang und Ende". Beobachtungen zum prophetischen Reden von Schöpfung, Gericht und Heil, in: *L. Ruppert u.a. (Hg.)*, Künder des Wortes. Beiträge zur Theologie der Propheten. FS Josef Schreiner (Würzburg 1982), 287-299.

hannes stellen eine enge Verbindung her zwischen dem „Anfang" des Evangeliums Jesu Christi und der Predigt des Täufers. Dagegen ist Lukas offenbar daran gelegen, die Eigenständigkeit und das Neue der Predigt Jesu herauszustellen. Eine vergleichende Untersuchung seiner Darstellung des Beginns des öffentlichen Wirkens Jesu (Lk 3,23) und der Darstellung der Anfänge des Wirkens des Geistes in der Kirche in der Apostelgeschichte (Apg 2,3f) kann zudem belegen, daß im lukanischen Doppelwerk die Erinnerung des „Anfangs" im Dienst einer pneumatologisch-ekklesiologischen Aussage steht: Lukas parallelisiert Jesu geisterfüllte Predigt in der Synagoge von Nazaret (Lk 4,16-30) mit der Predigt des Petrus am Pfingsttag in Jerusalem (Apg 2,14-40). Daß eine solche Interpretation der Texte bestimmten, konfessionell geprägten Ekklesiologien eher entspricht als anderen, darauf macht Ignace de la Potterie in seinem Beitrag zur Verwendung des Begriffes αρχη am Rande aufmerksam.[23] Hans Conzelmann etwa lehnte eine Analogiebildung zwischen dem Anfang des Wirkens Jesu und den Anfängen der Kirche strikt ab[24]. Offensichtlich sind theologische Vorentscheidungen damals wie heute wirksam bei der Deutung des in Christus Jesus geschehenen Anfangs.
Eine Gesamtschau der neutestamentlichen Zeugnisse läßt erkennen, daß die Texte zum einen die Geschichte Jesu in der Zeit der Zeugen offenbarungstheologisch als zeitlichen „Anfang", als „initium" der eschatologisch-endgültigen Glaubenserkenntnis Gottes erfassen, zum anderen die ewige Herkunft des Logos als „Anfang", als „origo" und „principium" im Sinne einer transzendentalen Begründung seiner Erscheinung in der Zeit bedenken. In der exegetischen Literatur scheint weitgehender Konsens zu bestehen darüber, daß der Johannesprolog als eine Bearbeitung eines durch weisheitlich geprägtes Denken bestimmten Logos-Liedes zu betrachten ist.[25] Die genaue Zuordnung einzelner Verse zur weisheitlichen Vorlage oder (alternativ) zur Theologie des Evangelisten bleibt allerdings umstritten. Vieles spricht dafür, εν αρχη in Joh 1,1 nicht als Ausdruck einer „relativen" Vorzeitigkeit des Wortes im Vergleich zu der Zeit der geschaffenen Welt zu betrachten, wie dies in Spr 8,22 und Sir 24,9 von der Weisheit ausgesagt ist. Das johanneische Bekenntnis, nach dem der Logos „im Anfang" bei Gott war, wird vielmehr von den meisten Auslegern als Ausdruck der absoluten, zeitlos-ewigen Zeitmächtigkeit des Logos verstanden, als Bekenntnis zum göttlichen Ursprung des Wortes, das Fleisch geworden ist.
Wie die johanneische Christologie greift auch die Offenbarung des Johannes auf die Rede von der αρχη zurück, um ein Bekenntnis zur Gottheit des ge-

---

[23] Vgl. *I. de la Potterie*, La notion de „commencement" dans les écrits johanniques (s. Anm. 21) 381f.

[24] Vgl. *H. Conzelmann*, Die Mitte der Zeit. Studien zur Theologie des Lukas (Tübingen ³1960); *Ders.*, „Was von Anfang war", in: Neutestamentliche Studien für Rudolf Bultmann (Berlin 1954), 194-201.

[25] Vgl. *M. Theobald*, Im Anfang war das Wort. Textlinguistische Studie zum Johannesprolog (Stuttgart 1983); *Ders.*, Die Fleischwerdung des Logos. Studien zum Verhältnis des Johannesprologs zum Corpus des Evangeliums und zu 1 Joh (Münster 1988).

schlachteten Lammes Jesus Christus abzulegen: Der thronende Christus ist Alpha und Omega, Anfang und Ende (Offb 21,6). Diese Prädikationen sind nach derselben neutestamentlichen Schrift (Offb 1,8) – im Sinne der prophetischen Tradition des Deuterojesaja (vgl. Jes 41,4; 44,6; 48,12)[26] – der Rede von Gott vorbehalten. Gott ist Anfang und Ende, Alpha und Omega.

V. Anfang in der Zukunft Gottes

Hans Urs von Balthasar hat 1957 in seinen später oft zitierten „Umrissen der Eschatologie" dazu aufgefordert, bei einer Neugestaltung dieses theologischen Traktats müsse insbesondere „das Aug-in-Aug von Protologie (...) und Eschatologie"[27] Beachtung finden. In dieser Aufgabenstellung war er sich mit Karl Rahner einig. Beide haben in den 50er und 60er Jahren – zumeist im Zusammenhang mit Überlegungen zur heilsgeschichtlich-christologischen Begründung der Eschatologie – Grundlegendes auch zum Verständnis der christlichen Protologie gesagt.

Gegenwärtig findet sich vor allem in Texten evangelischer Autoren zu Fragen der Protologie der Aufruf, die Zukunft als den Zeithorizont wahrzunehmen, in dem auch die schöpfungstheologische Frage gestellt werden muß. Angesichts der scheinbar unbestimmten Offenheit der Weltentwicklung wird anschaulich bewußt, daß nur das geworden ist, dem Zukunft gewährt wurde. Wolfhart Pannenberg formuliert den Gedanken so: „Die Zukunft der Geschöpfe [ist] der Horizont des schöpferischen Eintretens der Ewigkeit in die Zeit. Die Zukunft ist die Ursprungsdimension der Kontingenz jedes neuen Ereignisses, aber auch die Sphäre, von der wir das Ganzwerden des im Prozeß der Zeit Unabgeschlossenen und Unvollendeten erhoffen. Für die Theologie (...) ist die Zukunft Gottes der Ursprung alles Geschehens und Quelle seiner möglichen Vollendung"[28]. Christian Link spricht daher von einer erforderlichen Umkehrung der vertrauten Vorstellungen: Es bestehe die Notwendigkeit, die Zukunft als die Quelle zu betrachten, „aus der Zeit und Welt hervorgehen und sich erneuern. Die Zeit entrollt sich von der Zukunft in die Gegenwart"[29].

---

[26] Vgl. *R.P. Merendino*, Der Erste und der Letzte. Eine Untersuchung von Jes 40-48 (Leiden 1981). Der Hebräerbrief (Hebr 7,3) nennt Melchisedek „Abbild des Sohnes", weil beide ohne „Stammbaum" seien, ohne Anfang der Tage und ohne Ende. Im Hintergrund dieser Formulierung steht die griechische Vorstellung von Ewigkeit, die weder archä noch telos hat, anfanglos und unendlich ist.

[27] *H.U. von Balthasar*, Umrisse der Eschatologie, in: Verbum Caro (Einsiedeln ^{3}1990), 276-300, hier 296. Vgl. auch: *H. Volk*, Anfang und Ende in theologischer Sicht, in: *Ders.*, Gesammelte Schriften, Bd. 2 (Mainz 1966) 7-30; *A. Darlap*, Art. „Anfang und Ende", in: SM 1 (1967) 138-145.

[28] *W. Pannenberg*, Das Wirken Gottes und die Dynamik des Naturgeschehens, in: *W. Gräb (Hg.)*, Urknall oder Schöpfung? (s. Anm. 6) 139-152, hier 152.

[29] *Ch. Link*, „Im Anfang...". Aufgabe und Ansatz einer Schöpfungslehre heute, in: *W. Gräb (Hg.)*, Urknall oder Schöpfung? (s. Anm. 6) 153-175, hier 165. Vgl. auch: *Ders.*, Schöpfung, 2

Nach Meinung mancher Forscher kennt die hebräische Sprache einen Begriff des „Anfangs", bei dessen Verwendung die Vollendung, das Zum-Ziel-Kommen des Beginnenden mitausgesagt wird: reschit. Dieses Wort wird im Hebräischen als Oppositum zu acharit verwendet und bezeichnet „den Beginn eines Prozesses mit definitivem Ende oder Ziel"[30], während ein anderes hebräisches Wort für „Anfang" – techillah „nur das Erste in einer Reihe ohne spezifisches Ende"[31] meint. Rattray und Milgrom übersetzen die ersten Worte der Bibel (Gen 1,1) mit: „Als Gott begann, Himmel und Erde zu schaffen"[32]. Sie heben hervor, daß reschit in Gen 1,1 nicht auf einen absoluten Anfang der Zeit oder des Universums anspiele, sondern vom Beginn des Prozesses der Welterschaffung spreche, der am 6. Tag vollendet werde.
Auch Exegeten, die an der Übersetzung: „Im Anfang hat Gott Himmel und Erde geschaffen" festhalten[33], betonen die enge Verbundenheit zwischen dem erschaffenden Handeln Gottes und dem geschichtlichen Wirken Gottes an Israel in der priesterschriftlichen Theologie. Als Ergebnis seiner vergleichenden Untersuchung der priesterschriftlichen Schöpfungserzählung und der priesterschriftlichen Erzählung von der Gotteserscheinung auf dem Berg Sinai formuliert Bernd Janowski, die Priesterschrift kenne „eine dynamische, sich selbst übersteigende und auf ein ungeahntes Eschaton hinsteuernde Geschichte"[34], dessen Ziel das „'Wohnen' des Schöpfergottes inmitten der Israeliten"[35] sei. Der 7. Tag, der Tag der Freude Gottes am vollendeten Schöpfungswerk (Gen 2,2f), ist auch der Tag, an dem die Herrlichkeit Gottes sich Israel am Sinai zeigt (Ex 24,16). Gott bereitet sich die Welt als eine Stätte, an der er „wohnen" will: „Erst vom Sinai her wird (...) erkennbar, was mit Gottes Schöpfungshandeln 'am Anfang' intendiert war und d.h.: wozu Gott die Welt erschaffen hat: nämlich dazu, Gemeinschaft mit dem Menschen/Israel zu haben"[36].
Die Geschichte der Natur und die Geschichte der Menschenvölker sind nach biblischer Tradition in einem Geschehen verbunden, dessen Verlauf – Anfang

---

Bde (Gütersloh 1991).

30 *S. Rattray/J. Milgrom*, Art. reschit, in: ThWAT 7 (1993) 291.

31 Ebd.

32 Ebd., 292.

33 Das Votum für das Verständnis von „bereschit" („im Anfang") als status constructus zum folgenden Satz geht auf Studien von Walter Groß zurück (vgl. *W. Groß*, Syntaktische Erscheinungen am Anfang althebräischer Erzählungen: Hintergrund und Vordergrund, in: Congress Volume (Vienna 1980) = VTS 32 (Leiden 1981), 131-145; *Ders.*, Die Pendenskonstruktion im Biblischen Hebräisch. Studien zum althebräischen Satz I [St. Ottilien 1987] 52f). Andere Exegeten halten an der Übersetzung: „Im Anfang hat Gott Himmel und Erde geschaffen" fest (vgl. *E. Zenger*, Gottes Bogen in den Wolken. Untersuchungen zu Komposition und Theologie der priesterschriftlichen Urgeschichte (Stuttgart 1983); *E. Jenni*, Erwägungen zu Gen 1,1 „am Anfang", in: Zeitschrift für Althebraistik 2 [1989] 121-127) und sehen in „reschit" einen Begriff des „Anfangs" vorliegen, den sie als „gründenden" und „verpflichtenden" näher beschreiben.

34 *B. Janowski*, Tempel und Schöpfung. Schöpfungstheologische Aspekte der priesterschriftlichen Heiligtumskonzeption, in: JBTh 5 (1990) 37-69, hier 66.

35 Ebd.

36 Ebd., 61. Hervorhebung im Original.

und Ende, Grund und Ziel – sich dem gegenwärtigen Gott verdankt. Das Rufen nach Gottes Gegenwart, die Bitte um Gottes daseinermöglichenden „adventus", in dem der Schöpfung Zukunft eröffnet ist, wäre demnach die angemessene Sprachhandlung bei einem spirituellen Zugang zur Protologie. Die christliche Theologie wird diesen Gedanken pneumatologisch zu fassen haben.

VI. Zusammenfassende Thesen

In zwei Thesen läßt sich das Dargelegte bündeln. Die erste These bespricht das Formalobjekt der christlichen Protologie, ihre Weise, die Dinge zu betrachten. Die zweite These wendet sich dem Materialobjekt der Protologie, ihrer inhaltlichen Aussage, zu und nimmt dabei eine differenzierte Bestimmung des christlich-theologischen Begriffs des „Anfangs" vor.

(1) Die christliche Protologie schaut von der Gegenwart auf die Anfänge. Augustinus hat in seiner Zeitanalyse im 11. Buch seiner „Confessiones"[37] dargelegt, daß das, was „ist", immer als Modus der Gegenwart da ist: Das Zukünftige ist gegenwärtig in der Erwartung, die Gegenwart ist gegenwärtig in der Anschauung, die Vergangenheit ist gegenwärtig in der Erinnerung. Der „Anfang" – verstanden als bestimmter Moment des Vergangenen – „ist" gegenwärtig in der Erinnerung des fragenden menschlichen Bewußtseins. Die Frage nach dem „Anfang" ist motiviert und qualifiziert durch die Gegenwart der Fragenden.[38]
Karl Rahner hat Ende der 50er Jahre in seinen „Theologischen Prinzipien der Hermeneutik eschatologischer Aussagen"[39] mit dem Gedanken überrascht, die Eschatologie beschreibe nicht die Zukunft und ermittle von ihr ausgehend Konsequenzen für die Gegenwart, vielmehr betrachte die Eschatologie die Gegenwart und frage von ihr her, ausgehend von dem gegenwärtig bereits Gegebenen nach dem zu erhoffenden Zukünftigen. Die Gegenwart – als Zeit des schon eröffneten Heils wie als Zeit bittersten Unheils – ist der Raum, in dem auch die Frage nach den Anfängen Gestalt annimmt.
Die Legitimation, ihre Fragestellung als gegenwartsbezogen zu betrachten, erlangt die Protologie aus den biblischen Schriften. Israel erzählt eine Urgeschichte: Das Volk deutet darin die leidvolle Gegenwart als selbst verschuldet,

---

[37] Vgl. *Augustinus*, Confessiones – Bekenntnisse. Lateinisch und Deutsch. Eingeleitet, übersetzt und erläutert von Joseph Bernhart (München 1955) 601-671.

[38] Vgl. zur Relevanz der Überlegungen von Augustinus in der Protologie: *Chr. Link*, „Im Anfang...". Aufgabe und Ansatz einer Schöpfungslehre heute, in: *W. Gräb (Hg.)*, Urknall oder Schöpfung? (s. Anm. 6) 165-168. Vgl. als kritische Analyse der Zeitvorstellung des Augustinus: *J. Wohlmuth*, Zeiterfahrung. Eine phänomenologisch-theologische Problemanzeige, in: *M. Beintker/E. Maurer (Hg.)*, Rechtfertigung und Erfahrung. FS G. Sauter (Göttingen 1995) 246-268.

[39] Vgl. *K. Rahner*, Theologische Prinzipien der Hermeneutik eschatologischer Aussagen, in: *Ders.*, Schriften zur Theologie, Bd. 4 (Einsiedeln-Zürich-Köln 1960), 401-428. Nach Rahner zielt die christliche Eschatologie eine Deutung des Zukünftigen an, die ihre Gewißheit aus der gläubigen Deutung der Gegenwart gewinnt. Sie betrachtet das noch Ausstehende, das Erwartete, als heilvolle Vollendung des neuen Anfangs, den Gott in Christus Jesus bereits gesetzt hat.

ist aber nicht ohne Hoffnung, da Jahweh, der „im Anfang“ die Welt erschaffen hat, in dieser Welt wohnen will. Die nachösterliche Gemeinde überliefert das Evangelium: Sie erzählt vom Beginn des Wirkens Jesu und fragt nach seiner Herkunft; sie legt darin Rechenschaft ab über ihre eigene Glaubensentscheidung und über ihre Motivation, zu Umkehr und Neubeginn aufzurufen.

(2) Die Protologie steht vor der Aufgabe, die Frage nach den kategorialen „Anfängen“ in der geschichtlichen Zeit zu unterscheiden von der Frage nach dem einen zeitlos-zeitmächtigen „Anfang“ in Gott, dessen Dasein und Sosein Bedingung der Möglichkeit alles von ihm erschaffenen Seienden ist. Zugleich ist es angesichts der jüdisch-christlich-muslimischen Überzeugung von einer geschichtlich ergangenen Offenbarung Gottes erforderlich, eine Zuordnung zwischen beiden Weisen des Anfangs vorzunehmen. Die in der philosophischen Tradition stehende Differenzierung des Anfangsbegriffs im Sinne der Unterscheidung zwischen dem zeitlichen „initium“ und dem transzendentalen „principium“ erhält im christlich-theologischen Zusammenhang insofern eine neue Bestimmung, als der „Grund“ des geschaffenen Daseins als göttliches Wesen erkannt ist, das sich in der Zeit geoffenbart hat.

Der Zweifel, das Staunen und der Glaube sind responsorische Handlungen. Sie antworten auf geschichtlich Begegnendes. Die Frage, warum überhaupt etwas ist und nicht nichts, läßt sich nur formulieren, wenn bereits etwas ist, wenn der Anfang schon gesetzt ist. Die Frage, welchen Sinn das Dasein hat, stellt sich im Nach-denken über die Entwicklung der Welt, über die Gerichtetheit der Zeit und über die Verlorenheit alles Gewordenen. Angesichts der geschichtlichen Erfahrung mit Jesus erwacht in Menschen die Frage, wer dieser ist. Angesichts der Zeugnisse von Menschen, die Ostern und Pfingsten erleben, halten Nachfolgende es im Glauben für gewiß, daß alles für alle gut werden kann.

Nach christlicher Glaubensüberzeugung hat der „Anfang“ von allem, was ist, personale Gestalt: Er will sich zu erkennen geben. In Jesus dem Christus begegnet der ewige Grund des Daseins in der Zeit. Das Christusereignis ist daher das hermeneutische Prinzip nicht nur der eschatologischen Aussagen, sondern auch der protologischen.

Einheit im Ursprung – Einheit im Wesen

Zugänge zum trinitarischen Monotheismus in der östlichen und in der westlichen Christenheit[1]

I. Die Fragestellung

Die christliche Ökumene lebt von Begegnungen. Am 23. April 1990 gab Papst Shenouda III., der koptisch-orthodoxe Patriarch von Alexandria, einen Empfang für eine internationale ökumenische Kommission, die sich in einem Kloster in Kairo zusammengefunden hatte, um den bilateralen Dialog zwischen der Koptisch-Orthodoxen Kirche und der Römisch-Katholischen Kirche fortzuführen. Der Bericht des Sekretärs der Kommission hält fest, daß seine Heiligkeit Papst Shenouda die Mitglieder der Kommission willkommen hieß und die Fragen bestimmte, die nach seiner Ansicht diskutiert und beantwortet werden sollten.[2] Auf der Tagesordnung stand ein Thema, das als die älteste ökumenische Kontroverse gilt[3]: die Frage nach dem Hervorgang des Heiligen Geistes aus Gott-Vater allein oder aus dem Vater *und dem Sohn* (filioque). Vom Hervorgang des Geistes auch aus dem Sohn spricht nur die westlich-lateinische Fassung des sogenannten „Großen Credo", des Nizäno-Konstantinopolitanums, nicht aber der im 4. Jahrhundert formulierte, ursprünglich griechische Wortlaut dieses Glaubensbekenntnisses.[4]

---

[1] Geringfügig bearbeitete Fassung der Öffentlichen Vorlesung im Rahmen des Habilitationsverfahrens am 17.7.1996 im Fachbereich Katholische Theologie der Johannes Gutenberg-Universität, Mainz. In tiefer Dankbarkeit widme ich die formulierten Gedanken meinem Lehrer, Theodor Schneider.

[2] Vgl. den Bericht der Internationalen Gemischten Kommission für den Dialog zwischen der Koptisch-Orthodoxen Kirche und der Katholischen Kirche, in: *H. Meyer u.a. (Hg.)*, Dokumente wachsender Übereinstimmung (DWÜ), Bd. 2 (Frankfurt/M.-Paderborn 1992) 576f.

[3] Harding Meyer, der langjährige evangelisch-lutherische Leiter des Ökumenischen Instituts in Straßburg, bezeichnet die Filioque-Kontroverse als „un des problèmes de l'oecuménisme les plus anciens, sinon le plus ancien" (*H. Meyer*, Conclusion, in: L'expérience de Dieu et le Saint Esprit. Immédiateté et médiations. Actes du Colloque organisé par les Facultés de théologie et le Centre d'études oecuméniques de Strasbourg [Paris 1985], 214-216, hier 214).

[4] Vgl. zur ökumenischen Kontroverse um die westlich-lateinische Einfügung des filioque in das Nizäno-Konstantinopolitanum aus jüngerer Zeit: *W. Ullmann*, Das filioque als Problem ökumenischer Theologie, in: Kerygma und Dogma 16 (1970) 58-76; „Der Heilige Geist im Widerstreit": Concilium 15 (1979) H.10; *L. Vischer (Hg.)*, Geist Gottes - Geist Christi. Ökumenische Überlegungen zur Filioque-Kontroverse. Bericht und Vorträge zweier Tagungen auf Schloß Klingenthal (Frankreich) (Frankfurt 1981); *J.-M. Garrigues*, L'Esprit qui dit „Père!" L'Esprit-Saint dans la vie trinitaire et le problème du filioque (Paris 1981); *E.-Ch. Suttner*, Das nizäno-konstantinopeler Glaubensbekenntnis und unser Dialog mit der orthodoxen Kirche, in: Theologisch-praktische

Das Ziel der Kommissionsarbeit im April 1990 in Kairo war es, Verständnis der jeweiligen Positionen zu erzielen. Die Dialogrunde endete – wie oft bei ökumenischen Treffen – mit der ernüchternden Erkenntnis, daß weitere Studien zu einzelnen Fragestellungen angefertigt werden müßten.
Am 29. Juni 1995, am Fest der Apostel Petrus und Paulus, hielt der Patriarch des Abendlandes und Bischof von Alt-Rom, Papst Johannes Paul II., eine Predigt im Petersdom – in Anwesenheit des Ökumenischen Patriarchen von Konstantinopel, Bartholomaios I. In seiner Homilie erinnerte Johannes Paul II. an die Konvergenzen, die von der Internationalen Kommission für den Dialog zwischen der Römisch-Katholischen Kirche und der Orthodoxen Kirche in der Frage des Hervorgangs des Geistes aus Gott-Vater und in der Frage des Verhältnisses zwischen Christus Jesus und dem Heiligen Geist bereits festgestellt wurden.[5] Der Papst beauftragte seinen Rat zur Förderung der Einheit der Christen, den orthodoxen Schwesterkirchen die aus römisch-katholischer Sicht erreichte Klärung dieser Fragen schriftlich darzulegen. Ein entsprechendes Papier hat der Einheitsrat Ende 1995 veröffentlicht.[6]
Auch dieser Text wird die von Johannes Paul II. erhoffte Einheit der orthodoxen und der römisch-katholischen Christen zu Beginn des 3. Jahrtausends vermutlich nicht wiederherstellen können. Auf unserer Seite, der römischen im Gesamt der christlichen Katholizität, haben wir nach Meinung orthodoxer (und auch reformatorischer) Theologen zumindest noch ein größeres Problem zu lösen: die Su-

---

Quartalschrift 129 (1981) 317-327; *K. Lehmann/W. Pannenberg (Hg.)*, Glaubensbekenntnis und Kirchengemeinschaft. Das Modell des Konzils von Konstantinopel (381) (Freiburg-Göttingen 1982); *H. Meyer*, La situation actuelle du dialogue oecuménique sur le filioque, in: Revue d'histoire et de philosophie religieuses 64 (1984) 12-26; L'expérience de Dieu et le Saint Esprit (Anm. 3); *E.L. Mascall*, The Triune God. An Ecumenical Study (Worthing 1986).

5 Vgl. das Dokument der Gemischten Internationalen Kommission für den theologischen Dialog zwischen der Römisch-Katholischen Kirche und der Orthodoxen Kirche „Das Geheimnis der Kirche und der Eucharistie im Licht des Geheimnisses der Heiligen Dreifaltigkeit" (1982), in: DWÜ 2 (Anm. 2) 533 (Nr. 6). Nach diesem Dokument können Orthodoxe und Römisch-Katholische Christen bereits gemeinsam sagen, daß der „Geist, der vom Vater als der einzigen Quelle in der Dreifaltigkeit ausgeht (Joh 15,26), für uns der Geist der Sohnschaft geworden ist (Röm 8,15), weil er auch der Geist des Sohnes ist (Gal 4,6), uns in besonderer Weise in der Eucharistie mitgeteilt wird, und zwar durch den Sohn, auf dem er in der Zeit und in Ewigkeit ruht (Joh 1,32)" (ebd.).

6 Vgl. Die griechische und die lateinische Überlieferung über den Ausgang des Heiligen Geistes. Eine Klarstellung in Verantwortung des Päpstlichen Rates zur Förderung der Einheit der Christen, in: Una Sancta 50 (1995) 316-324. Der Einheitsrat knüpft an die erzielten Gesprächsergebnisse an, referiert die Vätertradition im Osten und im Westen und skizziert die geschichtlichen Hintergründe der Einfügung des Filioque in den Text des Glaubensbekenntnisses. Deutlich spricht sich der Einheitsrat dafür aus, das Filioque so zu interpretieren, daß dabei die Lehre von der Monarchie des Vaters nicht geleugnet werde. Demnach hat „das Filioque seinen Platz in einem theologischen und sprachlichen Zusammenhang, der verschieden ist von jenem der Bekräftigung der alleinigen Monarchie des Vaters, des einzigen Ursprungs des Sohnes und des Geistes. Gegen den im Westen noch starken Arianismus sollte es die Tatsache hervorheben, daß der Heilige Geist dieselbe göttliche Natur besitzt wie der Sohn, ohne indes die eine Monarchie des Vaters in Frage zu stellen" (ebd., 318).

che nach einer biblisch-theologisch begründeten, für alle christlichen Kirchen akzeptablen Gestalt des dem Bischof von Rom seit dem Altertum zugestandenen Primats.[7] Aber auch die Orthodoxie scheint derzeit untereinander tief zerstritten. Es entspricht ökumenischer Erfahrung, daß die Stärkung der konfessionellen Identität, der Gemeinsamkeit innerhalb der einzelnen Kirchen, auch den ökumenischen Prozeß fördert. Innerkonfessionelle Einigungsbemühungen sind zumeist Reformbewegungen und daher Wege zur Mitte des christlichen Glaubens. Nach dieser Mitte suchen die anderen Konfessionen ebenso. Dort könnten wir uns treffen.[8]

Die hier behandelte Fragestellung hat viele Aspekte. Ich werde mich in meinem Beitrag auf drei konzentrieren: (1) Die von Einzelheiten zunächst absehende Charakterisierung des östlichen Typs des trinitarischen Monotheismus als eines Denkens der Einheit Gottes im Ursprung im Unterschied zum westlichen Typ, der bei der Vorstellung von der Einheit im Wesen Gottes ansetzt, deckt die theologischen Hintergründe der Kontroverse um die westlich-lateinische Einfügung des Filioque in den Text des Glaubensbekenntnisses auf. Diese Kontroverse hat eine lange Geschichte, an der politische Herrscher, Päpste und theologische Denker mitgeschrieben haben. Ich werde an die wichtigsten Phasen dieser Geschichte und an die gescheiterten Unionsbemühungen zwischen den Kirchen des Ostens und den Kirchen des Westens erinnern. (2) Die bleibende Bedeutung der Kontroverse ist in dem reichen Schatz der Überlegungen zu sehen, die in der theologischen Tradition aus ihrem Anlaß angestellt wurden. Welche Wege haben die, die sich im Osten und Westen des Römischen Reiches zum christlichen Glauben bekannten, gefunden, um sich den unvorstellbaren Gott doch vorstellen zu können? Welche Worte, welche Bildreden haben sie verwendet, um das Verhältnis von Jesus Christus und dem Heiligen Geist zu bestimmen? Wie läßt sich sagen, daß beide – Sohn und Geist – auf je eigene Weise zum Vater gehören, mit ihm eins sind, und doch von ihm und untereinander unterschieden bleiben? Ich möchte die gemeinsame Ausgangsbasis des trinitätstheologischen Denkens darstellen und die unterschiedlichen Anliegen des östlichen und des westlichen Modells eines trinitarischen Monotheismus skizzieren. (3) Abschließend stelle ich Überlegungen zu einem zukünftigen Umgang mit der besprochenen Thematik an. Ich werde dabei unterscheiden zwischen einer möglichen Lösung der Filioque-Problematik, wie sie sich in der christlichen Ökumene derzeit abzeichnet, und den christologisch-theologischen Fragen, die auch dann noch zu bedenken sind.

---

[7] Vgl. aus jüngster Zeit: *Johann-Adam-Möhler-Institut (Hg.)*, Das Papstamt – Anspruch und Widerspruch. Zum Stand des ökumenischen Dialogs über das Papstamt (Münster 1996) (Lit.).

[8] „Alle Christgläubigen sollen sich bewußt sein, daß sie die Einheit der Christen um so besser fördern, ja sogar einüben, je mehr sie nach einem reinen Leben gemäß dem Evangelium streben. Je inniger die Gemeinschaft ist, die sie mit dem Vater, dem Wort und dem Geist vereint, um so inniger und leichter werden sie imstande sein, die gegenseitige Brüderlichkeit zu vertiefen" (Ökumenismusdekret des 2. Vatikanischen Konzils, Unitatis Redintegratio, Nr. 7). Es sind die Schritte zur Mitte, die Christen einander näherbringen: Vgl. *Gemeinsame römisch-katholische evangelisch-lutherische Kommission*, Das Herrenmahl (Frankfurt/M.-Paderborn 1978) 44f (Nr. 75).

An die grundlegende, der Theologie immer aufgegebene, in der Trinitätstheologie ganz besonders bedrängende Frage nach der Sagbarkeit, der Besprechbarkeit des Wesens Gottes, werde ich da und dort in neuen Formulierungen erinnern. Nicht wenige meinen, die beste Theologie sei die, die vor dem Geheimnis Gottes verstummt. Auch Karl Rahner war dieser Ansicht – doch wußte er viele Gründe, vor dem „seligen Verstummen" noch eine Zeitlang von Gott zu sprechen.[9]

II. Zur Geschichte der Kontroverse um das Filioque

Die christlichen Konfessionen versprechen sich gegenwärtig sehr viel von einer gemeinsamen Auslegung des nizäno-konstantinopolitanischen Glaubensbekenntnisses.[10] Im dritten Teil dieses Bekenntnisses, dem geisttheologischen, findet sich jene Formulierung, die den Streit zwischen Ost und West auslöste: Wir glauben an den Heiligen Geist, der vom Vater ausgeht.

1. Das nizäno-konstantinopolitanische Glaubensbekenntnis von 381

Die Frage, ob das nizäno-konstantinopolitanische Glaubensbekenntnis seinen Namen zu Recht trägt, gehört zu den vieldiskutierten in der historischen Forschung.[11] Auch wenn der größere Teil der Kirchenhistoriker gegenwärtig (wieder) die Auffassung vertritt, die „150 Väter" (vorwiegend Bischöfe der Provinzen Pontus und Oriens, aus dem Nordosten also der heutigen Türkei) hätten bei ihrer Versammlung im Jahr 381 in Konstantinopel unter anderem auch dem Text eines Glaubensbekenntnisses zugestimmt, so sind doch die genaueren Umstände der Formulierung dieses Credos noch immer umstritten. In den zeitgenössischen

---

[9] „Wir reden von Gott, von seiner Existenz, von seiner Persönlichkeit, von drei Personen in Gott, von seiner Freiheit, seinem uns verpflichtenden Willen usf.; wir müssen dies selbstverständlich, wir können nicht bloß von Gott schweigen, weil man dies nur kann, wirklich kann, wenn man zuerst geredet hat" (*K. Rahner*, Erfahrungen eines katholischen Theologen, in: *K. Lehmann [Hg.]*, Vor dem Geheimnis Gottes den Menschen verstehen. Karl Rahner zum 80. Geburtstag [München-Zürich 1984] 105-119, hier 106).

[10] Vgl. Gemeinsam den einen Glauben bekennen. Eine ökumenische Auslegung des apostolischen Glaubens, wie er im Glaubensbekenntnis von Nizäa-Konstantinopel (381) bekannt wurde, hrsg. von der Kommission für Glauben und Kirchenverfassung des Ökumenischen Rats der Kirchen, (Frankfurt/M.-Paderborn 1991).

[11] Vgl. als Einführung in die Forschungsdiskussion: *J.N.D. Kelly*, Altchristliche Glaubensbekenntnisse. Geschichte und Theologie, (Göttingen ^{2}1993; Nachdruck von 1971) 294-327; *W.-D. Hauschild*, Das trinitarische Dogma von 381 als Ergebnis verbindlicher Konsensusbildung, in: Glaubensbekenntnis und Kirchengemeinschaft (Anm. 4) 13-48, bes. 14-31; *B. Schultze*, Die Pneumatologie des Symbols von Konstantinopel als abschließende Formulierung der griechischen Theologie (381-1981), in: Orientalia Christiana Periodica 47 (1981) 5-54; *Ders.*, Das Nicaenoconstantinopolitanum und das Filioque, in: Orientalia Christiana Periodica 35 (1969) 334-346; *L. Perrone*, Von Nicaea (325) nach Chalcedon (451), in: *G. Alberigo (Hg.)*, Geschichte der Konzilien. Vom Nicaenum bis zum Vaticanum II (Düsseldorf 1993) 69-83.

Quellen ist ein Symbolon von Konstantinopel nicht erwähnt. Die Konzilskanones behandeln Fragen, die damals möglicherweise als wichtiger empfunden wurden: Sie legen in Kanon 3 den Ehrenprimat des Patriarchen von Konstantinopel innerhalb der Patriarchate des Ostens fest und widerstreiten damit Bemühungen des Patriarchen von Rom, auf dem Weg über das Patriarchat von Alexandria seinen Einfluß im Osten zu wahren. 70 Jahre lang war das Credo von Konstantinopel eher vergessen. Die auf dem Konzil von Chalzedon 451 versammelten Väter machten den Text zum Ausdruck auch ihres Glaubens und bewirkten eine Rezeption des Bekenntnisses in der gesamten damaligen Christenheit.
Der Text des Glaubensbekenntnisses von Konstantinopel[12] ist trinitarisch strukturiert. Sein liturgischer Ort ist die Taufe auf den Namen des Vaters, des Sohnes und des Heiligen Geistes. In Zustimmung zu der in Nizäa 325 erstrittenen Formulierung im zweiten Artikel, dem christologischen Bekenntnisteil, halten die Väter in Konstantinopel daran fest, daß der Sohn, Jesus Christus, dem Vater „wesensgleich" (ὁμοουσιος – homoousios) ist. Der dritte Artikel des Bekenntnisses, der pneumatologische Teil, ist ein Bekenntnis zur Wesensgleichheit von Vater und Geist, ohne daß diese begrifflich so bezeichnet würde. Das Konzil bekennt seinen Glauben an die Göttlichkeit des Geistes, ohne den umstrittenen Begriff ὁμοουσιος zu verwenden. Auf diese Weise wollten die Konzilsteilnehmer ein Anliegen des Kaisers Theodosius aufgreifen und die Einheit im Glauben herstellen, um die Gemeinschaft im Römischen Reich zu stärken. Im 4. Jahrhundert widersetzte sich eine recht disparate Gruppe von Bischöfen einer Übernahme des christologischen ὁμοουσιος von Nizäa in den pneumatologischen Zusammenhang. Durch einen Rückgriff auf biblische Formulierungen sollte die Zustimmung dieser Theologen erreicht werden, die die spätere Geschichtsschreibung Pneumatomachen (Geistbekämpfer) nannte.
Das Bekenntnis von Nizäa 325 hatte den langen christologischen Ausführungen einfach den schlichten Satz: „und an den Heiligen Geist" (glauben wir), hinzugefügt. Das Geistbekenntnis von Konstantinopel 381 ist dagegen reich an Aussage und nachdrücklich in der Betonung der Göttlichkeit des Geistes: Wir glauben an den Heiligen Geist, den Herrn und Lebensspender. Diese in der Liturgie verwendete deutsche Übersetzung nimmt dem im griechischen Original dreifach attributiv formulierten Bekenntnis zur Göttlichkeit des Geistes einen Teil seiner Wirkung: πιστευομεν εις το πνευμα το ἁγιον, το κυριον και ζοωποιον. Biblische Redeweise wird in dieser Bekenntnisaussage aufgegriffen: *„Heilig"* ist Gottes Geist: anders als alles Geschaffene; einer allein ist heilig: Gott allein. *„Herrlich"*, so müßte man wörtlich übersetzen, ist Gottes Geist: Er ist der Kyrios wie Christus und wie Adonai-JHWH. *„Lebensschaffend"* ist Gottes Geist: lebensstiftend und lebenserhaltend in seinem göttlichen schöpferischen Wirken. Auch die Formulierung vom Hervorgang des Geistes aus dem Vater greift auf biblische Rede zurück: Nach dem Zeugnis des Johannesevangeliums verheißt Jesus in seinen Abschiedsreden den „Geist der Wahrheit, der vom Vater ausgeht" (Joh

12 Vgl. DH 150.

15,26). Angesichts der Göttlichkeit des Geistes gebührt ihm die gleiche Anbetung und Verehrung wie Vater und Sohn. In anderer Sprachgestalt ist auch dies ein Bekenntnis zur „Wesensgleichheit“ von Vater, Sohn und Geist: Homo-timie setzt Homo-ousie voraus. Wer wie Gott verehrt wird, ist wie Gott. Als wirksam hat sich Gottes Geist im Wort der alttestamentlichen und der neutestamentlichen Prophetinnen und Propheten erwiesen.

2. Die Aufnahme des Filioque in den Bekenntnistext des Westens

Der Osten und der Westen gingen früh schon eigene Wege in der Trinitätstheologie.[13] Angesichts der übereinstimmenden Meinung nahezu aller Theologen im Westen (allen voran des einflußreichen Augustinus), die Aussage des Hervorgangs des Geistes aus dem Vater allein gefährde das Bekenntnis zur Einheit des göttlichen Wesens, mag es verwundern, daß die Päpste sich lange Zeit eher schwer taten, einer Veränderung des Wortlautes des Nizäno-Konstantinopolitanums zuzustimmen. Zwar stand angesichts einiger kirchenpolitischer Kanones weder das Konzil von Konstantinopel noch das von Chalzedon im Westen in hohem Ansehen, doch sollte wohl das ohnehin gespannte Verhältnis zwischen dem westlichen und dem östlichen Teil der Christenheit nicht zusätzlich belastet werden.

In lokalen Bekenntnistexten und synodalen Lehrentscheidungen in Spanien und Südfrankreich tauchte die Rede vom doppelten Hervorgang des Geistes aus dem Vater *und dem Sohn* bereits im 5. Jahrhundert auf.[14] Diese Entwicklung verstärkte sich durch das Erfordernis, die im Westen verbreiteten subordinatianischen Tendenzen abzuwehren. Vor allem der dem Arianismus nahestehende Priszillianismus neigte dazu, den Sohn dem Vater unterzuordnen. Eben einer solchen Interpretation der trinitarischen Verhältnisse schien das Glaubensbekenntnis von Konstantinopel zusätzlich Nahrung zu bieten, da es allein vom Vater aussagt, „Ursprung“ zu sein – und zwar vom Sohn und vom Geist.

Ich verzichte hier darauf, die Zunahme der Belege für das Filioque im Westen im einzelnen darzustellen. Bedeutsam war insbesondere sein Vorkommen im pseudo-athanasianischen Bekenntnis „Quicumque“[15]. Wichtig ist mir jedoch anzumerken, daß der offene Streit um das rechte Modell trinitarischen Denkens erst ausbrach, als Karl der Große sich im Westen nachdrücklich für die Aufnahme des Filioque in den Text des Glaubensbekenntnisses einsetzte.[16] Er traf dabei auf den

---

[13] Vgl. *B. De Margerie*, La Trinité Chrétienne dans L'Histoire (Paris 1975); *Y. Congar*, Der Heilige Geist (Freiburg-Basel-Wien 1982) 338-453; *F. Courth*, Trinität. In der Schrift und in der Patristik (Freiburg-Basel-Wien 1988) (HDG II/1a); *D. Ritschl*, Zur Geschichte der Kontroverse um das Filioque und ihrer theologischen Implikationen, in: Geist Gottes – Geist Christi (Anm. 4) 25-42; *W. Kasper*, Der Gott Jesu Christi (Mainz 1982), 264-273.

[14] Vgl. *D. Ritschl*, Zur Geschichte der Kontroverse um das Filioque (Anm. 13) 27; *W. Kasper*, Der Gott Jesu Christi (Anm. 13) 269.

[15] Vgl. DH 75.

[16] Vgl. *R.G. Heath*, The Western Schism of the Franks and the 'Filioque', in: Journal of Eccle-

erbitterten Widerstand des damaligen Papstes. Leo III. kämpfte (gewiß auch im Sinne eines ja nicht immer schädlichen römischen Konservatismus, mehr aber aus dem eigenen Interesse, sich weder dem Kaiser zu beugen noch den Provinzen) für ein Festhalten am ursprünglichen Wortlaut des Nizäno-Konstantinopolitanums, ohne dabei allerdings die Rechtgläubigkeit des Filioque zu bestreiten. Leo argumentierte in kluger Weise mit der Überlegung, daß nicht alles, was wahr ist, auch im Glaubensbekenntnis steht.
In der durch den Anspruch des Westens auf Bulgarien ausgelösten Krise im Verhältnis zwischen der östlichen und der westlichen Christenheit am Ende des 9. Jahrhunderts fungierte das Filioque als ein theologischer Zankapfel. Aber auch dieser Streit, der mit dem Namen des Patriarchen Photius verbunden ist, endete noch ohne eine offizielle Aufnahme des Filioque in den Text des Credos. Erst Papst Benedikt VIII. gab 1014 dem Druck von Kaiser Heinrich II. nach und stimmte der Verwendung des Nizäno-Konstantinopolitanums in der aus Anlaß der Kaiserkrönung gefeierten Eucharistie zu und in diesem Zusammenhang auch der um das Filioque erweiterten Fassung des Textes.

3. Gescheiterte mittelalterliche Unionsbemühungen

Die Gemeinschaft der Kirchen des Ostens und des Westens zerbrach nicht an der Frage des Filioque. Im Jahr 1054, dem Jahr der wechselseitigen Exkommunikation der Patriarchen von Rom und von Konstantinopel, das gewöhnlich als Datum des vorläufig-endgültigen Zerwürfnisses angegeben wird, waren es letztlich erneut vor allem widerstreitende Gebietsansprüche, die den Bruch bewirkten. Die wohl größte Belastung hat das Verhältnis der östlichen und der westlichen Christenheit dann durch die Eroberung und Zerstörung von Konstantinopel zu Beginn des 4. Kreuzzugs 1204 erfahren.[17]
Das 4. Laterankonzil formulierte 1215, der Heilige Geist gehe „aus beiden", aus Vater und Sohn, hervor (Spiritus Sanctus ab utroque procedens)[18]. Auf den beiden mittelalterlichen Unionskonzilien[19], dem 2. Konzil von Lyon 1274 und dem Konzil von Ferrara-Florenz 1438/39, gaben die östlich-orthodoxen Delegierten zwar formell ihre Zustimmung zur Einfügung des Filioque in den Credo-Text,

---

siastical History 23 (1972) 97-113.

17 Vgl. *P. Neuner*, Kleines Handbuch der Ökumene (Düsseldorf 1984) 32f.

18 Vgl. DH 805. Der zeitgeschichtliche Anlaß dieser lehramtlichen Aussage waren Thesen von Joachim von Fiore. Dieser meinte, die Unterscheidung zwischen dem einen Wesen Gottes und den drei göttlichen Personen führe in Konsequenz zu einer „Vierfaltigkeit". Das Konzil widersprach dem mit dem Hinweis darauf, daß Wesen und Personen in Gott nicht als gesonderte Größen gedacht werden dürfen. In diesem Zusammenhang lag es nahe zu betonen, der Geist gehe aus der Wesenseinheit von Vater und Sohn hervor. Östliche Theologen nahmen diese Position des Westens zum Anlaß, nicht frei von Spott zu mutmaßen, nach westlicher Überzeugung müsse der Geist sich selbst hervorbringen, da auch er ja teilhabe an dem einen göttlichen Wesen.

19 Vgl. *H.-J. Sieben*, Die früh- und hochmittelalterliche Konzilsidee im Kontext der 'Filioque'-Kontroverse, in: Traditio 35 (1979) 173-207.

eine entsprechende Rezeption der aufgedrängten Einigungsformeln blieb im Osten aber aus. Im Blick auf die gegenwärtige Gesprächssituation ist es wichtig, daß die westlichen Bischöfe in Lyon 1274 deutlich sagten, der Westen lehre nicht den Hervorgang des Geistes aus zwei Prinzipien, vielmehr bildeten Vater und Sohn gemeinsam „ein Prinzip" bei ihrem Hervorbringen des Geistes.[20] Das im Sommer 1439 in Florenz verfaßte Dekret über die Union mit den Griechen wiederholt zwar die Lehre von Lyon, ist im Ton aber viel freundlicher und enthält vor allem eine Formulierung[21], auf die die heutige ökumenische Debatte zurückgreifen kann: Spiritus Sanctus ex Patre *per Filium* procedit (der Heilige Geist geht aus dem Vater *durch den Sohn* hervor).
Welche trinitätstheologischen Konzepte stehen hinter der Frage nach der Rechtmäßigkeit und der Rechtgläubigkeit des Bekenntnisses zum Hervorgang des Geistes *aus dem Vater oder* zum Hervorgang des Geistes *aus dem Vater und dem Sohn*? Eine Betrachtung der unterschiedlichen trinitätstheologischen Ansätze im Osten und im Westen hat im ökumenischen Gespräch weitergeführt. Auf ihren gemeinsamen Ausgangspunkt und auf die theologischen Differenzen will ich nun näher eingehen.

III. Die östliche und die westliche trinitätstheologische Tradition

1. Die gemeinsame Basis: Der Tomus von 381

Das herausragende theologische Ergebnis der Beratungen 381 in Konstantinopel war der sogenannte Tomus des Konzils, ein Lehrschreiben. Der Originaltext dieses Tomus[22] ist zwar nicht überliefert, sein Inhalt aber bekannt, da eine nach Jahresfrist 382 erneut in Konstantinopel tagende Synode diesen Text rekapitulierte, um in einem Schreiben die bischöflichen Brüder im Westen über den rechten Glauben zu belehren. In diesem Brief der östlichen Bischöfe an die westlichen ist jene trinitätstheologische „Sprachregelung" enthalten, deren Entfaltung sich mit den großen Namen von Bischöfen aus Kappadozien, Basilius, Gregor von Nazianz und Gregor von Nyssa, verbindet.[23] Ihnen nachsprechend, bekennen Christen in Ost und West: Gott ist ein Wesen in drei Personen.

[20] „Spiritus Sanctus aeternaliter ex Patre et Filio, non tanquam ex duobus principiis, sed tanquam ex uno principio, non duabus spirationibus, sed unica spiratione procedit" (Der Heilige Geist geht von Ewigkeit her aus dem Vater und dem Sohne hervor, nicht als aus zwei Prinzipien, sondern als aus einem Prinzip, nicht durch zwei Hauchungen, sondern durch eine einzige Hauchung; – DH 850).
[21] Vgl. DH 1301.
[22] Vgl. *N.P. Tanner (Hg.)*, Decrees of the Ecumenical Councils, Bd. 1 (Nicaea I – Lateran V), (London-Washington 1990) 25-30.
[23] Vgl. *B. Studer*, Gott und unsere Erlösung im Glauben der Alten Kirche (Düsseldorf 1985) 172-188.

Zwei Errungenschaften begrifflicher Art sind das Verdienst dieser Theologen: (1) Zum einen unterscheiden sie zwischen Begriffen, die Gottes Einheit benennen und Begriffen, die Gottes dreifache „Erscheinung“, „Wirkweise“ und „Gestalt“ benennen. Gott ist einer in seiner Gottheit (θεοσις – theosis), in seiner Stärke und Kraft (δυναμις – dynamis) und in seinem Wesen (ουσια – ousia) – Gott ist „einer“. Das christliche Gottesbekenntnis ist ein monotheistisches Bekenntnis. In anderen Begriffen redet der Tomus von Konstantinopel von Gottes Dreiheit: „Drei“ werden die göttlichen Hypostasen (ὑποστασεις – hypostaseis) oder die göttlichen Personen (προσοποι – prosopoi) genannt. Die erste wichtige Erkenntnis ist also: Einheit und Unterschiedenheit in Gott lassen sich nicht in derselben Hinsicht aussagen. Die Frage nach der Einheit des Wesens Gottes und die Frage nach der Unterschiedenheit der göttlichen Personen ist jeweils eine ganz eigene. Unterschiedliche Begriffe werden verwendet, um die Differenz der Aussageabsicht sprachlich zu symbolisieren. Gott ist nicht auf eine solche Weise „drei“, daß eine Multiplikation von „eins“ zu diesem Ergebnis führte. Gott ist ein Wesen in drei Personen. (2) Noch eine zweite Einsicht ist in dem Lehrschreiben von 381 festgehalten: Die Konzilsväter setzten zwei Begriffe nebeneinander, um die Dreiheit in Gott sprachlich zu fassen: hypostasis und prosopon. Diese beiden Begriffe unterscheiden sich in ihrer Herkunft und Bedeutung erheblich voneinander: hypostasis meint „Darunterstehendes“, „Beständiges“, „Festes“, „Selbständiges“, „Basales“. prosopon dagegen meint die für die Zeit eines Theaterspiels nur „aufgesetzte“, wechselnde „Maske“ – eine Rolle, die jemand für begrenzte Zeit übernimmt. Die Väter von Konstantinopel wollten den theologischen Streit zwischen denen, die die göttlichen Hypostasen eher als „eigenständig“, „selbständig“ betrachteten, und denen, die Gottes Wandlungsfähigkeit in seinen Personen stärker betonten, nicht entscheiden. Sie verbanden beide Begriffe mit der Konjunktion „oder“ und erklärten sie auf diese Weise als in ihrer Aussage sich wechselseitig korrigierend. Die Bischöfe legten darin fest, jeder der Begriffe müsse so interpretiert werden, daß der Sinngehalt des anderen dabei gewahrt bleibe. Sie sahen sich offensichtlich nicht in der Lage, die Weise von Gottes Drei-Sein in einem einzigen Begriff zu fassen. Sie verwendeten zwei Begriffe, die in der menschlichen Vorstellung, der Imagination, die auf Erfahrungswelten zurückgreift, nicht in einem Gedanken miteinander zu verbinden waren und sind.

Vor diesem Hintergrund hat die Rede von trinitätstheologischen „Modellen“ eine spezifische Bedeutung: Sie kann sich nicht orientieren an dem, was ein beliebtes Spiel von Kindern – und ja auch noch von manchen Erwachsenen ist: im Modellbau eine zwar verkleinerte, aber maßstabsgetreue Abbildung des Urbildes herzustellen, um die große Welt in den kleinen Händen halten zu können. Der trinitätstheologische Modellbau hat ein Urbild abzubilden, das nicht anzuschauen ist, das nicht definiert und nicht in Gedanken abgeschritten werden kann. Die Urbildlosigkeit des trinitätstheologischen „Modellbaus“ eröffnet Raum für eine notwendige und daher legitime Vielgestalt an Abbildungen, die zwar alle den Gemeinten nicht treffen, die dennoch aber im Streit der Argumente sich als besser oder weniger gut begründet erweisen können.

2. Die unterschiedlichen Modelle

a) Einheit im Ursprung – das östliche Modell

Der Ausgangspunkt östlicher Trinitätstheologie ist Gott-Vater. Die unverwechselbare Person des Vaters ist der selbst ursprungslose „Ursprung" des Entsprungenen (αρχη – archä), der grundlose „Grund" aller Wirklichkeit (αιτια – aitia), die „Quelle" alles Seienden (πηγη – pägä). Die Einheit von Sohn und Geist ist darin erwiesen, daß sie diesen einen Ursprung haben. Dabei ist die Weise des Ursprung-Seins des Vaters im Blick auf Geist und Sohn unterschiedlich gedacht: Der Sohn ist „gezeugt", der Geist „geht hervor" aus dem Vater. Die Unterschiedlichkeit der beiden Hervorgänge von Sohn und Geist aus dem einen Vater wird in der Heilsgeschichte offenbar in der Menschwerdung des Sohnes in Jesus Christus und im Wirken des Heiligen Geistes in der Kirche und in der gesamten Schöpfung.

Wenn ich im Fortgang die Anliegen der östlichen Trinitätstheologie allgemein bestimme, abstrahiere ich von geschichtlichen Einzelpositionen. Im Blick habe ich vor allem die mittelalterliche östliche Theologie, die ihre Akzente bereits in bewußter Abgrenzung von der westlichen Position setzte. Drei Ziele verfolgt die östliche Trinitätslehre: (1) Sie will der Versuchung modalistischen Denkens widerstehen. Deshalb betont sie mit Vehemenz die Eigenständigkeit der göttlichen Personen. Vater, Sohn und Geist sind nicht (modalistisch gedacht) letztlich austauschbare Erscheinungsweisen des einen Gottes, nicht Sichtweisen von Gott, die nur dem menschlichen Auge unterschiedlich erscheinen. Nein, Gott ist nicht bloß in der Erscheinung, sondern auch in seiner Existenz, in Wahrheit immer schon ein Gegenüber von Personen. (2) Die östliche Theologie lehnt ein Erkenntnisprinzip ab, das im lateinischen Westen von frühester Zeit an vertreten wurde: die Einheit von heilsgeschichtlich-ökonomischer und von innergöttlich-immanenter Trinität. Das östliche Denken kommt im Lauf der Theologiegeschichte zunehmend zu der Überzeugung, daß ein Rückschluß von der Heilsgeschichte auf die innergöttlichen Verhältnisse nicht zulässig sei. Gottes Inneres bleibt letztlich unerkennbar. Zwar gilt im Blick auf die geschichtliche Erfahrung, daß der Sohn, Jesus Christus, den Geist offenbar gemacht hat, doch bedeutet das nicht, daß der Sohn von Ewigkeit her einer ist, aus dem der Geist hervorgeht. (3) Der Osten sieht eine enge Verbindung zwischen Gotteslehre und Ekklesiologie.[24] Die östliche Trinitätstheologie will daher Gottes Gottsein „dynamisch" bestimmen. Der, von dem alles ausgeht, der Erste und der Eine, der Vater ist der Ursprung einer Bewegung, die

[24] Vgl. *D. Wendebourg*, Geist oder Energie. Zur Frage der innergöttlichen Verankerung des christlichen Lebens in der byzantinischen Theologie (München 1980). Vgl. dazu: *Ch. von Schönborn*, Immanente und ökonomische Trinität. Zur Frage des Funktionsverlustes der Trinitätslehre in der östlichen und in der westlichen Theologie in: Freiburger Zeitschrift für Philosophie und Theologie 27 (1980) 247-264.

Die Grundzüge des östlichen Denkens lassen sich auch zeichnerisch darstellen:

Einheit im Ursprung: ***Das östliche Modell*** des trinitarischen Monotheismus

(1) 

(2)

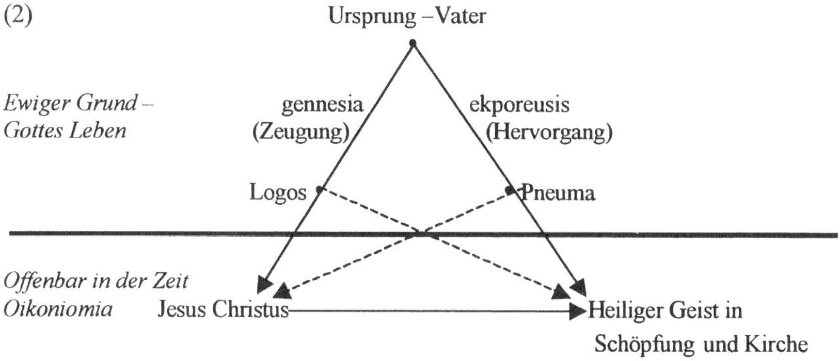

Der Pfeil soll andeuten, daß nach östlicher Vorstellung Bewegung, Dynamik die Grundbestimmung Gottes ist (1). Die zweite Darstellung unterscheidet zwischen dem ewigen Grund alles Zeitlichen in Gott – der in seinem Innern unerkennbare (als Punkt angedeutete) Gott (Vater) ist Ursprung von Logos (Sohn) und Pneuma (Geist) – und der Ebene der Offenbarung Gottes in der Zeit: Der Sohn wird in der Zeit geboren von Maria; der Geist kommt aus dem Vater hervor und wirkt in der Schöpfung und in der Kirche (2).

b) Einheit im Wesen – das westliche Modell

Die zeichnerische Abbildung des westlichen Modells des trinitarischen Monotheismus läßt auf das darin Typische aufmerksam werden:
Nach Walter Kasper läßt sich das westliche Denken als Kreis darstellen.[26] Der Ansatzpunkt der westlichen Trinitätstheologie ist die innergöttlich-immanente Gemeinschaft in dem einen, den göttlichen Personen gemeinsamen Wesen von Vater, Sohn und Geist. Nicht die Unterschiedenheit der Hypostasen oder Personen, sondern die Einheit im Wesen stand im Mittelpunkt der Betrachtung.
Auch für den Westen lassen sich drei Anliegen formulieren, die in dem trinitarischen Modell verwahrt sein wollen: *Erstens:* Anders als im Osten war im Westen nicht der Modalismus die bekämpfte Gefahr, sondern der Subordinatianismus: die

---

Konsequenz der Bindung des Geistes an das Christusereignis betrachtet: Vgl. *B. Schultze*, Zum Ursprung des Filioque: Das Filioque und der römische Primat, in: Orientalia Christiana Periodica 48 (1982) 5-18. Östliche Theologen beziehen sich in ihrer Argumentation auf die in der westlichen Tradition lange Zeit unbestrittene christologische Begründung des Amtes.

[26] Vgl. *W. Kasper*, Jesus der Christus (Mainz 1974) 307f.

Einheit im Wesen: ***Das westliche Modell*** des trinitarischen Monotheismus

(1) 

(2)

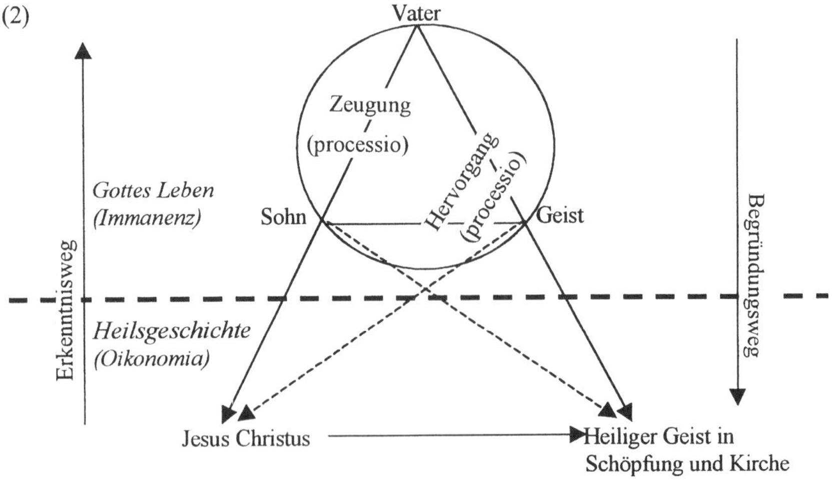

scheinbar leichter eingängige Vorstellung einer Unterordnung, einer Niedrigerstellung des Sohnes unter den Vater. Die Völker im Westen des heutigen Europa taten sich schwer mit dem Gedanken, der menschgewordene Gottessohn sei von Ewigkeit her Gott wesensgleich. Die Theologen und Bischöfe bemühten sich daher, den Eindruck einer Unterscheidung im Wesen von Vater und Sohn zu vermeiden. Das *zweite* Anliegen ist nur in Kenntnis der Sprach- und Übersetzungsprobleme zwischen dem Osten und dem Westen verständlich zu machen. Der Osten verwendete von Anfang an unterschiedliche Begriffe, um den Hervorgang des Sohnes aus dem Vater (gennesia) und den Hervorgang des Geistes aus dem Vater (ekporeusis) zu bezeichnen. Die lateinisch sprechende Theologie kannte solche Unterscheidungen zunächst nicht: Beide Weisen des innergöttlichen Hervorgangs wurden mit „processio" wiedergegeben. Nach westlicher Vorstellung war nun aber undenkbar, daß bei zwei gleichgearteten processiones aus dem Vater zwei unterschiedliche göttliche Personen entstehen könnten. Nur eine Beteiligung des Sohnes an der processio des Geistes aus dem Vater schien eine Unterscheidung der göttlichen Personen zu ermöglichen. Das *dritte* westliche Anliegen ist einem östlichen Anliegen direkt gegenläufig. Der Osten kann mit seiner Konzeption der Ursprungseinheit an aristotelisches Gedankengut anknüpfen. Im Westen ist das platonische Erbe unverkennbar: Die Heilsgeschichte ist das Abbild des innergöttlichen Urbildes. Und in ihr, in der Zeit, ist der Geist durch den Sohn offenbar geworden. Dann muß auch in alle Ewigkeit der Sohn einer sein, aus dem der Geist hervorgeht. Der Westen vertritt von frühester Zeit an ein Grundprinzip der Trinitätstheologie: Die ökonomische Trinität ermöglicht Erkenntnis der immanenten Trinität.

c) Vergleich der Modelle

Walter Kasper hat das östliche und das westliche Modell des trinitarischen Monotheismus als zwei legitime, „komplementäre Theologien"[27] bezeichnet, die angesichts ihrer unterschiedlichen Denkvoraussetzungen und der begrifflichen Differenzen nicht in einem Modell miteinander verbunden werden könnten, und es auch nicht müßten. Bei aller Verschiedenartigkeit der Vorstellungen gibt es auch zwei wichtige Gemeinsamkeiten: *Zum einen* ist die heilsgeschichtliche Zuordnung des Geistes zum Sohn nicht strittig. In der Zeit hat Jesus Christus, Gottes Sohn, geschichtlich in Erscheinung gebracht, wer Gottes Geist ist: Es ist jener Geist, der denen die frohe Botschaft sagt, die sich danach sehnen; der den Gefangenen die Entlassung verkündigt und den Blinden das Augenlicht gibt; der die Geschundenen aus ihrer Not befreit – so der Evangelist Lukas mit den Worten des späten Jesaja über den in Jesus offenbaren Geist Gottes (vgl. Lk 4,18f; Jes 61,1f). *Zum anderen* anerkennen beide Modelle das Erfordernis, das in der Heilsgeschichte Offenbare in Gottes Wesen zu verankern. Gottes trinitarische Existenz ist der transzendentale Grund der Heilsgeschichte. Beide Traditionen sehen das Problem, das Verhältnis von Zeit und Ewigkeit so zu bestimmen, daß es nicht fälschlicherweise als das Verhältnis zwischen „vorher" und „nachher" gedacht wird, sondern als das Verhältnis zwischen „immer schon" und „nun offenbar". Unterschiedlich ist im Osten und Westen allerdings die Blickrichtung bei der Verhältnisbestimmung zwischen dem innertrinitarischen Leben Gottes und der Heilsgeschichte. Stark vereinfachend gesagt: Christen im Osten feiern die himmlische Liturgie und wissen sich dabei hineingenommen in das innertrinitarische Leben Gottes. Von diesem „Ort" aus schauen sie auf die Geschichte. Christen im Westen schauen (verstärkt seit dem Zeitalter der Reformation) zuerst auf die biblisch bezeugte Geschichte Gottes mit der Schöpfung, mit seinem Bundesvolk. Die Ostererfahrung und das Pfingstereignis sind der Schlüssel zum Verständnis des trinitarischen Lebens Gottes.

IV. Zukunftsperspektiven

Wie ist der gegenwärtige Stand der ökumenischen Kontroverse um die westlich-lateinische Hinzufügung des Filioque in das Glaubensbekenntnis, und welche Perspektiven für die Zukunft zeichnen sich ab? In abschließenden Überlegungen

[27] *W. Kasper*, Der Gott Jesu Christi (Anm. 13) 269. Die jüngste Erklärung des Einheitsrats spricht im Anschluß an den Katechismus der Katholischen Kirche (Nr. 248) von „berechtigten, einander ergänzenden Sehweisen": Vgl. Die griechische und die lateinische Überlieferung über den Ausgang des Heiligen Geistes (Anm. 6), 320.

will ich auf diese Fragen eingehen und dann nochmals zur Sache zurückkommen: zur Frage der Ursprungseinheit und der Wesenseinheit.

1. Die angezielte „Lösung" der Filioque-Frage

Eines ist schnell berichtet: In allen Konfessionen ist die Bereitschaft groß, in liturgischen Feiern wieder gemeinsam den ursprünglichen Text des Nizäno-Konstantinopolitanums zu verwenden. Diese Tendenz kann an die Tradition anknüpfen, auch im Westen die griechische Fassung des Großen Glaubensbekenntnisses unangetastet zu lassen, wenn sie in der Liturgie Verwendung fand, und nicht etwa um das griechische Äquivalent des Filioque zu ergänzen.[28]
Als erste machten jene beiden Konfessionen der westlich-lateinischen Christenheit der Orthodoxie das Angebot, auf das Filioque zu verzichten, die sich ihr sehr nahe wissen: Anglikaner und Altkatholische. Entsprechende Initiativen sind auf anglikanischer Seite schon für das 17. und 18. Jahrhundert nachzuweisen[29], sie verstärkten sich im 19. Jahrhundert. Ende der 70er Jahre des 20. Jahrhunderts kam es dann zu festen Vereinbarungen zwischen den Orthodoxen Kirchen und den in der Lambeth-Konferenz zusammengeschlossenen Anglikanischen Kirchen.[30] Angesichts der engagierten Verteidigung des Filioque durch Karl Barth[31] taten sich die Reformierten zunächst schwer, dem Votum der ihnen verwandten Anglikaner zuzustimmen.[32] Der erst vor wenigen Jahren begonnene offizielle Dialog zwischen dem Reformierten Weltbund und den Orthodoxen Kirchen empfiehlt jedoch bereits in seiner ersten Erklärung die Rückkehr zur ursprünglichen Version des Credos.[33] Am zögerlichsten sind derzeit noch Lutheraner, eine Vereinbarung mit der Orthodoxie zu treffen. Die in der lutherischen Tradition stark ausgeprägte christologisch-soteriologische Argumentation steht einer solchen im Wege. Aber auch hier zeichnen sich Annäherungen ab, die nicht zuletzt eine Fol-

---

[28] Vgl. Die griechische und die lateinische Überlieferung über den Ausgang des Heiligen Geistes (Anm. 6) 317.
[29] Vgl. *K. Stalder*, Das „Filioque" in den altkatholischen Kirchen, die Hauptphasen der theologischen Reflexion und der kirchlichen Stellungnahmen, in: Geist Gottes – Geist Christi (Anm. 4) 89-99; *A.M. Allchin*, Die Filioque-Formel: Eine anglikanische Perspektive, in: ebd., 79-88; *D. Ritschl*, Zur Geschichte der Kontroverse um das Filioque und ihrer theologischen Implikationen, in: ebd., 31.
[30] Vgl. die „Moskau-Erklärung" der Gemeinsamen Anglikanisch/Orthodoxen Theologischen Kommission 1976, Nr. 19-21, in: *H. Meyer u.a. (Hg.)*, Dokumente wachsender Übereinstimmung, Bd. 1 (Frankfurt/M.-Paderborn 1983) 84f; Bericht einer Sondersitzung der Gemeinsamen Anglikanisch/Orthodoxen Theologischen Kommission 1978, Nr. 1-4, in: ebd., 90f.
[31] Vgl. *K. Barth*, KD I/1, 496-514.
[32] Vgl. *A. Heron*, Das Filioque in der neueren reformierten Theologie, in: Geist Gottes – Geist Christi (Anm. 4) 100-106; *H.-M. Barth*, Die Lehre vom Heiligen Geist in reformatorischer und ostkirchlicher Tradition, in: Ökumenische Rundschau 45 (1996) 54-68.
[33] Vgl. das Memorandum zum theologischen Dialog zwischen Reformierten und Orthodoxen von 1988, Nr. 4, in: DWÜ 2 (Anm. 2) 319.

ge des anhaltenden Dialogs beider Kirchen über Fragen des Schriftverständnisses sind.[34]

Die römisch-katholische Kirche hatte bereits in der Mitte des 18. Jahrhunderts unter Papst Benedikt XIV. den mit ihr in Union lebenden Ostkirchen erlaubt, die ursprüngliche Form des Symbolons von Konstantinopel den landessprachlichen Übersetzungen zugrunde zu legen. Entscheidende Fortschritte erzielte der seit Ende des 19. Jahrhunderts beständig intensivierte Dialog zwischen der Römisch-katholischen Kirche und der Orthodoxie durch das Engagement der Päpste im 20. Jahrhundert. Paul VI. setzte Zeichen von großer Bedeutung[35]: Er traf sich im Januar 1964 mit dem Ökumenischen Patriarchen von Konstantinopel Athenagoras in Jerusalem. Paul VI. verlas dann in Rom bei der letzten Sitzung des 2. Vatikanischen Konzils im Dezember 1965 einen Text, in dem die Römisch-Katholische Kirche ihr Bedauern über die Vorgänge im Jahr 1054 äußerte und ihren Willen zur Versöhnung bekräftigte. Zeitgleich tat Athenagoras in Konstantinopel Entsprechendes. 1967 reiste Paul VI. nach Konstantinopel, um dort Athenagoras zu treffen. Dies ermöglichte Athenagoras noch im gleichen Jahr einen Gegenbesuch in Rom. Eine solche Reise wäre ohne den voraufgehenden Besuch des Papstes von der übrigen Orthodoxie als Bittgang mißverstanden und daher abgelehnt worden. Bei ihrer Begegnung in Rom verhinderte Paul VI., daß Athenagoras ihm, wie damals noch üblich, die Füße küßte. Er nahm ihn sofort in die Arme. 1974 setzte sich Paul VI. anläßlich der 700 Jahrfeier des Konzils von Lyon für eine Neubewertung der dort gefaßten Beschlüsse ein, die in der Orthodoxie bis heute als tiefe Demütigung im Gedächtnis sind. 1981 sprach Johannes Paul II. bei der gemeinsamen ökumenischen Feier zum Gedächtnis von 381 (1600 Jahre danach) den Text des Credos erstmals ohne Filioque, und diese Praxis ist bei ökumenischen Begegnungen inzwischen üblich.

Welche theologischen Überlegungen stehen hinter diesem Wandel? Gibt es solche überhaupt oder erweist sich die Rückkehr zum ursprünglichen Wortlaut des Nizäno-Konstantinopolitanums als Ausdruck eines eher gedankenlosen Konservatismus in der Erwartung, auf diese Weise alte Hürden auf dem Weg zueinander wegräumen zu können? Nein, so ist es nicht. Beide Seiten, der Osten wie der Westen, haben voneinander gelernt[36]: Die Pneumatologie gehört heute nicht mehr (wie noch in der ersten Hälfte unseres Jahrhunderts) zu den vergessenen Gebieten der systematischen Theologie im Westen.[37] Die charismatische Bewegung zur Erneuerung der Kirchen hat gerade in der westlichen Christenheit einen festen Stand. Die lange Zeit übliche orthodoxe Polemik, die alle Übel des Westens auf

---

[34] Vgl. die neueren Papiere des Lutherisch-Orthodoxen Dialogs: „Die göttliche Offenbarung" (1985), in: ebd., 260-262; „Schrift und Tradition" (1987), in: ebd., 263-266; „Kanon und Inspiration der Heiligen Schrift" (1989), in: ebd., 266-271.

[35] Vgl. *A. Kallis*, Orthodoxie und Katholische Kirche: Von der Polemik zum „Dialog der Liebe", in: *P. Lengsfeld (Hg.)*, Ökumenische Theologie. Ein Arbeitsbuch (München 1980) 124-151.

[36] Vgl. das Themenheft „Der Heilige Geist als lebendiger Zusammenhalt": Una Sancta 46 (1991) Heft 1.

[37] Vgl. *J. Freitag*, Geist-Vergessen – Geist-Erinnern. Vladimir Losskys Pneumatologie als Herausforderung westlicher Theologie (Würzburg 1995).

dessen Christomonismus zurückführte, hat inzwischen an Schärfe verloren. Der Osten ist zunehmend bereit, die eigene Vätertradition differenzierter zu betrachten, als dies in der Kontroverse bisher geschah. Dabei zeigt sich, daß viele östliche Theologen schon im Altertum einer Formulierung zustimmen konnten, die auch in der Unionsbulle von Florenz 1439 zu finden ist: „ex patre per filium procedit" (der Geist geht aus dem Vater durch den Sohn hervor). Vielgestaltig stellt sich nach heutiger Erkenntnis auch die westliche theologische Tradition dar. Augustinus unterschied zwischen den beiden Weisen des Ursprung-Seins von Vater und Sohn: „principaliter" Ursprung des Geistes ist allein der Vater, nicht der Sohn. Erst bei Anselm von Canterbury geht die Unterscheidung zwischen dem Ursprung-Sein des Vaters und dem Ursprung-Sein des Sohnes im Blick auf den Geist verloren. Thomas von Aquin griff dann wieder auf Augustinus zurück.[38]

Die in Zeiten der Ökumene möglich gewordene kritische Betrachtung der eigenen Tradition, aber auch die gemeinsame Besinnung auf das Zeugnis der biblischen Schriften haben die östlich-westliche Konsensbildung gefördert. In der Sache ist das Ergebnis eigentümlich, fast paradox: Wir bekennen mit dem Nizäno-Konstantinopolitanum heute wieder gemeinsam den Hervorgang des Geistes aus dem Vater. Und wir anerkennen zugleich auf der Grundlage des Neuen Testaments zunehmend auch gemeinsam die enge Verbindung der Geistsendung mit dem Christusereignis.

2. Einheit im Ursprung und im Wesen

Der neutestamentlichen Tradition der Geist-Christologie will ich ganz am Ende noch ein wenig Aufmerksamkeit schenken. Dietrich Ritschl[39] gibt in einem Artikel, in dem er die Geschichte der östlichen und der westlichen Trinitätslehre zusammenfaßt, Worte von Adolf von Harnack wieder, der meinte, selbst Augustinus wäre wohl nie auf den Gedanken gekommen, das Bild eines trinitarischen Gottes zu entwerfen, hätte die Tradition ihm diese Last nicht auferlegt[40]. Diese Tradition bildete sich aufgrund eines in der Geschichte von gläubigen Menschen erfahrenen Anstosses: aufgrund der Erfahrung der Osterzeugen, einer menschlichen Gestalt neu zu begegnen, die vor ihren Augen getötet worden war; aufgrund der Erkenntnis, daß Jesus seine Kraft, das Gute zu wirken, nicht aus Eigenem schöpfte, sondern aus der Quelle seiner Beziehung zum Vater; aufgrund der Einsicht, daß der Geist Jesu Christi dort lebendig ist, wo Menschen sich selbst an andere verschenken und sich im Miteinander wieder finden.

---

[38] Vgl. *M.A. Fahey/J. Meyendorff*, Trinitarian Theology East and West. St. Thomas Aquinas – St. Gregory Palamas (Brookline ^{2}1979).

[39] Vgl. *D. Ritschl*, Zur Geschichte der Kontroverse um das Filioque und ihrer theologischen Implikationen (Anm. 13) 36.

[40] Vgl. *A. von Harnack*, Grundriß der Dogmengeschichte (Tübingen ^{7}1931) 237.

Auch auf die Gefahr hin, mich nun schließlich doch als eine westliche Theologin zu erkennen zu geben und dazu noch als eine verdächtig evangelisch argumentierende, meine ich sagen zu müssen: Die Trinitätstheologie darf ihr heilsgeschichtliches, biblisch fundiertes Erkenntnisprinzip nicht aufgeben, sonst verliert sie jegliche Argumentationsgrundlage. Mehr denn je sind Christen heute (vor allem auch im interreligiösen Dialog) herausgefordert, den geschichtlichen Ursprung ihrer Glaubensüberzeugung zu reflektieren. Der trinitarische Monotheismus ist „solo Christo" zu begründen: allein mit Blick auf das in der Geschichte erfahrene Christus-Ereignis, das sich ohne Einbezug des Geist-Ereignisses nicht angemessen thematisieren läßt.
Die neutestamentlichen Schriften bestimmen den Ursprung und das Wesen Jesu Christi in einer Weise, die die spätere Glaubenstradition zur Entfaltung des trinitarischen Monotheismus veranlaßte. Jesus lebte sein Leben aus der Kraft heraus, die ihm die mit dem Vater bestehende personale Gemeinschaft schenkte. Diese Gemeinschaft ist nach dem neutestamentlichen Zeugnis eine von Gottes Geist gestiftete. Dies ist die übereinstimmende Aussage der Paulusbriefe und der Evangelientradition (Taufperikopen und Kindheitserzählungen). Jesu Erhöhung zum Vater geschieht in der Kraft des Geistes. Gottes Geist macht ihn lebendig. Die Frage nach dem Verständnis des Christusereignisses führte zum Bekenntnis des trinitarischen Monotheismus. Die mit Jesus erlebte und durch den Geist ermöglichte Geschichte hat einen göttlichen „Ursprung".
Das „Wesen" Jesu Christi ist es, Ebenbild des unsichtbaren Gottes zu sein (Kol 1,15). Nicht Spekulationen haben Christen zu diesem Bekenntnis motiviert, sondern geschichtliche Erfahrungen: Jesu Anspruch, Gottes Willen zu kennen, und seine Bereitschaft, Gottes Wesen, Gottes zur Kenosis bereite Liebe bis in den eigenen Tod hinein zu leben. Die Zeugen haben in Jesu Lebensweise das Wirken von Gottes Geist erkannt und das Bekenntnis überliefert: Der Herr ist der Geist (2 Kor 3,17). Auf dem Weg der Betrachtung des geschichtlich erfahrenen Wesens Jesu Christi formte sich der trinitarische Monotheismus.

Nicht nur östliche Theologen werden dieser Argumentation für eine Erkenntnis des trinitarischen Monotheismus „solo Christo" vielleicht skeptisch begegnen. Auch bei westlich-christlichen Religionsphilosophen könnte sich Widerspruch melden. Formulierungen, die Exklusivität implizieren, „solus-sola-solo"-Aussagen sind immer der historisch bedingten Einseitigkeit verdächtig. Es wäre ja auch in gewisser Weise schade, wenn alle Fragen für alle schon zufriedenstellend beantwortet wären. Dann gäbe es weniger Motivation, das Gespräch miteinander zu suchen und weniger Anlaß, einander zu begegnen.

Im Geist Jesu Christi erlöst leben

Ansatz und Konsequenzen einer relationalen Soteriologie[1]

„Jesus Christus ist der Immanuel – der Gott-mit-uns; als der dem Tod überlieferte, als der mitsterbende Immanuel ist er den Mitsterbenden der Gott-mit-ihnen, die rettende, schlechthin 'erhellende' Anwesenheit des bejahenden und Beziehung stiftenden Gottes inmitten der Nacht der Verneinung und der Beziehungslosigkeit. In Jesu Lebens- und Sterbenszeugnis und mit der Auferwekkung des Gekreuzigten erweist Gott sich als der rückhaltlos Bejahende, als der grenzenlos Beziehungsmächtige und Beziehungswillige, dessen Beziehungsmächtigkeit auch dort nicht versagt, wo menschliche Beziehungen unwiderruflich zerbrechen: im Tod."[2] Wie Jürgen Werbick in diesem Zitat, so greifen derzeit viele Autorinnen und Autoren auf die Wirklichkeit der „Beziehung" zurück, um von erfahrenem Unheil („Beziehungslosigkeit") und von Gottes erlösendem Handeln („Beziehungswilligkeit") zu sprechen. Den theologiegeschichtlichen Hintergrund dieser Erscheinung, ihre konkrete Gestalt und ihre Argumentationsbasis möchte ich im Folgenden skizzieren. Bedeutung und Grenzen der in relationalen Begriffen argumentierenden Soteriologie sollen vor Augen treten.

I. Erfahrungsbezogene Erlösungslehre

Religionspädagogische Beiträge waren unter den ersten, in denen der theologisch interessierten Fachwelt eine Beobachtung mitgeteilt wurde, die bis heute ihre Gültigkeit nicht verloren hat: Die neuere christliche Soteriologie ist darum bemüht, lebensnah und erfahrungsgesättigt von Erlösung zu sprechen.[3] Gottfried Bitter machte in den 70er Jahren bereits darauf aufmerksam, daß mehr

---

[1] Vgl. zur Thematik des Aufsatzes: *D. Sattler*, Beziehungsdenken in der Erlösungslehre. Bedeutung und Grenzen (Freiburg-Basel-Wien 1997).

[2] *J. Werbick*, Soteriologie (Düsseldorf 1990) 209.

[3] Vgl. *G. Greshake*, Heilsverständnis heute. Ein Problembericht, in: *Ders.*, Gottes Heil – Glück des Menschen. Theologische Perspektiven (Freiburg-Basel-Wien 1983) 15-49, bes. 23-26; *D. Wiederkehr*, Glaube an Erlösung. Konzepte der Soteriologie vom Neuen Testament bis heute (Freiburg-Basel-Wien 1976) bes. 22-24; *ders.*, Die ganze Erlösung. Dimensionen des Heils: Theologische Quartalschrift 162 (1982) 329-341, bes. 329-333; *J. Ratzinger*, Vorfragen zu einer Theologie der Erlösung, in: *L. Scheffczyk (Hg.)*, Erlösung und Emanzipation (Freiburg-Basel-Wien 1973) 141-155 bes. 141-143; *A. Schilson*, Erlösung heute. Probleme, Mißverständnisse, Widerstände (Eltville 1983); *G. Koch*, Die christliche Heilsbotschaft heute. Probleme und Kriterien der Vermittlung, in: Theologie der Gegenwart 25 (1982) 66-75.

und mehr Autorinnen und Autoren „eine neuartige soteriologische Konkretheit anstreben“[4] und dieses Ziel auch auf dem Weg „einer gründlichen Erörterung der interpersonalen Beziehungen“[5] zu erreichen versuchen. Inzwischen ist die Stimmenzahl im Chor der Befürworter einer anthropologisch gewendeten Soteriologie erheblich gewachsen. Das Anliegen, eine Korrespondenz zwischen der von Menschen erlittenen Unheilswirklichkeit und der von Gott verheißenen Rettung aufzeigen zu wollen, verbindet zahlreiche neuere Publikationen zur Soteriologie. Angesichts dieser Übereinkunft erscheint es ganz naheliegend, die Beziehungen, in denen Menschen in ihrem Alltag leben, in der soteriologischen Reflexion zu berücksichtigen.[6]

Neben größerer Lebensnähe verspricht eine auf die Beziehungswirklichkeit eingehende soteriologische Rede ein Anliegen einlösen zu können, das in jüngerer Zeit in prononcierter Weise vor allem in der feministischen Theologie formuliert wurde[7], und als dessen geistesgeschichtliche Wurzel der neuzeitliche Widerstand gegen die vermeintliche christliche Lehre von einer Fremderlösung ohne Zutun der Erlösten gelten kann: Die Rede von Gottes erlösender Beziehung zur Schöpfung, die in der Begegnung mit Jesus in Zeit und Geschichte offenbar ist und für alle in der im Geist möglichen Gemeinschaft mit Gott Wirklichkeit wird, meint ein *personales* Geschehen, in das die Erlösten (in Form der von Gott ermöglichten Teilhabe an der Gabe des Heils) einbezogen sind.

Die heutige Gestalt der Soteriologie ist das Ergebnis einer gesamttheologischen Denkbewegung. Kennzeichnend für die neuere systematische Theologie ist ihr Bemühen, alle ihre Aussagen als Konkretionen der Rede von Gott und seiner heilschaffenden Zuwendung zu seiner Schöpfung zu betrachten. Auch die Sote-

---

4 *G. Bitter*, Neuere Erlösungstheologien. Ergebnisse und offene Fragen, in: *Ders./G. Miller (Hg.)*, Konturen heutiger Theologie. Werkstattberichte (München 1976) 186.

5 Ebd. Vgl. zum ganzen auch: *Ders.*, Erlösung. Die religionspädagogische Realisierung eines zentralen theologischen Themas (München 1976). Vgl. zum Zusammenhang zwischen menschlichen Beziehungserfahrungen und dem Werden der Gottesbilder aus religionspädagogischer Perspektive auch: *W. Außenleitner*, In ihm leben wir: eine beziehungstheologische und beziehungsdynamische Sicht religiöser Entwicklung (Bern-Berlin-Frankfurt 1994); *W.G. Esser*, Gott reift in uns. Lebensphasen und religiöse Entwicklung (München 1991); *ders.*, Warum heute alle religiöse Erziehung brauchen. Skizzen zum Hintergrund einer Religionspädagogik der Beziehung: Katechetische Blätter 118 (1993) 304-313; *A. Biesinger*, Die Gottesbeziehung – ein lebenslanger Lernprozeß: Theologische Quartalschrift 173 (1993) 32-50.

6 Vgl. *A. Grün*, Die Erlösungsbotschaft und der heutige Mensch: Theologisches Jahrbuch (1977/78) 197-227; *G. Greshake*, Heilsverständnis heute (s. Anm. 3) bes. 24-28.

7 Vgl. *C. Heyward*, The Redemption of God. A Theology of Mutual Relation (Washington 1982); *dies.*, Und sie rührte sein Kleid an. Eine feministische Theologie der Beziehung (Stuttgart 1986); *dies.*, The Power of God-with-us: Christian Century 197 (1990) 275-278; *M. Grey*, Towards a Christian Feminist Spirituality of Redemption as Mutuality in Relation (London 1987). *R.N. Brock*, Journeys by Heart. A Christology of Erotic Power (New York 1988). Vgl. zur feministischen Christologie und Soteriologie einführend die Beiträge in: *D. Strahm/R. Strobel (Hg.)*, Vom Verlangen nach Heilwerden. Christologie in feministisch-theologischer Sicht (Fribourg-Luzern 1991).

riologie ist Theo-logie: Rede von Gott.[8] Zugleich ist die Soteriologie nicht als ein regionaler Traktat im Gesamt der theologischen Arbeit zu betrachten, vielmehr sind alle theologischen Einzelfragen auf ihre soteriologische Relevanz hin zu überprüfen. Die gesamte Theologie ist Soterio-logie: Rede von Gottes heilschaffendem Wirken.[9] In methodischer Hinsicht weiß die katholische Dogmatik sich dazu aufgefordert, die Themen der Schrift vorzulegen, ihre Überlieferung in der Glaubensgeschichte nachzuzeichnen und als Antwort auf die Fragen der Menschen zu entfalten.[10] Diesen Anliegen möchte eine soteriologische Konzeption entsprechen, in deren Argumentation ein Rückgriff auf Begriffe geschieht, in denen das relationale Dasein der Menschen zur Sprache kommt.

Die Geschichte der Soteriologie ist reich an konzeptionellen Entwürfen.[11] Ihre sich wandelnden Leitbegriffe – „Loskauf", „Rechtfertigung", „Platztausch", „Erziehung (pädeia)", „Befreiung" – sind zeitgeschichtlich geprägt und daher immer von begrenzter Aussagekraft. Menschen müssen in jeder Zeit neu darüber nachdenken, in welchen Sprachbildern ihre Erfahrung des noch unheilen und doch bereits erlösten Daseins gut verwahrt wird. Vieles spricht dafür, daß gegenwärtig Menschen in unserer Umgebung insbesondere Beziehungsstörungen als Quelle von Leiden wahrnehmen und vor allem auf der Suche sind nach gelingender Gemeinschaft mit anderen. Gewiß gibt es gleichzeitig andernorts auch ganz andere Unheilserfahrungen, die eine andere Rede von Erlösung erfordern als die in relationalen Begriffen redende Soteriologie.

II. Ein Grundgedanke in vielen Aussagen

Eine kurze Skizze der relationalen Begriffe, die in soteriologisch-theologischen Zusammenhängen Verwendung finden, läßt die Vielfalt der mit ihnen gegebenen Aussagemöglichkeiten bewußt werden. Die neuere Soteriologie bemüht

---

[8] Vgl. *D. Wiederkehr*, Praktisches Heilszeugnis und theologisches Heilsverständnis zwischen geschehener und verheißener Erlösung. Zum Verhältnis zwischen Soteriologie und Eschatologie, in: Franziskanische Studien 63 (1981) 58-69, bes. 66f; *G.L. Müller*, Neue Ansätze zum Verständnis von Erlösung. Anfragen an Eugen Drewermann, in: Münchener theologische Zeitschrift 43 (1992) 51-73, bes. 61; *G. Ebeling*, Das Verständnis von Heil in säkularisierter Zeit, in: *Ders.*, Wort und Glaube, Bd. 3 (Tübingen 1975) 349-361, bes. 352f; *D. Emeis*, Katechese als Zeugnis von unserer Erlösung, in: Lebendige Seelsorge 37 (1986) 13-16, bes. 13.

[9] Vgl. *D. Wiederkehr*, Glaube an Erlösung (s. Anm. 3) 138; *W. Beinert*, Jesus Christus, der Erlöser von Sünde und Tod. Überblick über die abendländische Soteriologie, in: *K.J. Rivinius (Hg.)*, Schuld, Sühne und Erlösung in Zentralafrika (Zaire) und in der christlichen Theologie Europas (St. Augustin 1983) 196-221, bes. 217-219; *Th. Pröpper*, Erlösungsglaube und Freiheitsgeschichte. Eine Skizze zur Soteriologie (München [2]1988) bes. 256f.

[10] Vgl. die Hinweise zur Methode der Dogmatik im Dekret für die Priesterausbildung des 2. Vatikanischen Konzils: „Optatam totius", Nr. 16.

[11] Vgl. einführend: *G. Greshake*, Der Wandel der Erlösungsvorstellungen in der Theologiegeschichte, in: *Ders.*, Gottes Heil – Glück der Menschen (s. Anm. 3) 50-79.

sich um eine Zusammenschau von drei Ansätzen, die in früherer Zeit eher als theologische Alternativen behandelt wurden: Sie thematisiert das Leben Jesu als geschichtlichen Ort der Erlösungserfahrung („vitaler" Ansatz); sie konzentriert sich auf das Pascha-Geschehen als den Grund christlicher Hoffnung („staurologischer" Ansatz); sie bespricht die soteriologische Relevanz der Menschwerdung Gottes („inkarnationstheologischer" Ansatz). In all diesen Bereichen ist es möglich und sinnvoll, mit Hilfe relationaler Begriffe soteriologische Aussagen zu treffen. In den bisher vorliegenden Entwürfen einer relationalen Soteriologie ist die bei den skizzierten Ansätzen erkennbare Konzentration auf den christologischen Argumentationszusammenhang vorherrschend. Pneumatologische Gedankengänge sind dabei noch kaum zu greifen. Auch ein expliziter Einbezug der Erfahrungen Israels mit dem bundeswilligen Gott geschieht in soteriologischen Beiträgen in der Regel nicht. Entsprechende Überlegungen will ich weiter unten anstellen und auf diese Weise das Bild einer in dem Gedanken der Beziehungswilligkeit Gottes gründenden Soteriologie vervollständigen.

1. Jesu Beziehungsleben

Bei der Analyse von Erlösungserfahrungen, die mit dem Leben Jesu verbunden sind, fällt auf, was sich auch bei anderen soteriologischen Fragestellungen beobachten läßt: Relationale Begriffe finden in großer Zahl Verwendung, ohne daß die Begriffe selbst eine genaue Bestimmung erfahren. Die Rede von „Begegnung", „Gemeinschaft" und „Beziehung" ist dem alltäglichen Sprachgebrauch so sehr vertraut, daß eine Reflexion auf den Sinngehalt dieser Redegestalten nicht erforderlich zu sein scheint. Oft wirken die Begriffe austauschbar. Mit ihrer Hilfe kommen im wesentlichen drei Gedanken zur Sprache: (1) Menschen haben in der Begegnung mit Jesus eine Wandlung erfahren, die sie als Heilung wahrnehmen. Insbesondere in praktisch-theologischen Beiträgen erscheint diese Aussage als Begründung für eine entsprechend gestaltete Pastoral heilender Begegnung: „Aus der Begegnung entspringt die 'fruchtbare Einsicht, der schöpferische Keim, der Durchbruch von Neuem' – sie ist ein ständiges Abenteuer. Um wieviel mehr die Beziehung zu einem solch authentischen Menschen wie Jesus. In ihm wird sichtbar, wie Heilung, Heilwerden und Heiligung letztlich ein Vorgang sind. (...) In einer wirklichen Begegnung mit Jesus – in der Gegenwart Jesu also – können wir erleben, was uns mit dem 'Reich Gottes' verheißen ist: Die Beziehung zu ihm kann einen Vorgeschmack darauf geben, was es heißen kann, Gott gegenüberzutreten"[12]. (2) Jesus lebte mit den

[12] *P.F. Schmid*, „Ecce homo! – Seht, was für ein Mensch!" Anthropologische Voraussetzungen für die Begegnung mit Jesus: Diakonia 23 (1992) 13-23, hier 22f. Schmid zieht bei seiner Argumentation eine Schrift von Romano Guardini heran: Vgl. *R. Guardini*, Die Begegnung: *ders./O.F. Bollnow*, Begegnung und Bildung (Würzburg 1956) 9-24. Vgl. zur heilsam wandelnden Wirkung einer Begegnung mit Jesus auch: *H. Stenger*, Begegnung ist Verkündigung. Zur

Menschen eine Gestalt von Beziehung, in der die einzelnen zur Selbstannahme befähigt wurden. Insbesondere in den von Frauen geschriebenen Beiträgen zur Christologie und Soteriologie findet sich der Gedanke, daß die Kategorie der Beziehung einen Raum eröffnet für die Vorstellung, das Verhältnis zwischen Jesus und den Menschen sei ein wechselseitiges gewesen und alle Beteiligten seien dadurch bereichert worden.[13] (3) Jesus suchte nach Gemeinschaft mit denen, die an den Rand der Gesellschaft gedrängt wurden. Seine besonders in den Mahlgemeinschaften erfahrene Beziehungswilligkeit vergegenwärtigt die Antwort des bleibend bundeswilligen Gottes auf die Sünde des Gemeinschaftsbruchs: „Jesu heilbringendes Handeln setzt nicht nur bei äußeren Beschädigungen des Lebens und Zusammenlebens der Menschen, sondern auf einer tieferen Ebene an: dort, wo es nicht nur um einzelnes Fehlverhalten und seine Folgen geht, sondern wo die Grundlagen zerstört sind. Sünde als Getrenntheit von Gott, dem eigenen und gemeinsamen Lebensgrund, schneidet den Menschen von der Quelle der Erneuerung des eigenen Lebens und der Lebensverhältnisse ab. Moralische Appelle bringen deshalb oft nicht viel. Jesus (bzw. der Geist Jesu) eröffnet dem Menschen eine neue Beziehung zu Gott, so daß er in einem neuen Kraftfeld steht, aus dem ihm ein erneuertes, gekräftigtes Leben zuwächst; ein Vertrauensverhältnis, in dem er auch in erneuter Schuld, Versagen oder Scheitern Vergebung erfahren und sich unbedingt gehalten wissen darf“[14].

Psychologie und Theologie der helfenden Beziehung, in: *Ders.*, Verwirklichung des Lebens aus der Kraft des Glaubens. Pastoralpschologische und spirituelle Texte (Freiburg-Basel-Wien ²1989) 133-141; *ders.*, Erlösend („redemptiv“) einander begegnen. Pastoralpsychologische Überlegungen zur Nachfolgeaufforderung: Theologie der Gegenwart 25 (1982) 170-177; *K. Baumgartner*, Leben, wie er gelebt hat ... (1 Joh 2,6). Zur Theologie und Praxis der „personal-redemptiven Kompetenz“, in: *E. Garhammer (Hg.)*, Unnütze Knechte? Priesterbild und Priesterbildung (Regensburg 1989) 129-143; *R. Zerfaß*, Wie geht Jesus von Nazaret auf die Menschen zu?, in: *J. Thomassen (Hg.)*, Jesus von Nazaret. Neue Zugänge zu Person und Bedeutung (Würzburg 1993) 9-22.

13 „Die Jesus-Frauengeschichte zeigt uns damit ein Modell neuen Lebensstils: das Modell von Gegenseitigkeit, dieses wechselseitige Nehmen und Geben, in dem jede(r) seine/ihre Würde behält, aber ohne die Beziehungen zum anderen nicht zu denken ist. (...) In 'Gegenseitigkeit' (...) nimmt jeder/jede zunächst sich selbst wahr und wichtig und wird so aufmerksam auf den/die andere. In Gegenseitigkeit verwandelt sich unsere Persönlichkeit, können wir Autonomie entfalten und uns auch wieder selbst geben bis hin zum Selbstvergessen, bis hin zum (echten) Opfer. In Gegenseitigkeit können wir voneinander annehmen, ohne uns selbst aufzugeben“ *(E. Moltmann-Wendel*, Frauen sehen Jesus. Ansätze einer feministischen Christologie, in: *J. Thomassen* [Hg], Jesus von Nazaret [s. Anm. 12] 31). Vgl. auch: *Dies.*, Beziehung – die vergessene Dimension der Christologie. Neutestamentliche Ansatzpunkte feministischer Christologie, in: *D. Strahm/R. Strobel (Hg.)*, Vom Verlangen nach Heilwerden (s. Anm. 7) 100-111.

14 *H. Kessler*, Christologie, in: *Th. Schneider (Hg.)*, Handbuch der Dogmatik, Bd. 1 (Düsseldorf ³2000) 404.

2. Jesu Beziehungswilligkeit bis zum Äußersten der Selbsthingabe

Auch im Hinblick auf das Verständnis der soteriologischen Relevanz des Pascha-Ereignisses vermag ein Rückgriff auf die relational bestimmte Wirklichkeit neue Einsichten zu vermitteln. Diese lassen sich ebenfalls in drei Gedanken zusammenfassen: (1) Das zwischenmenschliche Gemeinschaftsleben ist ein Ort, an dem erfahren werden kann, daß es einen Zusammenhang zwischen unbedingter Beziehungswilligkeit und Lebenseinbuße gibt: Wahre Versöhnung „kostet" etwas.[15] (2) In der Situation der Gefährdung des eigenen Lebens durch einen gewaltsam herbeigeführten Tod ist die Bereitschaft, den drohenden Menschen in Liebe zugewandt zu bleiben, ein in besonderer Weise qualifiziertes Zeugnis der Beziehungswilligkeit. Die Sünde entfaltet eine beziehungsfeindliche Dynamik, deren letzte Konsequenz die Infragestellung der Existenzberechtigung des anderen Menschen ist. Jesus antwortet auf das Nein des Todes, das andere über ihn sprechen, mit dem Ja des Lebens. (3) Der Begriff der „Stellvertretung" läßt sich als Rede von der heilvollen Wirkung der Tat des einen für die anderen verstehen: Jesus tritt an die Stelle der Sünder; er nimmt ihre Beziehungsfeindlichkeit, die „in der Beziehungslosigkeit des Todes ihr Telos hat"[16], als sein Dasein an. Im „Austausch" schenkt er teilgebend sein Leben und stiftet darin eine unverbrüchliche Beziehung zwischen Gott und Menschen: „Jesu Solidarität wird nur dann nicht von der Macht der Nichtigkeit widerlegt, wenn sie ein Mit-Sein bezeugt, das sich auch in der äußersten Konsequenz der Sünde – dem für Menschen definitiven Beziehungsabbruch des Todes – noch durchhält; Jesu Solidarität ist nur dann nicht leere Verheißung, wenn es das 'Außerhalb' gibt, von woher die rettende Beziehung auf die der Sünde und dem Tod Verfallenen übergreifen kann"[17]. Ohne die Wahrheit des sich in seiner Beziehungswilligkeit bewährenden Gottes wäre auch das an Jesus Geschehene bloß eine Bestätigung der sündigen Beziehungsfeindlichkeit der Welt.

3. Gottes Menschwerdung als universale Beziehungsstiftung

Im Kontext einer inkarnationstheologisch ansetzenden soteriologischen Argumentation vermag die Verwendung relationaler Begriffe vor allem die Universalität der erlösenden Intention Gottes zu veranschaulichen. Zwei Überlegungen stützen diese These: (1) Gott hat sein rettendes „Mit-sein" zu seinem Namen erklärt, der sein Wesen offenbar macht. Diese Verheißung an alle Geschöpfe wird im gläubigen Nachdenken über das Christusereignis als „wahr", als „verläßlich" erkannt. Der Immanuel hat unter den Menschen gewohnt. (2)

---

[15] Vgl. *F. Humphreys*, The Mystery of the Cross: Perspectives in Religious Studies 14 (1987) 47-52; *ders.*, The Death of Christ (Nashville/Tennessee 1978).

[16] *J. Werbick*, Soteriologie (s. Anm. 2) 208.

[17] Ebd.

Die Menschwerdung Gottes läßt sich als ein Geschehen der „Inkorporation"[18] in eine Gemeinschaft beschreiben. Durch die Gemeinschaft des Sohnes Gottes mit der Menschheit entsteht eine universale Verbundenheit, die dem universalen Heilswillen Gottes entspricht. Die Schwierigkeit, die Universalität des Erlösungsgeschehens mit der Person Jesu Christi in Verbindung zu bringen, läßt sich lösen, wenn Jesus Christus als einer vorzustellen ist, der in Beziehung zu allen Menschen steht, denn: „wo einer konstitutive Relationen zu allen Menschen besitzt, kann er Stellvertreter aller sein"[19]. Der christliche Glaube bekennt Jesus Christus als denjenigen, der sein Leben für alle Menschen in Tat und Wort einsetzte. Plausibilität gewinnt die Universalität beanspruchende soteriologische Aussage aber erst unter Berücksichtigung inkarnationstheologischer Reflexionen. Die Frage der Erlösung spitzt sich „auf das Problem zu, ob es einen Menschen gibt, der durch seine Beziehung zu allen anderen (und aller zu diesem einen) konstituiert ist. Der christliche Glaube beantwortet diese Frage (...) mit Verweis auf Jesus Christus: Sein Menschsein ist getragen von der unendlichen Liebesfähigkeit des Sohnes Gottes. Es ist bestimmt nicht nur durch grenzenlose Relation auf den Vater, sondern auch – vom Vater her – auf uns hin. Es verwirklicht sich als unbedingte Pro-Existenz für alle Menschen, für die Lebenden und Verstorbenen, für Vergangenheit, Gegenwart und Zukunft. Als unser Menschenbruder, der in seiner Menschwerdung Beziehung zu allen Menschen aufgenommen hat und der somit zum 'Kristallisationspunkt' aller Relationen der ganzen communial verfaßten Menschheit geworden ist (...), läßt er sich bestimmen von aller Freude und Not, allem Gelingen und aller Schuld, aller Hoffnung und allem Bösen, das je in der Geschichte verwirklicht wurde und verwirklicht wird"[20].

III. Anleihen bei anderen Wissenschaften

Die bisher vorgelegten Beiträge zu einer auf relationale Begriffe zurückgreifenden Soteriologie verweisen in ihrer Argumentation vor allem auf zwei nichttheologische wissenschaftliche Diskurse, in denen die Wirkweise personaler Beziehungen Gegenstand intensiver Betrachtung ist: auf die Psychotherapieforschung und den Dialogischen Personalismus in der Gestalt der Philosophie von Martin Buber. Daneben läßt sich im 20. Jahrhundert auch in der Pädagogik[21], in der Medizin und in den Sozialwissenschaften ein wachsendes In-

---

[18] Vgl. *I.U. Dalferth*, Die soteriologische Relevanz der Kategorie des Opfers. Dogmatische Erwägungen im Anschluß an die gegenwärtige exegetische Diskussion, in: Jahrbuch für Biblische Theologie 6 (1991) 173-194. Dalferth versteht die Rede von „Inkorporation" als Bestimmung der theologischen Bedeutung der Inkarnation, näherhin als „Gottes Zu-uns-Kommen", durch das die erlösende „Gemeinschaft mit Gott" grundgelegt wird: Vgl. ebd., 190f.

[19] *G. Greshake*, Erlöst in einer unerlösten Welt? (Mainz 1987) 119.

[20] Ebd., 119f.

[21] Vgl. *Gesellschaft für wissenschaftliche Gesprächspsychotherapie (Hg.)*, Rogers und die Päd-

teresse an einer Vertiefung des Beziehungsdenkens nachweisen. Im systematisch-theologischen Zusammenhang ist es weiterführend, die Erkenntnisse der therapeutischen Beziehungsarbeit zur Überprüfung der These heranzuziehen, die relationale Soteriologie arbeite mit erfahrungsbezogenen und lebensnahen Sprachbildern. Die philosophische Diskussion vermag wichtige Gesichtspunkte beizutragen, die zu einer Differenzierung des Beziehungsbegriffs bei seiner Verwendung im anthropologischen bzw. theologischen Argumentationszusammenhang verhelfen können.

Forschungen über die Wirkweise therapeutischer Beziehungen und über den Zusammenhang zwischen psychischer Erkrankung und Beziehungserfahrung liegen in großer Zahl vor.[22] Schulenübergreifend läßt sich ein Konsens in der Annahme erkennen, daß die Begegnung mit dem Therapeuten oder der Therapeutin auf das Selbstbild und die Handlungsmöglichkeiten der Klienten und Klientinnen einwirken. Zudem bilden sich mehr und mehr Therapieformen aus, in denen ein systemisches Denken vorherrscht: Die Leiden der einzelnen lassen sich nur unter Berücksichtigung ihrer Entstehung in der erfahrenen Beziehungswirklichkeit angemessen beschreiben, und Aussicht auf Heilung ist erst dann gegeben, wenn die primären Bezugspersonen in der Beratungsarbeit (zumindest erinnernd) präsent sind.

Als Ertrag für die soteriologische Frage nach der Tragweite einer relationalen Soteriologie ist festzuhalten: (1) Die Psychotherapieforschung bestätigt die große Bedeutung der Beziehungserfahrungen für die Gestalt des menschlichen Lebens. (2) Ihre große Aufmerksamkeit für pathologische Beziehungsformen muß als Warnung verstanden werden, den Beziehungsbegriff unkritisch zu gebrauchen. Beziehungen wirken heilsam, sie machen aber auch leiden. Insbesondere die unheilvolle Wirkung gelebter Gemeinschaft ist Menschen heute im Bewußtsein. (3) Es fällt sehr schwer, genaue Angaben zu machen über die zu erwartende Wirkung einer therapeutischen Intervention. Die Vielgestalt der dabei zu berücksichtigenden Variablen und die Erkenntnis, den Ausgang von freiheitlich bestimmten Prozessen nicht vorhersagen zu können, läßt vorsichtig werden bei der Rede von heilsam wirkenden Begegnungen. (4) Es besteht eine unauflösliche Wirkeinheit zwischen der therapeutischen Begegnung und der dabei (verbal oder nonverbal) vermittelten Botschaft. Beziehung und Inhalt gehören zusammen. (5) Die zunächst nur in der personzentrierten Therapie im Anschluß an Carl R. Rogers formulierten Therapeutenvariablen Annahme (Ak-

---

agogik. Theorieanspruch und Anwendungsmöglichkeiten des personzentrierten Ansatzes in der Pädagogik (Weinheim-München 1987).

[22] Es muß an dieser Stelle bei wenigen Hinweisen bleiben: Vgl. *D. Zimmer (Hg.)*, Die therapeutische Beziehung. Konzepte, empirische Befunde und Prinzipien ihrer Gestaltung (Weinheim 1983); *D. Tscheulin (Hg.)*, Beziehung und Technik in der klientenzentrierten Therapie. Zur Diskussion um eine Differentielle Gesprächspsychotherapie (Weinheim-Basel 1983); *R. Battegay/A. Trenkel (Hg.)*, Die therapeutische Beziehung unter dem Aspekt verschiedener psychotherapeutischer Schulen (Bern-Stuttgart-Wien 1978); *H. Stierlin*, Das Tun des Einen und das Tun des Anderen Eine Dynamik menschlicher Beziehungen (Frankfurt 1971). Vgl. zur weiteren Information die Darstellung in: *D. Sattler*, Beziehungsdenken in der Erlösungslehre (s. Anm. 1).

zeptanz), Einfühlung (Empathie) und Echtheit (Kongruenz) gelten heute schulenübergreifend als Basis therapeutischer Beziehungsarbeit. Ein Erfolg der Therapie ist jedoch mit ihnen nicht zwangsläufig verbunden.
Die philosophische Tradition ist reich an Auseinandersetzung mit dem Beziehungsbegriff. Die beiden Weisen des philosophischen Denkens, das substantiale und das relationale Denken[23], streiten seit den Tagen des Aristoteles miteinander. Neuere Bemühungen weisen beiden Ansätzen eine unverzichtbare Funktion zu: Das substantiale Denken wahrt den Gedanken der unvertretbaren Individualität des Seinden; das relationale Denken trägt der Tatsache Rechnung, daß nichts Seiendes aus sich und für sich ist. Eine Bereicherung für die soteriologische Diskussion stellt vor allem die Kenntnis der Begriffsdifferenzierungen bei Thomas von Aquin dar, der zwischen einer „realen" Beziehung der Geschöpfe zu Gott und einer (bloß) „gedachten" Beziehung Gottes zur Schöpfung unterscheidet.[24] In dieser nicht unmißverständlichen Terminologie kommt der bleibend wichtige Gedanke zum Ausdruck, daß die schöpferische Ermöglichung des geschaffenen Lebens eine andere Gestalt der Beziehung darstellt als die Teilhabe der Geschöpfe am Leben des Schöpfers. Von einer „Gegenseitigkeit" in der Beziehung zwischen Schöpfer und Geschöpfen läßt sich auf dieser Grundlage nicht sprechen. In diesem Zusammenhang ist es heute wichtig, den kritischen Dialog mit der Prozeßtheologie fortzusetzen, die starken Einfluß auf Teile der feministischen Theologie ausübt.

IV. Biblische Einsichten

Eine Erlösungslehre, die sich als eine Form der Theo-logie begreift, findet in den biblischen Schriften in vielfältigen Varianten die Botschaft vor, Gott bleibe trotz der Bundesbrüchigkeit seines Volkes bundeswillig. Neben einer Bezugnahme auf die Bundestheologie, auf die biblischen Namen Gottes (vor allem „Jahweh" und „Immanuel") und auf die nominale metaphorische Rede von Gott (etwa als von einem „Hirten" oder „Arzt") legt sich in der relationalen Soteriologie eine nähere Betrachtung der Rede von Gottes „Weg"-Gemeinschaft und Gottes „Wohn"-Gemeinschaft mit den Menschen nahe. In beiden Gestalten der biblischen Bildrede von Gottes Mit-sein mit dem Volk wird deutlich, daß die besprochene Beziehung eine durch Treue, Erbarmen und Stärke qualifizierte ist. Die jeweilige geschichtliche Wirklichkeit der in diesen Metaphern von Gott sprechenden Menschen geht in die konkrete Gestaltung der Bildrede ein. Auf diese Weise ist es auch möglich, bei der neutestamentlichen Deutung der neuen Erfahrungen mit Jesus und mit Gottes Geist an ver-

---

23 Vgl. *B. Welte*, Über zwei Weisen des philosophischen Denkens und deren Folgen für die Religionsphilosophie, in: Philosophisches Jahrbuch 87 (1980) 1-15.

24 Vgl. bes. Sth I q13 a7. Vgl. dazu: *M.-Th. Liske*, Kann Gott reale Beziehungen zu den Geschöpfen haben? Logisch-theologische Betrachtungen im Anschluß an Thomas von Aquin: Theologie und Philosophie 68 (1993) 208-228.

traute Bildreden anzuknüpfen. Eine soteriologische Auslegung der dem alt- und dem neutestamentlichen Zeugnis gemeinsamen Bildreden, die umschreiben, auf welche Weise Gott heilwirkend in Beziehung zur Schöpfung ist, läßt dem Anliegen gerecht werden, das gesamtbiblische Zeugnis in die soteriologische Reflexion einzubeziehen.
Das biblische Zeugnis ermöglicht eine inhaltliche Bestimmung der heilenden Gottesbeziehung. Es widerspricht dabei der Vorstellung einer ununterschiedenen Gegenseitigkeit in der Beziehung Gottes zu den Menschen und der Menschen zu Gott. In der exegetischen Diskussion um die rechte Übersetzung des Begriffes berit kommt die Sorge zum Ausdruck, die Rede von einem „Bund" zwischen Gott und den Menschen verdunkle die Unterschiedlichkeit der Bundespartner.[25] Gottes Bundeswilligkeit ist eine Selbstverpflichtung, die solange Gültigkeit hat, wie seine Bundespartner auch ihrerseits den Bund halten. Von einer Bundesbrüchigkeit Gottes wissen die biblischen Schriften nichts. Die Rolle des Hirten ist anders als die Rolle der Herde. Der Arzt heilt die Patienten, nicht die Patienten den Arzt. Gottes „Wohnen" bei den Menschen bindet ihn nicht an Raum und Zeit. Bei den Wanderungen des Volkes geht Gott an der Spitze und zugleich ganz am Ende. Er ist nicht einer von uns Geschöpfen.

V. Pneumatologische Gestaltung

Während in vielen anderen Bereichen der theologischen Systematik die beklagte „Geistvergessenheit" inzwischen überwunden zu sein scheint, gilt die pneumatologische Erfassung der Soteriologie noch als Desiderat der Forschung. Erst ein pneumatologischer Zugang zur Soteriologie ermöglicht es jedoch, das Erlösungsgeschehen als protologisch begründete, eschatologisch sich vollendende und in Jesus Christus geschichtlich erfahrene „Einbeziehung" der Schöpfung in das Leben Gottes zu begreifen: „Wird die Heilsökonomie verstanden als die der inneren Disposition Gottes vollkommen entsprechende Öffnung des innergöttlich-trinitarischen Beziehungsgeschehens auf die Menschen hin und wird die Heilsökonomie zur Sprache gebracht von der Gottes Wesen ursprünglich ausmachenden grenzenlosen Beziehungsfähigkeit und Beziehungswilligkeit Gottes her, so kann von Gottes Dreieinigkeit – dem Mysterium der 'ursprünglichen' göttlichen Beziehungsmächtigkeit – theologisch angemessen eigentlich nur im Hinblick auf das Zum-Ziel-Kommen dieser Beziehungsmächtigkeit im Eschaton gesprochen werden. Das Letzte wird dem unvordenklichen, ewigen Ursprung entsprechen; in der vollendeten Gottesherrschaft wird Gottes Wille uneingeschränkt geschehen. Und er wird so gesche-

---

[25] Vgl. zur Forschungsgeschichte: *E. Zenger*, Die Bundestheologie – ein derzeit vernachlässigtes Thema der Bibelwissenschaft und ein wichtiges Thema für das Verhältnis Israel – Kirche, in: *Ders. (Hg.)*, Der Neue Bund im Alten. Studien zur Bundestheologie der beiden Testamente (Freiburg-Basel-Wien 1993), 13-49.

hen, daß der Heilige Geist die Erwählten – die sich erwählen ließen – zuinnerst mit Jesus Christus verbindet und sie so – als Schwestern und Brüder des 'eingeborenen Sohnes' – Kinder des Vaters sein läßt. Wo der Wille Gottes uneingeschränkt geschieht, da wird sich denen, die ihn an sich geschehen lassen, auch das Geheimnis der göttlichen Beziehungsmächtigkeit erschließen"[26]. Die theologische Rede von Gottes Geist als jener göttlichen „Person", in der die Schöpfung an Gottes Leben teilhat, ohne die geschöpfliche Freiheit zu verlieren, ist Aussage von Gottes ursprünglicher, seinem Wesen entsprechender Beziehungswilligkeit, ohne die niemals etwas geworden wäre, noch jemals etwas Bestand behielte. Die in der Protologie reflektierte Erschaffung und Erhaltung des Geschöpflichen ist von soteriologischer Relevanz und kann als Aufnahme und treue Gewähr der im Heiligen Geist geschehenden Gottesbeziehung verstanden werden. Die „im Anfang" gegebene, selbstbestimmte und freie Willigkeit Gottes, durch sein erschaffendes Handeln Wesen mit geschöpflicher Freiheit in seiner göttlichen Beziehungswirklichkeit Raum zu geben, erscheint in ihrer eschatologischen Vollendungsgestalt als eine von Gott selbst neu „errungene". Die Heilsgeschichte (und darin das Christusereignis) kann vor diesem Hintergrund als die von Gott initiierte Ermöglichung eines „Einblicks" in seine trotz der Sünde bewahrte Beziehungswilligkeit betrachtet werden, in deren geschichtlicher Offenbarkeit der Glaube seinen Grund hat.

Die Todesstunde Jesu kann durch die Inanspruchnahme der Deutekategorie „Beziehungswilligkeit" bei der Rede von Gottes erlösendem Wesen als eine in besonderer Weise qualifizierte Situation begriffen werden: Menschen töteten den, dessen Leben ihre Daseinsgewähr ist. Im Tod des Gottessohnes erreicht die geschöpfliche Sünde, der Gemeinschaftsbruch, ihre bitterste Gestalt. In eigener Weise „qualifiziert" ist dieses Geschehen durch die Endgültigkeit des im Töten realisierten Beziehungsabbruchs. In der Auferweckung des bis in seinen Tod hinein beziehungswilligen Gottessohnes wird das Erlösungsgeschehen als erneu(er)te „Einbeziehung" der Geschöpfe in Gottes Leben offenbar: Gottes Geist bewirkt, daß mit Christus Jesus die gesamte Schöpfung auf ewig an Gottes Leben teilhat. Auch in dieser Stunde verschließt sich Gott nicht; er bleibt offen für die, die sich dem deutlichsten Zeichen seiner Liebe verschlossen haben. Im Geist Gottes bleibt die sich selbst der Gottesbeziehung verweigernde Schöpfung mit Gott in Beziehung. Das Leben steht denen offen, die sich von Gott ergreifen lassen. Die Erlösungsordnung hebt wie die Schöpfungsordnung die geschöpfliche Freiheit nicht auf.

Die Ermittlung der soteriologischen Relevanz der Weise Jesu, Beziehungen heilvoll zu gestalten, ist durch die Berücksichtigung des pneumatologischen Zusammenhangs erleichtert: In der Gemeinde Jesu Christi ist nicht nur eine Erinnerung an Jesu Beziehungshandeln gegenwärtig, er selbst ist in seinem Geist erfahrbar, wo immer Menschen Beziehungen so leben, daß ihnen darin

---

[26] *J. Werbick*, Trinitätslehre, in: *Th. Schneider (Hg.)*, Handbuch der Dogmatik, Bd. 2 (Düsseldorf [3]2000) 569f.

Leben eröffnet ist. Die neutestamentliche Überlieferung der Begegnungen mit Jesus, in denen Menschen eine Wandlung ihrer unheilen Lebenswirklichkeit, ihrer Gefangenheit in den Fesseln der Selbstbezogenheit und der Krankheit, erfahren haben, können als geschichtliche Konkretionen der offenstehenden Möglichkeit betrachtet werden, sich auch heute vom Geist Jesu Christi zu einer Wandlung des Daseins ermutigen zu lassen.
Die Thematisierung der geisttheologischen Dimension einer auf relationale Kategorien zurückgreifenden Soteriologie vermag dieser ihre gesellschaftliche Bedeutung zu sichern: Das Heil, das für die offenbar ist, die Jesus begegnet sind, hat in seiner geschichtlichen Konkretheit universale Bedeutung. Dabei gilt: „Der Leib Christi, die Kirche, ist größer und weiter als die institutionellen Grenzen der Kirche; sie besteht von Anfang der Welt; zu ihr gehören alle, die sich in Glaube, Hoffnung und Liebe vom Geist Christi leiten lassen“[27]. Im Sprachspiel der Beziehungs-Soteriologie heißt dies: „Erlöst“ sind alle, die sich im Leben – auch in Zeiten erfahrenen Unrechts und drohender Gefährdung des eigenen Daseins – darauf einlassen, für die Begegnung mit anderen offen zu sein und Gemeinschaft zu leben.

VI. Bedeutung und Grenzen

Ein mit relationalen Kategorien arbeitender Entwurf kann wichtigen Anforderungen entsprechen, die für die gegenwärtige Soteriologie formuliert worden sind: (1) Die *Erfahrung der Menschen* ist der Ausgangspunkt und der bleibende Bezugspunkt der Konzeption: Soteriologie ist Rede von einer Wende des Unheilen ins Heile. Zugang zur Wirklichkeit der „Sünde“ ist vielen Menschen heute möglich über die Wahrnehmung der Störung oder gar Zerstörung von Beziehungen. Die Suche nach gelingenden Beziehungen bestimmt die menschliche Alltagswirklichkeit. Die Verwiesenheit auf andere Menschen im Unglück und Glück des Lebens ist ein vertrauter Gedanke. Wache Sensibilität für die Gefährdung menschlicher Beziehungen kann als ein Kennzeichen des gegenwärtigen Lebensempfindens gelten. (2) Das *gesamtbiblische Zeugnis* bestimmt den Gehalt der soteriologischen Rede: Die Schriften erzählen in vielgestaltigen Bildern von Gottes heilvoller Zuwendung zu Israel und zur Schöpfung. Jahweh – der allzeit und allerorten Mitseiende – und sein „Bund“ stehen im Mittelpunkt der soteriologischen Reflexion. Die gesamte biblische Verkündigung des Christusgeschehens – Gottes Menschwerdung, Jesu Leben und Sterben in (je eigener) Beziehung zu Gott und den Menschen – sind als „Beziehungsereignisse“ aufzufassen. In der theologischen Rede von der „Einbeziehung“ ist die Möglichkeit eröffnet, das Schriftzeugnis von der Verbundenheit und Erneuerung der Schöpfung in Gottes Geist in die soteriologisch-theologische Konzeption aufzunehmen. (3) Der *theo-logische Zusammenhang*

[27] *W. Kasper*, Jesus der Christus (Mainz 1974) 322.

verschafft der Konzeption Plausibilität: Die in der christlichen Tradition gefestigte Vorstellung von der Gottes innerem Wesen entsprechenden Relationalität und von der Einbeziehung der Schöpfung in Gottes Leben erleichtert die Aufgabenstellung, Soteriologie als Theo-logie zu betreiben. Als theo-logischer Ort einer relational denkenden Soteriologie läßt sich die Pneumatologie ausmachen. Die Rede von Gottes Geist gewährleistet im soteriologischen Zusammenhang die Einbindung sowohl des Christusereignisses (als Grund der Erlösung) als auch der Gemeinschaft der Menschen (als Realisierung des Erlösungsgeschehens) in den Argumentationsgang.

Die Beziehungs-Soteriologie hat – wie auch andere Versuche der soteriologisch-theologischen Reflexion – Grenzen und Gefahren: (1) „Beziehung" ist ein viel gebrauchtes und daher *abgenutztes Wort*. Die Tiefe der Gedanken, die die theologische und philosophische Tradition in ihrem Beziehungsdenken erreicht hat, wird in der Alltagssprache oft nicht erreicht. (2) Im Zusammenhang der Rede von Gott *provoziert* die Verwendung des Begriffs „Beziehung" *Fehlverständnisse*. Die Analogizität dieser Redeweise, die bei der Rede von Gottes „Beziehungen" beachtet werden muß, ist nicht durch die menschliche Erfahrung gedeckt. „Beziehungen" scheinen immer „gegenseitige" zu sein. Dieses Vorverständnis verfehlt aber sowohl die Vorstellung von Gottes „innerer" trinitarischer Relationalität als auch die Vorstellung von Gottes Beziehung zur Schöpfung. (3) Das Interesse an einem Entwurf, der den Begriff „Beziehung" in den Mittelpunkt rückt, ist *kontextuell begrenzt*: Es ist der westlich geprägten Welt von heute eigen, in der Beziehungskrisen das Lebensgefühl bestimmen. Dieses Denken kann sich zwar öffnen für die Wahrnehmung des sozial-gesellschaftlichen Unrechts, des Hungers, der Arbeitslosigkeit und Wohnungsnot der vielen, es müßte dann aber eine andere Sprache sprechen.

Gemeinschaftstreue ist offenbar(e) Erlösung vom Bösen

Akzente in der gegenwärtigen christlichen Soteriologie

Das christliche Bekenntnis möchte eine Antwort geben auf Fragen, die das Leben weckt. Die Rede von der Erlösung der Schöpfung als Gottes Tat, die in Christus Jesus in verläßlicher, glaubwürdiger Weise offenkundig ist, eröffnet nur dann Sinn, wenn es gelingt, sie an die Lebenserfahrungen der Menschen rückzubinden. Aber erkennen sich Menschen gegenwärtig überhaupt als erlösungsbedürftig? Und welche Gestalt hat das Leiden, das sie bedrängt? Welche Sehnsucht ist in ihnen lebendig? Worin besteht das bedrängende Böse und wie ließe es sich ins Gute wenden?

Viele Beiträge zur Soteriologie klagen seit längerem eine lebensnahe, erfahrungsbezogene Sprechweise vom Geschehen der Erlösung ein.[1] Angesichts der großen Bedeutung, die das Erleben verwandelnder personaler Begegnung sowie der Nöte und Freuden des Lebens in menschlicher Gemeinschaft gegenwärtig hat, ist es kaum überraschend, daß in der christlichen Erlösungslehre derzeit dem relationalen, in Beziehungen gelebten Dasein der Menschen bei der Kennzeichung der Unheilswirklichkeit wie auch der Heilshoffnung hohe Aufmerksamkeit geschenkt wird.[2] Offene Dialoge mit humanwissenschaftlichen Disziplinen, die die Lebenswirklichkeit der Menschen zu beschreiben versuchen, sind in diesem Zusammenhang naheliegend.

In drei Schritten möchte ich einige Grundanliegen der neueren christlichen Erlösungslehre vorstellen: (1) Sie geht von der Wahrnehmung des als unerlöst erfahrenen menschlichen Lebens aus; (2) sie stellt das gesamte Christus-Ereignis als Geschehen der Offenbarkeit einer von Gott gewirkten Wende dar; (3) sie sucht

---

[1] Vgl. *G. Bitter*, Neuere Erlösungstheologien. Ergebnisse und offene Fragen, in: *Ders./ G. Miller (Hg.)*, Konturen heutiger Theologie. Werkstattberichte (München 1976) 176-191; *D. Wiederkehr*, Glaube an Erlösung. Konzepte der Soteriologie vom Neuen Testament bis heute (Freiburg-Basel-Wien 1976); *ders.*, Die ganze Erlösung. Dimensionen des Heils: Theologische Quartalschrift 162 (1982) 329-341; *G. Greshake*, Heilsverständnis heute. Ein Problembericht, in: *Ders.*, Gottes Heil – Glück des Menschen. Theologische Perspektiven (Freiburg-Basel-Wien 1983) 15-49; *J. Werbick*, Die biblische Rede von Sünde und Erlösung im Horizont der Grunderfahrungen des modernen Menschen, in: *H. Frankemölle (Hg.)*, Sünde und Erlösung im Neuen Testament (Freiburg-Basel-Wien 1996) 164-184.

[2] Vgl. *D. Sattler*, Beziehungsdenken in der Erlösungslehre. Bedeutung und Grenzen (Freiburg-Basel-Wien 1997); *dies.*, Im Geist Jesu Christi erlöst leben. Ansatz und Konsequenzen einer relationalen Soteriologie, in: Religionsunterricht an höheren Schulen (rhs) 40 (1997) 256-265; jetzt auch in diesem Band.

nach einer lebensnahen Umschreibung des im Geist Jesu Christi möglichen erlösten Daseins.

I. Die Erfahrung: Das Böse als vielfache Beziehungsstörung

Viele Menschen zeigen sich gegenwärtig wieder neu tief erschüttert durch die vielfältigen Formen des Unheils, durch die das Leben der Menschen bedroht wird. Sehr stark im Bewußtsein ist die eigene Ohnmacht, dauerhaft glückendes Miteinander zu gewährleisten. Das Böse erscheint als eine Macht, die nur schwer zu durchschauen und wirksam zu bekämpfen ist. Eine genaue Angabe der Ursache für die Entstehung leidvoll sich auswirkender Taten gelingt oft nicht. Das Empfinden, in schwer löslichen Verstrickungen gefangen zu sein, ist vielen Menschen sehr vertraut.
Mit dem Begriff des Bösen lassen sich im allgemeinen alle Formen der Zerstörung oder Beeinträchtigung der Lebensgrundlagen bezeichnen. Zu den Voraussetzungen für ein den Menschen entsprechendes, gelingendes Dasein zählen vor allem der Erhalt des Lebens (Schutz vor Tod, Hunger, Krankheit, Meineid, Mißachtung) und die Möglichkeit der Gestaltung des Lebens (Schutz der Freiheit in der Wahl des Lebensortes, der Lebensgemeinschaft, der Form eigener Fruchtbarkeit). Aus theologischer Perspektive betrachtet, erscheint es als biblisch gut begründet, die Suche der Menschen nach einem glückenden Leben in Gemeinschaft als gottgewollte Sinngebung des geschöpflichen Miteinanders zu begreifen. Vor allem in den alttestamentlichen Schriften kommt die Überzeugung zum Ausdruck, es sei Gottes Wille, daß seine Geschöpfe in Sicherheit wohnen können, reiche Nachkommenschaft haben und auf ein erfülltes, langes Leben zurückblicken können.
Die biblisch orientierte theologische Tradition stellt zwischen den zu beklagenden Formen des Unheils und der menschlichen Gestaltung des Lebens einen Zusammenhang her. Mit der begrifflichen Unterscheidung zwischen der eigenen freiheitlich gewirkten Tatsünde auf der einen Seite und den mitzutragenden Folgen der Entscheide anderer Geschöpfe auf der anderen Seite bietet die theologische Tradition eine Hilfe dazu an, die vielgestaltigen Formen des von Menschen als unversöhnt erfahrenen Daseins zu erkennen, ihren Ursprung zu deuten und eine Verwandlung zu bewirken.
Als personale, frei begangene und im geschöpflichen Beziehungsgefüge wirksame Sünde bezeichnet die Theologie auf der Basis der biblischen Überlieferung einen von Menschen vollzogenen Bruch der Gemeinschaft mit Gott, durch den auch die Daseinsmöglichkeiten anderer Menschen beeinträchtigt werden. Dabei war in den älteren biblischen Schriften zunächst ohne Bedeutung, ob eine Tat willentlich oder unabsichtlich geschah, entscheidend war die eintretende leidvolle Folge. Der Gedanke, daß sich die Sünde als Sünde in der auch erfahrbaren Schädigung des Lebens erweist, bleibt auch in den ethischen Weisungen Jesu im Grundsatz erhalten: Nicht etwa erst die Tat des Tötens schädigt das Leben des

Mitmenschen, sondern bereits jede im Herzen begangene Anfeindung (Mt 5,21f). Das Zehngebot, der Dekalog, schärft als von Gott unbedingt geforderte Lebensregel ein, die Daseinsrechte der Mitgeschöpfe zu schützen: niemandem das Leben zu nehmen durch treuloses Verhalten, durch absichtliches Töten, durch den Bruch der familiären Gemeinschaft, durch eine Falschaussage vor Gericht oder den Raub des für die Mitmenschen lebensnotwendigen Eigentums.
Von der Gestalt der personalen Sünde und der Frage nach ihrem Grund unterscheidet die theologische Tradition die Frage nach dem Bösen, das Menschen vorgängig zu ihrer eigenen Entscheidung prägt, beeinflußt und in den Entfaltungsmöglichkeiten beschränkt. Die (mißverständliche) Rede von der „Erbsünde" bezeichnet Formen des Bösen, die einmal durch personale Sündentaten verursacht wurden, dann aber weiterwirkten und strukturelle Beeinträchtigungen erzeugten. Die biblische Urgeschichte (Gen 2-11) stellt einen Zusammenhang zwischen dem ersten Sündenfall und den weiteren Sündenfällen der Schöpfung her und bedient sich dabei auf der Erzählebene der Vorstellung einer genealogischen Folge im Geschlechterzusammenhang. Kain tötet seinen Bruder Abel, weil er angesichts der größeren Anerkennung, die dessen Opfer bei Gott findet, neidisch ist. Die in uns vorfindbare Neigung, beim Erleben des Glücks der Anderen an das eigene Unglück zu denken (statt sich mitzufreuen), kann als eine biblische Konkretion der Erbsünde gelten. Die gegenwärtige Theologie beachtet bei der näheren Bestimmung des vor-personalen Bösen die Kontexte, in denen Menschen solches erfahren: Die lateinamerikanische und afrikanische Befreiungstheologie spricht von der strukturgewordenen Sünde, die Armut, Hunger und Unfreiheit hinterläßt; die westeuropäische und nordamerikanische Theologie bedenkt vor allem Gestalten des Unheils in Beziehungen, durch die Menschen Selbstabwertung, Lethargie und Einsamkeit erleiden. In der psychotherapeutischen Theorie und Praxis wird dem Phänomen der Daseinsangst, in die hinein Menschen sich als freiheitliche Wesen gestellt sehen, Beachtung geschenkt: Sowohl zu große Nähe als auch unfreiwillige Ferne zu anderen Menschen ängstigen; sowohl zu enge Bindung als auch ständige Beliebigkeit wirken bedrängend. In ihrer Angst erfahren sich Menschen in ihrem Beziehungsleben als versucht zur Selbstverkrümmung, zur symbiotischen Selbstpreisgabe, zur Untreue oder zum Besitzanspruch. All diese Zugänge zum Verständnis der Erbsünde machen auf Phänomene des Bösen aufmerksam, die durch die Umkehr einzelner Menschen allein nicht verändert werden können, die aber das Lebensempfinden von Geburt an mitbestimmen und sich in den freiheitlich-personalen Taten der einzelnen Menschen auswirken.

II. Die These: Offenbarkeit geschehener Erlösung

Wie ist es möglich, einen erfahrungsnahen Zugang zu vermitteln zu der gläubigen Überzeugung der christlichen Bekenntnisgemeinschaft, in Christus Jesus erlöst zu sein vom Bösen? Angesichts der nicht auf den unmittelbaren Augenblick zu begrenzenden, als lebensfeindlich und zerstörerisch wirksamen Macht der Sünde, die in leidvollen Folgen nachwirkt und die Gemeinschaft der Menschen beeinträchtigt, ist es nicht leicht, Wege der Erlösung aufzuzeigen, auf denen für alle alles gut werden könnte. In diesem Zusammenhang erscheint es mir als sinnvoll, zwischen dem Wunsch der Menschen, eine ganz vorbehaltlose Gutheißung und Bejahung ihres Daseins zu erfahren, und der Suche nach konkreten Wegen einer Verbesserung einzelner Daseinsbedingungen zu unterscheiden. Als eine Form des Leidens, das nicht wenige Menschen gegenwärtig erfahren, gilt der Zweifel an der Sinnhaftigkeit des Lebens überhaupt. Vor diesem Hintergrund gewinnt die schöpfungs- und erlösungstheologisch begründete Verkündigung von Gott, der das Leben auch der Sünder und Sünderinnen bejaht, heute eine besondere Bedeutung.

Gott hat in Christus Jesus offenbar sein lassen, daß die Erlösung vom Bösen möglich ist und von den Geschöpfen als Gabe Gottes empfangen werden kann. Mit diesem Gedanken läßt sich kurz zusammenfassen, welche Akzentsetzung die neuere Soteriologie vornimmt: Sie beschreibt das Christus-Ereignis als den „letzten" (verläßlichen, eindeutigen) Erkenntnisort, an dem Menschen gewiß werden können, von Gott aus den Fängen des Bösen erfahrbar befreit worden zu sein und an der Frucht dieses Geschehens teilhaben zu können. Als „Sakrament", als zeichenhafte und darin wahre Erscheinung Gottes, ist das Menschenleben Jesu zu begreifen.

Die Betrachtung des Lebens Jesu – nicht nur seines Sterbens – hat soteriologische Relevanz. Der Kolosserbrief bezeichnet Jesus Christus als das „Ebenbild des unsichtbaren Gottes" (Kol 1,15). Christus Jesus ist Gottes sichtbare Erscheinung in Zeit und Geschichte. Menschen haben in der Begegnung mit Jesus eine Wandlung erfahren, die sie als Heilung wahrnehmen. Insbesondere in praktisch-theologischen Beiträgen erscheint diese Aussage als Begründung für eine entsprechend gestaltete Pastoral heilender Begegnung.[3] Jesus lebte mit den Menschen eine Gestalt von Beziehung, in der die einzelnen zur Selbstannahme befähigt wurden. Jesus fragt die Menschen, die sich an ihn wenden, was sie von ihm möchten. Er ermutigt dazu, die eigenen Lebenswünsche anzuerkennen, die tiefe Sehnsucht in uns zu spüren und sie zu äußern – auch die Sehnsucht nach einer sensiblen Wahrnehmung der Wunden, die das Leben uns geschlagen hat. Jesus

---

[3] Vgl. *A. Grün*, Bilder von Seelsorge. Biblische Modelle einer therapeutischen Pastoral (Mainz 1991); *W. Müller (Hg.)*, Psychotherapie in der Seelsorge (Düsseldorf 1992); *H. Lemke*, Personzentrierte Beratung in der Seelsorge (Stuttgart-Berlin-Köln 1995); *H. Stenger*, Begegnung ist Verkündigung. Zur Psychologie und Theologie der helfenden Beziehung, in: *Ders.*, Verwirklichung des Lebens aus der Kraft des Glaubens. Pastoralpsychologische und spirituelle Texte (Freiburg-Basel-Wien ²1989) 133-141; *ders.*, Erlösend („redemptiv") einander begegnen. Pastoralpsychologische Überlegungen zur Nachfolgeaufforderung, in: Theologie und Glaube 25 (1982) 170-177; *K. Baumgartner*, Leben, wie er gelebt hat ... (1 Joh 2,6). Zur Theologie und Praxis der „personal-redemptiven Kompetenz", in: *E. Garhammer (Hg.)*, Unnütze Knechte? Priesterbild und Priesterbildung (Regensburg 1989) 129-143; *R. Zerfaß*, Wie geht Jesus von Nazaret auf die Menschen zu?, in: *J. Thomassen (Hg.)*, Jesus von Nazaret. Neue Zugänge zu Person und Bedeutung (Würzburg 1993) 9-22.

suchte nach Gemeinschaft mit denen, die an den Rand der Gesellschaft gedrängt wurden. Seine besonders in dcn Mahlgemeinschaften erfahrene Beziehungswilligkeit vergegenwärtigt die Antwort des bleibend bundeswilligen Gottes auf die Sünde des Gemeinschaftsbruchs.

Die Weise des Lebens und die Weise des Sterbens Jesu sind tief miteinander verwandt. In Jesu Weise zu leben und zu sterben, haben wir eine vorbildliche Vorstellung von der Weise, wie Gott selbst ist: gemeinschaftstreu und bundeswillig trotz aller Anfeindung. In geschichtlich erfahrbarer Menschengestalt begegnet Gott: In Jesu Weise, in Verbundenheit zu bleiben auch mit denen, die ihn auslöschen wollen, nimmt Gottes Ja der Liebe zu denen, die das Nein der Feindschaft leben, leibhaftige Gestalt an. Gott sagt zu, daß die Geschöpfe bestehen dürfen, auch wenn sie ihm zu widerstehen trachten. Gott ist das Ja zu allem Lebendigen, und Christus Jesus hat dieses Ja gelebt bis hinein in die Negativität des Todes, der als solcher – wie jedes von Menschen einander zugefügte Leiden – nicht Hoffnung begründet, sondern Entsetzen auslöst.

Im Zuge der Zurückweisung des Mißverständnisses, das qualvolle Sterben Jesu sei als der von Gott geforderte Preis für den Loskauf vom Bösen zu verstehen, betonen viele soteriologische Beiträge heute zunächst, daß der Tod Jesu eine geschichtlich-kontingente, daher nicht notwendige Tat von Menschen war. Nicht Gott wünschte den Tod seines gehorsamen Gesandten, um in seinem gerechten Zorn auf das Menschengeschlecht milde gestimmt zu werden. Menschen haben Jesus aus eigennützigen Gründen getötet. Gott begreift dieses Geschehen als Möglichkeit, in letzter Deutlichkeit, in höchster Entschiedenheit sein Wohlwollen den Geschöpfen gegenüber offenbar zu machen. Das Christusgeschehen ist Offenbarungsgeschehen: Gottes Offenbarung.

Hoffen läßt die von den Jüngerinnen und Jüngern bezeugte Erfahrung der auch am Karfreitag nicht aufgekündigten Bereitschaft Gottes, in Verbundenheit mit seiner Schöpfung zu sein. Gott wußte, was auf ihn zukommen könnte, als er die Geschöpfe mit Freiheit beschenkte. Er mußte damit rechnen, daß die Destruktivität, die Negativität sich auch gegen ihn selbst richten wird. Er hat sein Werk begonnen in der Gewißheit, es auch vollenden zu können. Nur so erscheint es gerechtfertigt, daß Gott überhaupt etwas ins Dasein setzt. Stärker als Sünde und Tod ist die Liebe und das Leben. Darum weiß Gott von allem Anfang an. In dieser Gewißheit läßt er die Schöpfung an seinem Leben teilhaben. Und er läßt die Geschöpfe nicht im Ungewissen darüber, ob sie angesichts der Übermacht der Sünde, angesichts des zerstörerischen Gemeinschaftsbruchs, angesichts der vielfältigen Infragestellung der Daseinsmöglichkeiten der Anderen, vor ihm bestehen bleiben. Auf vielen Wegen versucht Gott zu erreichen, daß Israel und die Völker ihn als Barmherzigen erkennen – zuletzt untrüglich in Jesus, in seinem menschgewordenen Wort, das ein Wort der Bejahung bleibt noch in der Erfahrung der qualvollen Verneinung seiner Existenz im Erleiden des Getötetwerdens.

III. Die Bewährung: Verwandeltes Leben

Bei dem gegenwärtig vorherrschenden Bemühen, das Geschehen der Erlösung vom Bösen erlebnisnah zu besprechen, wird dem Verhältnis zwischen der menschlichen Individualität und der mitmenschlichen Sozialität hohe Aufmerksamkeit geschenkt. Erlösend wirkt die Erfahrung, als ein Ich mit den lebensgeschichtlich gewordenen, unverwechselbaren Eigenarten von einem Du gutgeheißen zu sein und ein Wir leben zu können, in dem Selbstand und Gemeinschaft sich wechselweise stärken.

In einem (auch für Erwachsene geschriebenen) Kinderbuch[4] kommt zur Sprache, wie das dem geschöpflichen Dasein Eigene, nämlich Selbstand in Beziehung zu sein, mißlingend oder auch gelingend gelebt werden kann. Leo Lionni stellt in der Gestalt des „Pezzettino" ein Wesen dar, das sich zu Beginn der Erzählung kleiner und unbedeutender erlebt als die anderen. Erlösung aus der Situation der Nichtigkeit erhofft sich Pezzettino durch die Möglichkeit, „ein Stück von irgendwas" zu werden – teilhabend aufzugehen im Fremden. Pezzetino versucht, den Wert des Selbst zu erfassen, indem es sich als einen unverzichtbaren Teil eines begegnenden Wesens erkennt. Aber weder der, der rennt, noch der, der stark ist, noch der, der schwimmt, noch der, der die Berge besteigt, noch der, der fliegt – niemand mag Pezzetino als Teil von sich anerkennen. Endlich weiß einer Rat: einer, der nachdenkt und in einer Höhle wohnt. Er schickt Pezzetino über das Meer in die Einsamkeit einer Insel. Dort erlebt Pezzetino fallend die Lösung: Er zerbricht in viele Teile und erlebt sich selbst als vielgestaltige Ganzheit. So zum Selbst geworden, kann Pezzetino mit denen, von denen er meinte, Teil zu sein, nun versöhnte Gemeinschaft feiern. Pezzetino und die Frage nach der Erlösung – wie gehört dies zusammen? Das Böse wirkt in Gestalt der Verneinung. Aber: Jedes Geschöpf hat zu bejahenden Wert in sich. Niemand muß sich selbstopfernd auflösen, um bestehen zu können. Eine Flucht in die Ruhelosigkeit (der, der rennt), in die Unempfindlichkeit (der, der stark ist), in die Abgeschiedenheit (der, der schwimmt), den Hochmut (der, der die Berge besteigt) oder die Oberflächlichkeit (der, der fliegt) – all das wirkt nicht erlösend. Erlösend jedoch ist die Erkenntnis, in den Grenzen der eigenen Möglichkeiten angenommen zu sein von den anderen. Mitlebende lassen dies erfahrbar werden. Der Erkenntnisweg führt durch Einsamkeit und Selbstzweifel. Doch ist da einer, der zugleich innerhalb und außerhalb der Lebenswelt ist (der, der nachdenkt und in einer Höhle wohnt): Sein Wort, das auf den nicht leichten Weg der Erkenntnis schickt, ist zuverlässig.

Anfanghaft können Menschen einander erleben lassen, un-bedingt erwünscht, ersehnt, bejaht, gewollt zu sein. Jede wahre Tat der Liebe, die den Nächsten in seinem Daseinsrecht und in seinem Streben nach Glück und Vollendung gelten läßt, ist ein Erweis der Möglichkeit von Menschen, sich darauf zu verlassen, daß diese Liebe Sinn macht, daß sie nicht ins Leere geht, daß jeder und jede nochmals umfangen ist von einer Zusage des Dasein-sollens, die auch im Tod noch Bestand

---

[4] *L. Lionni*, Pezzettino (Köln-Zürich 1975).

hat. Karl Rahner[5] hat viel Gedankenkraft darauf verwandt, Menschen darauf aufmerksam zu machen, ihr Handeln sei ein Erweis dafür, daß sie immer schon darauf vertrauen, daß die Fraglichkeit ihres Daseinsvollzugs eine Antwort erfährt. Rahner will zeigen, daß Menschen in ihrem Handeln eine Antwort auf die Sinnfrage geben, die sich ohne das Vertrauen in das Gegründet-Sein von allem, was ist, in dieser Form nicht geben ließe. Menschen setzen in jeder guten Tat für einen anderen Menschen voraus, daß in ihm eine Wirklichkeit begegnet, deren Gegebenheit zu schützende Gabe, zu achtendes Geschenk ist: Verweis auf den Geber, auf Gott.

Gott hat den Menschen als ein Wesen erschaffen, das sein eigenes Dasein angesichts seiner Endlichkeit und seiner zugleich gegebenen Offenheit auf das Du hin als frag-würdig erfährt, als in sich nicht lösbar, als Rätsel, das tödlich ist. Gott ist es, der den Menschen als ein solches Wesen erschafft, das auf der Suche ist nach dem Sinn von allem, was ist. Gott legt in den Menschen die Frage nach dem Sinn der Liebe hinein. Und Gott gibt sich selbst als Antwort auf diese Frage. Er selbst, Gott selbst, ist die Liebe: Er selbst ist offen für das Andere. Gott will das Dasein der Geschöpfe. Er genügt zwar sich selbst, will aber das Andere teilhaben lassen an seinem Leben. Menschen vollziehen in ihrem liebenden Dasein die Bewegung Gottes mit, das heile Dasein des Du des Anderen zu ersehnen. Im Mitvollzug der Offenheit Gottes für das Du der Schöpfung können die Geschöpfe zur Gewißheit finden, daß jener Gott, der der Schöpfung ihr Dasein ermöglicht, diese Schöpfung auch vollendet. Jede Tat der Liebe ist eine offenbare Antizipation des Reiches Gottes, in dessen vollendeter Gestalt niemandem mehr sein Daseinsrecht bestritten werden wird.

Die Sehnsucht der Menschen nach annehmender Bejahung wahrzunehmen und erfahrungsnah von Erlösung zu sprechen, darin besteht die gemeinsame Sendung aller Christen. Die verläßliche Zusage lebendiger Gemeinschaft – auch angesichts von Feindschaft, Niedertracht und Gewalt – das ist Gottes letztes Wort, das in Jesus Christus Menschengestalt angenommen hat. Wer dem traut, wird erlöst leben – frei von aller Angst vor der eigenen Verlorenheit und frei für ein versöhntes Miteinander. Gemeinschaftstreue ist Gottes verwandelnde Geistesgabe.

---

[5] Vgl. *K. Rahner*, Über die Einheit von Nächsten- und Gottesliebe, in: Schriften zur Theologie, Bd. VI (Einsiedeln-Zürich-Köln [2]1968) 277-298.

V

Bewährtes erhellen

Der Ewige und seine Zeit für uns

Überlegungen zu einer Grundfrage der christlichen Gotteslehre

I. Konturen der Thematik

„Wir haben uns schon ewig nicht mehr gesehen“, so sagen wir, wenn wir zum Ausdruck bringen wollen, daß eine lange Zeit zwischen zwei Begegnungen lag. Eine Klage darüber klingt in den Worten an. „Das dauert ja Ewigkeiten, bis du fertig bist“, so werfen wir uns nicht selten vor, wenn wir besonders ungeduldig sind. Die Ewigkeit erscheint dabei als eine Wirklichkeit, die sich vervielfachen, in pluraler Form vorstellen läßt. „Das ist ewig dasselbe mit dir“, so kommt unsere Enttäuschung zur Sprache, wenn eine erhoffte Veränderung ausbleibt. Die menschliche Rede von „ewigen“ Zeiten scheint eher in Zusammenhängen vorzukommen, in denen belastende Lebenserfahrungen angesprochen werden.
Die Jahrtausendwende ist für viele Menschen ein Anlaß, über die Zeit und die Zeiten nachzudenken. Ich möchte diese Herausforderung aufgreifen und einige Gedanken zur christlichen Rede von Gottes Ewigkeit und der Zeitlichkeit des Geschaffenen formulieren. Wegweisend ist für mich dabei eine Erkenntnis von Thomas von Aquin: „In cognitionem aeternitatis opportet nos venire per tempus“[1]. Wenn wir erkennen wollen, was mit der Wirklichkeit der „Ewigkeit“ gemeint ist, dann müssen wir von menschlichen Zeiterfahrungen ausgehen.

1. Eine literarische Umschreibung

Rainer Maria Rilke[2] formuliert seine Wahrnehmung von Zeit und Ewigkeit in einem Gedicht:

> Das ist die Sehnsucht: Wohnen im Gewoge
> Und keine Heimat haben in der Zeit.
> Und das sind die Wünsche: Leise Dialoge
> Täglicher Stunden mit der Ewigkeit.
>
> Und das ist das Leben: Bis aus einem Gestern
> Die einsamste von allen Stunden steigt,
> Die, anders lächelnd als die andern Schwestern,
> Dem Ewigen entgegenschweigt.

---

[1] *Thomas von Aquin*, Sth I q10 a1 c.
[2] *R.M. Rilke*, Frühe Gedichte (Frankfurt 1985) 9.

Menschen wissen um die Vergänglichkeit ihres Daseins, um das unerbittliche Herannahen der Sterbestunde. Das Leben ist Einübung in die Begegnung mit dem Ewigen. Täglich suchen die, die glauben können, im Gebet das Gespräch mit dem Ewigen. Die Heimat in der unaufhaltsam verrinnenden Zeit nicht vergebens suchen und doch alles sich bietende Glück ergreifen, das wogende Leben auskosten, das ist die Aufgabe der Menschen. Schweigen umhüllt das Ende, den Ausgang des Lebens. Nicht regungslos aber ist diese Stille. Ein Entgegenschweigen in Erwartung, in Aufmerksamkeit kann sein, ja soll sein.

2. Eine Grundfrage nicht nur der Theologie

Die Naturwissenschaften, die Philosophie und die Theologie sind gegenwärtig intensiv miteinander im Gespräch über die Frage der Zeitlichkeit der erfahrenen Wirklichkeit. Publikationen belegen das anhaltende interdisziplinäre Interesse und die Besonderheiten des Zugangs in den einzelnen Disziplinen.[3] Bei aller Unterschiedlichkeit der thematischen Beschränkung und des methodischen Zugangs zur Frage der Zeitlichkeit der Wirklichkeit verbindet die Suche nach Verstehen des erfahrenen Daseins. Das Leben will verstanden sein, dann erst läßt es sich bewußt gestalten.

Innerhalb der christlichen Theologie nimmt seit einigen Jahrzehnten die Zahl derer zu, die sich kämpferisch-kritisch gegen die sogenannte „eternalistische" Vorstellung des Daseins Gottes wenden und an deren Stelle eine „temporalistische" setzen: Der Begriff „Eternalismus" ist zu einem Synonym für eine Gottesvorstellung geworden, bei der der Gedanke der Starre, der Leblosigkeit, der fernen Abgehobenheit vorherrscht. Ein Gott aber, der nicht selbst auch dem Wechsel der Zeit unterliegt, ist der Gefühllosigkeit verdächtig, der Apathie; er wird angeklagt, keinen Anteil zu nehmen am leidvollen Geschick der Geschöpfe; ein regungsloser, immutabler, immobiler Gott, ein Gott ohne äußere und innere Bewegung, ein in diesem Sinn als „ewig" bezeichneter Gott hat es schwer in unserer

---

[3] Einen hilfreichen Einblick in die theologischen und die physikalischen Zeitbegriffe vermittelt die Dissertation von Jürgen Heinze: Vgl. *J. Heinze*, „Gott im Herzen der Materie". Die Struktur der Zeit als Grundlage christlicher Rede von Gott im Kontext der modernen Physik (Bonn 1996). Dem Anspruch, die physikalischen Zeitbegriffe einer philosophischen Reflexion auszusetzen, stellt sich der Physiker Wolfram Schommers: Vgl. *W. Schommers*, Zeit und Realität. Physikalische Ansätze – Philosophische Aspekte (Zug 1997). Eine knappe Übersicht über die Zeitvorstellungen in der Philosophie, den Naturwissenschaften und in der Theologie gibt die Gemeinschaftsarbeit von: *W. Achtner/St. Kunz/Th. Walter*, Dimensionen der Zeit. Die Zeitstrukturen Gottes, der Welt und des Menschen (Darmstadt 1998). Die theologische Habilitationsschrift von Ulrich Lüke bearbeitet die Zeitproblematik, die sich im Zusammenhang mit der Hominisation im Evolutionsgeschehen ergibt: Läßt sich ein „Zeitpunkt" bestimmen, in dem Gott den Menschen erschaffen hat?: Vgl. *U. Lüke*, „Als Anfang schuf Gott...". Bio-Theologie. Zeit – Evolution – Hominisation (München 1997). Hilfreich bei einem ersten Zugehen auf die Fragen erscheint mir ein Heft der Zeitschrift „Meditation" zum Thema „Zeit": Vgl. Themenheft „Zeit" = Meditation. Zeitschrift für christliche Spiritualität und Lebensgestaltung 24 (1998) Heft 4.

Zeit, die sich erneut von der Theodizee-Frage tief erschüttert zeigt.[4] Die Rede vom „ewigen" Gott scheint nicht nur Gott zu einem an der Geschichte Unbeteiligten zu machen, dieses Konzept könnte auch die Freiheit der Geschöpfe in Frage stellen. Wenn der ewige Gott immer schon um alles weiß und für alles sorgt, wie sollten Geschöpfe Gott dann noch überraschen, im Guten wie im Bösen? Hätte das Fürbittgebet aber überhaupt einen Sinn, wenn wir nicht meinten, noch Einfluß nehmen zu können auf Gottes Entscheide, da auch für Gott noch Offenheiten bestehen?[5]

Viele und schwierige Fragen stellen sich im Zusammenhang der Rede von Gottes Ewigkeit. Kundige wissen um die Fülle an Literatur, die es zur Rezeption der platonisch-philosophischen Attribute der Apathie (der Leidensunfähigkeit) und der Immutabilität (der Unveränderlichkeit) Gottes in der christlichen Theologie gibt.[6] Die Prozeßtheologie hat inzwischen Einfluß genommen auf die europäische Theologie. Eine neue Epoche des Nachdenkens über Gottes Handeln in der Geschichte scheint angebrochen zu sein. Auf manche Fragen werden Antworten noch gesucht. Evangelische und katholische Autoren beteiligen sich an diesem Geschehen. Im Verein votieren sie für eine trinitarisch-theologische Reflexion der Gabe der Zeit: Der ewig drei-eine Gott schenkt uns Zeit. Er hat Zeit für uns. Er gibt sie uns.

Ich möchte im Folgenden die Anliegen darstellen, die die theologische Tradition mit dem Begriff der „Ewigkeit" Gottes verbindet. Dabei soll sich ein Weg zeigen, auf dem meines Erachtens gelingen kann, an einem Begriff der Ewigkeit Gottes festzuhalten, der den als „ewig" erkannten Gott nicht als teilnahmslos am Geschick der Sterblichen erscheinen läßt, nicht als unsensibel gegenüber den Leidenden und nicht als gleichgültig gegenüber dem Wechsel zwischen einer glükkenden und einer mißlingenen Lebensstunde. Die existentielle Bedeutung des Bekenntnisses zur Ewigkeit Gottes für die menschliche Zeitwahrnehmung soll aufscheinen.

II. Menschliche Zeiterfahrungen und die Vorstellung von Gottes Ewigkeit

Viele von denen, die damit beginnen, etwas über die Zeit zu sagen, zitieren zuerst ein Bekenntnis des Augustinus: „Was ist also Zeit? Solange mich niemand fragt, weiß ich es; wenn ich es einem auf seine Frage hin erklären will, weiß ich es

[4] Vgl. als Übersicht über die gegenwärtige Diskussion: *A. Kreiner*, Gott im Leid. Zur Stichhaltigkeit der Theodizee-Argumente (Freiburg-Basel-Wien 1997).

[5] Vgl. *G. Greshake/G. Lohfink*, Das Bittgebet. Testfall des Glaubens (Mainz 1978); *K. Hemmerle*, Dein Herz an Gottes Ohr. Freiburg ²1987; *K. Demmer*, Gebet, das zur Tat wird (Freiburg 1989); *G. Bachl*, Thesen zum Bittgebet, in: *Th. Schneider/L. Ullrich (Hg.)*, Vorsehung und Handeln Gottes (Freiburg 1988) 192-207.

[6] Vgl. *F. Meesen*, Unveränderlichkeit und Menschwerdung Gottes. Eine theologiegeschichtlich-systematische Untersuchung (Freiburg-Basel-Wien 1989).

nicht."[7] Ich möchte mich an die zitierte These von Thomas halten und bei der Bestimmung des theologischen Gehalts der Rede von der „Ewigkeit" von menschlichen Zeiterfahrungen ausgehen.

1. Menschliche Wahrnehmungen der Zeitlichkeit

a) Unaufhaltsamer Wechsel der Augenblicke

Vordergründig, oft unbewußt und unbedacht, fraglos wird Zeitlichkeit vor allem im Wechsel des Bestehenden wahrgenommen. Alles wandelt sich beständig. Keinen Augenblick können wir zum Verweilen zwingen, auch wenn wir es ersehnen. Der Strom, der Fluß ist eine naheliegende Bildrede für die Erfahrung des unaufhaltsamen Schwindens des eben noch Erwarteten. Dichter haben das Erlebnis des Wechsels der Zeiten in ungezählte Worte gefaßt. Liebende leiden besonders darunter.

Wechsel setzt Bewegung voraus. Zu den großen, einflußreichen Denkern, die sich mühten, die Zeit begrifflich zu bestimmen, gehört Aristoteles. Aristoteles definiert im 4. Buch seiner Physik die „Zeit" als „die Zahl der Bewegung in Bezug auf das Früher und Später"[8]. Schnell ist ein Gefährt, wenn es einen Ortswechsel in wenigen Zeiteinheiten vollendet. Zeiterfahrung setzt Raumerfahrung voraus. Das objektive Maß der Zeit wird bestimmt durch den Lauf, die Bewegung der Gestirne.

b) Sammlung der Zeiten im Gedächtnis

Die Zeit mißt den Wechsel, die Veränderung. Aber dieser beständige Übergang von dem Nochnicht in das Nichtmehr ist nur erkennbar, wenn eine Sammlung der Zeiten im Bewußtsein des Menschen geschieht: Gedächtnis des Früheren und Erkenntnis des Späteren. Der Materialaspekt der Zeit ist die Bewegung, der Formalaspekt das menschliche Bewußtsein. Vor allem mit dem Namen des Augustinus[9] verbindet sich diese Zeitwahrnehmung. Er hat sie im 11. Buch seiner Confessiones eindrücklich beschrieben. Wer genau sein möchte, so sagt Augustinus, der kann von drei Zeiten nur sprechen im Sinne jeweiliger Gegenwart: Gegenwart des Vergangenen in der Erinnerung, Gegenwart des Gegenwärtigen in der Anschauung, Gegenwart des Zukünftigen in der Erwartung. Die Sammlung der Zeiten geschieht in der Seele des Menschen, in seinem erinnernden, anschauenden und erwartenden Bewußtsein.

Menschen sind der Qual des fliehenden Augenblicks nicht ohnmächtig ausgeliefert. Es gibt die Möglichkeit der Sammlung. Nichts muß je verloren sein. Das menschliche Gedächtnis kann jedoch niemals das Gesamte behalten. Selektion

---

[7] *Augustinus*, Confessiones XI 14.

[8] *Aristoteles*, Physik IV 219 b.: „touto gar estin ho chronos, arithmos kineseos kata to proteron kai hysteron".

[9] *Augustinus*, Confessiones XI 26.

geschieht, Gewichtung, Deutung von Zusammenhängen. Die Biographieforschung achtet sehr aufmerksam auf solche Vorgänge.[10]

c) Sonderung qualifizierter Momente

Der dritte Aspekt menschlicher Zeitwahrnehmung setzt die beiden besprochenen voraus und bringt eine neue Erfahrung ein: Sonderung geschieht. Innerhalb der unbegrenzt erscheinenden Zahl der Wechsel, der Übergänge, gibt es solche, die ausgesondert werden, denen besondere Bedeutung gegeben wird, die daher eher und nachdrücklicher im Bewußtsein gesammelt werden. Es sind im Geschehen der Erinnerung beispielsweise die Zeiten der Reue, in der Anschauung etwa die Zeiten der Freude, in der Erwartung die Zeiten der Angst. Wie lang kann die Zeit werden im Dunkeln alleine, wenn ungewiß ist, ob der Bombentod droht! Und wie kurz kann die Zeit sein, wenn Liebende sich begegnen!
Die biblischen Schriften belegen diese zumeist als „qualitatives Zeitverständnis" bezeichnete Zeitwahrnehmung in vielen Zusammenhängen.. Nicht jede Zeit ist eine Zeit zum Gebären, zum Lachen, zum Heilen, zum Tanzen. Es gibt die Zeit, da die Klage, das Suchen, das Schweigen angemessen sind, so schreibt Kohelet im 3. Kapitel. Seine Worte werden oft zitiert, weil er ausspricht, was viele von uns empfinden: Es gibt besondere Zeiten.
Das biblische Zeugnis verheißt in diesen besonderen Zeiten eine Wende, durch die das Bisherige durch das Eingreifen Gottes gewandelt wird. Nicht immer ist das Erscheinen Gottes für alle Grund der Freude. Der „Tag Jahwes", dieser besondere Tag, ist ein Tag der Entscheidung, der Scheidung, der Krisis, ein Tag des Gerichts. Gerechtigkeit geschieht, denn es wird offenbar, wer Wunden schlägt und wer heilt.

d) Ausstand künftiger Zeiten

Eine vierte Zeitwahrnehmung möchte ich noch ansprechen: Zeit steht noch aus, unbekannt ist, was kommt, was uns erwartet. In der Erwartung des noch Ausständigen ist anderes noch zu bedenken als die Tatsache, daß das Bewußsein nie die gesamte Wirklichkeit versammeln kann: Das Ausstehende ist das noch Unbekannte, das uns als Geschenk Gegebene, das Erbetene oder Befürchtete.
In den Naturwissenschaften (Biologie, Physik und Kosmologie) wird gerade diesem Zeitaspekt gegenwärtig große Aufmerksamkeit geschenkt: Was wird, ist ungewiß; das Kommende läßt sich nicht aus den Gegebenheiten erschließen. Der Begriff „Chaos" wird dazu verwendet, die nicht festgelegte Offenheit der Entwicklung des Kosmos zu erfassen. Alexandre Ganoczy hat den Prozeß der schöp-

---

[10] Vgl. *W. Fuchs*, Biographische Forschung. Eine Einführung in Praxis und Methoden (Opladen 1984); *W. Voges (Hg.)*, Methoden der Biographie- und Lebenslaufforschung (Opladen 1987); *P. Alheit/E. Hoerning (Hg.)*, Biographisches Wissen (Frankfurt-New York 1989). Zur theologischen Relevanz dieser Erkenntnis vgl.: *D. Sattler*, Selbstthematisierung im Selbstgericht. Zur Rezeption der Biographieforschung in der Eschatologie, in: Theologie der Gegenwart 42 (1999) 92-105; jetzt auch in diesem Band.

fungstheologischen Rezeption dieser Erkenntnisse gefördert.[11] Indeterminierte Vorgänge in der Zeit werden beobachtet. Jede erkannte Struktur, jedes stabile System erscheint wie in einer Warteschleife vor einem Zeitsprung, über dessen Verlauf sich im Voraus keine Aussage machen läßt. Auch zyklische Vorgänge erweisen sich als letztlich immer einzigartige. Das scheinbar Unveränderliche in der Natur variiert beständig seine Gestalt.

2. Vorstellungen von Ewigkeit

Thomas von Aquin macht uns darauf aufmerksam, daß unsere Rede von der „Ewigkeit" Zeiterfahrungen aufgreift. Zeigen möchte ich nun, daß bei der Bildung der Vorstellung von „Ewigkeit" die menschlichen Zeiterfahrungen durch eine Affirmation, eine Bekräftigung, die eine Negation einschließt, in verwandelter Gestalt aufgegriffen werden.

a) Ewiglange Dauer

Die Rede von „Ewigkeit" verheißt Dauer und Beständigkeit, Langwierigkeit. Der Wechsel der Zeiten bleibt erhalten; er ist nun aber unendlich, unbegrenzt, grenzenlos gedacht.
Das hebräische Wort, das im deutschen mit dem Wort „ewig" übersetzt wird, ist „olam". Seine Grundbedeutung ist „fernste Zeit", fernste Zeit früher und fernste Zeit später. Gott ist von Ewigkeit zu Ewigkeit derselbe, der eine, so verkündigt Deuterojesaja (Jes 40,28; 41,4; 44,6; 48,12). Gott überdauert die endlosen Zeiten in seiner Ewigkeit. Der Wechsel der Zeiten bedroht ihn nicht; für ihn sind tausend Jahre wie der erinnerte gestrige Tag (Ps 90,4).

b) Ewig unbedrohter Besitz

Die wohl bekannteste Definition von „Ewigkeit", die in der philosophisch-theologischen Tradition geformt wurde, ist die des Boethius: „aeternitas est interminabilis vitae tota et perfecta possessio"[12]: „Ewigkeit ist ganzer und vollkommener Besitz unbegrenzten Lebens." Die Sammlung, die Habe, wird gesteigert zu einem Besitz, der nicht mehr vom Verlust bedroht ist. Unbedrohte Gegenwart im ewigen Jetzt ist gemeint. Boethius hat seinen Gedanken an Plotin angelehnt, der den Begriff Ewigkeit bestimmt als „ein Denken oder ein Leben, welches immer im Selbigen bleibt und immer das Gesamt gegenwärtig hat, nicht etwa jetzt dies und jetzt jenes, sondern alles zumal"[13].
Sammlung aller Zeitmomente geschieht in Gottes Gedächtnis. Die Betenden bitten, Gott möge jede Träne sammeln in seinem Krug (Ps 56,9). Nichts soll dem

---

[11] *A. Ganoczy*, Chaos – Zufall – Schöpfungsglaube. Die Chaostheorie als Herausforderung der Theologie (Mainz 1995).
[12] *Boethius*, De consolatione philosophiae V 6.
[13] *Plotin*, Enneaden III 7.

Gedächtnis Gottes verloren gehen. Das Johannes-Evangelium verkündigt die Wirksamkeit des Geistes Gottes in der Erfahrung der bleibenden Gegenwart des Christus-Ereignisses. Der von Christus Jesus vor seinem Abschied herbeigerufene Beistand wird die Glaubensgemeinschaft an all das erinnern, was er gesagt und getan hat (Joh 14,26). Die Memoria Gottes, sein Gedächtnis, ist der Heilige Geist.

c) Ewig ungestillte Lebendigkeit

Gottes Ewigkeit ist kein unbestimmtes Einerlei. Es gibt darin eine Sonderung, die jedoch nicht bewirkt, daß Nachfolgendes an Wert verliert. Zu denken ist dabei eine ewige Steigerung der Besonderheit der unverlierbaren Lebendigkeit: Taumel von Leben zu Leben.

Karl Rahner hat sich sehr darum bemüht zu zeigen, daß die Vorstellung von Ewigkeit, bei der der Aspekt des endlosen Weitergehens vorherrscht, bedrohlich erscheinen muß.[14] Langeweile füllte dann die ewige Ruhe, nichts ereignete sich mehr, was freudig erwartet werden könnte. Lineare Zeitvorstellungen geraten an ihre Grenze, wenn sie dazu herangezogen werden, das Zeitempfinden der vollendeten Ewigkeit zu erfassen.

Es erfordert Behutsamkeit, den Aspekt der Sonderung mit der Vorstellung von Ewigkeit zu verbinden. Zu denken, zu schauen wäre ein Geschehen, bei dem die mit der Idee der Sonderung verbundene Unterscheidung zwischen erst diesem und dann jenem keinerlei Minderung an frohstimmender Lebendigkeit zur Folge hat: Das Neue, das Andere, das Kommende ist immer noch schöner als das je Gewesene. Alles bereits Erfahrene ist Ahnung des Künftigen und weckt Lust auf mehr. Ewig ungestillte Lebendigkeit erfüllt zugleich und entfacht neue Sehnsucht; sie ist nie erschöpfte Fülle.

d) Ewige Gabe der Zeit

Ewigkeit und Ausstand, Erwartung des Künftigen und Ewigkeit, wie lassen sich diese Aspekte verbinden? Evangelische Theologen zeigen besondere Sensibilität für die Wahrnehmung von Gottes Auf-uns-zu-Kommen.[15] Es ist ein Kommen, das stets Geschenk ist, immer Gnade, immer ungeschuldet, immer frei, immer unerwartbar erfüllend: Gabe, die im dankenden Lobpreis eine ihr angemessene Antwort erfährt. Wolfhart Pannenberg konzentriert sich bei seinen Überlegungen zur Ewigkeit auf die Frage, ob es für Gott Zukünftigkeit geben kann. Ja, es gibt Zukünftigkeit für Gott, so sagt Pannenberg, Zukünftigkeit aber nicht als Zeitgewinn für Gott selbst, sondern als reine Gabe, als ein Geschehen des Kommens der Herrschaft Gottes zu den Geschöpfen. Nur wenn Gott der Schöpfung Zukünftigkeit gewährt, besteht berechtigte Hoffnung auf die Vollendung des Zeitlichen.

Ewigkeit ist für Gott dauernder Besitz von Lebendigkeit und für uns Gabe voll-

---

[14] Vgl. *K. Rahner*, Ewigkeit aus Zeit, in: Schriften zur Theologie, Bd. XIV (Einsiedeln-Zürich-Köln 1980) 422-432, bes. 424f.

[15] Vgl. *K. Barth*, Die kirchliche Dogmatik, Bd. II/1 (Zollikon 1958) 685-722; *W. Pannenberg*, Systematische Theologie, Bd. 1 (Göttingen 1988) 433-443.

endeter Zeitlichkeit, Gabe von Zukünftigkeit, Selbst-Gabe Gottes in Gestalt der Teilhabe an seinem Leben. Analog ist zu sprechen von Gottes Ewigkeit und der Ewigkeit, die Gott den Zeitlichen bereitet. Ewig ist Gott seiner Natur, seinem Wesen nach; ewiges Leben wird uns Geschöpfen aus Gnade zuteil aufgrund der Zeitgabe des Drei-einen an uns.

III. Bekenntnis zum ewigen Gott

Das Bekenntnis zum „ewigen“ Gott ist ein Bekenntnis zur Mächtigkeit Gottes, Zeit zu gewähren, Zeit zu wandeln und Zeit zu vollenden.

1. Zeitgabe des Ewigen

a) Erschaffung „im Anfang“

Die theologische Rede von der Erschaffung „im Anfang“ der Zeiten bespricht Gottes Gottsein als Gewähr von Zeit. Gott ist „Anfang“ im Sinne von Ursprung und Grund (nicht bloß initium, auch principium). Gott ist Geber und Quelle von allem, was ist. Gottes bejahende Gutheißung erwartet das Werdende. Die Zeit ist den Geschöpfen mitgegeben mit ihrem Dasein in Gestalt der Lebenszeit. Gott möchte sich nicht selbst erschöpfen in seinem seligen Leben. Er gewährt Zeit in seiner tätigen Willigkeit, überhaupt etwas an seinem Leben teilhaben zu lassen.

b) Erlösung „in der Fülle“

Der ewige Gott weiß immer schon um die Möglichkeit und um die Wirklichkeit der Macht der Sünde, die von den Zeitlichen in der ihnen geschenkten Freiheit getan wird. Gott ist immer schon entschieden für das Leben der Erlösungsbedürftigen. Sein Vorauswissen und seine Vorsehung machen die Geschöpfe nicht unfrei. Gott wird gewahr, was in Freiheit geschieht. Die in der Fülle der Zeit geschehende Erlösung von der möglichen Nichtigkeit der Zeitlichen geschieht in dem ewig-einen Augenblick, da Gott sich entschließt, die Gemeinschaftsbrüchigen, die zur Beziehung Unwilligen, die Selbstbezogenen, die In-sich-Verkrümmten, die Sünderinnen und Sünder mit der Gabe des Lebens zu beschenken.
Der ewig-eine Augenblick, da Gott sich selbst erkennt als einen unverbrüchlich Gemeinschaftstreuen, als einen unbeirrbar Bejahenden, ist die Fülle der Zeit, in der Erlösung von der Möglichkeit des Ausschlusses des sündigen Lebens aus Gottes Gemeinschaft geschieht. „Als die Zeit erfüllt war, sandte Gott seinen Sohn“ (Gal 4,4). Jesus hat in seiner Lebenszeit Gottes Entschiedenheit für das Daseinsrecht auch der Sünderinnen und Sünder sinnlich – sichtbar und hörbar – zur Erscheinung gebracht.

c) *Erfüllung „am Ende"*

Gott ist als der Grund des Zeitlichen auch das Ziel des Zeitlichen. „Am Ende" geschieht Ankunft, Heimkehr, Versöhnung, Vollendung, Erfüllung. Die Lebenszeit ist die von Gott gewährte Zeitspanne, in der werden soll, was dann immer ist: Zutrauen zur Liebe, Erweis der Tragfähigkeit der Rede von der Möglichkeit, sich selbst zu finden, wenn wir uns aneinander verlieren; Erweis der Gültigkeit der Rede von der erlösenden Preisgabe des Lebens aus Liebe zueinander.

2. Teilhabe der Zeitlichen

Ewigkeit ist für Gott dauernder Besitz von Lebendigkeit und für uns Gabe von Zukünftigkeit. In der verrinnenden Lebenszeit bereits ist die Gabe der Zeit als Teilhabe am Leben des ewigen Gottes zu erfahren. Die genannten vier Dimensionen der Zeitwahrnehmung – Wechsel, Sammlung, Sonderung und Ausstand – haben Bedeutung auch bei der Beschreibung der Wandlung der Zeitwahrnehmung, die durch das gläubig-vertrauende Bekenntnis zur Ewigkeit Gottes ermöglicht ist.

a) *Trost im Schwinden des Lebens*

Karl Rahner hat Gedanken zum „Trost der Zeit" formuliert.[16] Ein Jahreswechsel lädt ihn dazu ein, über Zeit und Ewigkeit nachzudenken. Trost erfährt Rahner durch den Gedanken, daß die geschenkte Zeitdauer des Lebens immer die Möglichkeit der Umkehr, des Neubeginns, der Versöhnung bietet. Die Zeitlichen können niemals völlig ausschöpfen, was das Leben ihnen als Möglichkeit bietet. Wahrer Trost geschieht in der verrinnenden Zeit denen, die darauf vertrauen, daß alles Ersehnte und doch Versäumte noch zuteil werden wird. Rahner schreibt: „Trost der Zeit! Wir verlieren nicht, sondern gewinnen beständig. (...) Das Leben versammelt sich immer mehr, je mehr scheinbar Vergangenheit hinter uns liegt. Je mehr es so scheint, um so mehr haben wir vor uns. Und wenn wir ankommen, finden wir unser ganzes Leben und alle seine eigentlichen Möglichkeiten, die uns gegeben waren. Es gibt nicht nur eine Auferstehung des Fleisches, sondern eine Auferstehung der Zeit in Ewigkeit"[17].

b) *Beständige Gewißheit*

Gewißheit über den Grund des Daseins ist den Glaubenden möglich. In der Gemeinschaft der Glaubenden geschieht eine Deutung der zeitlichen Existenz, die von den Gottesfürchtigen in biblischer Zeit einst errungen wurde und die nun immer wieder neu feiernd vergegenwärtigt wird in Liturgie und Leben der Ge-

---

[16] *K. Rahner*, Vom Trost der Zeit, in: Schriften zur Theologie, Bd. III (Einsiedeln-Zürich-Köln 1967) 169-188.

[17] Ebd., 187.

meinden. Teilhabe der Zeitlichen an Gottes Ewigkeit geschieht in der Sammlung der Gotteserfahrungen, die die Glaubensgemeinschaft erinnernd vergegenwärtigt. Anamnese geschieht, ein Gedächtnis, das Gewißheit bewirkt. „Habe" wird das Errungene jedoch für die Zeitlichen nicht: Glauben heißt besitzlos dabeibleiben. Vertrauen ist eine Gestalt des Seins, eine lebendige Tätigkeit.

c) Unaufhörliche Wachsamkeit

Wachsamkeit sollen wir üben zu jeder Zeit. Die Sonderung der Zeiten geschieht bei denen, die im Glauben gewiß sind, an Gottes Ewigkeit teilzuhaben, in der Anerkenntnis des „Kairos"-Charakters der Zeit. Die in der Fülle der Zeit von Gott gewirkte Wende macht unsere Lebenszeit zur Entscheidungszeit, in der es gilt, wachsam zu sein und das Gute zu ergreifen.
Die Zeit des Gerichts ist keine bloß zukünftige, die erst noch bang zu erwarten wäre. „Jetzt ist er da, der Tag der Rettung" (2 Kor 6,2). Paulus zitiert den Propheten Jesaja (Jes 49,8). Kurz ist die verbleibende Lebenszeit; nahe ist die Parusie des lebendigen Gekreuzigten. Jetzt gilt es, die heilsame Wirksamkeit seines Lebens mit dem eigenen Leben zu bezeugen. Christen wissen sich zeitlebens in einer besonderen Zeit. Sie sind immer darum bemüht, die Lebendigkeit der Schöpfung zu erhalten: mit der eigenen kleinen Kraft möglichst allen frohes, unbedrohtes Leben zu bereiten.

d) Hoffende Zuversicht

Mit Zuversicht erwarten Glaubende das noch Ausstehende. Christen leben eine hoffende Existenz. Spannend ist das Leben, doch der Ausgang ist gewiß: aufgrund der Selbst-Zusage Gottes, seiner Kunde, unsere Zukunft sein zu wollen. Gott kommt auf uns zu. Er eilt uns entgegen, so erzählt Jesus am Beispiel jenes Vaters, der seinen Sohn bereits erblickt, als er noch in der Ferne ist, und dann mit offenen Armen auf ihn zuläuft (Lk 15,20).

3. Verkündigung des Ewigen in unserer Zeit

a) Gegenwartsempfinden

Wie läßt sich der ewige, zeitnahe, zeitmächtige, zeitgewährende Gott in unserer Gegenwart verkündigen? Der Theologe und Literaturkritiker Paul Konrad Kurz[18] hat sich in mehreren Veröffentlichungen mit der Frage auseinandergesetzt, in welcher Weise die Gottesfrage in der modernen Literatur aufscheint. Mit Blick auf die jüngeren Werke von Peter Handke verweist Paul Konrad Kurz auf zwei

[18] *P.K. Kurz*, GOTT in der modernen Literatur (München 1996); *ders.*, „Gott unterwegs" oder: Der Gott, der sich selbst erzählt, in: *L. Wenzler (Hg.)*, Die Stimme in den Stimmen. Zum Wesen der Gotteserfahrung (Düsseldorf 1992) 74-93.

Anliegen, die Menschen heute umtreiben, wenn sie mit der Vorstellung Gottes eine Sehnsucht verbinden:
Fühlsam soll dieser Gott sein, einen Schauder auslösen, spürbar werden. Einen Fühl-Gott, einen einfühlsamen Gott, der nicht eingrenzt, nicht einschränkt, nicht gängelt, wünschen Menschen von heute. Sie trauen sich selbst. Sie sind zuversichtlich. Sie trauen dem Glück des Augenblicks. Sie wollen von Gott als Zusage hören, was sie selbst ahnen, worin sie aber bestärkt sein möchten. Menschen wollen hören, daß Gott sagt: Du kannst dich liebhaben! Du sollst sein! Das ist tröstliche Botschaft heute.
Und Gott soll mitgehen auf den Wegen der Menschen. Ein „viatorischer" Gott wird gesucht, ein Wege-Gott, ein Gott, der seine eigene Lebensgeschichte hat und diese einbringen kann in das Gespräch mit den Menschen. Peter Handke fordert dazu auf, die Tugend der Langsamkeit wiederzuentdecken. Langsamkeit ermöglicht Aufmerksamkeit auf den Weg und Wachsamkeit.

b) Biblisches Zeugnis

Die Heilige Schrift bietet vielfältige Gelegenheit, Gott als einen einfühlsamen Begleiter auf den Lebenswegen seiner Geschöpfe zu erkennen. In Christus Jesus hat sich dieser Gott in Zeit und Geschichte auf den Straßen der Menschen gezeigt. Gottes Geist bewirkt, daß wir auch heute denselben, Anfang und Ende aller Wirklichkeit, erleben können.
Gottes Sensibilität zeigt sich vor allem in der Weise, wie er die freiheitlichen Entscheidungen seiner Geschöpfe wahrnimmt. Die biblischen Schriften zeichnen das Bild eines Gottes, der um die Motivationen des menschlichen Handelns weiß und Zusammenhänge zwischen den Lebensgeschichten erkennen kann. Voller Einsicht ist dieser Gott und unbezwingbar in seiner langmütigen, geduldigen Nachsicht. In dieser Umschreibung des biblisch bezeugten „Fühl-Gottes" kommt die Thematik der menschlichen Verfehlung des Guten zur Sprache – eine Dimension des geschöpflichen Lebens, die aus jüdisch-christlicher Sicht die Mitte des Bekenntnisses bildet: die Barmherzigkeit Gottes. Es gibt keine Stunde, in der es nicht begründet wäre, zu rufen: „Vertrau ihm, Volk Gottes, zu jeder Zeit! Schüttet euer Herz vor ihm aus! Denn Gott ist unsere Zuflucht!" (Ps 62,9).
Die metaphorische Rede von Gottes Weggeleit ist den biblischen Schriften gut vertraut. In den alttestamentlichen Texten spiegelt sich die viatorische Existenz der Nomaden. Die Vätererzählungen sind voller Weggeschichten; Gott läßt seine Getreuen von seinen Engeln begleiten. Das Volk Israel hat den Anfang seiner Geschichte mit Jahweh als einen Weg heraus aus der Knechtschaft der Unfreiheit in Ägypten erzählt. Die Rückkehr aus der Fremde in Babylon in das eigene, vertraute Land deuten die Propheten als von Gott geebnet (Jes 40,1-11). Zu jeder Zeit ist Gott mit auf dem Weg; er geht mit durch alle Dunkelheiten, besiegt Not und Gefahr. Der Psalmist betet vertrauensvoll: „Muß ich auch wandern in finsterer Schlucht; ich fürchte kein Unheil; denn du bist bei mir. (...) Lauter Güte und Huld werden mir folgen mein Leben lang, und im Haus des Herrn darf ich wohnen für lange Zeit" (Ps 23,4.6).

Die längsten der langen Zeiten vermögen das Verlangen der Menschen nicht zu stillen, die Lebens-Sehnsucht der Menschen nicht zu erfüllen. Ewiges Erbe ist uns verheißen in Christus Jesus: „Als (...) die Güte und Menschenliebe Gottes, unseres Retters, erschien, hat er uns gerettet – nicht weil wir Werke vollbracht hätten, die uns gerecht machen können, sondern aufgrund seines Erbarmens – durch das Bad der Wiedergeburt und die Erneuerung im Heiligen Geist. Ihn hat er in reichem Maß über uns ausgegossen durch Jesus Christus, unseren Retter, damit wir durch seine Gnade gerecht gemacht werden und das ewige Leben erben, das wir erhoffen" (Tit 3,4-7).

Gott ehren in der Achtung der Nächsten

Systematisch-theologische Überlegungen zur universalen Bedeutung des Dekalogs

I. Hinführung zur Fragestellung

Peter Handke erzählt in seinem Buch mit dem Titel „Kindergeschichte“[1] von einem Vater, der sich sehnlichst ein Kind wünscht. Es wird ihm schließlich geschenkt, doch seine Frau verläßt ihn bald nach der Geburt. Der Vater bleibt allein mit dem Kind zurück und erlebt all die Anforderungen, alle Freuden und Sorgen, die mit der Pflege und Erziehung eines ohne diesen Erwachsenen nicht lebensfähigen Wesens verbunden sind. Die Erzählung erreicht einen dramatischen Höhepunkt in der Schilderung des Schuldigwerdens des Vaters an seinem Kind: „Mit der Zeit verlor der auf das Haus Beschränkte, (...) kaum zur Ruhe Kommende schließlich jeden Sinn für die Farben und Formen, wie auch für den Abstand und die Staffelung der Gegenstände, sah sich, im blicktrübenden, unseligen Zwielicht, von diesen umstellt wie von blinden Spiegeln, und das Kind trieb sich da um als ein undeutliches Ding unter andern. Es war die Unwirklichkeit; und die Unwirklichkeit heißt: Es gibt kein Du. Die Folge war der Ungeist, kaum mehr unterscheidbar vom Wahnsinn. Der Entgeisterte hatte sich nicht mehr in der Gewalt, und die Angst machte ihn zusätzlich willenlos. Und es kam der Tag der Schuld, und die Stunde des Kindes. Nach einer Regennacht, schon weit im Frühjahr, stand der untere Teil des Neubaus voll Wasser. (...) Der Schlaftrunkene starrte auf das bräunliche Wasser mit Mordgedanken. Von oben rief wieder und wieder das Kind, welches mit etwas nicht zu Rande kam, und wurde immer dringlicher; schließlich ein Katastrophenton. Da verlor der knietief in dem Naß stehende Erwachsene die Besinnung, stürmte hinauf gleich einem Totschläger und schlug das Kind mit aller Gewalt, so wie er wohl noch nie einen Menschen geschlagen hatte, in das Gesicht.“[2] Ein Vater prügelt sein Kind fast zu Tode, und er weiß in demselben Augenblick, daß er Unrecht tut. Er weiß, daß ein Un-geist ihn gefangen genommen hat, wenn er das Du, das geliebte Du seines Kindes, nicht mehr gelten läßt, ihm sein Daseinsrecht streitig macht.

Du sollst nicht morden! Ist dies ein Gebot, dem alle Menschen guten Willens zustimmen können – können müßten? Haben die im Dekalog zusammengefaßten Weisungen universal-menschliche Gültigkeit? Welchen Zusammenhang

---

[1] Vgl. *P. Handke*, Kindergeschichte (Frankfurt 1984).
[2] Ebd., 41-43.

gibt es zwischen dem jüdisch-christlichen Gottesbekenntnis und den Geboten der Mitmenschlichkeit, die Achtung und Anerkenntnis des Daseinsrechts der Anderen einfordern?

Ich möchte in diesem Beitrag systematisch-theologische Überlegungen zur universalen Bedeutung des Dekalogs anstellen. Dabei habe ich weniger die inhaltlichen Aussagen der einzelnen Weisungen im Blick, die im Zehngebot nach einer komplizierten Überlieferungsgeschichte von Redaktoren zusammengefaßt wurden. Ich betrachte vielmehr die Grundstruktur des Dekalogs: die durch die Zusammenstellung der beiden Tafeln des Dekalogs zum Ausdruck gebrachte Verbundenheit zwischen der Verpflichtung zur Verehrung des einen befreienden Gottes Jahweh, der Israel aus der Fronschaft in Ägypten herausgeführt hat (1. Tafel: 1.-3. Gebot), und der Verpflichtung zur Anerkenntnis der Lebensrechte der Nahestehenden, der Mit-lebenden (2. Tafel: 4.-10. Gebot). Mein Thema ist also – in einer Formulierung in einem vielbeachteten Aufsatz von Karl Rahner[3] – die universale Bedeutung der „Einheit von Nächsten- und Gottesliebe".

Bei näherem Hinsehen lassen sich bei dieser Fragestellung zwei Teilaspekte unterscheiden. Es stellt sich zum einen die Frage, ob die Aussage, daß nur diejenigen Menschen Gott lieben, die auch ihre Nächsten lieben, als eine zu betrachten ist, die zur Mitte der biblischen Botschaft des Alten und des Neuen Testaments gehört, ob ihr also angesichts der Intensität ihrer Bezeugung ein hoher Stellenwert zukommt, für den es im Namen des biblischen Gottes vor allen Menschen einzutreten gilt. Zu fragen wäre in diesem Zusammenhang auch nach den in den biblischen Schriften erkennbaren Begründungen für die Annahme, die Voraussetzung und Konsequenz der Gottesliebe sei die Nächstenliebe.

Während die skizzierte erste Teilfrage bei der Themenstellung von der erforderlichen Anerkenntnis des biblisch bezeugten Gottes ausgeht und danach fragt, ob und warum dessen Verehrung die Anerkenntnis der Daseinsrechte der Mit-Geschöpfe einschließt, setzt die zweite Teilfrage bei der Wahrnehmung an, daß auch Menschen, die sich nicht zum Gott Israels bekennen, ein Leben der Liebe leben. Verbindet die vom Gewissen geforderte Offenheit für das Du des Anderen und für die Wahrung seiner Daseinsrechte die universale Menschheitsfamilie? Welche Bezüge lassen sich von dorther zum Willen des Schöpfergottes herstellen, seine Geschöpfe als solche zu formen, die sich nach liebender Verbundenheit mit anderen Geschöpfen sehnen? Eint uns die Liebe, und führt sie uns alle hin zu dem einen Gott? Sind diejenigen, die ihre Nächsten lieben, bereits bei Gott – und was bedeutete darüber hinaus eine auch ausdrückliche Anerkenntnis des biblisch bezeugten all-einen Gottes Israels? Welche Relevanz hat ein solches, bewußtes Bekenntnis im Leben und im Sterben von Menschen?

---

[3] Vgl. *K. Rahner*, Über die Einheit von Nächsten- und Gottesliebe, in: Schriften zur Theologie. Bd. VI (Einsiedeln-Zürich-Köln [2]1968) 277-298.

II. Voraussetzungen und Beschränkungen

1. Bibeltheologisches Grundverständnis des Dekalogs

Die gegenwärtige systematisch-theologische Reflexion folgt in aller Regel der methodischen Anweisung des 2. Vatikanischen Konzils für die Lehre der Dogmatik, die im Dekret über die Priesterausbildung (vgl. OT 16) formuliert ist. Demnach hat sie zunächst die Themen der Schrift darzulegen. Im Rahmen der Überlegungen hier kann ich zwar nicht auf exegetische Einzelfragen eingehen, ich möchte jedoch kurz den Ertrag der bibeltheologischen Diskussion[4] über den Dekalog skizzieren. Die einzelnen Weisungen der sogenannten zweiten Tafel des Dekalogs sind als Gebote für eine Lebensführung in einer Gemeinschaft zu verstehen, durch deren Beachtung ein versöhnliches Zusammenleben ermöglicht wird. In die Zusammenstellung der Gebote ist Erfahrungswissen eingegangen. Ihr Grundgedanke ist der Schutz der elementaren Rechte der Nahestehenden auf Sorge um das Überlebenkönnen auch im Alter, auf Lebenserhalt, auf Nachkommenschaft, auf Gerechtigkeit vor Gericht, auf Besitz. Israel verpflichtet sich zu dieser Weise des Miteinanders im Namen jenes Gottes, der nicht will, daß Menschen anderen Menschen ihre Lebensmöglichkeiten streitig machen. Israel hat diesen Gott in seiner Geschichte erfahren: Es ist der all-eine Gott, der Schöpfer des Himmels und der Erde und aller lebenden Wesen. Der explizite Monotheismus formt sich zusammen mit dem Bekenntnis zu dem einen Schöpfergott in der Zeit des Babylonischen Exils, in der nach den neueren Erkenntnissen der exegetischen Forschung wohl auch der Dekalog seine uns heute überlieferte Gestalt erhalten hat.

2. Verzicht auf material-ethische Konkretisierungen

Eine detaillierte ethische oder sozialethische Interpretation der Tragweite der einzelnen Weisungen im Dekalog kann ich hier nicht vorlegen. Diesbezüglich stimme ich im Grundsatz mit einer in der Literatur von nicht wenigen – etwa auch von Franz Furger[5] – eingenommenen Position überein: Es genügt bei der

---

[4] Vgl. zur exegetischen Diskussion vor allem: *W. H. Schmidt* (in Zusammenarbeit mit H. Delkurt und A. Graupner), Die Zehn Gebote im Rahmen alttestamentlicher Ethik (Darmstadt 1993) = Erträge der Forschung 281 (Lit.!); *E. Zenger*, Eine Wende in der Dekalogforschung? Ein Bericht, in: Theologische Revue 64 (1964) 189-198; *F.-L. Hoßfeld*, Der Dekalog. Seine späten Fassungen, die originale Komposition und seine Vorstufen (Fribourg 1982); *M. Peek-Horn*, Der Dekalog. Ein Literaturbericht, in: Katechetische Blätter 107 (1982) 788-796; *B. Lang*, Neues über den Dekalog, in: Theologische Quartalschrift 164 (1984) 58-65; *R. Oberforcher*, Arbeit am Dekalog. Der Beitrag der alttestamentlichen Forschung zum Verständnis der zehn Gebote, in: Bibel und Liturgie 59 (1986) 74-85; *J. Vincent*, Neuere Aspekte der Dekalogforschung, in: Biblische Notizen 32 (1986) 83-104; *E. Otto*, Alte und neue Perspektiven in der Dekalogforschung, in: Evangelischer Erzieher 42 (1990) 125-132; *M. Limbeck*, Das Gesetz im Alten und Neuen Testament (Darmstadt 1997).

[5] Vgl. *F. Furger*, Der Dekalog – eine Urcharta der Menschenrechte?, in: *R. Mosis/L. Ruppert*

Formulierung von ethischen Normen nicht, allein den zwischenmenschlichen Bezugsrahmen gelten zu lassen. Wir bemühen uns heute, die strukturellen, die sozial-gesellschaftlichen und die generationenübergreifenden Zusammenhänge aufzudecken, wenn Unrecht geschieht. Im systematisch-theologischen Sinn müßte hier die Rede von der *Wirk*lichkeit der „Erbsünde" sein, also von der Versuchung der Menschen zur Sünde, die vorgängig zur eigenen Tat besteht. Letztlich entlastet diese Überlegung die einzelnen Menschen: Wir alle sind eingebunden in Zusammenhänge, die unser Verhalten mit-bestimmen, somit auch fremd-bestimmen, ohne uns jedoch die je eigene Verantwortlichkeit für das Getane zu nehmen.

III. Antwortversuche

1. Gottes Wille ist es, daß seine Geschöpfe sich unbedingt bejahen

Auf welche Argumente stützt sich die These, daß nach dem Zeugnis der biblischen Schriften Gott selbst sich als ein Gott vorstellt, dessen Wesen zu erkennen und anzuerkennen für Menschen bedeutet, ein Leben der Liebe führen zu wollen? Ich möchte auf diese Frage antworten, indem ich theo-logische, christologisch-soteriologische und pneumatologisch-ekklesiologische Aspekte darstelle.

a) Gottes Evangelium und das Gesetz

Hinter den Schlagworten „Gesetz und Evangelium" verbirgt sich eine im ökumenischen Gespräch zwischen den evangelischen Kirchen und der römisch-katholischen Kirche über lange Zeit heftig umstrittene Frage: Martin Luther erkannte in dem zu seiner Zeit verbreiteten Handel mit Ablaßbriefen, in der Häufung der „Meßopferfeiern" in allen Kirchenwinkeln und in allerlei Bußübungen eine mißbräuchliche Praxis: Gute Werke der Menschen schienen geeignet, sich Gottes Zuneigung, Gottes Wohlwollen, Gottes Gnade verdienen zu können. Gegen diese Fehldeutung des Evangeliums von der immer unverdienten, immer freien, immer ungeschuldeten Gabe der Liebe Gottes wandte sich Martin Luther mit großer Entschiedenheit. Luther erinnerte und gegenwärtigte die Predigt des Paulus, nicht die Werke des Gesetzes, sondern allein der Glaube, allein das Vertrauen auf Gottes Zuneigung zu uns, mache uns gerecht – bewahre uns in Verbundenheit mit Gott. Luther sah sich dazu herausgefordert, das Ungenügen aller menschlichen Bemühungen, das Gute zu tun, zu betonen. Der Versuch, das Gesetz erfüllen zu wollen, erweist die Menschen als Sünder und Sünderinnen. Retten kann uns allein der gnädige Gott, nicht aber unser Wille, gut zu sein.

(Hg.), Der Weg zum Menschen. Zur philosophischen und theologischen Anthropologie. FS A. Deissler (Freiburg-Basel-Wien 1989) 294-309.

Im ökumenischen Gespräch der Konfessionen zeichnet sich in den letzten Jahrzehnten – trotz mancher Widerstände – ein weitreichender Konsens in der Rechtfertigungslehre ab[6], in deren Kontext auch die Frage nach einer angemessenen Zuordnung von „Gesetz" und „Evangelium" gehört. In den Gesprächen wurde deutlich, daß Luthers Entgegensetzung von Gesetz und Evangelium vor dem Hintergrund des gesamtbiblischen Zeugnisses einer Modifikation bedarf[7]: Das „Gesetz" ist nicht identisch mit kleinlichen Anweisungen; es geht bei ihm um eine Weisung zu mitmenschlicher Gerechtigkeit im Namen des eines Gottes, des Schöpfers aller sichtbaren und unsichtbaren Wirklichkeiten. Das Bemühen, einander gerecht zu werden, steht nicht im Widerspruch zu der Aussage, die heute zwischen den Konfessionen Konsens ist, daß nämlich nicht die guten Werke, sondern allein Gottes Wille, sich auch den Schwachen, den Gescheiterten zuzuwenden, unsere Hoffung auf vollendete Gemeinschaft mit Gott begründe.

Bibelwissenschaftliche Arbeiten[8] haben gezeigt, daß Versuche vorwiegend evangelischer Exegeten, dem Dekalog – im Sinne Luthers – dadurch weiterhin seine Gültigkeit zu bewahren, daß sie ihn als „Weisung", als „Lebensregel" streng von den nur in Israel gültigen „Gesetzen" unterscheiden, sich nicht auf das Zeugnis der Schrift stützen können. Der Dekalog ist wie andere Weisungen zu einem gerechten Leben in Gemeinschaft eng verbunden mit Israels Deutung seines Geschicks als Tat jenes Gottes, dessen Sinnen und Trachten Gerechtigkeit ist. Hosea klagt im Namen Jahwehs: „Es gibt keine Treue und keine Liebe und keine Gotteserkenntnis im Land. Nein, Fluch und Betrug, Mord, Diebstahl und Ehebruch machen sich breit, Bluttat reiht sich an Bluttat" (Hos 4,1-2); „Liebe" will dieser Gott, nicht „Schlachtopfer", „Gotteserkenntnis", nicht „Brandopfer" (Hos 6,6). Micha faßt zusammen, was Jahweh von den Menschen erwartet, was gut ist, nämlich: „Nichts anderes als dies: Recht tun, Güte und Treue lieben, in Ehrfurcht den Weg gehen mit deinem Gott" (Mi 6,8).

Das Evangelium ist Gottes Zusage und Versprechen, immer da zu sein für seine Schöpfung, und diese Verheißung in Zeit und Geschichte erfahrbar, erlebbar zu machen. Dieses Evangelium, dessen Sinn Israel in dem Satz zusammenfaßt: „Ich bin Jahweh, dein Gott, der dich aus Ägypten heraufgeführt hat, aus dem Sklavenhaus" (Dtn 5,6; Ex 20,2), entpflichtet nicht von mitmenschlicher Liebe,

---

6 Auf die jahrelang mit großer Intensität geführte Debatte, inwieweit die vom Lutherischen Weltbund und vom Päpstlichen Rat zur Förderung der Einheit der Christen erarbeitete „Gemeinsame Erklärung zur Rechtfertigungslehre" (Text zu greifen in: Herder Korrespondenz 51 [1997] 191-200) einen bestehenden Grundkonsens in dieser Frage darstellt, kann ich hier nicht näher eingehen. Die Diskussionsbeiträge zu dieser Frage sind sehr zahlreich und wurden in den Heften epd-Dokumentation von Nr. 46/1997 an fortlaufend gesammelt und publiziert.

7 Vgl. *H.J.E. Beintker*, Luther und das Alte Testament, in: Theologische Zeitschrift 46 (1990) 219-244; *G. Wenz*, Die Zehn Gebote als Grundlage christlicher Ethik. Zur Auslegung des ersten Hauptstücks in Luthers Katechismen, in: Zeitschrift für Theologie und Kirche 89 (1992) 404-439.

8 Vgl. *N. Lohfink*, Kennt das Alte Testament einen Unterschied von „Gebot" und „Gesetz"? Zur bibeltheologischen Einstufung des Dekalogs, in: Jahrbuch für Biblische Theologie 4 (1989) 63-89.

es ermutigt vielmehr dazu, im Wissen um einen Gott, der in die Herzen sieht und die kleine Kraft wertschätzt.

b) Leben und Sterben Jesu als Offenbarung des Willens Gottes

Neuere Entwürfe zur christlich-theologischen Soteriologie versuchen sich dem Verständnis der Rede von der erlösenden Bedeutung des Todes Jesu zu nähern, indem sie Jesu Sterben als letzte Konsequenz seines Lebens beschreiben. Auf diese Weise soll einem Mißverständnis begegnet werden, zu dem eine verkürzte Rezeption der sogenannten „Satisfaktionslehre“ des Anselm von Canterbury (+ 1109) in der christlichen Theologie und Frömmigkeit geführt hat: Gott wollte durch die mörderische Bluttat an seinem Sohn nicht in seinem gerechten Zorn besänftigt werden. Nein: Menschen haben Jesus getötet, Gott hat ihn auferweckt – so schärft Petrus in seinen in der Apostelgeschichte überlieferten Predigten den frühen Christengemeinden immer wieder ein (vgl. Apg 2,23-24; 3,15 u.ö.). Gott macht seinen Sohn auf neue Weise lebendig; er setzt ihn ins Recht; er läßt die Zeugen des Auferstandenen erfahren, daß die Liebe, die Jesus lebte, ewige Gültigkeit hat, Dauer und Bestand auf ewig hat, weil in ihr Gottes eigene Bereitschaft, auch dann noch gemeinschaftstreu, gerecht, liebend zu bleiben, wenn mörderische Ablehnung ihn trifft, in Zeit und Geschichte offenbar wurde. Christus Jesus ist das „Ebenbild des unsichtbaren Gottes“ (2 Kor 4,4; Kol 1,15; 3,10; Hebr 1,3), seine „Ikone“; wer ihn sieht, sieht den Vater (vgl. Joh 14,9).
Jesus erlebt seine tiefe Verbundenheit mit Gott als eine Ermächtigung, als einen Aufruf, alle Geschöpfe zu lieben. Die Kranken, die Vergessenen und die Verachteten erfahren seine Aufmerksamkeit. So also ist Gott: Gott wollte als Mensch unter Menschen leben, damit sie an seiner Liebe zu den Begegnenden erkennen, wer er ist.

c) Reflexionen der neutestamentlichen Gemeinden

Zu den drei „Grundfunktionen“ der christlichen Gemeinde, die das 2. Vatikanische Konzil in vielen Texten erläutert, zählt neben Martyria und Leiturgia auch die Diakonia – der Dienst an den Ärmsten der Armen. Selbstbesinnungen der Kirche auf ihre Sendung – Reformbewegungen, wie sie in der Geschichte der Kirche immer wieder dringlich wurden – haben die Überzeugung wachgehalten, im Geist Jesu Christi gesandt zu sein, Gottes Liebe auch in Taten der Liebe zu erweisen. Im Sinne des Selbstverständnisses der Glaubensgemeinschaft Israel erinnern auch die Evangelisten ihre Gemeinden an das Doppelgebot der Liebe – Gott lieben und die Nächsten wie uns selbst – daran hängen Gesetz und Propheten (Mk 12,28-31; Mt 22,34-40; Lk 10,25-28). Die johanneischen Schriften formulieren in eindrücklicher Dichte, was die ersten christlichen Gemeinden als ihre Sendung erkannt haben: „Ein neues Gebot“ – ein erneuertes altes Gebot – hat Jesus uns gegeben, wenn er sagt: „Liebt einander! Wie ich euch geliebt habe, so sollt auch ihr einander lieben“ (Joh 13,34). „Neu“ ist

nicht das Gebot, wohl aber die Identifikation des Gebietenden mit dem Gebot: Maßstab der menschlichen Liebe ist die Liebe, die Gott in Christus Jesus als seine eigene Lebensweise offenbar gemacht hat. Es ist eine Liebe, die auch den ihm zugefügten mörderischen Tod nicht scheut, wenn dieser der einzige Weg ist, sich als gemeinschaftstreu, als nicht gemeinschaftsbrüchig zu erweisen.
Der erste Johannesbrief sagt das, woran ich in diesem ersten Zugang zum Verständnis der Rede von der Einheit der Nächstenliebe und der Gottesliebe erinnern wollte, ganz einfach; er sagt: „Wer Gott liebt, soll auch seinen Bruder – und auch seine Schwester – lieben" (1 Joh 4,21). Bestechend einfach ist auch das Argument für dieses Gebot, das nach dem ersten Johannesbrief ein Gottes-Gebot ist: „Wer Bruder und Schwester nicht liebt, die er sieht, kann Gott nicht lieben, den er nicht sieht" (1 Joh 4,20).

2. Gottes Dasein ist „erwiesen" in der menschlichen Zustimmung zum Du

Der sich in seinem Handeln an Israel und im Leben und Sterben Jesu Christi in Zeit und Geschichte selbst vorstellende Gott will, daß seine Geschöpfe einander lieben. Läßt sich nun auch die These als begründet erweisen, daß alle Menschen letztlich solche Liebende sein wollen? Läßt sich sogar denken, daß ihr Wünschen und Sehnen sie als solche erweist, die durch ihr Handeln und Streben implizit der Annahme zustimmen, Gott selbst rufe sie dazu auf, sich auf das Du des Nächsten hin zu öffnen?
Was bedeutet es, wenn Millionen von Menschen sich auf ganz ungewöhnliche Weise betroffen zeigen durch den Tod von Prinzessin Diana, die auch durch ihr soziales Engagement weltweite Achtung erfahren hat? Mutter Teresa hat über die Grenzen des Christentums hinaus für ihre Liebe zu den Ärmsten der Armen Anerkennung erfahren. Vertreter der Weltreligionen haben trauernd von ihr Abschied genommen und daran erinnert, daß wir alle kommen und gehen, wir alle Sterbliche sind, daß denen jedoch, die lieben, ein ewiges Gedächtnis gewiß ist.

a) Der Gedankengang von Karl Rahner

Karl Rahner hat in Anknüpfung an Joseph Maréchal, Thomas von Aquin und Immanuel Kant einen Gedankengang in die neuere Theologie eingebracht, der große Beachtung gefunden hat. Ganz knapp skizziert, geht sein sogenannter „transzendentaler Gottes'erweis'" der Frage nach, was als die Bedingung der Möglichkeit des erlebbaren, erfahrbaren menschlichen Verhaltens bestimmt werden kann. Welche „impliziten", „unthematisierten", „unbewußten" Voraussetzungen hat das Handeln eines Menschen, wenn dieser etwa zugunsten eines Anderen auf etwas verzichtet, was ihm zumindest im Augenblick einen Lustgewinn bereiten könnte? Was motiviert uns zum Verzicht? Warum erfüllen wir unsere Pflicht? Warum sind wir einander treu? Warum lassen wir uns unsere

Lebensmöglichkeiten beschneiden, damit Andere leben können – warum, da wir doch wissen, daß unsere Tage gezählt sind und keine Stunde, kein versäumter Genuß sich uns in derselben Weise wieder bietet?
Karl Rahner beantwortet diese Frage so: „Der Akt personaler Liebe zum menschlichen Du ist (...) der umfassende, allem anderen Sinn, Richtung und Maß gebende Grundakt des Menschen"[9]. In der Liebe, in der Offenheit für das Du, so Rahner, begegnet der Mensch sich selbst in seiner ganzen Fraglichkeit. Des Menschen „Leiblichkeit, seine Zeitlichkeit und Geschichtlichkeit, seine letzte Uneinholbarkeit durch Reflexion, der Charakter der Unergründlichkeit und des Wagnisses in seinem Dasein, die Antizipation seiner Zukunft in Hoffnung oder Verzweiflung (...), seine dauernde Konfrontiertheit mit dem namenlosen, schweigenden, absoluten Geheimnis, das sein Dasein umfaßt, seine Bereitschaft zum Tod (...): all das zusammen sind notwendig auch Wesenszüge der Liebe zum Du."[10]
Karl Rahner macht darauf aufmerksam, daß jede wahre Tat der Liebe, die den Nächsten in seinem Daseinsrecht und in seinem Streben nach Glück und Vollendung gelten läßt, ein Erweis der Möglichkeit von Menschen ist, sich darauf zu verlassen, daß diese Liebe Sinn macht, daß sie nicht ins Leere geht, daß jeder und jede nochmals umfangen ist von einer Liebe (einer Zusage des Dasein-sollens), die auch vor dem Tod, vor der immer bedrohlichen, immer gegenwärtigen Endlichkeit alles Seienden, nicht zurückschreckt, vielmehr unerschrocken das Gute erstrebt, wenn sie dabei auch willentlich oder unwillentlich oft das Böse ergreift. Selbst die Sünde lockt uns noch mit dem Ruf, ein vermeintliches Gut zu ergreifen.
Karl Rahner hat große Gedankenkraft darauf verwandt, Menschen darauf aufmerksam zu machen, ihr Handeln sei ein Erweis dafür, daß sie immer schon darauf vertrauen, daß die Fraglichkeit ihres Daseinsvollzugs eine Antwort erfährt. Rahner will zeigen, daß Menschen in ihrem Handeln eine Antwort auf die Sinnfrage geben, die sich ohne das Vertrauen in das Gegründet-Sein von allem, was ist, in dieser Form nicht geben ließe. Seine transzendentale Reflexion auf die Bedingung der Möglichkeit sittlichen Handelns führt ihn zu der Erkenntnis, daß Menschen immer schon voraussetzen, daß in dem Anderen eine Wirklichkeit begegnet, deren Gegebenheit zu schützende Gabe, zu achtendes Geschenk, auf Vollendung hin angelegter Verweis ist auf den Geber, den Schenkenden – auf Gott, der alles Begonnene auch vollenden wird.
In der schöpfungstheologischen Begründung seiner These setzte Rahner erneut bei den Fragen an, die Menschen in ihrem Leben bewegen. Er formulierte den Gedanken, Gott habe den Menschen als ein Wesen erschaffen, das sein eigenes Dasein angesichts seiner Endlichkeit und seiner zugleich gegebenen Offenheit auf das Du hin als fraglich erfährt, als in sich nicht lösbar, als Rätsel, das tödlich ist, und als solches eine Suchbewegung auslöst. Gott ist es, der den Men-

---

[9] *K. Rahner*, Über die Einheit von Nächsten- und Gottesliebe (Anm. 3) 288.
[10] Ebd., 289f.

schen als ein solches Wesen erschafft, das auf der Suche ist nach dem Sinn von allem, was ist. Gott legt in den Menschen die Frage nach dem Sinn der Liebe hinein. Gott gibt sich selbst als Antwort auf diese Frage. Gott selbst ist die Liebe: Er selbst ist offen für das Andere. Gott will das Dasein der Geschöpfe. Er genügt zwar sich selbst, will aber das Andere teilhaben lassen an seinem Leben. Menschen vollziehen in ihrem liebenden Dasein die Bewegung Gottes mit, das heile Dasein des Du, des Anderen, zu ersehnen. Im Mitvollzug der Offenheit Gottes für das Du der Schöpfung können die Geschöpfe zur Gewißheit finden, daß jener Gott, der der Schöpfung ihr Dasein ermöglicht, diese Schöpfung auch vollendet. Jede Tat der Liebe ist eine Antizipation; sie ist Anbruch des Reiches Gottes, in dessen vollendeter Gestalt niemandem mehr sein Daseinsrecht bestritten werden wird.

b) Zur Rezeption seiner Gedanken

Das 2. Vatikanische Konzil hat wichtige Schritte getan, die nicht-christlichen Religionen anerkennend wertzuschätzen. Bei der Frage, was die Religionen verbindet, spielten die skizzierten Überlegungen von Karl Rahner eine bedeutende Rolle. Insbesondere in dem Dekret über das Verhältnis der katholischen Kirche zu den nicht-christlichen Religionen („Nostra Aetate": NA) und auch im Missionsdekret („Ad Gentes": AG) finden sich zahlreiche Anklänge an Rahners Überlegungen. NA 1 erinnert daran, daß alle Menschen denselben Ursprung und dasselbe Ziel haben: den einen Gott. Die Gemeinsamkeit der Religionen sieht das Konzil in dem Bemühen gegeben, auf die Fragen, vor die alle Menschen sich in ihrem Leben gestellt sehen, eine Antwort zu geben. Die Konzilsväter formulieren dies so: „Die Menschen erwarten von den verschiedenen Religionen Antwort auf die ungelösten Rätsel des menschlichen Daseins, die heute wie von je die Herzen der Menschen im tiefsten bewegen: Was ist der Mensch? Was ist Sinn und Ziel unseres Lebens? Was ist das Gute, was die Sünde? Woher kommt das Leid, und welchen Sinn hat es? Was ist der Weg zum wahren Glück? Was ist der Tod, das Gericht und die Vergeltung nach dem Tode? Und schließlich: Was ist jenes letzte und unsagbare Geheimnis unserer Existenz, aus dem wir kommen und wohin wir gehen?" (NA 1).

IV. Kontexte der Überlegungen

Abschließend möchte ich die Frage nach der Verbundenheit von Nächstenliebe und Gottesliebe in ihre theologischen Kontexte einordnen. Ich greife dabei auf eine Redeweise von der Verbundenheit zwischen Gott, dem Schöpfer und der geschaffenen Welt zurück, die in der jüngeren Zeit in systematisch-theologischen Entwürfen mehr und mehr vorkommt: Ich meine die Rede von der „Beziehungswilligkeit" Gottes, von seiner Offenheit für das Du seiner Schöpfung.[11]

1. Schöpfungslehre

Auf ewig – je immer – war und ist Gott offen für das Du der Schöpfung. Gott gestaltet in seinem erschaffenden Wirken eine Beziehung, deren Kennzeichen es ist, un-gleich zu sein: Gott ist in seinem Dasein nicht angewiesen auf das Dasein der Schöpfung; Gott ist – er wäre auch ohne uns alle; wir aber sind das immer neue, immer unerwartete Ereignis seines Willens, die Schöpfung an seinem Leben teilhaben zu lassen. Die Schöpfungslehre versucht auf die Frage zu antworten, warum überhaupt etwas ist und nicht vielmehr nichts. Sie formuliert und reflektiert die Glaubensüberzeugung, daß Gott nicht deshalb geschaffenes Sein setzt, damit es ihm dienen kann. Rein aus Freude an der Vielfalt und an der Schönheit seiner miteinander lebenden Geschöpfe – rein aus „Übermut", nicht aus „Eigensinn" hat Gott die Welt erschaffen – das Leben all der Tiere und der Pflanzen, den Mond, die Sterne und die Menschen. Und Gott hat alles so geordnet, daß niemand je allein sein müßte; dem Mann hat er in der Frau ein ihm entsprechende Gegenüber erschaffen; den Menschen hat er die Sorge für jene Geschöpfe aufgetragen, deren Bestand und deren Wohlbehalt gefährdet sind.

2. Soteriologie

Alles war gut in den Augen Gottes – und hätte auch gut bleiben können. Doch ist es unzutreffend anzunehmen, Gott wäre davon überrascht worden, daß seine Geschöpfe die in sie gelegte Freiheit dazu mißbrauchten, böse zu sein, sich abschotten zu wollen von Gott, dem sie ihr Leben verdankten; Gott weiß immer schon, daß er durch die Aufnahme einer Beziehung zur geschaffenen Wirklichkeit mit der Frage konfrontiert sein wird, wie er mit den Geschöpfen umgehen wird, die die Eigenart seiner Beziehungswilligkeit nicht erkennen, die sie ablehnen und ihrer eigenen Wege gehen wollen. In Zeit und Geschichte hat Gott an Israel offenbar gemacht, daß seine Beziehungswilligkeit weder durch Torheit noch durch Sünde gefährdet wird. Gott bleibt auch den Treulosen treu; er folgt den Irrenden auf ihren Wegen und holt sie heim. Sein auf ewig in seinem Herzen gefaßter Beschluß, schließlich selbst als Mensch unter Menschen zu wohnen, um sich eschatologisch end-gültig als vertrauenswürdig, als glaubwürdig zu erweisen in seiner leben-stiftenden Beziehungswilligkeit ist in Jesus von Nazaret Geschichte geworden – so bekennen die Christen. Im Leben und Sterben Jesu, in seinem Leben in liebender Beziehung zu Menschen und in

---

[11] Vgl. *D. Sattler*, Beziehungsdenken in der Erlösungslehre. Bedeutung und Grenzen (Freiburg-Basel-Wien 1997).

seinem Sterben wird end-gültig offenbar, daß Gottes Beziehungswilligkeit die Macht der Sünde, des Gemeinschaftsbruchs, brechen kann: Die Liebe ist stärker als der Tod.

3. Eschatologie

Große Theologen in der christlichen Tradition antworten auf die Frage, warum Gott die Welt erschaffen habe, da er doch hätte wissen müssen, daß die Geschöpfe sündigen werden, mit der Überlegung, Gott sei nur deshalb schöpferisch tätig geworden, weil er auch darum wußte, daß er die Welt erlösen und vollenden könne. Insofern lassen sich Schöpfungslehre und Eschatologie nur gedanklich unterscheiden, sie lassen sich aber nicht voneinander trennen: Immer schon – von allem Anbeginn und in jedem Augenblick – weiß Gott um seine Möglichkeit und seine Willigkeit, die mit der Schöpfung aufgenommene Beziehung als eine heilbringende zu gestalten. Nach christlicher Glaubensüberzeugung ist uns im Christus-Ereignis die Gewißheit geschenkt worden, daß das Drama der Beziehung zwischen Schöpfung und Schöpfer – ein Drama mit ungezählten Akten an Treulosigkeit – nicht mit dem Bruch der Beziehung endet: Der Auferweckte, der Lebendige Christus Jesus ist der „Anfang" – der „Grund" – der neuen Schöpfung, welcher nicht Tod, nicht Nichtigkeit, sondern das Leben bevorsteht. In jeder Tat der Liebe im Geist Jesu Christi – im Geist Gottes – hat dieses vollendete Leben bereits begonnen. Wir sind berufen, Gottes Ja zum Dasein der Geschöpfe – auch der Sünder und Sünderinnen – mitzusprechen, indem wir einander unbedingt-bedingungslos gelten lassen in unserem Wunsch nach Leben, nach erfülltem Dasein.

Gott möchte, daß die Menschen seinen Namen achten, weil er der all-eine Gott ist, weil er allein Gewähr ist für ein Leben, in dem alle die Erfüllung ihrer wahren Sehnsucht finden, so wie er es durch sein Handeln an Israel offenbar gemacht hat. Gott stellt sich als einer vor, der möchte, daß sein „Reich" – die Herrschaft seiner Liebe – hier und heute schon im Zusammen-Leben der Geschöpfe beginnt. Die Tat der Nächstenliebe im Sinne der Achtung des Daseinsrechtes der Geschöpfe hat eschatologische Bedeutung; sie ist kein „Sonderbereich" neben der Gottesbeziehung der Menschen. Wer den Anderen liebt, hat das Gesetz erfüllt (Röm 13,8.10; Gal 5,14) und Gottes Wesen erkannt.

Werden wir, wer wir sind: Die eine, heilige, katholische und apostolische Kirche

Darin sind sich alle christlichen Kirchen einig: Die Kirche Jesu Christi ist die eine, heilige, katholische und apostolische Gemeinschaft der Getauften. Miteinander sprechen alle Christen mit den Worten des Glaubensbekenntnisses von Konstantinopel (381) von diesen vier Wesenseigenschaften der Kirche: Die Kirche ist eins in ihrem göttlichen Grund, heilig in ihrem Streben nach einem gottgefälligen Leben, katholisch in der Ausführung ihrer gottgewollten Sendung in alle Welt und apostolisch in ihrem Zeugnis für die Wahrheit des Osterglaubens: Gott hat Christus Jesus von den Toten erweckt.
Die Ökumenische Bewegung der christlichen Kirchen erinnert sich der Geschichte der Berufung auf diese vier Kennzeichen der wahren Kirche Jesu Christi nicht nur mit Freude. Bereits im Altertum diente der Hinweis auf diese Wesensmerkmale als ein schlagfertiges Argument in den vielfältigen Streitereien zwischen den einzelnen christlichen Gemeinschaften. Kleinere christlichen Gruppen hatten es oft sehr schwer, ihren Anliegen Gehör zu verschaffen. Im Reformationszeitalter, im 16. Jahrhundert, fand eine recht lebendige Diskussion um den inhaltlich-theologischen Gehalt der vier Wesenseigenschaften der Kirche statt, an die die gegenwärtigen ökumenischen Gespräche anknüpfen können.[1] Die Bereitschaft ist heute in allen christlichen Kirchen groß, gemeinsam den biblischen Sinn der altehrwürdigen Umschreibungen des Wesens der Kirche aufzuspüren.[2] Vorherrschend ist bei den ökumenischen Begegnungen nicht das Anliegen, die Mängel in der Verwirklichung des Kircheseins der anderen Kirchen aufzudecken, vielmehr eine gemeinsame Erneuerung der Kirche

---

[1] Vgl. *Glauben und Kirchenverfassung*, Gemeinsam den einen Glauben bekennen. Eine ökumenische Auslegung des apostolischen Glaubens, wie er im Glaubensbekenntnis von Nizäa-Konstantinopel (381) bekannt wird (Frankfurt-Paderborn 1991), bes. 86-95; *Gemeinsame römisch-katholische evangelisch-lutherische Kommission (Hg.)*, Kirche und Rechtfertigung. Das Verständnis der Kirche im Licht der Rechtfertigungslehre (Paderborn 1994): *H. Meyer*, Ökumenische Zielvorstellungen (Göttingen 1996).

[2] Vgl. *H.-J. Pottmeyer*, Die Frage nach der wahren Kirche, in: *W. Kern u.a. (Hg.)*, Handbuch der Fundamentaltheologie, Bd. 3: Traktat Kirche (Freiburg-Basel-Wien 1986) 212-241; *P. Steinacker*, Die Kennzeichen der Kirche. Eine Studie zu ihrer Einheit, Heiligkeit, Katholizität und Apostolizität (Berlin 1982); *Y. Congar*, Die Wesenseigenschaften der Kirche, in: *J. Feiner/M. Löhrer (Hg.)*, Mysterium Salutis. Grundriß heilsgeschichtlicher Dogmatik, Bd. 4/1 (Einsiedeln-Zürich-Köln 1972) 357-599.

anzustreben. Wir müssen noch werden, wer wir sind: Die eine, heilige, katholische und apostolische Kirche.

Einheit: Vielfalt in Gemeinschaft

Genau zu bestimmen, was mit der Rede von der „Einheit" der Kirche gemeint ist, ist keine leichte Aufgabenstellung. Lebendig vor Augen ist uns eher, wie bunt und vielgestaltig das kirchliche Leben ist. Das Alter der Gemeindemitglieder, die Erwartungen und Interessen, die Sprachen und Gesten in den Gottesdiensten, die Berufswelten der Getauften, die Stärke der Glaubenskraft, die Kenntnisse der Grundlagen des Glaubens, die ethischen Werte, die Lebensfragen – all das kommt in großer Unterschiedlichkeit zusammen an den Orten, an denen Christen Gottes Wort hören, Gottes Taten feiern und sich zum Dienst an den Menschen bereiterklären.
Es ist ein Verdienst der Ökumenischen Bewegung, bei ihrer intensiv betriebenen Suche nach dem rechten Verständnis der christlichen Einheit zu erkennen, daß mit ihr nicht „Einheitlichkeit", nicht „Uniformität" in den Ausdrucksgestalten des Glaubens gemeint ist. Die Vielfalt birgt einen großen Reichtum: Die Sprachen, die Gesänge und die Bewegungsformen in den Gottesdiensten können unterschiedlich sein. Es gibt mehrere, gleichberechtigte Wortgestalten, in denen der eine christliche Glaube zum Ausdruck kommen kann. Legitim ist die Vielfalt der kirchlichen Lebensformen, solange diese als kulturspezifische, situationsbezogene, aktuelle Darstellungen des Wesens der einen Kirche zu erkennen sind. Aber die Kirche darf sich nicht in eine unverbundene Vielheit auflösen. Welche Gestalt der Einheit darf nicht preisgegeben werden?
Die biblischen Schriften legen davon Zeugnis ab, daß die Einheit der Kirche eine Gabe Gottes ist. Die angestrengte Tatkraft allein von Menschen kann die Einheit der Kirche nicht erzwingen. Der eine Geist Gottes bewirkt die Einheit der Kirche: „Durch den einen Geist wurden wir in der Taufe alle in einen einzigen Leib aufgenommen, Juden und Griechen, Sklaven und Freie; und alle wurden wir mit dem einen Geist getränkt" (1 Kor 12,13; vgl. Gal 3,28). Die unterschiedlich begabten Menschen in den christlichen Gemeinden sollen ihre Kräfte in den Dienst der Verkündigung des einen Evangeliums stellen: „Es gibt verschiedene Gnadengaben, aber nur den einen Geist. Es gibt verschiedene Dienste, aber nur den einen Herrn. Es gibt verschiedene Kräfte, die wirken, aber nur den einen Gott: Er bewirkt alles in allen" (1 Kor 12,4-6). Die von Gott gewährte Teilhabe am trinitarischen Wesen Gottes ist der Grund der Einheit der Kirche.
In der Wertschätzung der auch *sichtbaren* Einheit der Kirche sind die Konfessionen nicht einig. Vielen evangelischen Christen genügt das Wissen um die geistliche Verbundenheit mit den anderen Getauften. Aus römisch-katholischer Sicht gilt es, neben der Einheit im Hören auf Gottes Wort auch die Einheit in der Feier der Sakramente, in der lehrhaften Darstellung der Zusammenhänge

des Glaubens sowie in der Verbundenheit mit den Ortsbischöfen und in besonderer Weise mit dem Bischof von Rom erfahrbar, erkennbar zu leben. Dem amtlichen Dienst in der Kirche ist die besondere Sorge um die Einheit der Kirche aufgetragen – zum Schutz der bereichernden Vielfalt und zur Wahrung der darin bleibend gegebenen Gemeinschaft.

Heiligkeit: Berufen zu einer besonderen Liebe

Heilig ist die Kirche durch ihre Erwählung durch den heiligen Gott zu einem heiligen, zu einem besonderen Dienst. Der Verfasser des 1. Petrusbriefes sagt es im Sinne Gottes so: „Ihr seid ein auserwähltes Geschlecht, eine königliche Priesterschaft, ein heiliger Stamm, ein Volk, das sein besonderes Eigentum wurde, damit ihr die großen Taten dessen verkündet, der euch aus der Finsternis in sein wunderbares Licht gerufen hat" (1 Petr 2,9). „Heilig" ist nicht einfach ein Gegenbegriff zu „sündig". Heilig werden in den biblischen Schriften diejenigen genannt, die Gott teilhaben läßt an der Erkenntnis der tiefen Andersartigkeit seines Wesens, an der Erkenntnis von Gottes Liebe zu den Sünderinnen und Sündern, seinem Erbarmen für die Schwachen, seiner Treue zu den Bundesbrüchigen. Heilige werden von Gott dazu berufen, lebendige Zeugen, sichtbare Zeichen seiner eigen-artigen, besonderen Liebe zu den Geschöpfen zu sein.
Als sein heiliges Volk hat Gott Israel erwählt (Ex 19,6; Jes 62,12). Durch die öffentliche Kunde von der Geschichte Gottes mit Israel soll allen Geschöpfen der heilige Name Gottes bekannt werden: „Meinen heiligen Namen offenbare ich in meinem Volk Israel; (...) Dann werden die Völker erkennen, daß ich der Herr bin, heilig in Israel" (Ez 39,7). Die Erwählung Israels ist nicht als eine unbegründete Bevorzugung zu verstehen. Die Berufenen erfüllen Gott einen Dienst: Sie werden in die Pflicht genommen, eine erste Ahnung des heiligen Wesens Gottes zu sein, indem sie den Feinden und Widersachern gegenüber Liebende bleiben bis zuletzt – wie Gott selbst.
In den ökumenischen Gesprächen haben die Konfessionen sich darauf verständigen können, daß das Bekenntnis zu der von Gottes Geist bewirkten Heiligkeit der Kirche nicht im Widerspruch steht zu der beständigen Reformbedürftigkeit der Kirche: „Jede Erneuerung der Kirche besteht wesentlich im Wachstum der Treue gegenüber ihrer eigenen Berufung (...). Die Kirche wird auf dem Wege ihrer Pilgerschaft von Christus zu dieser dauernden Reform gerufen, deren sie allzeit bedarf, soweit sie menschliche und irdische Einrichtung ist" (Unitatis Redintegratio, Nr.6). Das 2. Vatikanische Konzil hat sehr betont gesagt, immer habe die Kirche den Weg der Buße und Erneuerung zu gehen, damit sie ihrer Erwählung treu bleiben kann. Es ist die Berufung der heiligen Kirche, Zeichen der ganz besonderen Liebe Gottes zu all seinen Geschöpfen zu sein.

Katholizität: Sendung in alle Welt

Der Begriff „katholisch“ wird von vielen Christen als eine Konfessionsbezeichnung wahrgenommen. Um dieses Mißverständnis zu vermeiden, ist es in ökumenischen Gesprächen üblich, von der römisch-katholischen Kirche zu sprechen, wenn der Teil der Christen benannt werden soll, der sich in besonderer Weise mit dem Bischof von Rom verbunden weiß. Vor allem die orthodoxen Kirchen legen großen Wert darauf, daß ihnen „Katholizität“ zugesprochen wird, dieser Würdename der Kirche also nicht von der römisch-katholischen Kirche allein beansprucht wird. Die „Katholizität“ der Kirche (von griechisch „kat-holos“ – „allumfassend“, „für alle“ und „mit allen“) besteht in ihrer an allen Orten des Erdkreises von Gott gewünschten Präsenz zur Erfüllung ihrer universalen Sendung zur Verkündigung des Evangeliums in aller Welt. Es ist ein bleibender Streitpunkt zwischen den Konfessionen, ob die in der evangelischen Glaubensgemeinschaft aus Rücksicht auf das Empfinden der Gläubigen gebräuchliche Übersetzung von „katholos“ mit „christlich“ angemessen ist. Viele ökumenisch motivierte Christen bedauern, daß aufgrund dieser begrifflichen Schwierigkeit weder das Große Glaubensbekenntnis noch das Apostolische Glaubensbekenntnis von evangelischen und römisch-katholischen Christen in demselben Wortlaut gesprochen werden können. In der Rede von der „christlichen“ Kirche kommt zudem der universale Verkündigungsauftrag der Kirche nicht zum Ausdruck.

Der Grund der Sendung der Kirche in alle Welt liegt in Gottes universalem Heilswillen, der schöpfungstheologisch begründet ist: Der Schöpfer von allem, was ist, trägt selbst Sorge dafür, das alles zu seiner Erfüllung finden kann. Die ersten Kapitel der Bibel lassen Gott als ein Wesen in Erscheinung treten, das alles im Guten begonnen hat und dann bitter erfahren muß, daß Mißtrauen, Angst und Neid Menschen in die Sünde treiben. Gott hält trotz seiner inneren Anfechtung, ob er nicht besser das gesamte Menschengeschlecht wieder vernichten solle (Gen 6,5-7), daran fest, seinen Geschöpfen das Leben zu erhalten. Auch die Erwählung Israels ist kein Widerspruch gegen diese universale, allgemeine, katholische Zuwendung Gottes zu allen Geschöpfen: In Abraham, dem Ersterwählten, sollen alle Geschlechter der Erde Segen erfahren, wenn Gottes Name durch sein Handeln an Israel in aller Welt bekannt wird (Gen 12,2-3).

Nach christlicher Überzeugung ist Gottes Name im Leben und Sterben Jesu in untrüglicher Weise offenbar geworden: Jesus bleibt in aller erfahrenen Anfeindung den Menschen liebend verbunden – selbst dann noch, als er seinen bitteren Tod vor Augen hatte. Gottes Tat der Auferweckung Jesu autorisiert die Verkündigung Jesu: Gott ist wirklich einer, der die Sünderinnen und Sünder liebt. Gottes Erbarmen ist unermeßlich. Gottes Güte stellt keine Vorbedingungen. Wir alle können leben in Gottes Geist. Es besteht Hoffnung für die gesamte Schöpfung: Alle sollen aus der Finsternis des Todes in das Licht Gottes geführt werden. Die Kirche hört Gottes Ruf in ihre Sendung, dieses Evangelium in aller Welt zu verkündigen.

Apostolizität: Dem Anfang treu bleiben

Die Zeit der Apostel ist die Zeit des Ursprungs des christlichen Bekenntnisses. Mit der Kennzeichnung der Kirche als „apostolisch" bringt das Glaubensbekenntnis zum Ausdruck, daß der biblisch bezeugte Anfang der Kirche ihr in aller Zeit wirksames Leitbild bleibt, das sie sich beständig zu vergegenwärtigen hat. Alle christlichen Kirchen streben danach, das Zeugnis der Apostel zu bewahren. Die christliche Glaubensgemeinschaft beruft sich auf die Glaubwürdigkeit dieses Zeugnisses – des Osterzeugnisses.

Das Neue Testament kennt unterschiedliche Verwendungsweisen des Begriffs „Apostel". Engere und weitere Begriffsbestimmungen werden vorgenommen[3]: Paulus bezeichnet all diejenigen als Apostel, die dem auferstandenen Christus begegnet sind. Auch er ist ein Apostel, selbst wenn er Jesus zu seinen Lebzeiten nicht kannte. Apostel sind im weitesten Sinn auch die Frauen und Männer, die Paulus aussendet, um vor Ort beim Aufbau der Gemeinde behilflich zu sein durch ihre Gnadengaben, ihre Charismen. Der Evangelist Lukas identifiziert die Apostel mit den zwölf Jüngern Jesu, dem „Zwölferkreis". Er betont damit den engen Zusammenhang zwischen dem Wirken Jesu vor seinem Sterben und dem Verkündigungsdienst der nachösterlichen, apostolischen Glaubensgemeinschaft. Gemeinsam ist allen Gestalten des neutestamentlichen Apostolats eine dienende Existenzweise: Apostel sind „Gesandte", zu den Menschen Gesandte, um ihnen das Evangelium Gottes zu verkündigen.

In der römisch-katholischen Tradition ist der theologische Gedanke wichtig, daß die Bischöfe mit ihrem Dienst der Verkündigung des wahren Evangeliums die Nachfolger der Apostel sind. Die frühe Überlieferung von den Reisen der einzelnen Apostel in den damals bekannten Weltkreis war bei der Bildung dieses Gedankens von Bedeutung. Auf diese Weise erscheint die ortskirchlich-regionale Dimension der Kirche in enger Verbindung mit ihrer personalen Gründung: Der Glaube der Osterzeugen ist der Urspung des christlichen Bekenntnisses, das zu bewahren, der apostolischen Kirche von Gott aufgetragen ist.

Maria aus Magdala, einem Ort in der Nähe des Sees Genesaret in der Heimat Jesu, wird seit dem Altertum als die „Apostolin der Apostel" bezeichnet.[4] Diese Bezeichnung geht auf die Erzählung der Erscheinung des auferstandenen Christus vor Maria Magdalena zurück, die im Johannes-Evangelium überliefert ist:

---

[3] Vgl. *A. Vögtle*, Die Dynamik des Anfangs. Leben und Fragen der jungen Kirche (Freiburg 1988).

[4] Vgl. *D. Bader (Hg.)*, Maria Magdalena. Zu einem Bild der Frau in der christlichen Verkündigung (München-Zürich 1990).

Maria wird von Christus Jesus zu den Aposteln gesandt, um Zeugnis abzulegen für seine neue Lebendigkeit (Joh 20,17). Apostolisch ist die Kirche im Bekenntnis des österlichen Glaubens: Der helle Tag des Lebens erwartet die, die noch in der dunklen Nacht des Todes sind.

Anhang

Anhang

Über lange Jahre hin haben wir intensiv mit Dorothea Sattler zusammengearbeitet. Durch ihre Übernahme einer Professur in Münster ergibt sich auch für uns eine spürbare Zäsur.
Diesen Wechsel nach Münster sowie die Tatsache, daß Dorothea Sattler am 9. Januar 2001 ihr vierzigstes Lebensjahr vollendet, haben wir zum Anlaß genommen, nicht nur die Aufsätze für diese Buchveröffentlichung technisch zu bearbeiten, sondern auch in diesem Anhang die wichtigsten Daten ihres wissenschaftlichen Werdegangs zusammenzustellen, sowie das Verzeichnis ihrer bisherigen Veröffentlichungen, systematisch geordnet, aufzulisten.
Unsere guten Wünsche begleiten Dorothea Sattler in ihre neue Aufgabe und ihren neuen Lebensraum hinein.

Mainz, im Herbst 2000

Gundelinde Stoltenberg — Theodor Schneider

Wissenschaftlicher Werdegang

9. Januar 1961	Geburt in Koblenz/Rhein
10. Juni 1980	Abitur am Görres-Gymnasium in Koblenz
WS 1980/81 – SS 1983	Studium der Romanistik und der Kath. Theologie an der Albert-Ludwigs-Universität Freiburg/Breisgau
WS 1983/84 – WS 1986/87	Studium der Romanistik und der Kath. Theologie an der Johannes Gutenberg-Universität Mainz
2. Dezember 1986	Staatsexamen (Lehramt an Gymnasien) in den Fächern Romanistik und Kath. Religion in Mainz
WS 1987/88 – SS 1990	Wissenschaftliche Hilfskraft mit Hochschulabschluß am Lehrstuhl für Dogmatik und ökumenische Theologie, Mainz
WS 1990/91 – SS 1992	Wissenschaftliche Mitarbeiterin am Lehrstuhl für Dogmatik und ökumenische Theologie, Mainz
20. Mai 1992	Promotion zur Dr. theol. am Fachbereich Kath. Theologie der Johannes Gutenberg-Universität Mainz

1. Juli 1992	Preis der Johannes Gutenberg-Universität Mainz des Jahres 1992
25. Oktober 1992	Kurt-Hellmich-Preis für Ökumenische Studien der Universität Regensburg
WS 1992/93 – SS 1996	Wissenschaftliche Assistentin am Lehrstuhl für Dogmatik und ökumenische Theologie, Mainz
1993-1996	gewähltes Mitglied des Senates der Johannes Gutenberg-Universität Mainz (Vertreterin der Akademischen Mitarbeiter/innen); Mitarbeit in den Senatsausschüssen für das Bibliothekswesen, die Forschungsförderung und die Frauenförderung
1993-1996	gewähltes Mitglied des Fachbereichsrates Kath. Theologie der Johannes Gutenberg-Universität Mainz
27. September 1994	Zuerkennung des Diploms in kath. Theologie
seit 1995	gewähltes Mitglied des Vorstandes der Deutschen Sektion der Europäischen Gesellschaft für katholische Theologie e.V.
17. Juli 1996	Habilitation im Fach Dogmatik und ökumenische Theologie am Fachbereich Kath. Theologie der Johannes Gutenberg-Universität Mainz
seit September 1996	gewähltes Mitglied des Vorstandes der Arbeitsgemeinschaft der deutschsprachigen Dogmatiker und Fundamentaltheologen
WS 1996/97	Gastprofessur am Fachbereich Philosophie und Sozialwissenschaften II. Seminar für Kath. Theologie der FU Berlin
1997-99	Lehraufträge für das Fachgebiet Systematische Kath. Theologie/Dogmatik an der FU Berlin
seit Februar 1997	Mitglied des Deutschen Ökumenischen Studienausschusses (DÖSTA)
September 1997	Berufung in den Ständigen Arbeitskreis „Pastorale Grundfragen“ des Zentralkomitees der deutschen Katholiken
1998-2000	Lehraufträge für Dogmatik und ökumenische Theologie an der Johannes Gutenberg-Universität Mainz
April 1998	Annahme des Rufes als Professorin für Kath. Theologie – Systematische Theologie und Religionspädagogik an der Universität-Gesamthochschule Wuppertal
SS 1998 bis SS 2000	Lehrtätigkeit in Wuppertal
seit April 1998	Mitglied im Ökumenischen Arbeitskreis evangelischer und katholischer Theologen („Paderborner Kreis“)

seit Mai 1998	Mitarbeit in der Arbeitsgruppe „Ordo poenitentiae“ der Internationalen Arbeitsgemeinschaft der Liturgischen Kommission im deutschen Sprachgebiet
seit September 1998	Mitherausgeberin der Ökumenischen Rundschau (Frankfurt)
18. Januar 2000	Ruf auf eine C4-Professur für Systematische Kath. Theologie/Dogmatik im Fachbereich Geschichts- und Kulturwissenschaften der FU Berlin
8. März 2000	Ruf auf die C4-Professur für Geschichte und Theologie der Kirchen und kirchlichen Gemeinschaften aus der Reformation (West-Ökumene) am Fachbereich Kath. Theologie der Westfälischen Wilhelms-Universität Münster
seit März 2000	Mitarbeit mit beratender Stimme im Präsidium des Ökumenischen Kirchentags 2003 in Berlin
Mai 2000	Ablehnung des Rufes an die FU Berlin
seit Juli 2000	Mitglied im Wissenschaftlichen Beirat des Johann-Adam-Möhler-Instituts für Ökumenik
August 2000	Berufung in den Kreis der Herausgeber/innen des Jahrbuches für Biblische Theologie
seit August 2000	Professorin für Ökumenische Theologie am Fachbereich Kath. Theologie der Westfälischen Wilhelms-Universität Münster

Verzeichnis der bisherigen Veröffentlichungen

Monographien

1. Gelebte Buße. Das menschliche Bußwerk (satisfactio) im ökumenischen Gespräch (Mainz 1992) [Dissertation]
2. Beziehungsdenken in der Erlösungslehre. Bedeutung und Grenzen (Freiburg-Basel-Wien 1997) [Habilitationsschrift]

Herausgeberschaft

3. Vorgeschmack. Ökumenische Bemühungen um die Eucharistie. FS für Theodor Schneider (Mainz 1995) (mit Bernd Jochen Hilberath)
4. Ökumene vor neuen Zeiten. FS für Theodor Schneider (Freiburg-Basel-Wien 2000) (mit Konrad Raiser)

Beiträge im „Handbuch der Dogmatik"

5. Gotteslehre, in: *Th. Schneider (Hg.)*, Handbuch der Dogmatik, Bd. 1 (Düsseldorf 1992; ²1995; ³2000) 51-119 (mit Theodor Schneider)
   Italienisch: Dottrina su Dio, in: *Th. Schneider (Ed.)*, Nuovo Corso di Dogmatica. Edizione italiana a cura di G. Canobbio e A. Maffeis, Vol. 1 (Brescia 1995) 65-144
   Spanisch: Doctrina de Dios, in: *Th. Schneider (Dir.)*, Manual de Teología Dogmática (Barcelona 1996) 99-170
   Ungarisch: Istentan, in: *Th. Schneider (S.)*, A Dogmatika Kezikönyve, Elsö kötet (Budapest 1996) 55-128
6. Schöpfungslehre, in: *Th. Schneider (Hg.)*, Handbuch der Dogmatik, Bd. 1 (Düsseldorf 1992; ²1995; ³2000) 120-238 (mit Theodor Schneider)
   Italienisch: Dottrina della creazione, in: *Th. Schneider (Ed.)*, Nuovo Corso di Dogmatica. Edizione italiana a cura di G. Canobbio e A. Maffeis, Vol. 1 (Brescia 1995) 145-279
   Spanisch: Doctrina de la Creatión, in: *Th. Schneider (Dir.)*, Manual de Teología Dogmática (Barcelona 1996) 171-292
   Ungarisch: Teremtéstan, in: *Th. Schneider (S.)*, A Dogmatika Kezikönyve, Elsö kötet (Budapest 1996) 129-248
7. Mariologie, in: *Th. Schneider (Hg.)*, Handbuch der Dogmatik, Bd. 2 (Düsseldorf 1992; ²1995; ³2000) 155-187 (mit Alois Müller)
   Italienisch: Mariologia, in: *Th. Schneider (Ed.)*, Nuovo Corso di Dogmatica. Edizione italiana a cura di G. Canobbio e A. Maffeis, Vol. 2 (Brescia 1995) 181-218
   Spanisch: Mariología, in: *Th. Schneider (Hg.)*, Manual de Teología Dogmática (Barcelona 1996) 773-806
   Ungarisch: Mariológia, in: *Th. Schneider (S.)*, A Dogmatika Kézikönyve, Második kötet (Budapest 1997) 161-194

Neubearbeitung

8. Durchgängige Überarbeitung und Ergänzung der 7. Auflage von *Th. Schneider*, Zeichen der Nähe Gottes. Grundriß der Sakramententheologie (Mainz ⁷1998)

9. Hermeneutische Erwägungen zur „Allgemeinen Sakramentenlehre", in: *W. Pannenberg (Hg.)*, Lehrverurteilungen – kirchentrennend?, Bd. 3: Materialien zur Lehre von den Sakramenten und vom kirchlichen Amt (Freiburg-Göttingen 1990) 15-32 (mit Theodor Schneider)
10. Gedanken zum katholischen Engagement bei der (Neu-)Evangelisierung Europas, in: Ökumenische Rundschau 40 (1991) 168-176 (mit Theodor Schneider)
11. Erlösen durch Strafen? Zur Verwendung des Strafbegriffs im Kontext der christlichen Lehre von Heil und Erlösung, in: Catholica 46 (1992) 89-113
12. „Einsetzung" der Sakramente durch Jesus Christus. Eine Zwischenbilanz im ökumenischen Gespräch, in: *B. Fraling/H. Hoping/J.C. Scannone (Hg.)*, Kirche und Theologie im kulturellen Dialog. FS Peter Hünermann (Freiburg-Basel-Wien 1994) 392-415 (mit Theodor Schneider)
13. Das Opfer Jesu Christi im eucharistischen Gedächtnis. Bemühungen um einen evangelisch-katholischen Konsens, in: Bibel und Kirche 49 (1994) 150-155
14. Gott in Frauengestalt. Weibliche Suche nach hintergründigen biblischen Gottesbildern, in: Theologie der Gegenwart 37 (1994) 256-269; auch in: Ringvorlesungen der Johannes Gutenberg – Universität zu Fragen der Frauenforschung, Bd. 5: WS 93/94 und SS 94 (Mainz 1996) 49-64. – Tschechische Übersetzung: Buh v podobe zeny? Zkoumani nebeznych obrazu Boha v Bibli, in: Teologické Texty 10 (1999) 43-46
15. Zum Gutachten des Einheitsrates zur Studie „Lehrverurteilungen – kirchentrennend?". Analyse – Anfragen – Konsequenzen, in: *W. Pannenberg/Th. Schneider (Hg.)*, Lehrverurteilungen – kirchentrennend?, Bd. 4: Antworten auf die kirchlichen Stellungnahmen (Göttingen-Freiburg 1994) 101-120
16. Erlebtes und Bedachtes. Biographische Notizen zur Theologie Theodor Schneiders, in: *B.J. Hilberath/D. Sattler (Hg.)*, Vorgeschmack. Ökumenische Bemühungen um die Eucharistie (Mainz 1995) 581-604
17. Neue Urteile zu den alten Lehrverurteilungen. Die evangelischen Kirchen in Deutschland und die Studie des Ökumenischen Arbeitskreises, in: Catholica 49 (1995) 98-113
18. Wandeln Worte Wirklichkeit? Nachdenkliches über die Rezeption der Sprechakttheorie in der (Sakramenten-)Theologie, in: Catholica 51 (1997) 125-138
19. „Im Anfang...". Erwägungen zur Hermeneutik protologischer Aussagen, in: Theologie der Gegenwart 40 (1997) 82-93
20. Einheit im Ursprung – Einheit im Wesen. Zugänge zum trinitarischen Monotheismus in der östlichen und in der westlichen Christenheit, in: Trierer Theologische Zeitschrift 106 (1997) 189-207
21. Im Geist Jesu Christi erlöst leben. Ansatz und Konsequenzen einer relationalen Soteriologie, in: Religionsunterricht an höheren Schulen 40 (1997) 256-265
22. Gottes Weisheit lebt mit uns. Christologie im Kontext von Frauenerfahrungen, in: *R. Schwager (Hg.)*, Relativierung der Wahrheit? Kontextuelle Christologie auf dem Prüfstand (Freiburg-Basel-Wien 1998) 215-244
23. Gott ist wie ein Vater, wie Licht und wie Leben. Personale und nichtpersonale Bildrede von Gott im christlichen Glaubensbekenntnis, in: *A. Hölscher/R. Kampling (Hg.)*, Religiöse Sprache und ihre Bilder (Berlin 1998) 134-150
24. „... Die gesamte Lehre und Praxis der Kirche unablässig auf Christus hin orientieren...". Zur neueren Diskussion um die kriteriologische Funktion der Rechtfertigungslehre, in: Catholica 52 (1998) 95-114
25. Des Lebens Lauf und der Sakramente Feiern. Versuch einer Zuordnung, in: *R. Ammicht-Quinn/St. Spendel (Hg.)*, Kraftfelder. Sakramente in der Lebenswirklichkeit von Frauen (Regensburg 1998) 79-92

26. Gott ehren in der Achtung der Nächsten. Theologische Überlegungen zur Universalität des Dekalogs, in: Geist und Leben 71 (1998) 423-434
27. Die Kirchen unter Gottes Wort. Schriftverständnis und Schriftauslegung als Thema ökumenischer Dokumente, in: *Th. Schneider/W. Pannenberg (Hg.)*, Verbindliches Zeugnis, Bd. 3 : Schriftverständnis und Schriftauslegung (Freiburg-Basel-Wien 1998) 13-42
28. Weisung und Verheißung. Neuere bibeltheologische Erkenntnisse im Themenfeld „Gesetz und Evangelium" in: ebd., 191-203
29. Folgen der Tat erleiden – Buße leben. Ökumenische Annäherungen im Verständnis der „Sündenstrafen" und des „Bußwerks", in: *K. Schlemmer (Hg.)*, Krise der Beichte – Krise des Menschen? Ökumenische Beiträge zur Feier der Versöhnung (Würzburg 1998) 86-111
30. Universitäre Frauenförderung und (theologische) Frauenforschung. (Nur) Ein Zweck-Bündnis auf Zeit?, in: *A. Franz (Hg.)*, Bindung an die Kirche oder Autonomie? Theologie im gesellschaftlichen Diskurs (Freiburg-Basel-Wien 1999) 242-254
31. Gottesbilder (werden) erwachsen. Gedanken zum lebensgeschichtlich bedingten Wandel der Gottesvorstellungen, in: *R. Bernhardt/U. Link-Wieczorek (Hg.)*, Metapher und Wirklichkeit. Die Logik der Bildhaftigkeit im Reden von Gott, Mensch und Natur. FS Dietrich Ritschl (Göttingen 1999) 207-220 (mit Theodor Schneider)
32. Gottes Wort und der Menschen Worte. Systematisch-theologische Überlegungen zum Schriftverständnis, in: *R. Kampling (Hg.)*, „Nun steht aber diese Sache im Evangelium...". Zur Frage nach den Anfängen des christlichen Antijudaismus (Paderborn 1999) 31-51
33. Selbstthematisierung im Selbstgericht. Zur Rezeption der Biographieforschung in der Eschatologie, in: Theologie der Gegenwart 42 (1999) 92-105
34. Wesensverwandlung. Zur bleibenden Bedeutung der Rede von „Transsubstantiation" in einer ökumenischen Eucharistietheologie, in: Theologie der Gegenwart 42 (1999) 131-142
35. Sakramente – Zeichen des Heiles, in: *E. Biser u.a. (Hg.)*, Der Glaube der Christen, Bd. 1: Ein ökumenisches Handbuch (München-Stuttgart 1999) 784-801
36. Zum römisch-katholischen Amtsverständnis. Ein Vortrag beim Stuttgarter Kirchentag und eine kommentierte Auswahlbibliographie, in: Una Sancta 54 (1999) 213-228
37. Die Erscheinung der Güte und Menschenliebe Gottes. Systematisch-theologische Überlegungen, in: *G. Koch (Hg.)*, Gott, Liebhaber des Lebens (Würzburg 1999) 75-91
38. Der Ewige und seine Zeit für uns. Überlegungen zu einer Grundfrage der christlichen Gotteslehre, in: Geist und Leben 73 (2000) 37-48
39. Bei Gott schmerzlich heilend vollendete Lebenszeit. Röm.-katholische Zugänge zum Geschehen der eschatologischen Läuterung, in: Ökumenische Rundschau 49 (2000) 161-174
40. Gedächtnis der Toten in der Feier der Eucharistie. Systematisch-theologische Überlegungen in ökumenischer Perspektive, in: *S. Hell (Hg.)*, Die Glaubwürdigkeit christlicher Kirchen. FS Lothar Lies (Innsbruck 2000) 239-257
41. Gemeinschaftstreue ist offenbar(e) Erlösung vom Bösen. Akzente in der gegenwärtigen christlichen Soteriologie, in: Religionsunterricht an höheren Schulen 43 (2000) 73-78
42. Ablaß-Streit in neuer Zeit. Beobachtungen zur Wiederbelebung einer alten konfessionellen Kontroverse, in: Catholica 54 (2000) 14-38
43. Maria als Sinnbild der erlösten Schöpfung. Einübung in eine ökumenisch sensibilisierte Dogmenhermeneutik, in: *K. Raiser/D. Sattler (Hg.)*, Ökumene vor neuen Zeiten. FS Theodor Schneider zum 70. Geburtstag (Freiburg-Basel-Wien 2000) 225-244

44. Geistliche Ökumene. Zur theologischen Bedeutung der spirituellen Gemeinschaft der christlichen Konfessionen, in: *M. Blum/R. Kampling (Hg.)*, Grenzen und Wege. Spiritualität vor Ort, Bd. 1 (Berlin 2000)
45. Im Kreuz ist Heil. Gedanken zur soteriologischen Relevanz des Todes Jesu, in: *A. Hölscher/R. Kampling (Hg.)*, Keine Antworten. Reflexionen über Sterben und Tod (Berlin 2000) 47-65
46. Rechtfertigung – noch zeitgemäß? Thesen aus römisch-katholischer Frauensicht, in: KNA-ÖKI Nr. 30/2000 (18. Juli 2000) 1-6
47. Christus Jesus – das „Ebenbild des unsichtbaren Gottes" (Kol 1,15). Erlösende Gottes-Kunde in Menschen-Gestalt, in: Informationen aus der Theologie für Religionslehrer/innen. Hg. vom Institut für Religionspädagogik der Erzdiözese Freiburg (Freiburg 2000) 1-11

Lexikonartikel

48. Art. „Apostolisches Glaubensbekenntnis. I. Dogmen- und Theologiegeschichte; II. Systematisch-theologisch und ökumenisch", in: Lexikon für Theologie und Kirche, Bd. 1 (Freiburg-Basel-Wien ^{3}1993) 878-880
49. Art. „Begierdetaufe", in: ebd., Bd. 2 (Freiburg-Basel-Wien ^{3}1994) 143f
50. Art. „Beichte. III. Systematisch-theologisch", in: ebd., 157f
51. Art. „Binden und Lösen. III. Systematisch-theologisch", in: ebd., 465
52. Art. „Bußgottesdienst. I. Systematisch-theologisch", in: ebd., 834f
53. Art. „Bußsakrament. I. Neutestamentlicher Befund; II. Historisch-theologisch; III. Systematisch-theologisch", in: ebd., 845-853
54. Art. „Charakter, sakramentaler. I. Begriff; II. Historisch-theologisch; III. Systematisch-theologisch", in: ebd., 1009-1013
55. Art. „Glaubensbekenntnis, III. Theologie- u. dogmengeschichtlich; IV. Systematisch-theologisch", in: Lexikon für Theologie und Kirche, Bd. 4 (Freiburg-Basel-Wien ^{3}1995) 703-705
56. Art. „Sakrament, 1. Problemskizze; 2. Geschichtlicher Wandel; 3. Systematisch-ökumenisch", in: Evangelisches Kirchenlexikon, Bd. 4 (Göttingen 1996) 10-26
57. Art. „Systematische Theologie", in: ebd., 625-640 (mit Dietrich Ritschl und Theodor Schneider)
58. Art. „Vollkommenheit", in: ebd., 1204-1207
59. Art. „Kindertaufe", in: Lexikon für Theologie und Kirche, Bd. 5 (Freiburg-Basel-Wien ^{3}1996) 1448f
60. Artikel „Nicaeno-Konstantinopolitanisches Glaubensbekenntnis", in: Lexikon für Theologie und Kirche, Bd. 7 (Freiburg-Basel-Wien ^{3}1998) 798-800
61. Artikel „Ökumenischer Arbeitskreis", in: ebd., 1030
62. Art. „Abendmahl. III. Dogmatisch, 2. Katholisch", in: Die Religion in Geschichte und Gegenwart, Bd. 1 (Tübingen ^{4}1998) 40-42
63. Art. „Beichte. III. Dogmatisch, 1. Katholisch", in: ebd., 1222f
64. Art. „Bernhard Poschmann", in: Lexikon für Theologie und Kirche, Bd. 8 (Freiburg-Basel-Wien ^{3}1998) 445
65. Art. „Eucharistische Frömmigkeit", in: Die Religion in Geschichte und Gegenwart, Bd. 2 (Tübingen ^{4}1999) 1646f

66. In Zeichen und Symbolen unser Menschsein erfahren und deuten. Zur anthropologischen Dimension der Sakramente, in: Praxis in der Gemeinde 11 (1989) 50f (mit Theodor Schneider)
67. „Löscht den Geist nicht aus!" (1Thess 5,19). Wachsame Offenheit für die Nähe Gottes, in: Weil uns der Geist lebendig macht. Fasten '90 – Initiative der KSA. Werkheft (Hamm 1990) 7f (mit Theodor Schneider)
68. Schell, Herman (1850-1906), in: *J.F. Mattéi (Hg.)*, Encyclopédie philosophique universelle, Bd. 3: Ouevres (Paris 1991) 2 Spalten (mit Theodor Schneider)
69. Deutsche Theologie im europäischen Kontext, in: Anzeiger für die Seelsorge 101 (1992)67
70. Augen-Blicke, in: *K. Richter (Hg.)*, „Unablässig leidet mein Herz". Christliche Verkündigung angesichts von Trauer und Angst (Freiburg-Basel-Wien 1992) 148f
71. Frau und Mann. Aphorismen zur ekklesiologischen und theologischen Bedeutung der Geschlechterdifferenz, in: Mitteilungsblatt der Hochkirchlichen Vereinigung Augsburgischen Bekenntnisses, Nr. 161 (Ostern 1992) 20f
72. Doch nicht ausweglos? Interdisziplinäres Gespräch über Ehescheidung und Wiederheirat, in: Anzeiger für die Seelsorge 103 (1994) 76.78
73. Der Hoffnung Namen geben – Leben weiten, in: kfd-prisma 1 (1994) 11-13
74. Quelle lebendigen Wassers. Theologische Notizen zur Taufe und ihrer Feier, in: Praxis in der Gemeinde 16 (1994) 34-36
75. Sich mit Gottes Fremdheit vertraut machen. Erinnerung an einen Kongreß der „Europäischen Gesellschaft für Katholische Theologie", in: Anzeiger für die Seelsorge 105 (1996) 39f
76. „Banges Warten auf Gottes Lebenssegen" (zu Mal 3,6-12) und „Von Gott nicht vergessen" (zu Mal 3,13-18), in: *M. Jepsen u.a. (Hg.)*, Mit der Bibel durch das Jahr 1997. Ökumenische Bibelauslegungen (Stuttgart 1996) 358f
77. In Gemeinschaftstreue einander gerecht werden. Zu Hos 2,21f, in: *K. Richter (Hg.)*, Das Ja wagen. Neue Trauungsansprachen (Freiburg-Basel-Wien 1996) 75-77
78. Sara lacht, in: *B. Hintersberger/St. Spendel (Hg.)*, Stark bin ich und voller Leben. Frauen der Bibel kommen ins Wort (München 1997) 25-32
79. „In Gottes Königreich zelten" (zu Jes 33,17-24) und „Wasser für alle Durstigen" (zu Jes 35,1-10) und „Jesu sonderbare Ahnfrauen" (zu Mt 1,1-17), in: *M. Jepsen u.a. (Hg.)*, Mit der Bibel durch das Jahr 1998. Ökumenische Bibelauslegungen (Stuttgart 1998) 355-357
80. Zur Sakramentalität des Diakonats der Frau, in: *P. Hünermann u.a. (Hg.)*, Diakonat. Ein Amt für Frauen in der Kirche – Ein frauengerechtes Amt? (Ostfildern 1997) 219-224
81. Törichte lachen – und auch Weise. Biblische Überlegungen zur Unterscheidung der Lachenden, in: Meditation 24 (1998) 9-13
82. Das Heil gesehen (Hanna). Lukas 2,36-38, in: *B. Hintersberger/St. Spendel (Hg.)*, Reiß mich in deine Zukunft. Mit Frauen der Bibel beten (München 1998) 174-179
83. „Selbstsüchtige vor Gottes Gericht" (zu Jud 1-16) und „Was die Geister unterscheidet" (zu Jud 17-25) in: *M. Jepsen u.a. (Hg.)*, Mit der Bibel durch das Jahr 1999 (Stuttgart 1998) 330f
84. Der Judasbrief, in ebd., XXXIIIf
85. Gottes wohnliche Welt. Biblische und systematisch-theologische Überlegungen zum Thema „Schöpfung", in: Sekretariat der DBK/Kirchenamt der EKD (Hg.), Gottes Erde – zum Wohnen gemacht. Impulse für Praxis und Gottesdienst zur „Woche für das Leben" 1999 (Aachen 1999) 8-10

86. Zeichen wirksamer Gegenwart Gottes. Zum Jubiläumsablaß des Heiligen Jahres 2000, in: Konradsblatt. Wochenzeitschrift der Erzdiözese Freiburg 83 (1999) Nr.9 (vom 28. Februar 1999) 10f
87. Ökumene, in: „Gebt Zeugnis von eurer Hoffnung". 93. Deutscher Katholikentag 10.6.-14.6.1998 in Mainz. Dokumentation (Kevelaer 1999) 629-632
88. Pfarrer – Priester – Laie. Spalten die Ämter die Kirche? Referat auf dem Deutschen Evangelischen Kirchentag in Stuttgart, 18.6.1999, in: epd -Dokumentation Nr. 29/99 (5. Juli 1999) 2-6
89. Zum Lob einer tüchtigen Frau: Katharina von Bora, in: *B. Hintersberger/St. Spendel (Hg.)*, Gott im Sinn. Mit großen Frauen auf dem Weg des Glaubens (München 1999) 135-139
90. Werden, wer wir sind: die eine, heilige, katholische und apostolische Kirche, in: Glauben leben 75 (1999) 242-245
91. „Die Betrüger sind in Wahrheit die Betrogenen" (zu 2 Tim 3,10-17) und „Gottes Wort verkündigen – gelegen oder ungelegen" (zu 2 Tim 4,1-8) und „Im Abschiednehmen das Sterben einüben" (zu 2 Tim 4,9-22) in: *U. Fischer u.a. (Hg.)*, Mit der Bibel durch das Jahr 2000 (Stuttgart 1999) 34-36
92. Die alten Fragen verstummen nicht, in: *J. Röser (Hg.)*, Mehr Himmel wagen. Spurensuche in Gesellschaft, Kultur, Kirche. FS Manfred Plate (Freiburg-Basel-Wien 1999) 440f
93. Unterschriften für die Zukunft. Ökumenische Perspektiven nach der Unterzeichnung der Rechtfertigungs-Erklärung, in: Christ in der Gegenwart 51 (1999) 382f
94. Die Zusage von Gottes Versöhnung. Eine kleine Geschichte des Bußsakraments, in: Konradsblatt. Wochenzeitung für das Erzbistum Freiburg 83 (1999) 34f
95. Vom Geschenk der Versöhnung. Gedanken über die Freude an den kirchlichen Wegen der Buße, in: Der Dom. Magazin. Verlagsbeilage zur Kirchenzeitung für das Erzbistum Paderborn. Themenheft „Versöhnung" (14. November 1999) 4f
96. Erzählen von der belastenden Lebensgeschichte. Zum Umgang mit Schuld in Beichte und Talkshows. Geistliches Wort (WDR – Radio 5) am 12. März 2000 (mit Paul Deselaers)
97. Kritische Treue. Theodor Schneider zum siebzigsten Geburtstag, in: Christ in der Gegenwart 52 (2000) 176
98. Einheit im Geheimnis des Glaubens. Literaturbericht: Herrenmahl – Eucharistie – Abendmahl. Ökumenische Perspektiven, in: Bücher der Gegenwart. Beilage zum „Christ in der Gegenwart" 52 (2000) 184f

Übersetzung

99. Übersetzung aus dem Französischen von: *G. Thils*, La profession de foi et le serment de fidélité (Louvain-la-Neuve 1989), in: Glaubensbekenntnis und Treueid. Klarstellungen zu den „neuen" römischen Formeln für kirchliche Amtsträger (Mainz 1990) 11-74

Bibliographien

100. Auswahlbibliographie zur Thematik „Mann und Frau", in: *Th. Schneider (Hg.)*, Mann und Frau – Grundproblem theologischer Anthropologie (Freiburg-Basel-Wien 1989) 201-213
101. Auswahlbibliographie zur Thematik „Schriftverständnis und Schriftgebrauch", in: *Th. Schneider/W. Pannenberg (Hg.)*, Verbindliches Zeugnis, Bd. 3: Schriftverständnis und Schriftauslegung (Freiburg-Basel-Wien 1998) 392-401

102. Rezension zu: *H.J. Pottmeyer/G. Alberigo/J.P. Josua (Hg.)*, Die Rezeption des Zweiten Vatikanischen Konzils (Düsseldorf 1986), in: Theologische Revue 85 (1989) 36-41
103. 1. Teil der Rezension zu: Bibliothek Theologie der Befreiung (Düsseldorf 1987-1989), 12 Bde, in: Ökumenische Rundschau 38 (1989) 488-493 (mit Theodor Schneider)
104. 2. Teil der Rezension zu: Bibliothek Theologie der Befreiung (Düsseldorf 1987-1989), 12 Bde, in: Ökumenische Rundschau 39 (1990) 242-246 (mit Theodor Schneider)
105. Rezension zu: *H. Goldstein*, „Selig ihr Armen". Theologie der Befreiung in Lateinamerika ... und in Europa? (Darmstadt 1989), in: Ökumenische Rundschau 39 (1990) 246f
106. Vergleichende Rezension zu: *H. Küng*, Credo. Das Apostolische Glaubensbekenntnis – Zeitgenossen erklärt (München 1992) und *K. Koch*, Das Credo der Christen. Für heute entschlüsselt (Freiburg 1993), in: Theologischer Literaturdienst 4/1993, 51f
107. Rezension zu: *F. Courth*, Der Gott der dreifaltigen Liebe (Paderborn 1993), in: Theologischer Literaturdienst 2/1994, 19f
108. Rezension zu: *M. Basse*, Certitudo Spei. Thomas von Aquins Begründung der Hoffnungsgewißheit und ihre Rezeption (Göttingen 1993), in: Ökumenische Rundschau 45 (1996) 387f
109. Rezension zu: *B. Stubenrauch*, Dialogisches Dogma. Der christliche Auftrag zur interreligiösen Begegnung (Freiburg-Basel-Wien 1995), in: Theologischer Literaturdienst 4/1996 51f
110. Rezension zu: *B. Ruhe*, Dialektik der Erbsünde. Das Problem von Freiheit und Natur in der neueren Diskussion um die katholische Erbsündenlehre (Fribourg 1997), in: Ökumenische Rundschau 47 (1998) 281-283
111. Rezension zu: *F.-J. Nocke*, Sakramententheologie. Ein Handbuch (Düsseldorf 1997), in: Katechetische Blätter 123 (1998) 287
112. Rezension zu: *R. Staats*, Das Glaubensbekenntnis von Nizäa-Konstantinopel. Historische und theologische Grundlagen (Darmstadt 1996), in: Theologische Revue 94 (1998) 543-545
113. Rezension zu: *H. Pompey (Hg.)*, Caritas – Das menschliche Gesicht des Glaubens. Ökumenische und internationale Anstöße zu einer Diakonietheologie (Würzburg 1997), in: Caritas 99 (1998) 574f
114. Gesammelte Nachdenklichkeit. Neuere Beiträge zur theologischen Frauenforschung, in: Theologische Revue 94 (1998) 603-614
115. „Gemeinschaft" – in welcher Weise? Chancen und Gefahren der Communio-Ekklesiologie. Rezension zu: *B.J. Hilberath (Hg.)*, Communio – Ideal oder Zerrbild von Kommunikation? (Freiburg-Basel-Wien 1999), in: Bücher der Gegenwart – Christ in der Gegenwart 51 (1999) 102
116. Rezension zu: *M. Stuflesser*, Memoria Passionis. Das Verhältnis von lex orandi und lex credendi am Beispiel des Opferbegriffs in den Eucharistischen Hochgebeten nach dem II. Vatikanischen Konzil (Altenberge 1998), in: Ökumenische Rundschau 48 (1999) 270f
117. Rezension zu: *A. Berlis*, Frauen im Prozeß der Kirchwerdung. Eine historisch-theologische Studie zur Anfangsphase des deutschen Altkatholizismus (1850-1890) (Frankfurt 1998), in: Ökumenische Rundschau 48 (1999)
118. Rezension zu: *E. Maurer*, Rechtfertigung. Konfessionstrennend oder konfessionsverbindend? Ökumenische Studienhefte 8 (Göttingen 1998), in: Ökumenische Rundschau 49 (2000) 124-126

Nachweis der Erstveröffentlichung der Beiträge dieses Bandes

I Verkrustungen lösen

Erlösen durch Strafen? Zur Verwendung des Strafbegriffs im Kontext der christlichen Lehre von Heil und Erlösung, in: Catholica 46 (1992) 89-113

Neue Urteile zu den alten Lehrverurteilungen. Die evangelischen Kirchen in Deutschland und die Studie des Ökumenischen Arbeitskreises, in: Catholica 49 (1995) 98-113

Zum römisch-katholischen Amtsverständnis. Ein Vortrag beim Stuttgarter Kirchentag und eine kommentierte Auswahlbibliographie, in: Una Sancta 54 (1999) 213-228

Wesensverwandlung. Zur bleibenden Bedeutung der Rede von „Transsubstantiation" in einer ökumenischen Eucharistietheologie, in: Theologie der Gegenwart 42 (1999) 131-142

II Hindernisse wegräumen

„... Die gesamte Lehre und Praxis der Kirche unablässig auf Christus hin orientieren ...". Zur neueren Diskussion um die kriteriologische Funktion der Rechtfertigungslehre, in: Catholica 52 (1998) 95-114

Ablaß-Streit in neuer Zeit. Beobachtungen zur Wiederbelebung einer alten konfessionellen Kontroverse, in: Catholica 54 (2000) 14-38

Das Opfer Jesu Christi im eucharistischen Gedächtnis. Bemühungen um einen evangelisch-katholischen Konsens, in: Bibel und Kirche 49 (1994) 150-155

Bei Gott schmerzlich heilend vollendete Lebenszeit. Römisch-katholische Zugänge zum Geschehen der eschatologischen Läuterung, in: Ökumenische Rundschau 49 (2000) 161-174

III Anstöße aufnehmen

Gott in Frauengestalt. Weibliche Suche nach hintergründigen biblischen Gottesbildern, in: Theologie der Gegenwart 37 (1994) 256-269

Wandeln Worte Wirklichkeit? Nachdenkliches über die Rezeption der Sprechakttheorie in der (Sakramenten-)Theologie, in: Catholica 51 (1997) 125-138

Selbstthematisierung im Selbstgericht. Zur Rezeption der Biographieforschung in der Eschatologie, in: Theologie der Gegenwart 42 (1999) 92-105

IV Zugänge gewinnen

„Im Anfang ...“. Erwägungen zur Hermeneutik protologischer Aussagen, in: Theologie der Gegenwart 40 (1997) 82-93

Einheit im Ursprung - Einheit im Wesen. Zugänge zum trinitarischen Monotheismus in der östlichen und in der westlichen Christenheit, in: Trierer Theologische Zeitschrift 106 (1997) 189-207

Im Geist Jesu Christi erlöst leben. Ansatz und Konsequenzen einer relationalen Soteriologie, in: Religionsunterricht an höheren Schulen 40 (1997) 256-265

Gemeinschaftstreue ist offenbar(e) Erlösung vom Bösen. Akzente in der gegenwärtigen christlichen Soteriologie, in: Religionsunterricht an höheren Schulen 43 (2000) 73-78

V Bewährtes erhellen

Der Ewige und seine Zeit für uns. Überlegungen zu einer Grundfrage der christlichen Gotteslehre, in: Geist und Leben 73 (2000) 37-48

Gott ehren in der Achtung der Nächsten. Theologische Überlegungen zur Universalität des Dekalogs, in: Geist und Leben 71 (1998) 423-434

Werden wir, wer wir sind: Die eine, heilige, katholische und apostolische Kirche, in: Glauben leben 75 (1999) 242-245